SERGEJ LOCHTHOFEN

SCHWARZES EIS

DER LEBENSROMAN MEINES VATERS

**ROWOHLT
TASCHENBUCH VERLAG**

Veröffentlicht im Rowohlt Taschenbuch Verlag,
Reinbek bei Hamburg, Juli 2014
Copyright © 2012 by Rowohlt Verlag GmbH,
Reinbek bei Hamburg
Umschlaggestaltung: ZERO Werbeagentur, München,
nach einem Entwurf von
ANZINGER | WÜSCHNER | RASP, München
(Umschlagabbildung: privat)
Satz aus der Documenta PostScript (InDesign)
bei hanseatenSatz-bremen, Bremen
Druck und Bindung CPI books GmbH, Leck
Printed in Germany
ISBN 978 3 499 62683 8

Das für dieses Buch verwendete FSC®-zertifizierte Papier
Lux Cream liefert Stora Enso, Finnland.

SCHWARZES EIS

Der Kosake lehnte sich weit aus dem Sattel und schlug die Pika in das Tor. Von der Wucht der Lanze flog es auf und gab den Weg frei für die beiden Reiter. Eines der Pferde wollte nicht gehorchen, es musste mit einem Peitschenhieb auf den Hof gezwungen werden. Während sein Reiter das Tier zu beruhigen suchte, winkte der andere die Tagelöhner heran, die um einen schmutzigen Karren versammelt auf der Straße warteten. Die Männer schleppten Eimer voller Kalk am Haus und seinen Bewohnern vorbei in den Garten zur Jauchegrube. Sie verstreuten die weißgelben Klumpen und machten sich eilig davon.

Pawel schaute den Reitern nach, deren Silhouetten sich scharf gegen den Abendhimmel über der Steppe abzeichneten. Die Fähnchen an den Spitzen ihrer Lanzen wehten im Wind. 1892 war das Jahr der großen Choleraepidemie in Jusowka. Der Kalk, den die Kosaken brachten, sollte die Seuche im Kohlerevier am Don eindämmen.

Das ist die älteste Erinnerung unserer Familie, die ich kenne. Mit meinem Großvater, Pawel Alexandrowitsch Alförow, hatte ich am Abend in der Kate auf der Krim einen Kessel Tee getrunken, während wir nach den ersten Bildern seiner Kindheit suchten. Wir kramten in den Geschichten des Lebens und kamen von seiner Geburt 1890 unter dem Zaren zu Lenin und Trotzki, denen er in den Wirren des Bürgerkrieges als Revolutionskommissar begegnete. Wir sprachen

7

über Stalin, der ihn für mehr als dreißig Jahre in Straflager sperren ließ.

Seine Erlebnisse sind Teil der Erinnerung unserer Familie, die über drei Generationen hinweg mit deutscher und russischer Geschichte verflochten ist. Es sind vor allem die Erzählungen meines Vaters, Lorenz Lochthofen, die für uns Nachgeborene prägend waren. Von ihm handeln die folgenden Seiten ganz maßgeblich. Seine Geschichte beansprucht dabei keineswegs exemplarische Aussagekraft für die unzähligen Schicksale im Wüten der Ideologien des zwanzigsten Jahrhunderts. Sie ist vielmehr ein individuelles Exempel für die Launen, denen so viele Menschen zwischen Grauen und Davonkommen in einer heute unwirklich fern erscheinenden Zeit ausgesetzt waren.

Lorenz Lochthofen floh Anfang der dreißiger Jahre nach einem Zusammenstoß mit der SA aus dem Ruhrgebiet nach Moskau. Er wurde vom berüchtigten Vorläufer des KGB, dem NKWD, verhaftet und kehrte nach Jahren in den Lagern der russischen Arktis als einer der wenigen Überlebenden des Gulag in den sozialistischen Teil Deutschlands zurück. In der DDR des Kalten Krieges blieb er trotz einigen Erfolges als Wirtschaftsführer zeit seines Lebens ein «Ehemaliger». Beargwöhnt, weil er die Arbeitslager der «Eigenen» überlebt hatte. Verdächtigt bis nach dem Tod.

Den Zeiten misstrauend, in denen allein schon das «Sammeln von Nachrichten» Menschen hinter Gitter brachte, hielt ich meine Gespräche mit Vater und Großvater auf unscheinbaren Zetteln, auf Packpapier fest und verbarg die Texte in einem Stapel der Literaturzeitschrift «Nowy Mir». Darauf hoffend, dass sich kein Stasimitarbeiter die Mühe machen würde, die «Russenhefte» zu durchwühlen, halfen mir diese Notizen Jahrzehnte später, Ereignisse und Gespräche zu rekonstruieren und Lücken durch Recherchen zu schließen.

Dieses Buch, wiewohl den Fakten der Zeitläufte verpflichtet, lebt in jeder Zeile vor allem anderen vom Talent meines Vaters, packend zu erzählen. Ein Talent, das neben dem schieren Glück im großen Unglück einer Odyssee der Gefangenschaft mindestens so wichtig war wie die Fähigkeit, mit eigenen Händen für ein Überleben unter unmenschlichen Bedingungen zu sorgen. Diesem «Erzählen» folgt auch die hier gewählte narrative Form, die meinem Vater sicher am ehesten gerecht wird: Das Miterleben kleidet die Fakten und bestimmt den Grundton. Schritt für Schritt begleitet die Handlung Lorenz Lochthofen auf seinem Weg. Das Leben formt den Stoff zum Roman. Aus Geschichten wird Geschichte. Nur dort, wo es das Verständnis des Geschehens befördert, wechselt der Blick auf einen der Gefährten, ergänzt meine eigene Erinnerung die Überlieferung des Vaters. Das Heulen des Schneesturms um die Lagerzäune war Teil meiner Kindheit, ich kenne das Krachen des schmelzenden Eises unten am Fluss im kurzen arktischen Frühling. Beim Schreiben konnte ich mich neben der Kenntnis der Orte auch auf das Zeugnis handelnder Personen stützen, die mir seit meiner Kindheit vertraut sind. Freunde meines Vaters, die sich lange beharrlich weigerten, vom «Aufbau des Sozialismus in der Arktis» zu sprechen, fanden Jahrzehnte später in Bad Liebenstein Worte für ihre Erlebnisse. In dem kleinen Kurort im Thüringer Wald verbrachte mein Vater von Krankheit gezeichnet die letzten Jahre seines Lebens, und immer wieder waren hier Weggefährten, Überlebende «von dort» zu Gast.

«Schwarzes Eis» ist eine Erinnerung an das große Experiment, das 1917 begann und siebzig Jahre später im völligen Zusammenbruch endete. Es ist eine Geschichte aus einem Jahrhundert voller Aufbruch und Hoffnung, aber auch voller Willkür, Grausamkeit und Blut. Es ist die Geschichte meiner Familie.

Das Jahr 1937: *Der russische Revolutionär Leo Trotzki, ausgewiesen aus der Sowjetunion, der Türkei, Frankreich und Norwegen, trifft in Mexiko ein. Franklin D. Roosevelt tritt seine zweite Amtszeit als US-Präsident an. Das deutsche Flugzeuggeschwader «Condor» zerstört in einem dreistündigen Bombenangriff Guernica. Auf der Grundlage des NKWD-Befehls Nummer 00439 werden 40 000 Deutschstämmige in der UdSSR wegen angeblicher Spionage erschossen. Nach einem Scheinprozess wird die russische Militärspitze exekutiert. In München öffnet die Propagandaausstellung «Entartete Kunst», auf der Werke von verfemten Künstlern gezeigt werden. Hitler offeriert der Wehrmachtsführung seine Annexionspläne für Österreich und die Tschechoslowakei. Japanische Truppen verüben das Massaker von Nanking, bei dem mehr als 200 000 Chinesen sterben.*

Seite 11:
Kleines Foto: Lorenz Lochthofen 1931 bei Montagearbeiten im Donbass.
Größeres Foto: Lorenz Lochthofen 1934 als Student in Moskau.

1937

★

I

Sie rannten und lachten, und die dicken, warmen Regentropfen prasselten auf ihre Gesichter. Er hatte die Kleine, eingewickelt in seine Jacke, an die Brust gedrückt, während Lotte und Lena tanzend durch die Pfützen hüpften. Hinter ihnen, hoch über den Baumkronen, rumorte und donnerte es in den aufgetürmten Wolken, überstrahlt von einer Sonne, die keinen Zweifel ließ, dass sie den Unfug im Himmel nicht lange dulden würde. Es roch nach frischgeschnittenem Buchsbaum, nach Holunder und Jasmin. Die Zeit schien stehengeblieben zu sein. In einem besonders schönen Augenblick. Doch das Licht verlor an Kraft, das Donnern schwoll an, bekam einen seltsamen Klang. Wurde lauter und lauter. Plötzlich war es so nahe, als schlüge jemand direkt in seinem Kopf mit einem Stock auf einen Blecheimer.

Bomm. Bomm. Bomm.

Lorenz wachte auf. Das schwache Sperrholz der Wohnungstür schien zu splittern.

Bomm. Bomm. Bomm.

Das eine war nur ein Traum. Das andere die Wirklichkeit. Er warf die Wattedecke zurück, sprang aus dem Bett, streifte in der Dunkelheit die Hose über. Wieder und wieder donnerte es an die Tür.

Sie kommen.

Sie kommen.

Sie holen dich.

Etwas anderes konnte er nicht denken. Er wollte es wegschieben. Unsinn, einem Mann wie ihm würden sie nichts tun, würden es nicht wagen. Doch im Grunde seines Herzens wusste er es: Sie holen dich ab. Erst hatten sie Lorenz die Arbeit genommen. Dann aus der Partei ausgeschlossen. Nun kamen sie. Nun holten sie ihn.

Vorsichtig hob er den Vorhang am Fenster. Die Straße war tief in das Schwarz der Nacht versunken. Nur zwei Lichtkegel eines Autos stachen schmale Streifen aus der Dunkelheit. Die Umrisse eines Kastenaufbaus hinter dem Fahrerhaus ließen keinen Zweifel: ein «Schwarzer Rabe». So hieß in Russland seit jeher der vergitterte Wagen, mit dem die Arrestanten abgeholt wurden. Das war unter der «Ochranka» so, der zaristischen Geheimpolizei, das war unter Stalins NKWD nicht anders. Wo immer das Auto des Volkskommissariats für Innere Angelegenheiten auftauchte, verbreitete es Schrecken. In der Nacht war es der Rabe, am Tag ein Lastwagen mit der harmlosen Aufschrift «Brot» oder «Fleisch». Obwohl es schon lange nicht mehr genug Fleisch gab, das man ausfahren musste. Statt «Chleb» oder «Mjaso» hatte das fensterlose Gefährt Menschen geladen.

Lorenz ließ den Vorhang fallen. Er hatte diesen Moment immer und immer wieder im Kopf durchgespielt: Er ist gerade auf dem Weg in die Redaktion, da hält eine Limousine neben ihm, zwei biedere Herren in leicht zerknitterten Anzügen bitten ihn, doch einzusteigen. Oder: Er eilt nach einem Gespräch aus dem Stadtkomitee durch das Tor, froh, endlich dem ausschweifenden Gerede entronnen zu sein, da ruft ihn der Pförtner zurück. Und drinnen warten schon zwei Bewaffnete. Oder: Er steigt beschwingt aus dem Moskauer Zug, sieht Lotte mit den beiden Mädchen auf dem Bahnsteig, sie rufen und winken ihm zu, da möchte jemand in Uniform seine Fahrkarte sehen. Nur der Ordnung halber. Und während er nach dem Papier in seiner Tasche kramt, herrscht ihn der Milizionär an mitzukommen …

In vielen langen Nächten hatte er sich die Szenen wieder und wieder ausgemalt. Nachdem sie ihn aus der Redaktion der «Nachrichten» entlassen hatten, war es nur noch eine Frage der Zeit. Er wusste es. Natürlich wusste er es. Sein Verstand sagte es ihm, aber glauben, nein, glauben konnte er es nicht. Warum sollten sie ihn verhaften? Ausgerechnet ihn? Einen deutschen Emigranten, der dieses Land mit Händen und Klauen gegen jeden Angriff verteidigt hätte, der dieses Land liebte. Ein Land, in dem jetzt unfassbare Dinge geschahen. Menschen verschwanden, Freunde wurden verhaftet, Familien auseinandergerissen. Ohne Grund. Keine Erklärung. Kein Sinn. Nie im Leben hätte er gedacht, dass so etwas möglich sei. Nun wusste er es. Er glaubte, vorbereitet zu sein. Doch jetzt, wo es laut und drängend an der Tür hämmerte, packte ihn Entsetzen.

Die Schwere im Kopf war verflogen. Er hatte am Abend zuvor ganz gegen seine Gewohnheit zu viel und vor allem durcheinandergetrunken. Wodka. Portwein. Sekt. Und als wäre das nicht schon schlimm genug, darauf noch einige Gläschen Selbstgebrannten, «Samogon». Man wird eben nicht jeden Tag dreißig. Für einen Augenblick sah er sich, Lotte und Friedrich in der Tür des winzigen Zimmers stehen. Die letzten Gäste waren weit nach Mitternacht gegangen. Ihr lautes Gackern klang durch das offene Fenster noch lange in der von friedlichen Gärten gesäumten Straße. Es war ein ausgelassenes Fest in Lottes Häuschen. Die Kinder hatte es nicht gestört, Lena und Larissa schliefen friedlich. Lena mit ihren vier Jahren, eigensinnig und mit einem unüberhörbaren Hang zum Altklugen, Larissa gerade sechs Monate alt, noch ein wehrloses Bündel.

Sie standen da und lächelten verlegen. Lotte, umrahmt von ihrem Exgeliebten und ihrem Exmann. Das hatte schon seine Komik. Und wenn der Geliebte genauso ex war wie der Ehemann, ließ das viel Raum für Deutungen. Vor allem aber für fürchterliche Szenen. Lotte war die Frau, die Lorenz immer noch liebte. Klug, schön, zart und stark. War er ihretwegen oder sie seinetwegen oder aus ganz anderen Gründen nach Engels gegangen? So genau ließ sich das nicht mehr rekonstruieren. War auch nicht so wichtig, solange sie nebeneinander lagen, sich in den Armen hielten, das reichte. Das hätte für ein ganzes Leben reichen können, seine Liebe auf jeden Fall.

Aber so einfach war es nicht. Da gab es ein Leben davor, und in diesem Leben spielte sein Freund Friedrich Wolf die entscheidende Rolle. Der Autor von «Professor Mamlock» und «Zyankali», diesen bekannten Mann liebte auch seine Frau. Früher, vor seiner Zeit. Lotte und Friedrich kannten sich aus Stuttgart. Die Studentin war am Anfang nur die Pionierleiterin seiner Söhne Markus und Konrad, später auch Freundin der Familie. Was Friedrich wörtlich nahm: Lotte wurde schwanger.

Als die Nazis an die Macht kamen, flohen sie gemeinsam durch halb Europa bis nach Moskau. Auf dieser Reise kam in der Schweiz die Tochter von Lotte und Friedrich Wolf zur Welt. Lena. Entbehrung und Wirren der Flucht ließen zunächst keinen Raum für eifersüchtige Ränke. Später in Moskau wurde es schwieriger: eine Zwei-Hotelzimmer-Wohnung für Geliebte samt Tochter plus Ehefrau und die gemeinsamen Söhne plus Familienoberhaupt. Ein reichlich ungewöhnlicher Zustand, im prüden Moskau der dreißiger Jahre. Doch der Schriftsteller brauchte für seinen politischen Kampf die nötige Inspiration, er brauchte Muse *und* Ehefrau. Das verstanden selbst die sowjetischen Genossen.

Und Lotte gab eine prächtige Muse. Ihr Foto, blond, voller Lebenslust, zierte eines Tages die Titelseite des «Stürmers». Als Sinnbild deutscher Weiblichkeit. Da war sie längst nach Moskau emigriert und hatte mit dem Juden Wolf ein Kind. Doch was auf den muffigen Gängen des Hotels «Lux», in dem sich die Oberschicht der politischen Emigranten einquartiert hatte, als amüsant erschien, entwickelte sich im Leben zur Hölle. Irgendwann hielt es Lotte nicht mehr aus. Sie wollte weg, am liebsten an eine Universität. Doch in Moskau schien das unmöglich. Von Lenins Frau erhielt sie schließlich Order, nach Engels zu gehen, dort, in der Wolgadeutschen Republik, könne sie Pädagogik studieren oder irgendetwas mit Kunst, Hauptsache, sie verschwand aus der Hauptstadt. Nadeshda Krupskaja mochte die Eskapaden der jungen Leute nicht.

Trotz Lottes Flucht von der Moskwa an die Wolga blieben die Verhältnisse ungeklärt. Der Umstand, dass Lena Friedrichs Kind und Larissa das von Lorenz war, schien noch am übersichtlichsten. Lorenz, dem die schöne Frau schon in Moskau aufgefallen war, musste sie in Engels nicht lange suchen. Theater, Universität, sie begegneten sich überall, verliebten sich. Heirateten an einem Wochentag, ganz proletarisch in der Mittagspause, und suchten sich ein kleines Haus, als Larissa geboren wurde. Lotte hatte eine letzte Dollar-Reserve, so konnten sie es bezahlen.

Ihrem rauschhaften Sommer folgten ebenso leidenschaftliche Zerwürfnisse. Friedrich fand die Turbulenzen der Jungvermählten eher erbaulich, eben Ausdruck überschäumender Leidenschaft. Worüber er sich in Briefen an Freunde auch offen ausließ. Das fiel ihm umso leichter, da mit der Hochzeit seine Verantwortung für die junge Frau und seine Tochter Lena auf Lorenz übergegangen war. Dass Lotte zwischendurch nach Moskau zu Friedrich abdampfte, um dann geläutert nach Engels zurückzukehren, trug bei Lorenz nicht gerade zur Vertrauensbildung bei. Wenn man ihr zuhörte, wollte man gerne glauben, dass in der Tat nichts passiert sei. Wenn man Wolf kannte, fiel einem das deutlich schwerer.

Lorenz war ein durch und durch romantischer Mann. Aber nicht blöd. Der schnellen Hochzeit folgte die eilige Scheidung. In Sowjetrussland machte man um derlei Formalitäten nicht viel Aufhebens. Keine Fragen, keine Erklärungen, ein amtlicher Stempel beglaubigte die Trennung. Lorenz verließ türenknallend das Haus, nahm sich ein Zimmer, um dann jeden Tag wie ein braver Ehemann mit Blumen zur Familie zu eilen. Wenn schon nicht Lottes Temperament, so hielten ihn doch Larissas blaue Augen.

Deine, meine, unsere. War das die freie Liebe? Die freie Liebe, von der die Revolutionäre immer träumten? Vor allem die männlichen. Selbst ein Lenin hatte eine Schwäche dafür. Der Bruch mit aller bürgerlichen Tradition des Zusammenlebens? Die Absage an alles, was einengte, auf Dauer band, erpressbar machte? Und doch nur Verantwortung hieß. Freie Liebe? Lorenz hätte sich da auf nichts festlegen wollen. Es hatte sich so ergeben. Das komplizierte Knäuel ihrer Beziehungen sah aus der inneren Sicht weniger aufregend aus. Zumal die Scheidung ganz praktische Vorteile bot, redete er sich ein. Falls einer verhaftet würde, konnte sich der andere um die Kinder kümmern. Ein naiver Gedanke.

An diesem Abend hatten sie feiern wollen. Die Einheimischen, die Kollegen, sie mochten den jungen Redakteur aus Deutschland. Das passierte nicht oft. Das Verhältnis zwischen den Deutschen von der Wolga und den Zugereisten war nicht gut, die «Reichsdeutschen» galten als überheblich. Wer von der Komintern, der kommunistischen Weltzentrale, aus Moskau kam, besaß meist Anspruch auf die guten Posten. Das konnte den Alteingesessenen in Engels nicht gefallen. Auch wenn die Neuen vielleicht zehnmal gebildeter waren, mit ihren Universitätsabschlüssen glänzten. Warum ihnen nun gerade Lorenz als willkommen galt, darüber konnte auch er nur spekulieren. Vielleicht gefiel ihnen die offene Art, seine Herkunft aus einer Bergarbeiterfamilie im Ruhrgebiet. Gesagt hat es ihm keiner, offiziell gab es das Thema nicht. Jedenfalls wussten seine Kollegen, dass sich der einstige Schlosser vor dem Studium an der Moskauer Westuniversität auf den Baustellen im Kohlerevier des Donbass und im Kaukasus nicht geschont hatte. Manchmal erzählte Lorenz vom Brückenbau am Kuban, wie sie in der Höhe hingen, notdürftig von Seilen gesichert, unter ihnen der reißende Fluss.

So kamen sie am Abend, um einen der Ihren zu feiern. Kollegen, Freunde aus dem Theater, Mitarbeiter des Verlages, in dem Lotte eine Arbeit gefunden hatte. An der langen, mit weißen Bettlaken bedeckten Tafel saß fast die gesamte Redaktion. Das war nicht selbstverständlich. Lorenz galt nach seiner Entlassung als Aussätziger. Wer zu ihm kam, riskierte einiges.

Die «Nachrichten», die deutschsprachige Zeitung der Wolgarepublik, war für die meisten Einheimischen die einzige Möglichkeit, täglich etwas in ihrer Muttersprache zu lesen. Wohltuend in einer Welt, die ihnen zunehmend mit Misstrauen begegnete. Ganze Generationen hielten es für einen Segen, dass Katharina die Große einst Bauern aus der Pfalz, aus Baden oder Hessen ins Land geholt hatte, die Steppe urbar zu machen. Jetzt schlug die Wertschätzung in Neid und Hass um. Hatte man die Hungersnöte der Kollektivierung noch gemeinsam mit den Russen erlitten, bei der nicht nur die Großbauern enteignet wurden, sondern oft genug die letzte Kuh der Witwe in Staatsbesitz überging, bröckelte jetzt das Gemeinschaftsgefühl. Die deutschen Dörfer galten als reich und aufgeräumt. Angesichts des heraufziehenden Krieges mit Hitler-Deutschland gerieten die Wolgadeutschen unter Generalverdacht. Es begann ein Exodus biblischen Ausmaßes. Wer nicht sofort erschossen wurde, füllte die endlosen Menschentrecks nach Sibirien, nach Zentralasien. Viele überlebten den Todesmarsch nicht.

Doch an diesem Abend waren weder Krieg noch die katastrophale Versorgung ein Thema. Die Gastgeber hatten vorgesorgt. Über Wochen sparten Lotte und Lorenz für das Fest Lebensmittel auf, manches kauften sie zu Wucherpreisen auf dem Basar. Der Tisch bog sich unter der «Sakuska», der typischen Mischung von Speisen, die bei keinem russischen Trinken fehlen durfte. Der Volksmund war davon überzeugt, ohne Sakuska verkommt jede Feier zum Besäufnis. Selbst die härtesten Säufer fanden es unter ihrer Würde, allein und ohne etwas «zum Zubeißen» eine Wodkaflasche zu leeren. Trinken hieß in Russland immer Trinken in Gemeinschaft und mit etwas dazu. Sakuska konnte alles sein: eine saure Gurke, ein Kanten Schwarzbrot oder der Klassiker schlechthin, ein Hering. Bei Lotte und Lorenz gab es an diesem Abend mit Dill und Zwiebellauch dekorierte Teller voller Blini, marinierter Pilze, Tomaten und scharf gebratener Frikadellen. Und über all dem thronte der König aller russischen Flüsse: ein fetter Wolga-Stör. Am Ende blieb kein einziges Stück übrig. Nur die lange Gräte erinnerte daran, dass es ihn gegeben hatte. Selbst der Kopf war verschwunden. Bobik hieß der Dieb, der ansonsten treue Haushund, eine Mischung aus Schäferhund und erster oder zweiter Gasse.

Doch das war gestern. Oder zumindest vor dem Schlaf. Jetzt hämmerte es wie verrückt an die Tür. Man hörte dumpfe Flüche und das Scharren schwerer Stiefel. Lorenz drehte den Schlüssel um, zog den Eisenriegel zurück. Die Tür flog unter einem Fußtritt auf.

«Was zum Teufel …», schnauzte es ihm ins Gesicht.

Vor ihm standen zwei Rotarmisten mit dem vertrauten rubinfarbenen Stern auf der Budjonny-Mütze. Diesen wundersamen olivgrünen Tüten auf dem Kopf, die zum Symbol der siegreichen Roten über die Weißen, samt ihren deutschen oder englischen Verbündeten, wurden. Die Soldaten hatten, wütend vom langen Warten, ihre Gewehre im Anschlag. Zwischen ihnen stand ein schwarz gekleideter Mann. Er hielt seine Hand an der offenen Pistolentasche. Auch ohne die schwarze Lederjacke, die Stiefel und die ebenfalls mit einem roten Stern versehene Schirmmütze wäre klar gewesen, um welchen Besuch es sich handelte.

«Grashdanin Longofen?», fragte der Mann in Schwarz und schob Lorenz beiseite, ohne die Antwort abzuwarten.

«Bürger Lochthofen», übersetzte Lorenz automatisch im Kopf. Allein diese Anrede zeigte ihm, dass er nicht mehr Teil eines großen Ganzen, sondern ausgestoßen war. Das Kollektiv der «Genossen», das den Rhythmus des Lebens im Land bestimmte, hatte sich von ihm abgewandt. Um diesen «Bürger» wehte es jetzt kalt und teilnahmslos.

Der Mann in der Lederjacke trat festen Schritts in das Zimmer. Auf dem Korridor blieb es still. Der Hausmeister, der offenbar die Außentür aufgeschlossen hatte, hielt sich im Hintergrund. Kein Mitbewohner schaute aus der Tür. Alle wussten Bescheid. Ab morgen war ein Zimmer zu vermieten.

«Packen Sie ein paar Sachen und kommen Sie mit.»

Der Geheimdienstler sprach die Worte gereizt und herablassend aus. Jede Bewegung ließ erkennen, der Vorgang war Routine. Er musste den Soldaten nichts befehlen, sie mussten ihn nichts fragen. Der eine schob Lorenz mit dem Gewehrkolben tiefer ins Zimmer, der andere schloss die Tür.

Lorenz fragte mit gepresster Stimme, was gegen ihn vorliege, ob er den Haftbefehl sehen könne.

«Das erfahren Sie in der Zentrale.»

Die Antwort des NKWD-Offiziers kam prompt und klang wie einstudiert: «Wir halten nichts von dieser bürgerlichen Zettelwirtschaft!» Sicher wusste der Mann nur den Namen und die Adresse dessen, den er mitbringen sollte. Den Rest übernahmen die Genossen vom örtlichen NKWD-Quartier. Das Kommissariat für Inneres hatte die Nachfolge der Staatlichen Politischen Verwaltung (GPU) und der Außerordentlichen Kommission, der Tscheka, des ersten Staatssicherheitsdiensts der Sowjetmacht, angetreten. Diese Tradition sollte später der KGB ungebrochen fortsetzen.

Der Geheimdienstler riss die Tür des einzigen Schranks im Zimmer auf, nach und nach flog dessen Inhalt auf den Boden. Hemden, Hosen, Jacken … Lorenz schaute stumm zu. Er dachte daran, dass Lotte ihn zum Frühstück erwartete, ihn und Friedrich. Doch das würden sie wohl jetzt allein einnehmen müssen. Lotte und Wolf.

Lorenz holte den Koffer unter dem Bett hervor, packte Wäsche und einen dicken Pullover ein. Auf die Frage, für wie lange die Sachen reichen sollten, kam die trockene Antwort:

«Sie brauchen nur das Nötigste. Dort, wohin wir Sie bringen, ist für Sie gesorgt.»

Der Mann in der Lederjacke schaute nun das Bücherbord über dem Bett durch. Lorenz wusste, was er suchte. Und einiges davon stand auf dem Brett. Lenin, Marx und Luxemburg bedeuteten keine Gefahr. Aber Kautsky? Dazu noch in deutscher Sprache? Irgendwie hätte man es vielleicht erklären können. Lenin hatte sich viel mit dem «Renegaten» herumgeschlagen, Quellenstudium wäre also eine Begründung, etwas schlicht zwar, aber immerhin. Bei Sinowjew und Bucharin, zwei überführten «Abweichlern», der eine zu «links», der andere zu «rechts», gab es dagegen nichts zu erklären. Den einen erschossen sie nach einem Schauprozess, obwohl er Stalin bei seinen Intrigen gegen Trotzki tatkräftig unterstützt hatte, der andere wartete darauf, dass mit ihm das Gleiche geschah. Wer Bücher von beiden in seinem Haus hatte, konnte kein guter Genosse sein.

Einen Band nach dem anderen warf der Mann vom Bücherbrett. Doch weder Bucharin noch Sinowjew schienen ihn zu interessieren. Lorenz konnte das nicht verstehen. Für einen Moment vergaß er fast die Bedrohlichkeit der Situation, gebannt schaute er zu, wie seine Bücher bewertet wurden. Nur ein einziges dünnes Heft blieb in den Händen des Geheimdienstlers und wurde für wichtig genug befunden, um mitgenommen zu werden: Reden und Aufsätze J. W. Stalins aus den zwanziger Jahren.

Ungläubig sah Lorenz den NKWD-Mann an. Stand jetzt auch Stalin auf dem Index? Das passte nicht zusammen. Hatte seine Verehrung nicht längst alle bis dahin bekannten Dimensionen gesprengt, ja religiöse Formen angenommen? Nun sollte also selbst der Führer aller friedliebenden Völker ein verbotener Autor sein? Vielleicht war der NKWD-Mann ja übergeschnappt. Stalin verdächtigen? Unmöglich. Lange genug hatte er selbst zu jener kritiklosen Masse gehört, die, wenn es um die Schuld an all den grausamen Vorgängen ging, sie namenlosen Funktionären zuschrieb, aber nicht doch «Väterchen» Stalin. Das war vorbei. Dennoch konnte sich Lorenz das Verhalten des NKWD-Mannes nicht erklären.

Erst viel später sollte er begreifen, warum gerade dieses unscheinbare, in grauen Umschlagkarton gepresste Büchlein unbedingt aus der Öffentlichkeit zu verschwinden hatte. Es stammte aus der Zeit, als Stalin öffentlich Buße tun musste. Nach Lenins vernichtender Kritik in seinem als «Testament» bekannten Brief, in dem er die Grobheit und den Machtmissbrauch des Georgiers offen anprangerte, gelobte dieser Besserung. Stalin gestand Fehler ein, schwarz auf weiß. Davon konnte in der Sowjetunion des Jahres 1937 keine Rede mehr sein.

Als Lorenz sich angezogen hatte, drängten ihn die Wachleute

zum Ausgang. Sie wollten offensichtlich weg sein, noch ehe die ersten Hausbewohner zur Arbeit gingen. Zeugen, Fragen, Aufsehen, das mochten sie nicht. Kaum traten sie aus der Haustür, ließ der LKW-Fahrer den Motor heulen. Doch in keinem Fenster der umliegenden Häuser flackerte Licht auf. Neugier konnte in diesen Zeiten tödlich sein. Auch so wusste jeder, was da gerade geschah. Lorenz wandte sich zögernd an den Offizier.

«Sie haben mich den Geburtstag seelenruhig feiern lassen und sind erst am Morgen gekommen. Warum?»

«Wir sind doch keine Unmenschen!»

Der NKWD-Mann grinste, die Soldaten bedeuteten dem Gefangenen, endlich in den vergitterten Kasten zu steigen.

Der «Schwarze Rabe» setzte sich knatternd in Bewegung.

Eine kurze Fahrt. Das Auto bog ein letztes Mal ab, dann hörte man die Flügel eines Eisentors aufeinanderschlagen. Die Soldaten sprangen aus dem Wagen. Lorenz fand sich auf einem von Scheinwerfern grell erleuchteten Hof. Obwohl sich der Tag gerade erst zaghaft über den Dächern andeutete, herrschte aufgeregte Geschäftigkeit. Er war offensichtlich nicht der Einzige, den sie in dieser Nacht geholt hatten. Am «Empfang», wo man die wenigen Habseligkeiten der Ankömmlinge durchkämmte, ihnen Gürtel, Schnürsenkel und Taschenmesser abnahm, gab es Gedränge. Die Wachen hatten Mühe, die Gespräche zwischen den Gefangenen zu unterbinden. Ihr «Schnauze halten!» beherrschte den Raum.

Als die Personalien aufgenommen waren, verlangte Lorenz, die Anklage zu hören und einem Richter vorgeführt zu werden. Der diensthabende Offizier schaute ihn erst verwundert an, dann belegte er ihn mit einem derben Fluch. Auch die Frage nach dem Namen des Staatsanwalts, der den Haftbefehl unterschrieben hatte, blieb unbeantwortet. Stattdessen rief der Diensthabende einen Wachmann.

«Nimm den Intelligentik mit, sonst vergesse ich mich!»

Der Wachmann packte Lorenz am Ellenbogen und schob ihn auf den Gang hinaus.

«Wenn du nicht willst, dass sie dir die Zähne gleich hier ausschlagen, dann halt das Maul.»

Er führte ihn über dunkle Korridore, Treppen hinauf und wieder hinunter. Dann endlich standen sie vor der gesuchten Tür. Das Schloss knarrte. Lorenz trat ein.

Die Tür schlug zu.

II

«... der Mistkerl blutete wie eine angestochene Sau. Ich hatte ihm das Messer bis zum Anschlag unter die Rippen gejagt...»

Ein glatzköpfiger Fettwanst, der breitbeinig direkt auf dem Steinboden saß, machte trotz seiner Fülle eine blitzartige Bewegung, so als würde er gerade in diesem Augenblick jemanden abstechen. Auf seinem entblößten Oberkörper glänzte der Schweiß im fahlen Licht. Die Speckringe und der schwabbelige Bauch ließen vermuten, der Mann saß noch nicht lange hier. Um ihn herum hockten dicht gedrängt zehn oder zwölf weitere Gestalten, alle nur mit Hosen bekleidet. Das Ganze erinnerte an ein kannibalisches Ritual.

Lorenz starrte wie gelähmt auf die Gruppe. Da waren sie, die Urki, wie die Kriminellen im Volk hießen. Er hatte einiges von ihren grausamen Sitten gehört. Trotz des endlosen Geredes vom neuen sozialistischen Menschen blühte im Heimatland aller Werktätigen die Kriminalität. Menschen wurden für ein paar Rubel umgebracht, der Schwarzmarkt erreichte nie gekannte Ausmaße, von der Streichholzschachtel bis zum Professorentitel, alles wurde verschoben, und die Unterwelt verdiente daran. Kein Wunder, die Staatsmacht war mit dem täglichen Terror gegen die eigene Bevölkerung ausgelastet. Oft genug dienten die Kriminellen als Druckmittel gegen die Politischen. Wie zum Hohn hießen Mörder, Kinderschänder und Diebe im offiziellen Jargon der Partei «Freunde des Volkes», während jeder, der nach einem politischen Paragraphen verurteilt war, als «Feind des Volkes» galt. Dementsprechend fiel die Behandlung in den Gefängnissen und Lagern aus. Die Kriminellen bekamen Posten, die das Überleben sicherten. Sie herrschten über die Kammern, in denen die Sachen getrocknet wurden oder wachten darüber, dass das Feuer im Kanonenofen der Baracke nicht ausging. Die Politischen rückten aus in die vereiste Taiga, Holz einzuschlagen.

Die bevorzugte Stellung der Ganoven hinderte diese aber nicht daran, sich untereinander blutig zu befehden. Die Urki teilten sich in zwei Syndikate: die «Sutschenye», «die Hündischen», und die «Sakonniki», «die Diebe im Gesetz», die nach einem strengen inneren Kodex lebten. Die ersten dienten sich beim Gefängnis- oder Lagerpersonal an, kollaborierten mit dem NKWD. Die anderen weigerten sich oft genug, überhaupt zu arbeiten, jegliche Beziehung zu Miliz oder Geheimpolizei lehnten sie ab. Geschickt spielte das Gefängnispersonal die einen gegen die anderen aus und beide zusammen gegen die Politischen. Wer nicht spurte, kam «zufällig» in die falsche Zelle. Das bedeutete den sicheren Tod.

In den Syndikaten selbst herrschte eine eiserne Hierarchie. An der Spitze standen die Atamane, die sich ihren Titel von den Kosaken ausgeliehen hatten. Als Fußvolk dienten die «Schpana». Die Bezeichnung könnte aus dem Deutschen entliehen sein. Ein Schpana hatte seinem Chef bedingungslos zu gehorchen, wurde also «eingespannt» und der geringste Widerspruch grausam bestraft.

Waren das nun «Diebe im Gesetz» oder doch die anderen, denen sich Lorenz jetzt gegenübersah? Er wusste es nicht. Woher auch? Im Grunde war es egal. Es gab kein Entrinnen. Die einen waren mit Sicherheit so gefährlich wie die anderen. Unentschlossen blieb er stehen, die Tür im Rücken. Der Fettwanst fuhr mit seiner Erzählung fort.

«Ich hatte einem Freier gerade die Hose abgenommen, passte wie angegossen. Der alte Bock war froh, dass ich ihm die Unterwäsche ließ, so musste er nicht nackig auf die Straße.»

Die Zuhörer johlten.

«Aber leider hatte ich Pech. Da lief mir doch dieser Einäugige über den Weg. Unglaublich, die Kanaille traute sich in mein Revier. Da gab's nur eins: Messer raus. Im Nu war alles von oben bis unten voller Blut. Es lief warm am Bein runter. Eklig. Hab vor Wut gleich noch mal und noch mal zugestochen. Könnt ihr euch das vorstellen? Die neue Hose …»

Der Mann machte eine Pause und drehte sich um.

«He, du da, was gaffst du hier rum?»

Lorenz zuckte zusammen. Sein Plan, so unauffällig wie möglich einen Platz zu finden, ging nicht auf.

«Unter die Pritsche mit dir, Hundesohn. Und wag ja nicht vorzukommen», knurrte der Urka.

Die Eisentür im Rücken, konnte Lorenz hoffen, wenigstens den ersten Ansturm zu überstehen. Auch wenn er unterlegen war, ganz ohne Widerstand wollte er sich dem Schicksal nicht fügen.

Für einen Moment herrschte Stille. Alle Blicke waren auf den Neuen gerichtet. In der Zelle, die vielleicht für vier oder fünf Sträflinge ausgelegt war, mochten fast zwanzig sitzen. Sie standen auf und rückten langsam auf ihn zu. Näher und immer näher. Nach den Wärtern zu rufen hatte keinen Sinn. Die waren lange weg. Er hatte gehört, wie ihre Schritte auf dem Gang immer leiser wurden. Außerdem bezweifelte er, dass sie ihm zu Hilfe kämen. Bis jemand mitkriegte, was hier ablief, wäre es vorbei.

«Lorenz?!», hörte er plötzlich aus der anderen Ecke der Zelle etwas unentschlossen seinen Namen.

Die Urki beiseiteschiebend, kam ein Mann auf ihn zu. Er war untersetzt und ging dennoch leicht, ja fast elegant. Die schwarze Haarpracht und der Rauschebart ließen ihn südländisch und sehr vertraut erscheinen.

Ein bekanntes Gesicht. Hier? Hier in der Zelle? Kein Zweifel, Lorenz kannte den Mann. Er dirigierte das Sinfonieorchester von Engels und stand in dem Ruf, ein begabter Interpret Tschaikowskis zu sein, sogar in Moskau hatte er schon ein, zwei Gastspiele gegeben. Man traf sich im Theater, wechselte ein paar Worte, grüßte die Gattin. Für den Dirigenten war es von Vorteil, den Feuilletonchef der wichtigsten Zeitung am Platze in seinem Bekanntenkreis zu wissen. Die Arbeit als Theaterkritiker gefiel Lorenz, ohnehin versäumte er keine Premiere in der Stadt. So stimmte der Chefredakteur dem Wechsel vom Posten des Redaktionssekretärs ins Kulturressort zu. Seine Kritik der «Nora»-Aufführung, in der Regie von

Maxim Vallentin, brachte ihm weit über Engels hinaus Anerkennung.

Das freute Lorenz, er schrieb Geschichten und Gedichte. Während des Studiums hatte er damit begonnen, unter den Exilliteraten in Moskau galt er bald als Talent. Der Preis, den er für eines seiner Gedichte erhielt und die Ermunterung eines Egon Erwin Kisch, dem er nach einer Vorlesung ein paar Manuskriptseiten in die Hand gedrückt hatte, unbedingt dem Schreiben treu zu bleiben, bestärkten ihn. Er saß nun immer in der ersten Reihe, wenn der Meister der Reportage am Pult zu reden anhob. Und das, obwohl Kischs Vorlesungen die schiere Langeweile verströmten. Wie vielen exzellenten Schreibern fiel dem Naturtalent aus Prag das Referieren vor Publikum schwer. Er quälte sich, stotterte etwas und hoffte mit dem Auditorium, die Stunde möge bald vorüber sein. Wenn die Unruhe im Hörsaal zu groß wurde, holte Kisch die korrigierte Fahne eines neuen Textes hervor und begann zu lesen. Schlagartig wurde es still. Jetzt begriff jeder, warum Kisch Kisch war.

Friedrich Wolf war da ein ganz anderer Typ. Das wusste Lorenz schon seit ihrer ersten Begegnung im «Lux». Ernst Thälmann hatte zu einem Abend geladen, und Lorenz rutschte in der Gesellschaft eines Freundes hinein. Eine gute Gelegenheit, endlich wieder einmal richtig zu essen, die Verpflegung in der Mensa der Westuniversität war grässlich bis ungenießbar. Natürlich konnte man an solchen Abenden auch wichtigen Leuten begegnen. So wurde Lorenz tatsächlich dem Gastgeber vorgestellt und fiel sogleich unangenehm auf. Er sprach Thälmann nicht mit dem unter deutschen Genossen üblichen «Du», sondern vorsichtshalber mit «Sie» an, was den KPD-Vorsitzenden in Rage versetzte.

«Wieso Sie? Bin ich dir der Kaiser von China?!»

Lorenz stotterte eine Entschuldigung, aber da war Thälmann schon weiter. Im Hintergrund stand Wolf und grinste.

«Mach dir nichts draus, der ist heute nicht gut aufgelegt. Die Genossen in Moskau haben ihm wieder einmal erklärt, wie es in Deutschland wirklich aussieht. Du kennst sie ja. Die wissen schon aus Prinzip alles besser. Dabei ist die Lage beschissen. Und das ist noch geprahlt. Die Weisheit der Moskauer Genossen verkraftet man nicht jeden Tag. Glaub mir, mit dir hat seine Laune nichts zu tun.»

Wolf fand Interesse an dem jungen Mann aus dem Pott, vor allem weil er wusste, dass Lorenz nach dem Studium bei der Zeitung in Engels anfangen sollte. Er konnte einen Getreuen in der Redaktion gut brauchen. Schließlich war das Theater an der Wolga einer der Hauptabnehmer seiner Stücke. Später gingen der Schriftsteller und der frischbestellte Redakteur auf ausgedehnte Reportagereisen. Lorenz hatte zwei wichtige Vorzüge: Er konnte Russisch, und er konnte noch besser die Klappe halten. Denn neben den jungen Schauspielerinnen förderte Wolf gerne auch die jungen Kolchosbäuerinnen. Lorenz sollte es recht sein. Alles, was die Bande zwischen Friedrich und Lotte schwächte, kam ihm gelegen. Es war kein Zufall, dass, wann immer sie in einer Kolchose abstiegen, um das Heldenepos der Arbeit zu singen, Lorenz beim Kolchosvorsitzenden und Wolf im Wohnheim für ledige Bäuerinnen nächtigte. Während die Frau des Kolchos-Chefs den Redakteur mit Piroggen mästete, wurde Wolf anderweitig verwöhnt. Das hieß dann bei den beiden Reisenden: den Kolchosbäuerinnen die Beschlüsse der Komintern erklären. Manchmal dauerte so ein Seminar Tage.

So kam es, dass Lorenz nicht nur die Literaten und die Regisseure, sondern das gesamte Ensemble des Theaters, einschließlich der Musiker, zu seinem erweiterten Bekanntenkreis zählte. Sie alle gehörten zur örtlichen Intelligenzija, von der es in einem Provinznest wie Engels nicht all zu viel gab. Jemanden aus dieser Welt in einer schmutzigen, stickigen Zelle wiederzutreffen, das schien unwirklich und eine Erleichterung zugleich. Er war also nicht allein.

«Haben Sie keine Angst, Lorenz Lorenzowitsch», der Dirigent lächelte dem Neuen zu, «das sind keine Urki. Wie überhaupt in dieser Zelle keine Kriminellen sitzen. Ausnahmslos Politische. Und das Theater bei Ihrem Einzug ins Schloss, das müssen Sie

schon verstehen, ist eine reine Vorsichtsmaßnahme gegen ungebetene Gäste. Sie können es sich ja vorstellen, die kennen nur eine
Sprache.» Er deutete mit der flachen Hand auf seinen Hals.

Plötzlich sah Lorenz lauter freundliche Gesichter um sich. Selbst
der Dicke, der gerade noch martialisch in seine Richtung vorge-
rückt war, nickte freundlich. Der Dirigent fing seinen immer noch
skeptischen Blick auf.

«Glauben Sie mir, Lorenz, Anton tut keiner Fliege etwas. Im Gegenteil. Normalerweise ist er Mediziner, hier, im städtischen Kran-
kenhaus. Oder sagen wir es genauer, er war es bis vor kurzem. Bis
zu seiner Verhaftung. So wie ich noch vergangene Woche Orches-
terleiter war...»

Er schluckte, für einen Moment schien er die Fassung zu verlieren, aber dann fuhr er in abgeklärtem Ton fort:

«Wir haben beschlossen, dass er am überzeugendsten einen
Verbrecher geben kann. Natürlich ist die Geschichte, die er vorhin
aufgetischt hat, frei erfunden. Seien Sie sicher, er hat keinen auf-
geschlitzt. Hauptsache, so ein Ganove, falls er sich denn in unsere
Herberge verirrt, hat gleich die Hosen voll. Verstehen Sie?»

«Aber warum sitzen die hier alle halbnackt? Gehört das auch zur
Maskerade?»

«Nein, nein. Das ist echt. Die vielen Menschen auf so engem
Raum heizen auch ohne Ofen. Sie werden es schon merken, Lorenz Lorenzowitsch, es wird hier sehr warm. Wenn Sie so wollen:
ein animalisches Kraftwerk.»

Die Erklärung schien überzeugend, dennoch blieb Lorenz vorsichtig. Vielleicht waren unter den Insassen doch Kriminelle. Von
zwanzig Leuten konnten nicht alle unschuldig sein. Unmöglich.

Der Dirigent sah sein Misstrauen.

«Nu, so ist es richtig. Bleiben Sie wachsam. Die Feinde lauern
überall.» Er neigte sich mit verschwörerischer Miene zu Lorenz.

«Sie wissen doch, der Klassenkampf, der spitzt sich immer mehr
zu. Von Tag zu Tag. Wo der Genosse Stalin recht hat, hat er recht.
Er tut ja auch nach Kräften etwas dafür. So gesehen, sollten Sie Ihre

Verhaftung nicht persönlich nehmen. Die große Geschichte spaziert gerade durch Ihr Leben. Wo gibt es so etwas sonst noch? Kostenlos? Aber glauben Sie mir, in ein paar Tagen sind Sie schlauer. Uns allen ging es so oder so ähnlich.»

Die Männer hatten sich wieder auf ihre Plätze gesetzt, sie wollten nun Neuigkeiten von draußen hören. Was gab es im Theater? Wen hatten sie noch verhaftet? Auch die Lage in Spanien interessierte die Gefangenen. Wie stark war Franco? Und die Interbrigaden? Trotz ihrer misslichen Lage ließ sie die politische Entwicklung nicht kalt. Der Spanienkrieg elektrisierte das Land, hoffte man doch, die Isolation Sowjetrusslands könne endlich aufgebrochen werden. Aber der Traum war längst ausgeträumt, es würde kein sozialistisches Spanien geben. Wer zu denken vermochte, wusste das. Es offen auszusprechen, wagte niemand.

So hoffnungsvoll ihn die Häftlinge auch anstarrten, Lorenz hielt «die Zunge hinter den Zähnen», wie es ein russisches Sprichwort dringend riet. Seine Antworten klangen wie Verlautbarungen aus der «Prawda». Die Gefangenen winkten bald ab. Der war zwar ein Redakteur, aber etwas Vernünftiges aus ihm herauszukriegen schien unmöglich.

Der innere Lernprozess dauerte genau drei Tage. Dann war auch Lorenz klar, dass alle, ausnahmslos alle, die mit ihm in der Zelle saßen, genauso schuldig waren wie er. Also unschuldig. Drei Tage, das war gut. Andere brauchten länger. Manche glaubten bis zuletzt, dass der große Stalin von all den Verbrechen nichts wusste. Ja, nichts wissen konnte. Viele bezahlten diesen Irrtum mit dem Leben.

So saßen in der Zelle außer dem Dirigenten und dem Arzt ein Buchhalter des Stadtsowjets, ein Filmvorführer aus dem Kino, ein Instrukteur der örtlichen Feuerwehr und auch ein Mathematiklehrer. Letzterer war ein sonderbarer Mensch, der sich stets etwas abseits hielt, soweit dies auf dem engen Raum möglich war. Er hatte ein fahles, längliches Gesicht, mit einer für seine magere Gestalt bemerkenswerten Nase. Aus seinem grauen Unterhemd – das karierte Oberhemd hatte er säuberlich gefaltet auf der Pritsche liegen – stachen an der Brust und unter den Armen ganze Büschel von Haaren hervor. Er fragte nichts, er sagte nichts. Den ganzen Tag hockte er auf den Knien, gebeugt über einen Holzschemel. Er schrieb, verwarf das Geschriebene und schrieb aufs Neue.

Es war ein Brief an den Genossen Stalin. Die zehnte, die fünfzehnte oder die fünfzigste Fassung – keiner wusste es. Er auch nicht. Grigori Maximowitsch, mit Nachnamen Krütschkow oder Krükow, hatte für seine letzten Rubel einem Wärter ein Heft und einen zerbissenen Kopierstift abgekauft. Der Besitz von Schreibzeug war Gefangenen verboten, aber wenn es um ein Geschäft ging, konnte man bei der Wachmannschaft alles bekommen. Vorausgesetzt, man hatte es geschafft, ein paar Scheine in die Zelle zu schmuggeln.

So kauerte der Lehrer vor dem Hocker und überlegte, mit welchen Worten er wohl am ehesten das Herz des Vaters aller Völker erweichen könnte. Er war tief davon überzeugt, dass der geniale Bannerträger der Menschheit nicht wusste, ja, nicht wissen konnte, welche Ungerechtigkeit ihm und vielen anderen ehrlichen Erbauern des Kommunismus widerfahren war. Also galt es, ihm im fernen Kreml eine Botschaft zu übermitteln. Dann würde der Zorn des Genossen Stalin die Missetäter mit aller Härte treffen, und er, Grigori Maximowitsch, würde als Held in die Geschichte eingehen. Vielleicht sogar als Held der Arbeit. Manchmal, vor dem Einschlafen, sah er sich mit dem Orden an seiner Brust über den Boulevard spazieren. Und alle Menschen grüßten ihn freudig. Der Glaube an den guten Zaren im fernen Moskau, dieser Glaube schien in diesem Volk unausrottbar.

Auf den Spott seiner Zellennachbarn reagierte der Lehrer nicht. Auf ungebetene Empfehlungen auch nicht. Er kannte seine ganz persönliche Mission und war ihr mit seinem ganzen Wesen verfallen. Mochten sie nur lachen, ohne seinen Brief kämen sie aus dem Loch nie mehr heraus. So blieb er auch ungerührt, als der Veterinär Schukow, den in der Zelle alle nur Tolik nannten, auf seinem täglichen Marsch von einer Zellenwand zur anderen vor dem Schreibtischhocker stehen blieb.

«Grischa, ah, Grischa? Hörst du mich? Grischa?»

Doch Grigori Maximowitsch hörte ihn nicht. Oder er wollte ihn nicht hören. Jedenfalls zuckte er nicht. Der Tierarzt, der eher wie ein Preisboxer aussah, ließ nicht locker. Lorenz verstand schnell, es war nicht das erste Gespräch zwischen den beiden, vielmehr klang es wie ein Stück aus einem Fortsetzungsroman.

Tolik gehörte zu den Starostas, den Ältesten der Zelle. Er saß seit mehreren Monaten, ohne dass sich in seiner Sache etwas bewegt hätte. Sein Vergehen war die Maul- und Klauenseuche. Die konnte er in den Kolchosen südlich von Engels, auf der Wiesenseite der Wolga, nicht besiegen. Wie hätte er das auch schaffen können? Die Bauern hielten seine Hygienevorschriften für neunmalkluges Gerede. Solch dummes Zeug konnte nur einem Städter einfallen. Es begab sich, dass er eine Horde von ihnen im Stall mit einer Flasche Selbstgebranntem erwischte. Ein schmächtiges Kerlchen in verdreckter Wattejacke schwang gerade eine große Rede: «Schau an, die Obrigkeit hat sich einen Viehdoktor zugelegt», kam es aus dem zahnlosen Mund. «Extra für die Rindviecher. Und, was hat's genutzt? Sie sterben wie die Fliegen. War früher so, wird auch so bleiben …» Der Tierarzt schmiss die Schnapsflasche an die Wand und jagte die Bande hinaus an die Arbeit. Die Säufer revanchierten sich mit einem Wink an den NKWD. Der Rest war Routine.

«Grischa, ich weiß, dass du mich hörst», der Tierarzt suchte den Blick des Lehrers.

«Grischa, glaube mir, mit deinem Schrieb wird sich der Gefängnisdirektor, auf dessen Tisch das Ding mit Sicherheit landet, nicht einmal den Hintern abwischen. Im Gegensatz zur Zeitung ist das Papier zu glatt. Man reibt sich nur den Arsch wund. Und weiter, Brüderchen, das kannst du mir glauben, kommt dein Brief nicht. Die fischen alles raus. Jeden Zettel, verstehst du?»

Der Lehrer schaute traurig auf. Für einen Moment schien er zu überlegen, ob es Sinn hätte, alle Hoffnung in das Stückchen Papier zu stecken. Dann sah er wieder auf sein kariertes Blatt, auf die einzige Zeile, die ganz oben am Rand stand, und flüsterte die drei Worte:

«Hochverehrter Genosse Stalin!»

Allein über die Anrede und das Ausrufungszeichen hatte er zwei Tage nachgedacht. Wie spricht man solch eine bedeutende Persönlichkeit an? In der Schule lernt man das nicht. Genosse Stalin ist ja nicht die Schwiegermutter. Der kannst du schreiben: «Liebe Darja Iwanowna, Dein Paket mit den Wollsocken und der Kirschkonfitüre ist angekommen. Leider erwies sich das Glas als nicht ganz dicht...»

Es ist ja auch kein Antrag an den Stadtsowjet, in dem man den Vorsitzenden um ein etwas geräumigeres Zimmer für seine fünfköpfige Familie bittet. Solange die Kinder klein waren, ging es ja noch. Aber jetzt? Sechzehn Quadratmeter sind wirklich nicht viel. Daneben residiert die Witwe des Buchhalters Pankin und denkt nicht daran, sich etwas zu bescheiden. Pankin ist gestorben, dem standen sicherlich zwanzig zu. Aber doch nicht der Witwe...

Vielleicht «Teuerster»? Geht auch nicht. «Teuerster» ist zu familiär. Das kann er seinem Vetter auf dem Lande schreiben, wenn er ihn bittet, aus dem Garten der Großeltern von den Antonowka-Äpfeln etwas zu schicken. Aber für den großen Führer, nein, für den ist das nichts. Also «Hochverehrter Genosse Stalin». Erst hatte er danach ein Ausrufungszeichen gesetzt. Aber das sah ganz unmöglich aus. *Ein* Ausrufezeichen war das Mindeste, etwas für einen normal Sterblichen. Aber dieser Brief ging an Stalin. An STALIN! Er setzte noch eins dazu. Das sah schon deutlich besser aus. Auch die Großbuchstaben. Ja, STALIN konnte man eigentlich nur in Großbuchstaben schreiben. Kleine Buchstaben waren etwas für kleine Leute. Aber er schrieb an den großen STALIN. Was wäre mit einem dritten Ausrufezeichen? Die Kirche hatte es ja nicht umsonst mit der Drei.... Vater, Sohn und dann noch der Heilige Geist. Ist der Genosse STALIN etwa weniger?

Grigori Maximowitsch seufzte tief. Die Anrede war schon

schwer genug, wie sollte da der erste Satz gelingen? Und auf den kam es an. Der entschied alles. Sicher lag es an dem falschen ersten Satz, dass all seine anderen Briefe ohne Antwort geblieben waren. Wenn der große Lenker, der sich täglich um die Geschicke der ganzen Welt, um den Aufbau des Kommunismus, um das Ausmerzen der Feinde der Arbeiterklasse kümmerte, den Brief auf seinem Schreibtisch vorfand, dann musste der erste Satz klar und deutlich sein. Er musste alles Wesentliche beinhalten. Nach diesem Satz musste Genosse STALIN zum Telefonhörer greifen und sagen:

«Genossin Telefonistka, verbinden Sie mich mit Engels, dem örtlichen NKWD-Gefängnis, dem Oberst Bulka! Ja, ja, sofort! Ahh, da sind Sie ja . . . .

Der Schreiber blickte durch den Tierarzt hindurch zum Fenster, als sei von dort Hilfe zu erwarten. Da wusste der Veterinär, jedes weitere Wort war sinnlos.

Unter anderen Umständen hätte Lorenz die Geschichte brennend interessiert. Aber jetzt hörte er die Wortfetzen wie durch einen Nebelschleier, weit in der Ferne. Er saß auf dem Boden mit dem Rücken zur Wand und dachte nach.

War das alles falsch?

War es falsch, Deutschland zu verlassen?

War es falsch, nach Russland zu gehen?

War es falsch zu studieren?

Journalist zu werden?

Hierzubleiben?

Seine Freunde, die er damals zurückgelassen hatte, kämpften jetzt im Untergrund. Einige waren verhaftet worden. Anderen war die Gestapo auf der Spur. Doch sie alle wussten genau, wer der Feind ist, wo er steht. Das war hier anders. Ganz anders. Der Feind war mitten unter ihnen. Und wer Feind, wer Freund war, wie sollte man das noch unterscheiden.

Trotzdem, in Deutschland wäre er das geblieben, was er war: ein Schlosser, ohne jegliche Chance, mehr daraus machen zu können.

Universität? Vergiss es. Tolstoj, Dostojewski, Flaubert, France – nie wäre er mit ihnen in Berührung gekommen. Arbeit in einer Redaktion, Theater, eigene Gedichte? Daran wäre nicht zu denken gewesen. Und noch war ja seine Geschichte nicht zu Ende.

Obwohl, die Hoffnung des ersten Tages, bald würde sich alles aufklären, diese Hoffnung war nicht mehr. Die Erzählungen der anderen, zumindest soweit sie von ihrer ganz persönlichen «Sache» wussten, klangen so unglaublich wie seine eigene. Nun saßen sie und warteten darauf, was kam. Hin und wieder führten die Wachen einen zum Verhör in den Keller. Der kehrte dann schweigsam zurück. Manche wurden auch gebracht. Die Wachleute schmissen ihre reglosen, von Tritten und Schlägen gezeichneten Körper auf den Boden. Wer sich aus eigener Kraft auf die Pritsche ziehen konnte, war noch einmal davongekommen. Für gewöhnlich passierte das vor Mitternacht. Und jeder, der nicht aufgefordert wurde, mit den Wachen zu gehen, war froh. Dann war es nicht mehr so schlimm, auf der Pritsche Körper an Körper mit zwei anderen zu liegen.

Wie man sich beim ersten Verhör verhalten sollte, darüber gingen die Meinungen in der Zelle auseinander. Die einen rieten Lorenz, wenn es nur irgendwie ginge, zu schweigen. Jedes überflüssige Wort ergab ein Dutzend neuer Fragen. Bis man am Ende nicht mehr wusste, was man am Anfang gesagt hatte. «Meine Zunge ist mein Feind», die alte russische Weisheit konnten sie nicht oft genug wiederholen. Die andere Fraktion lehnte diese Verteidigungslinie ab und schwor darauf, dass man sich für das Verhör eine gute Geschichte zurechtlegen und, komme, was da wolle, dabei bleiben solle. Schweigen bringe die Ermittler nur in Rage, dann konnte man froh sein, wenn sie einen nur mit den Fäusten schlugen. Der Mann, der diese Meinung am heftigsten vertrat, ein Archivar, machte allerdings nicht den Eindruck, als wäre seine Taktik aufgegangen. Ihm fehlten alle Vorderzähne, oben und unten. Das klaffende Loch im Gebiss sah sehr frisch aus.

Verhöre, Schläge, Folter … Was lag eigentlich gegen ihn vor?

Lorenz zermarterte sich den Kopf, er fand nichts. Die Ungewissheit dauerte volle acht Tage. Dann holten sie ihn, am späten Abend, kurz bevor das Licht ausgeschaltet wurde. Jetzt, schoss es ihm durch den Kopf, mussten sie ihm endlich sagen, was er verbrochen hatte. Jetzt konnte er endlich selbst Fragen stellen. Und jetzt würde sich alles aufklären. Endlich.

Sein Untersuchungsführer trug den schönen Namen Schrottkin. Wie Schrott, eigentlich zum Lachen. Schrottkin, Nikolaj Petrowitsch. Und: Schrottkin war dumm. Primitiv und dumm. Daran konnte es bereits nach der ersten halben Stunde ihrer Bekanntschaft keinen Zweifel geben. Bei seinem grausamen Handwerk vertrat er die Auffassung, das einzig Richtige sei, den Willen des Häftlings sofort zu brechen. Sei es mit Drohungen, sei es mit Gewalt. Er galt als besonders brutal und skrupellos. Was seine Vorgesetzten schätzten: Es hatte ihm den Rang eines Hauptmanns und mehrere Urkunden vom Kommissariat des Inneren eingebracht.

Groß, wenn auch etwas krumm gewachsen, hatte Schrottkin ein spitzes, von frühen Falten zerfurchtes Gesicht, das ein dünnes, in täglicher Kleinarbeit ausrasiertes Bärtchen umrahmte. Wenn er brüllte, sah man die Stahlkronen seines Gebisses glänzen. Dazu musste er die Kasbek-Papirossa, auf der er ansonsten ständig kaute, aus seinem linken Mundwinkel nehmen. Die Schirmmütze seiner Uniform, die der rote Stern mit Hammer und Sichel zierte, setzte Schrottkin nur ab, um sich in Momenten der Erregung mit der Hand über die dunkle Haartolle zu streichen. Er roch kräftig nach süßlichem Parfüm. Hieß es «Rotes Moskau»?, fragte sich Lorenz. Aber dann wäre es ja ein Damenduft. «Schipr», das die Herren als Rasierwasser bevorzugten, war es jedenfalls nicht.

Noch bevor Lorenz etwas fragen konnte, schrie ihn der Untersuchungsführer an:

«Leugnen ist zwecklos! Sie sind überführt! Die Liste mit den Namen der Verräter ist fertig! Von Ihnen brauche ich nur die Bestätigung!»

Sie saßen sich an einem Tisch gegenüber, Auge in Auge, der

Raum nur von der Schreibtischlampe erleuchtet. Im Schatten duckte sich ein Protokollant über seinem Papier, an der Tür lehnte ein Soldat.

Der NKWD-Mann hatte den Tag bis dahin gut verbracht. Ausgeschlafen, anschließend in der «geschlossenen Stolowaja», einer Kantine, zu der normale Menschen keinen Zutritt hatten, reichlich gegessen. Gegen Abend tauchte Schrottkin in seinem Büro auf, ging die Liste seiner potenziellen Kunden durch und blieb bei dem Deutschen mit dem unaussprechlichen Namen stehen. Irgendwas musste man mit ihm machen. Nur was? Schrottkin mochte die Deutschen nicht. Nicht die von der Wolga und erst recht nicht die aus dem Reich. Alles Klugscheißer, alles Leute, die einem Scherereien machten.

Da half nur eins: Die Verhältnisse sofort klären. Schrottkins Stimme überschlug sich. Von Spionen, Schädlingen, Verrätern war die Rede. Von Agenten, die es auf Stalins Leben und die Sowjetmacht abgesehen hätten. Doch er, Schrottkin, werde sie alle erkennen, sie wie Wanzen zerquetschen, und wenn es sein musste, mit heißem Eisen ausbrennen. Er fuchtelte mit einem Zettel in der Luft herum, auf dem, so viel hatte Lorenz verstanden, sein Name und die Namen weiterer Verdächtiger standen.

«Sie sind Mitglied einer weitverzweigten Verschwörung trotzkistischer Elemente! Ich sage noch einmal: Leugnen ist zwecklos! Geben Sie alles zu! Um so eher sind wir hier fertig. Umso geringer fällt Ihre Strafe aus.»

Er? Umsturz? Stalin umbringen? Lorenz hatte so etwas wie Spionage erwartet. Schließlich war er Deutscher, verdächtig genug. Vielleicht unterstellten sie ihm ja, er sei Agent der Weltbourgeoisie. Aber das? Umsturz der Sowjetmacht. Er? Der Mann musste verrückt sein. Vollkommen irre. Dessen unerwarteter Wutausbruch, das laute Geschrei hatte den Häftling nicht zu Widerspruch angestachelt, sondern eher apathisch auf dem Stuhl zusammensinken lassen. Die grelle Lampe, unter deren Lichtkegel mal Schrottkins volles Gesicht zu sehen war, mal nur die Stahlzähne im geifernden

Mund, ließ einen vernünftigen Gedanken ohnehin nicht aufkommen. Was sollte man auf einen solchen Unsinn auch sagen?

«Gib es zu! Abstreiten ist zwecklos!», ratterte der Mann wie ein Maschinengewehr ununterbrochen Worte aus sich heraus. Dass er zum Du übergegangen war, empörte Lorenz, aber er hatte keine Zeit, darüber nachzudenken. Schrottkin beugte sich drohend über den Tisch, der rote Stern auf seiner Mütze blitzte für einen Moment auf:

«Willst du nicht endlich gestehen? Das erspart dir und uns viel Ärger. Warum sich quälen? Wer sind deine Komplizen? Nur keine Scheu vor hohen Namen. Es ist egal, woher sie kommen, ob aus Engels oder Saratow. Moskau wäre auch nicht schlecht. Du bist doch so ein Schreiberling, ja, ein Journalist, da kennt man doch Hinz und Kunz bei der Komintern. Denkst du nicht, dass es auch dort Verräter und Spione gibt? Da hat doch jeder Zweite einen Auftrag von der Gestapo oder dem Intelligence Service. Hier, ein Blatt Papier und ein Stift. Schreib auf, wen du kennst. Aber flott. Wir brauchen Namen. Vor allem Namen.»

Er schob Lorenz das Papier über den Tisch.

«Nur zu, das erleichtert deine Lage deutlich. Und keine Angst: Wenn die Leute nichts verbrochen haben, passiert ihnen auch nichts. Bei uns geht alles nach Recht und Ordnung. Nach dem proletarischen Recht. Oder glaubst du nicht, dass die Weltbourgeoisie unseren Untergang wünscht? Aber da haben sich die Herren Roosevelt und Chamberlain verrechnet. Also, was ist? Geben Sie es zu?! Und ich kümmere mich persönlich darum, dass Sie nicht nach Sibirien kommen. Da ist es kalt. Sehr kalt. Das ist doch nichts für einen Deutschen. Das halten selbst Russen kaum aus. Und?»

Schrottkin machte eine Pause. Er war vom Herrschafts-Du wieder zum Sie gewechselt, aber das hielt nicht lange.

«Namen! Ich brauch N-a-m-e-n! N-a-m-e-n, verstehst du?»

Doch der Gefangene schwieg. Schwieg schon die ganze Zeit. Langsam erkannte Schrottkin, dass sein erster Ansturm nichts gebracht hatte. Nun schwieg auch er. Man sah es an seinem nach innen gerichteten Blick, er dachte nach. Es dauerte zwei, drei Minuten, dann stürzte er sich mit neuer Energie auf den Häftling. Er zog ein weiteres Papier aus der braunen Mappe, die vor ihm lag, und begann, die Namen mehr oder weniger bekannter Parteifunktionäre aus Saratow, der Gebietshauptstadt auf der anderen Seite der Wolga, laut vorzulesen. Er wollte wissen, wann und wo der Angeklagte die Betroffenen das letzte Mal gesehen habe. Und natürlich, wie viele konspirative Treffen stattgefunden hätten.

Doch Lorenz schaute ihn nur fassungslos an und sagte auf Deutsch:

«Ich verstehe gar nichts.»

Dann schwieg er wieder. Seine ursprüngliche Absicht, endlich selbst Fragen zu stellen – welcher Richter seine Verhaftung angewiesen hatte, nach welchem Paragraphen ihm der Prozess gemacht werden sollte –, ließ er fallen. Das war mit Sicherheit nicht der Ort, an dem man vernünftig mit jemandem reden konnte. Und schon gar nicht mit diesem Choleriker. So schwieg er und wartete, was kam.

Im Gegensatz dazu schrie sich Schrottkin wieder in Rage. Leugnen sei sinnlos, sie hätten hier bisher jeden zum Reden gebracht. Übrigens komme es auf seine Aussage gar nicht an, die wichtigsten Geständnisse und Namen habe man längst protokolliert. Der NKWD werde diese Sache bald ermittelt haben. Schließlich gebe es noch mehr zu tun, als sich mit einem deutschen Überläufer, bei dem man noch einmal genau hinschauen müsse, was ihn in die Union der Sowjetrepubliken geführt habe, die Nerven zu strapazieren.

«Ich habe gegen die Faschisten gekämpft», erwiderte Lorenz.

So ging es ein paarmal hin und her, bis Schrottkin, der offensichtlich der deutschen Sprache nicht mächtig war, restlos die Nerven verlor. Er rutschte immer mehr ins tumbe Fluchen ab. Seine Wörter stammten jetzt aus der dreckigsten Ecke der russischen Vulgärsprache. Derbe Flüche kennt man überall, aber der russische «Mat» ist ein sprachliches Paralleluniversum, in dem es nur

so «fickt» und «hurt» und der «Chui», der Schwanz, das meistge-
brauchte Wort ist. Und obwohl nahezu die Hälfte der Bevölkerung, vornehmlich Männer, kaum einen Satz ohne Fluch zu Ende
bringt, findet sich keines der Wörter im Wörterbuch der russischen Sprache. Der Untersuchungsführer beleidigte die Mutter des
sturen Deutschen, in der Hoffnung, vielleicht so etwas aus ihm
herauszulocken. Doch Lorenz schwieg. Schwieg beharrlich. Und
wenn er etwas sagte, dann nur in seiner Muttersprache.

«Ich weiß gar nicht, warum Sie sich so aufregen. Ich verstehe Sie
überhaupt nicht. Ich spreche kein Russisch».

Und damit es auch Schrottkin begriff, wiederholte er radebrechend:

«Ja ne goworju po russki.»

Der NKWD-Mann sah den Angeklagten verdutzt an. Lorenz
hatte das Gefühl, der Kerl würde gleich explodieren, so rot wurde
sein Kopf. Es folgte eine neue Welle derber Mutterflüche. Dazwischen raunte er dem Protokollanten etwas zu, der sprang auf,
um nach wenigen Minuten mit einem weiteren Offizier zurückzukehren.

Leutnant Hofer, Ewald Hofer, ein Wolgadeutscher und sowohl
der russischen als auch der deutschen Sprache mächtig. Schrottkin
befahl, die Anklagepunkte zu übersetzen. Aber kurz. So machte
Lorenz die Bekanntschaft seines zweiten Untersuchungsführers,
eines eher weichlichen Typs, gut einen Kopf kleiner als sein Vorgesetzter. Die dicke, rotbraune Hornbrille verlieh ihm etwas freund-
lich-verbindliches. Das mit Brillantine geglättete Haar und der
unter dem Kinn zulaufende Bart ließen vermuten, man habe es allenfalls mit einem städtischen Angestellten zu tun. Wer ihn auf der
Straße sah, kam nicht umhin, ihn freundlich zu grüßen.

Niemand hätte sich vorstellen können, dass ebendieser nette
Mensch bisweilen einen am Stuhl festgebundenen Gefangenen
ohne Grund und jede Vorwarnung ins Gesicht schlug. Dass er einem Kind ein brennendes Streichholz an die Wange halten konnte,
um es zum Weinen zu bringen, damit die Mutter im Raum ne-

benan alles unterschrieb, was man ihr nur vorlegte. Hofer tat, was man ihm befahl. Tat es gründlich und mit jener inneren Befriedigung eines Angestellten, der wusste, dass alles nach Recht und Gesetz ging. Dass er nichts zu befürchten hatte.

Der Deutsche schien in der Tat kein Russisch zu verstehen. Es entspann sich ein zähes Frage-und-Antwort-Spiel, bei dem Hofer zwischen Schrottkin und Lorenz wie ein Pingpong-Ball hin und her wechselte. Schrottkin konnte daran keinen Gefallen finden. Seine Geduld reichte nicht lange, grob unterbrach er seinen Gehilfen und forderte Lorenz abermals auf, endlich zu sagen, welchen der hohen Parteifunktionäre aus Saratow er kannte, und, verflucht noch mal, zu gestehen, wie es zu der Verschwörung gekommen sei. Adressen, Namen, Daten der heimlichen Treffen, er wollte alles wissen.

«Sprechen diese Leute alle Deutsch?», fragte Lorenz jetzt Hofer. Der schüttelte den Kopf.

«Nein? Wie soll ich mich dann mit denen verschworen haben, wenn ich nicht einmal ihre Sprache kann?»

Die lakonische Antwort des Angeklagten leuchtete ein. Wenigstens Hofer. Schrottkin dagegen bekam wieder einen Wutanfall. Er sprang von seinem Stuhl und begann, an der Frontseite des Verhörtischs auf und ab zu laufen.

«Und dieser Faschisten-Chui kann kein Russisch?»

Mit einer abwertenden Bewegung zeigte er in Richtung Lorenz. Dann schnäuzte er sich lange und laut in ein ziemlich gebrauchtes Taschentuch, offensichtlich darüber nachdenkend, wie es nun weitergehen sollte.

«Was wollen all diese Schwachköpfe bei uns? Fressen sich am Busen von Mütterchen Russland fett, und nicht genug damit, sie konspirieren auch noch. Gegen die Sowjetmacht! Kaum hast du nicht aufgepasst, kriechen die Bestien aus ihren Löchern. Aber nicht mit uns! Nicht mit mir. Mit der Faust des NKWD werden wir sie erschlagen!»

Schrottkin blieb beeindruckt von der Gewalt seiner Rede stehen.

«Hofer, was meinst du, sollten wir den Burschen nicht etwas härter anfassen? Fast habe ich den Eindruck, der macht sich über uns lustig? Ein paar in die Fresse, und schon singt er uns etwas vor. Wie ein Vögelchen im Walde.»

Er schaute Lorenz betont freundlich ins Gesicht.

«Genosse Hauptmann, Sie wissen doch, wie der Genosse Oberst nach dem Tod dieses Schurken letzte Woche getobt hat. Den hätten sie noch als Zeugen gebraucht. Ich glaube, wir sollten derzeit etwas vorsichtiger sein. Da gibt es eine Anfrage aus der Zentrale.»

«Vorsicht! Vorsicht! Der hat gut reden. Wenn wir so weitermachen, ist auch in diesem Monat die Prämie futsch. Mal sehen, was er dann sagt, wenn sein Täubchen Katherina Petrowna wieder auf die Rubelchen verzichten muss?»

Die Aussicht, wegen des verstockten Deutschen auch noch Geld zu verlieren, weil man nicht genügend Geständnisse weiterleiten konnte, steigerte seinen Zorn. Die ganze schöne Anklage brach in sich zusammen. So viel stand fest: Ein Deutscher, der kein Russisch sprach, passte nicht zu einer Gruppe russischer Verschwörer, die kein Deutsch konnte.

Wieder prasselte eine Kaskade Schimpfwörter auf Lorenz nieder. Der aber fragte, obwohl die Lage zu eskalieren drohte, mit ernster Miene bei Hofer nach:

«Was soll denn das heißen: ‹Job twoju mat› und ‹poschol ty na chui›?»

Natürlich kannte er die Übersetzung. Es waren die zwei meistgebrauchten Verwünschungen des «Mat»: «Gevögelt sei deine Mutter» und «scher dich zum Schwanz».

Für einen Moment dachten alle, Hofer, der Schreiber, der Wachmann an der Tür und auch Lorenz, dass Schrottkin auf der Stelle der Schlag träfe. Doch dieser griff mit einer blitzartigen Bewegung hinter sich nach dem Lederriemen, an dem ein schweres Holzfutteral hing. Er zog eine Mauser heraus und legte sie auf den Tisch, den Lauf auf Lorenz gerichtet.

«Was nimmt sich dieser Mistkerl heraus», zischte er in Hofers

Richtung. «Flucht hier rum. Hat der immer noch nicht begriffen, dass es um seinen Kopf geht?»

«Er versteht Sie nicht und fragt, was die Worte bedeuten …», suchte Hofer seinem Vorgesetzten das Geschehen begreiflich zu machen. Vergebens.

Wieder folgte eine Kanonade dreckiger Beleidigungen. Und wieder fragte Lorenz unschuldig, was denn «chui morshowy» («Walrossschwanz»), zu bedeuten habe. Ihm war klar, dass solche Flüche nur im Russischen einen Sinn ergaben, in einer anderen Sprache klangen sie oft einfach nur lächerlich.

Kein neuer Ausbruch, Schrottkin wechselte unerwartet die Taktik, er nahm die Pistole vom Tisch, legte die Hände auf den Rücken, ging ein paar Schritte um den Tisch herum und blieb hinter dem Gefangenen stehen. Lorenz wusste einiges über die Prügelorgien in den Kellern, sein Körper spannte sich. Ihm war klar, wenn der Hauptmann nicht anders zum Ziel käme, wartete auch auf ihn ein «Verhör mit Leidenschaft». Diese Art von Verhören gab es schon immer, aber seit kurzem ermunterte die Zentrale ausdrücklich dazu. Folter wurde zur offiziellen Methode der Vernehmung erklärt, passend zur gleichfalls veränderten Rechtsprechung: Das Geständnis des Inhaftierten galt nun als alles entscheidend. Wo es vorlag, bedurfte es keiner weiteren Beweise. Wie das Geständnis erlangt wurde, spielte keine Rolle. Nur so war man überhaupt in der Lage, die Masse der Verfahren in kurzer Zeit zu bewältigen. Was nicht bedeutete, dass dort, wo es keine Beweise gab und auch kein Geständnis, der Beschuldigte damit rechnen durfte, verschont zu werden. Im Gegenteil: Er war dem Genickschuss näher als der Freiheit.

Schrottkin schwieg und genoss die Angst des Mannes. Dann beugte er sich nach unten und drückte Lorenz die Mauser mit ihrem kalten Lauf an die Schläfe:

«Wie waren doch die Namen? Komm schon, spuck sie endlich aus. Ich will die *Namen* der Verschwörer. *Alle!*»

Er machte eine lange Pause.

«Und wir werden deiner Frau nichts tun …»

Der Satz riss Lorenz aus seiner Starre: Hatten sie Lotte auch verhaftet? Wo war Larissa? Sein kleines Mädchen … Oder war das nur eine Falle, um ihn gefügig zu machen? Ein unsagbarer Schmerz erfasste ihn, schlimmer als alles, was mit ihm zu tun hatte. Sollten sie ihn schlagen, sollten sie ihn umbringen, nur bitte, bitte, sie sollten die Frau und das Kind verschonen.

Allmählich gewann er seine Fassung wieder, sein Kopf schaltete sich ein und drängte die Gefühle zurück. Eines stand fest: Im Augenblick konnte er nichts für Lotte und Larissa tun. Allenfalls, es gelänge ihm, den Genossen von der Komintern oder Friedrich Wolf eine Nachricht zu übermitteln, dann könnte sich für sie noch einmal das Blatt wenden. Obwohl … Wolf wusste, dass sie ihn geholt hatten. Er würde ja nicht mit Lotte seelenruhig am Morgen nach seiner Verhaftung gefrühstückt haben, ohne sich zu wundern, wo er bliebe. Und wenn es Wolf wusste, wusste es auch die Komintern … Dennoch hatte sich in all den Tagen nichts getan. Unbegreiflich, dass Menschen, die dafür bekannt waren, Unrecht Unrecht zu nennen, jetzt schwiegen. Oder konnte wirklich jemand glauben, er, Lorenz, sei ein Verräter? Ein Spion? Ein Agent? Hatten sie ihn alle fallenlassen? Dieser entsetzliche Gedanke machte ihm Angst – nicht der Pistolenlauf.

«Meine Frau?» Verwundert sah er zu Hofer, der Schrottkins Worte unbeteiligt ins Deutsche übertragen hatte. «Was habe ich mit der zu tun? Wir sind geschieden.»

«Soso, geschieden. Na, macht nichts. Und was ist mit dem Mädchen, ist doch deine Tochter?»

Schrottkin schaute zu Hofer, Hofer schaute zu Lorenz und übersetzte, was der schon lange verstanden hatte. Das gab Lorenz etwas Zeit, die Gedanken zu ordnen.

«Was mit meiner Tochter ist? Sie ist nur wenige Monate alt und kann weder Schädling noch ein Verräter sein.»

«Aber ihr Vater … und Sie wissen doch, Sie sind ja ein intelligenter Mensch, wenn wir das Kindchen nicht schützen, wird es genauso wie seine Eltern.»

«Ach, denken Sie doch, was Sie wollen. Jedenfalls, ich kann Ihnen nicht helfen. Auf Ihrer Liste kenne ich niemanden, und selbst fallen mir auch keine Namen ein. Und überhaupt, wie lautet die Anklage, aufgrund derer Sie mich hier festhalten? Welcher Richter hat den Haftbefehl unterschrieben? Wann kann ich einen Anwalt sprechen?»

Lorenz schaltete auf Angriff um, auch wenn es gefährlich war. Aber er wollte weg von dem Thema, bevor Schrottkin merkte, wie nah es ihm ging. Die Fragen provozierten, wie nicht anders zu erwarten, einen Wutausbruch. Wieder prasselte es Flüche und Verwünschungen. Das wurde selbst dem Werkzeug Hofer zu viel:

«Genosse Hauptmann, Sie können fluchen, so viel Sie wollen. Es trifft nur mich. Der Deutsche versteht Sie nicht.»

Hofer sprach das Wort «verstehen» sehr langsam, Buchstabe für Buchstabe aus. Vielleicht kapierte es sein Chef ja doch noch. Schrottkin reagierte auf unerwartete Weise: Er packte die Mauser ein und verließ den Raum.

Von da an leitete Hofer die Untersuchung. Das änderte zwar nichts an Lorenz' Lage, an den Umgangsformen schon. Tage und Wochen vergingen, in der Sache selbst gab es keine Bewegung. Hofer wies alle Versuche des Inhaftierten zurück, ihn einem ordentlichen Richter vorzustellen. Dieser wiederum weigerte sich, auf die immer neuen, aber nicht minder abwegigen Vorwürfe einzugehen. Aus den vielen, bisweilen zusammenhanglos erscheinenden Gesprächen hörte er allerdings einiges heraus, das den Schluss zuließ, man hatte ihn ohne klare Begründung verhaftet. Das Einfachste wäre sicherlich gewesen, den falschen Verschwörer laufenzulassen. Aber das hieße ja, die NKWD-Leute zu bestrafen. Damit war nicht zu rechnen.

So quälten sich Hofer und Lorenz von einem nächtlichen Verhör zum nächsten, ohne Resultat. Einmal glaubte der Untersuchungsführer, einen fetten Agenten an der Angel zu haben, denn irgendwie war es ihm gelungen, herauszukriegen, dass Lorenz' Mutter daheim im faschistischen Deutschland eine Rente bezog. Doch der

Emigrant konnte dem Geheimdienstler, der in seinem Leben nicht über das Saratower Gebiet hinausgekommen war, klarmachen, dass Witwenrenten keine Erfindung der Nazis waren, sondern die deutsche Arbeiterklasse dafür gekämpft hatte. Sein Vater, ein Bergmann, starb an Staublunge. Daher die Rente.

Dann hieß es wieder, Lorenz sei als Linksradikaler überführt, er habe dem individuellen Terror – von Stalin und der Komintern als Todsünde gegeißelt – nie abgeschworen. Als Beweis musste die Schießerei mit SA-Leuten im Ruhrgebiet herhalten, bei der es Verletzte und wohl auch Tote gab. Das fanden die Ermittler offensichtlich in den Universitätsunterlagen des Studenten. Doch die KPD hatte die Aktion seinerzeit gebilligt. So lief auch dieser Vorwurf ins Leere. Der nächste lautete: illegaler Grenzübertritt. Lorenz schaute Hofer entgeistert an. Hatte der nicht mehr alle Tassen im Schrank?

Doch da lag plötzlich ein deutscher Pass auf dem Tisch. Sein Pass. Lorenz hatte ihn Jahre nicht gesehen. Zu Beginn seines Studiums nahm man ihm die Papiere ab, wie allen Studenten. Jetzt schob Hofer das Beweisstück zu ihm herüber. Als Lorenz durch den Pass blätterte, konnte er sich nur wundern. Jede Seite zierten bunte Stempel aller Größen und Formen: China, Japan, Frankreich, Italien, selbst Australien hatte das gute Stück gesehen. Nun war auch Lorenz klar, warum alle Nachfragen nach dem Pass immer wieder im Sande verlaufen waren. Irgendwer musste damit in der Welt unterwegs gewesen sein. In wessen Auftrag, konnte er nur ahnen.

Hofers siegessicherer Blick erlosch, als Lorenz ihm mehrere Eintragungen zeigte, die aus der Zeit stammten, in der er nachweislich in Engels an der Wolga arbeitete. Dass er zur gleichen Zeit in Hongkong spazieren ging, schien selbst dem Vernehmer unwahrscheinlich.

Das stumpfsinnige Frage-Antwort-Spiel zermürbte Hofer fast so wie den Gefangenen, aus dem fordernden Ton wurde ein flehender:

«Genosse Lorenz Lorenzowitsch, Sie müssen sich bekennen. Es geht nicht anders. Jeder muss sich bekennen.»

Die Anrede «Genosse» klang in diesem Keller wie Hohn.

«Wenn es aber nichts zu bekennen gibt?»

«Aber jeder muss sich bekennen. Es kann schon sein, dass Sie persönlich nichts verbrochen haben. Doch wir alle sind ja Teil eines großen Ganzen. Wir säubern die Gesellschaft. Es ist ein Akt der politischen Hygiene! Und natürlich wäscht man sich die Hände nicht nur, wenn sie schmutzig sind.»

Hofers philosophische Betrachtungen waren zum Kotzen. Lorenz' Mitinsassen, von denen ein Großteil bereits zu zehn Jahren Lagerhaft verurteilt war, fanden die Schilderungen der Verhöre dagegen fast schon unterhaltsam.

Doch plötzlich war Schluss mit den Debatten, Lorenz wurde in die Mangel genommen. Vier Tage Schlafentzug. Er saß ununterbrochen auf dem Stuhl in grellem Lampenlicht, und wenn er umzukippen drohte, wurde er mit Riemen an der Lehne festgeschnallt. Die Geheimdienstler lösten sich alle paar Stunden ab. Das Personal solcher Verhöre hieß bei den Gefangenen «Wecker». Sie waren nicht darauf getrimmt, etwas aus den Angeklagten herauszukriegen. Es ging allein darum, den Gefangenen wach zu halten und dadurch gefügig zu machen. Jeder Zentimeter von Lorenz' Körper schmerzte, der Kopf wog zwei Zentner. Immer, wenn er abzuknicken drohte, packte ihn einer der Wecker an den Haaren und zog ihn hoch. Schloss er die Augen, bekam er einen Klatsch Wasser ins Gesicht, und wenn das nichts half, weil er einfach die Augen nicht mehr öffnete, wurde er so lange geschüttelt, bis er sie wieder aufmachte. Wie bei einem Sturzbetrunkenen drehte sich alles um ihn herum. Irgendwann konnte er nicht mehr. Er wollte nur noch schlafen, egal, was passierte. Schlafen. Sterben. Alles war besser als diese Quälerei.

Genau in diesem Moment ging die Eisentür auf, und Schrottkin stürmte in den Raum. Von nun an übernahm er wieder das Kommando. Ausgeruht, glatt rasiert bis aufs dünne Bärtchen und süßlich duftend, setzte er zum finalen Kampf an. Seine neuste Anschuldigung hieß: Agitation für den Imperialismus.

«Wann soll das gewesen sein?», flüsterte Lorenz erschöpft in Hofers Richtung, während er langsam in sich zusammensank. «Warum hören Sie nicht auf mit der Quälerei? Schreiben Sie doch, ich habe Ihre Frau erschlagen.»

«Meine Frau? Das wird uns, verdammt noch mal, niemand glauben», erwiderte der Hauptmann und ließ ihn von einem Wachsoldaten wieder aufrichten.

«Und wer glaubt Ihnen all den anderen Unsinn? Dass ich für den Imperialismus agitiert habe oder die Sowjetmacht stürzen wollte? Wer kann das glauben?»

Schrottkin ließ sich nicht beeindrucken.

«Haben Sie nicht lauthals erzählt, dass die Straßen in Deutschland viel besser seien als die in der Sowjetunion? Ist das vielleicht nichts? Ist das vielleicht keine Agitation für den Feind? Willst du das etwa leugnen?»

Lorenz öffnete mit Mühe die Augen, ganz nahe über sich sah er das triumphierende Grinsen des NKWD-Manns. Kein Zweifel, Schrottkin glaubte sich am Ziel.

Straßen? Agitation für den Imperialismus? Was war das schon wieder für ein Unfug? Mühsam versuchte Lorenz, sich zu konzentrieren. Dann fiel ihm etwas ein. Sie mussten die Redaktion durchkämmt haben und auf den Volontär gestoßen sein. Oder war der ein Zuträger? Unwichtig. Es war sicherlich schon Oktober. Tagelang hatte es geregnet. Sie standen in seinem Arbeitszimmer im oberen Stock der Redaktion und blickten auf den Platz, der sich vor ihnen öffnete und im Morast versank. Er und der junge Bursche, den die Jugendorganisation Komsomol in die Redaktion delegiert hatte, damit aus ihm ein treuer Parteijournalist werde. Mitten auf dem Platz lag ein LKW fest. Vergeblich versuchte der Fahrer, das Gefährt herauszumanövrieren. Sein Begleiter hatte Äste und Bretter aus den Höfen ringsum zusammengeholt und schob sie unter die Antriebsräder. Aber die verschwanden einfach in der Pampe.

Der arme Mann war bereits von oben bis unten mit Schlamm beschmiert.

Der Volontär schaute vielsagend zu Lorenz:

«Solche Straßen gibt es in Deutschland bestimmt nicht?»

«Nein», antwortete Lorenz. «Die gibt es wirklich nicht. Deutschland ist nicht so reich, sich solche Straßen leisten zu können.»

Er setzte sich an die Schreibmaschine, um eine Satire über den Zustand des Platzes zu verfassen, die tags darauf in der Zeitung erscheinen sollte, Überschrift: «Die Badesaison des Stadtsowjets». Offensichtlich musste er damit jemanden verärgert haben. Nun also die Rache. Vielleicht war das ja der Grund, dass sie ihn abgeholt hatten.

Schrottkin erkundigte sich noch nach einigen Details des Gesprächs, dann ließ er, mit sich zufrieden, den Protokollanten einen Schriftsatz in Russisch vorlegen. Lorenz nahm den Federhalter, tauchte die Feder in das Fass mit der violetten Tinte – ganz Russland, vom Schulanfänger bis zum Minister, schrieb in dieser einen Farbe –, suchte nach dem freien Platz für seinen Namen, dachte einen langen Moment nach und legte das Schreibgerät wieder auf den Tisch.

Schrottkin schaute Hofer an, dann Lorenz, dann das Papier, dann wieder Hofer.

«Unterschreib!», zischte er.

Er hatte ihn endgültig satt, diesen deutschen «Intelligentik» mit seinen Spitzfindigkeiten, all diesen Sprachverwirrungen, diesem dämlichen, verständnislos dreinblickenden Gesicht. Er ging um den Schreibtisch, riss den Gefangenen am Hemdkragen hoch und holte aus. Doch Lorenz wartete nicht, bis der Schlag auf ihn herunterging. Die Erschöpfung der schlaflosen Tage und Nächte war verflogen. Mit einem Ruck riss er sich los, machte einen Satz zur Seite und fasste den Holzschemel des Protokollanten, der gerade zum Rauchen den Raum verlassen hatte.

«Wenn Sie mich nur mit einem Finger anrühren», brüllte er, «schlage ich das Fenster ein und schreie den Menschen auf der Straße zu, was Sie hier treiben!»

Der Untersuchungsführer verharrte einen Augenblick, überlegte, ob so ein Tumult unter Umständen ein Risiko bedeutete. An sich war es dem NKWD egal, ob da draußen einer etwas hörte oder nicht, etwas zu sagen, das traute sich ohnehin niemand. Andererseits, wenn der Oberst gerade das Haus verließ oder ein Genosse von der Stadtparteileitung im Anmarsch war, gab es Ärger. Dann hieß es schnell, man verletze die revolutionäre Wachsamkeit. Und ein Genosse, der das nicht verstand, war fehl am Platze. Schlimmer noch, ab und zu erfasste die Vorgesetzten eine Art Wahn. Ja, Wahnsinn, denn anders konnte er das nicht nennen, dann schnappten sie einen oder auch zwei der Ihren, und ab ging's nach Sibirien. An den Kolyma-Fluss oder weiß der Teufel wohin. Und was die Gefangenen mit einem NKWD-Mann machten, wenn er im Lager enttarnt wurde, das wusste jeder.

Er drehte sich um und ging.

Das Verhör war zu Ende. Die Tortur nicht. Auch in der Zelle durfte Lorenz nicht schlafen, das war bei Tag strengstens verboten. Der Wärter sah alle paar Minuten durch das Klappfenster. Wer beim Schlafen erwischt wurde, kam in den Karzer. Eine Zelle, in der es nur eines gab, Hunger. So quälte sich Lorenz bis zum Abend. Später lernte er das Schlafen im Sitzen mit dem Rücken zur Tür.

Hofer startete noch mehrere Versuche, eine Unterschrift zu bekommen. Jedes Mal, wenn er Lorenz ein vorformuliertes Geständnis vorlegte, tat der so, als studiere er es ausführlich. Wenn es gar nicht mehr anders ging, unterschrieb er auch. War das Dokument in russischer Sprache abgefasst, unterschrieb er grundsätzlich mit lateinischen Buchstaben, den Nachnamen obendrein in Druckschrift. War der Text in deutscher Sprache geschrieben, konnte Lorenz plötzlich ein paar kyrillische Buchstaben, auch hier der Familienname in Druckschrift. So oder so sah das Ganze schon von weitem wie eine Fälschung aus – jeder Wachmann hätte eine derartige Unterschrift zuwege gebracht. Mit dieser Taktik glaubte Lorenz, für den Tag gerüstet zu sein, wenn es zu einer Neuaufnahme seines Verfahrens käme. Würde dann doch ein eigenhändig unterschriebenes Geständnis einer Neubewertung im Wege stehen.

Das alte Jahr ging zu Ende. Seine Haft dauerte bereits Monate, noch immer lag keine Anklageschrift vor. Die Fragen bei den Verhören ließen kaum erkennen, worauf die Ermittler nun aus waren. Ewig konnte es so nicht weitergehen. Lorenz trat in den Hungerstreik. Er verlangte, endlich einen «ordentlichen» Richter zu sehen. Seine Mitgefangenen versuchten, ihn davon abzubringen.

«Hör auf. Mach Schluss. Die lassen dich einfach verrecken, und das war's. Einer weniger, mit dem sie sich abplagen müssen ...»

Besonders ein Buchhändler ließ nicht locker. Er wusste, wovon er sprach. In den zwanziger Jahren hatte er ein Priesterseminar besucht, dafür verhafteten sie ihn schon damals. Als er nach ewigen Zeiten zurückkam und seinem Glauben abschwor, durfte er arbeiten, sogar in einer Buchhandlung. Aber nun hatten sie ihn wieder geholt. Wie nicht anders zu erwarten, fanden sie bei ihm auch einige Bücher, die ein guter Sowjetmensch nicht haben durfte.

«Noch ist bei dir alles drin. Wenn du Glück hast, geben sie dir nur fünf Jahre Lager, auch wenn das selten ist. Und wenn du noch mehr Glück hast, geht es allenfalls hier um die Ecke in den Ural und nicht in die Arktis oder nach Magadan. Aber so ein Hungerstreik strapaziert allen die Nerven. Und das mag die Obrigkeit gar nicht.»

«Fünf Jahre als Reichsdeutscher?», schaltete sich belustigt ein anderer ein. «Das glaubt ihr ja selber nicht, die denken doch, alle Deutschen sind mit dem Hitler verwandt. Zehn sind das Mindeste.»

«Es sei denn, er hat jemand, der in Moskau das Händchen über ihn hält. Hast du nicht? Na ja, dann glaube ich auch, eher zehn», räumte ein langer Kerl mit Kennermiene ein. Er hatte ohne Erlaubnis versucht, vom Dorf in die Stadt zu ziehen – was Bauern strengstens verboten war. Die meisten von ihnen besaßen nicht einmal einen Ausweis. Und wer dann auf einem Bahnhof von den dort stationierten NKWD-Leuten erwischt wurde, war dran. Inzwischen gab es an jedem nennenswerten Haltepunkt auch ein Bahnhofsgefängnis. So entwickelte sich der Kommunismus weiter.

Lorenz blieb stur. Er trank nur Wasser, das Essen wies er zurück. Bei aller Not, keiner in der Zelle rührte seine Ration an. Es vergingen Tage ohne jegliche Reaktion der Gefängnisleitung, bis dann, es war schon nach Mitternacht, und die meisten Häftlinge schliefen, plötzlich die Tür aufgeschlossen wurde. Ein Soldat kam herein, befahl Lorenz mitzukommen. Auf dem Gang warteten zwei weitere Uniformierte, bewaffnet. Kein gutes Zeichen. Für ein Verhör brauchte man nicht so viel Begleitung.

Lorenz spürte, wie seine Brust eng wurde, das Atmen fiel schwer. Er schleppte sich aus der Zelle und glaubte, einen eigenartigen Blick auf seinem Rücken zu spüren. Dieses Mal ging es nicht über viele Treppen hinauf und wieder hinab, sondern gleich in den Keller. Immer wieder wurden Gittertüren aufgeschlossen und wieder verriegelt. Dann blieb der Trupp vor einer Eisentür stehen. Einer der Soldaten klopfte und schob Lorenz in einen Raum, wie er ihn noch nicht gesehen hatte.

«Das ist das Ende.»

Alles in diesem Raum war schwarz. Schwarze Wände, schwarzer Fußboden, selbst der Tisch war mit schwarzem Stoff bedeckt. Eine einsame Glühlampe hing von der schwarz gestrichenen Decke. In deren Lichtkegel saß ein alter Bekannter: Schrottkin, in eine schwarze Uniform gekleidet. Hinter ihm Hofer und vier Uniformierte, ebenfalls in Schwarz. Jeder trug eine Pistole am Gürtel. Es konnte keinen Zweifel geben: Das war das Exekutionskommando.

Der Wachsoldat führte Lorenz zum Tisch, drückte ihn auf den Stuhl, meldete seinen Namen und ging. Die Eisentür schlug zu. Niemand sagte etwas, niemand fragte etwas, es herrschte absolute Stille. Schrottkin schien zu einer schwarzen Sphinx erstarrt. Dann schlug er eine schwarze Mappe auf und legte ein Blatt Papier auf den Tisch. Das unschuldige Weiß des Papiers ließ den Raum erst recht unwirklich erscheinen. Noch in der Bewegung konnte Lorenz erkennen, dass auf dem Blatt nur wenige Zeilen standen. Ein Todesurteil war sicher kurz gefasst.

Wie erstaunt war er, als er nach einem Blick auf den Text feststellte, nein, von Erschießen war hier nirgends die Rede. Neben seinen persönlichen Daten, Name, Geburtsort und -datum, Beruf und Adresse, standen wenige dürre Zeilen, die ihm Hofer übersetzte:

«… ist aufgrund der dem NKWD der Wolgadeutschen Republik vorliegenden Materialien entsprechend der im § 205 festgelegten Bestimmungen rechtskräftig verurteilt worden.» Unterschrift: «Hauptmann Schrottkin, Leiter der Operativgruppe, bestätigt von …» – es folgte ein nicht näher zu bestimmender Krakel – «stellv. Staatsanwalt für Spezialaufgaben».

Das bedeutete noch keine Entwarnung, aber irgendetwas in Lorenz' Innerem sagte ihm in alter Sturheit: Unterschreib nicht.

«Genosse Leutnant», wandte er sich an Hofer, «es ist mir leider entfallen, bitte sagen Sie mir, was steht in Paragraph 205?»

Schrottkin reagierte auf die Übersetzung der Frage, wie Schrottkin immer reagierte: Er explodierte. Er riss das Papier an sich und zeigte dem Deutschen mit den Fingern der rechten Hand das, was man in Russland einen «Kukisch» und in Deutschland eine Feige nennt. Dann folgte eine seiner üblichen Tiraden. Er werde es dem Herrn Redakteur schon heimzahlen, dass seine Kinder und Kindeskinder noch daran denken würden.

Als er sich abreagiert hatte, befahl er, den Häftling wegzubringen. Lorenz stand tastend auf, er konnte es nicht fassen, lebend diesem schwarzen Loch zu entkommen. Seine Beine wollten ihm nicht gehorchen, das Hemd klebte schweißnass am Körper. Mit diesem Schmierentheater hätten sie ihn fast umgebracht.

Für den Rückweg brauchte es nur einen Wächter. Sie waren schon einige Schritte gegangen, da hörte Lorenz ihn fluchen:

«Diese Hurensöhne!»

Er drehte sich um und erkannte in dem Mann einen Nachbarn. Er wohnte im selben Haus wie er, nur einen Eingang weiter. Lorenz hatte ihm vor Monaten beim Umzug geholfen, erst trugen sie gemeinsam ein schweres Bett, danach einen noch viel schwereren Schrank. Dann holte der Bursche ein Fläschlein Wodka, um die Arbeit zu begießen. Dann gingen sie zu Lorenz hinüber, der einen herrlichen Hering als Sakuska hatte. Dann kam noch ein Nachbar dazu, der Selbstgebrannten mitbrachte. Kurzum, es wurde ein schöner Abend.

Dass der Nachbar bei der Miliz war, wusste Lorenz. Dass er in diesen Kellern seinen Dienst verrichtete, nicht. Der Milizionär fluchte weiter, aber man merkte, dass es nur Ablenkung sein sollte. Offensichtlich wollte er etwas sagen, wusste aber nicht, wie er es anfangen sollte.

«Deine Frau haben sie auch. Sie haben sie ein paar Wochen später geholt.»

Er stockte. Also doch, Schrottkin hatte nicht geblufft. Lorenz wurde übel. Er stützte sich einen Moment an der Mauer.

«Wie geht es ihr? Und was ist mit den Kindern? Was ist mit Larissa?»

«Die Große ist im Waisenhaus. Wohin sie deine Frau gebracht haben, weiß ich nicht. Aber das Mädchen ... Die Kleine ist tot ... Im Gefängnis gestorben.»

Das Jahr 1938: *Thomas Mann trifft im amerikanischen Exil ein. Das Rechtsfahrgebot auf der Straße wird verbindlich. Deutschland annektiert Österreich. Nach dem 3. Moskauer Schauprozess werden die letzten von Lenin im «Testament» positiv erwähnten Funktionäre, Bucharin und Rykow, erschossen. Das Münchner Abkommen zwingt die Tschechoslowakei, das Sudetenland an Deutschland abzutreten. Während der Reichspogromnacht brennen die Synagogen, mehrere hundert Juden werden ermordet, über 30 000 in Konzentrationslagern interniert. Der Dichter Ossip Mandelstam stirbt in einem sibirischen Lager. Die Rundfunkausstrahlung des Hörspiels «Krieg der Welten» von Orson Welles löst eine Massenpanik in New Jersey (USA) aus.*

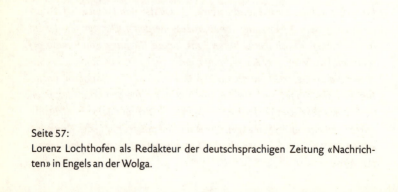

Seite 57:
Lorenz Lochthofen als Redakteur der deutschsprachigen Zeitung «Nachrichten» in Engels an der Wolga.

1938

★

I

Der weiße Dampfer wechselte dröhnend auf die andere Seite der Wolga, einen fetten Schweif Ruß hinter sich herziehend. Die kalte Luft prickelte auf der Haut. Lorenz atmete tief. Die unerwartete Weite des Flusses verursachte nach den langen Wochen des Eingepferchtseins ein leichtes Rauschgefühl. Er suchte jede noch so winzige Einzelheit der Flusslandschaft mit seinem Blick einzufangen. Eine rostige Barke, beladen mit Sand, kreuzte ungerührt von den röhrenden Warnsignalen der Sirene und dem lauten Fluchen des Kapitäns den Kurs des Dampfers. Die Frau des Skippers hatte eine Leine mit frischgewaschener Wäsche vom Bug bis zum Heck des Kahns gespannt, Unterhosen und Hemden wehten im Wind wie die Fähnchen einer Regatta. Weiter stromabwärts glitt kaum merklich ein endlos langes Floß aus den Wäldern des Nordens in Richtung Süden. Die beiden Flößer saßen reglos vor ihrer Laubhütte um die Kochstelle herum, von der ein dünner Streifen weißen Rauches aufstieg. Ein einsamer Fischer trieb mit einem Holzboot langsam am Dampfer vorbei, den starren Blick auf die Gewehre der Wachleute gerichtet. Er wusste, was das für ein Transport war. Am Horizont verschmolzen die sich träge dahinwälzenden Wassermassen, das gegenüberliegende Ufer und der tiefe Himmel zu einem dünnen Streifen. Nirgendwo spürte man die einsamen Weiten dieses endlosen Landes so sehr wie auf seinen Flüssen. Wo die

Zeit ihr eigenes Maß hat und der Mensch so klein und verloren ist wie am ersten Tag.

Lorenz lehnte neben der Tür zum Maschinenraum und spürte, wie die Kälte trotz der Jacke immer tiefer in ihn hineinkroch. Den zerkratzten rotbraunen Pappkoffer, in dem sich die verbliebenen Habseligkeiten befanden, drückte er mit einem Bein an die Bordwand. Das Zittern des Antriebs ließ den Schiffskörper vibrieren und übertrug sich auch auf ihn. Genussvoll zog er den Rauch einer Papirossa in sich hinein. Ob er diese Art Zigaretten mochte, konnte er nicht sagen, es gab keine anderen. Eine Papierhülse mit Pappmundstück, zur Hälfte gefüllt mit grobem Tabak. Der Maschinist hatte ihm im Vorbeigehen eine fast volle Schachtel zugesteckt, ohne den Dank abzuwarten. Mitleid mit Gefangenen, das war gefährlich.

Lorenz knickte das Mundstück in landesüblicher Weise zwischen Daumen und Zeigefinger. Jemand hatte behauptet, so bliebe mehr Nikotin am Papier haften. Das Etikett zeigte auf grauweißem Grund eine blaue Sonne, die strahlend über einer Schneelandschaft unterging. Oder sollte es doch eher ein Sonnenaufgang sein? Es waren Papirossy der Marke «Sewer». Das hieß «Norden».

«Sewer?» In Gedanken wiederholte er das Wort. Ob das ein Zufall war? Oder ein Zeichen? Sollte damit bereits die Richtung vorgegeben sein, der er auf seinem Weg durch Gefängnisse und Lager folgen würde? Alles könnte sich doch noch als Irrtum erweisen, noch war der Gedanke in ihm nicht erloschen. Aber im tiefsten Inneren spürte er längst eine Beklemmung, die ihn an einem glücklichen Ausgang zweifeln ließ.

«Sewer». Immerhin, es war keine «Belomorkanal», der Name einer anderen gängigen Zigarettensorte. Er gehörte zu jenen speziellen Abkürzungen, die nach der Revolution in Mode gekommen waren und die Sprache immer mehr verunstalteten. Es wimmelte im Alltag nur so davon. «Belomorkanal» stand für «Weißmeerkanal», den ersten Großbau des Kommunismus. Das mit enormem Propagandawirbel begleitete Projekt einer Wasserstraße zwischen

Ostsee und Weißem Meer kostete Tausenden Gefangenen das Leben. Da es dem Land an Technik mangelte, wurde die Strecke über viele Kilometer mit Schaufel und Hacke ausgehoben. Freiwillig meldete sich kein Mensch zu dieser Schinderei. Verdienen konnte man hier nichts, nur die Gesundheit, wenn nicht das Leben verlieren. So fing die Staatsmacht die Menschen, je nach Bedarf, auf den Straßen des Riesenreichs weg und verurteilte sie zu Zwangsarbeit. Am Anfang folgten die Verhaftungen noch einem gewissen Raster. Doch schon bald stellte sich heraus, dass es allein mit vorbestraften Dieben, Obdachlosen und Prostituierten nichts werden konnte. Der Griff musste in die Breite gehen. Zehntausende wurden nun zu Feinden der neuen Ordnung erklärt und füllten als Trotzkisten oder Volksschädlinge die Arbeitskolonnen. Wer die zwei, drei Jahre überlebte, hatte Glück.

Es war der erste große und gezielte Einsatz von Sklavenarbeit zum Aufbau der neuen und gerechteren Gesellschaftsordnung. «Der Bärtige», wie Stalin im Volksmund hieß, war von der neuen Methode begeistert. Ab sofort gehörten Zwangsarbeiter zu jedem Großprojekt. Und von denen gab es immer mehr. Der NKWD lieferte.

Merkwürdigerweise schadete das Blut der Toten der Zigarettenmarke «Belomorkanal» nicht. Das Land rauchte sie fröhlich weiter. Denn Papphülsenzigaretten waren nicht nur etwas für arme Leute, auch die Nomenklatura, die politische Oberschicht des Landes, griff nach ihr mit Begeisterung. Die NKWD-Leute schätzten «Kasbek», benannt nach einem der Gipfel des Kaukasus. Selbst Stalin hatte eine Vorliebe für Papirossy. Jeder im Land wusste, dass er die vornehme Marke «Gerzegowyna Flor» bevorzugte. Allerdings pflegte er den Tabak in seine Pfeife zu stopfen.

Der Tabakdunst verwirbelte sich im Wind. Lorenz stand nicht zum ersten Mal rauchend auf den Planken dieses Dampfers. Es war kein gewöhnliches Schiff. Es war der offizielle Regierungskutter der Wolgadeutschen Republik, und er war früher bei Dienstfahrten oft mehrere Tage auf ihm unterwegs, meist mit Friedrich Wolf während ihrer ausgedehnten Reportagereisen. Niemals wäre es ihm in den Sinn gekommen, dass dieses Schiff auch für ganz andere Transporte genutzt wurde. Die unbeschwerten Stunden an Bord, bei Wodka und gutem Essen, erschienen ihm plötzlich als falsches Spiel. Das Schiff verwandelte sich vom weißen Dampfer seiner Sehnsüchte, der den Helden eines Abenteuerromans in eine aufregende Zukunft trug, in einen heruntergekommenen, schmuddeligen Kahn. Unter der in mehreren Schichten aufgetragenen weißen Farbe, die dem Dampfer von weitem einen Hauch Leichtigkeit und Süden verlieh, fraß sich überall der Rost hindurch. Fast schien es, dass nur der dicke Anstrich das Schiff noch zusammenhielt und irgendwo in der Mitte des Stroms ohnehin alles vorbei sein würde. Der Gedanke wirkte beruhigend auf Lorenz.

Er blickte zurück zum östlichen Ufer. Die Umrisse der Stadt wurden unscharf. Ehe man sie am Morgen auf dem Hof des Gefängnisses zur Kolonne zusammenschrie, hatten sie ihre Sachen zurückbekommen. Zumindest das, was davon übrig war. Wie befürchtet, fehlten in der Brieftasche mehrere Scheine, im Koffer ein Paar feste Schuhe und, was viel schlimmer war: der dicke Wollpullover. Den hatte Lotte gestrickt, es war ihr Geschenk zu seinem Dreißigsten. Der Winter packte von Tag zu Tag kräftiger zu, und niemand konnte sagen, wie lange das alles dauern würde. Ohne warme Kleidung wartete da draußen nur der Tod.

Der Sergeant in der Kleiderkammer des Gefängnisses nahm seine Beschwerde regungslos zur Kenntnis. Er holte ein Blatt Papier, vermerkte die fehlenden Sachen, rührte mit einem Holzfederhalter in einem Tintenfass, unterschrieb krakelnd, hauchte mehrfach auf einen Stempel, den er aus dem Schubfach seines Schreibtischs gefischt hatte, drückte sorgfältig das Emblem mit Hammer und Sichel in die Ecke und händigte den Wisch dem verdutzten Gefangenen aus.

«Hier ist noch nie etwas weggekommen», murmelte er. In seinen Augen spiegelte sich der blanke Hohn. «Heben Sie das Papier nur gut auf. Falls sich die Sachen anfinden, bekommen Sie selbstverständlich alles zurück.»

Dann winkte er den Nächsten heran und belegte ihn, noch ehe der etwas sagen konnte, mit einem Fluch.

«Diese Hurensöhne, was denn, fehlt schon wieder was? Wozu braucht ihr überhaupt den Plunder? Mancher ist hier ausgestattet wie ein Bourgeois, mit Zahnbürste und Seife. Ihr denkt wohl immer noch, ihr seid im Sanatorium? Aber das werden sie euch in Saratow schon austreiben.»

Und er fuhr fort, jeden, der da kam, zu beschimpfen. Das laute Geschrei sollte davon ablenken, wie ungeniert die Gefangenen bestohlen wurden. Dieses amtlich sanktionierte Plündern bedeutete für das Personal eine sichere Einnahmequelle, vergleichbar dem Trinkgeld in einer Kneipe. Die Prozedur hielt den Abmarsch der Kolonne dermaßen auf, dass die Begleitposten nervös wurden. Der Dampfer war extra von Saratow hinüber nach Engels geschickt worden, um die Gefangenen abzuholen. Wenn er sich bei der Rückfahrt verspätete, gab es Ärger. Da der Zug der Häftlinge durch die Stadt zu viel Aufmerksamkeit erregt hätte, karrte man einen Lastwagen heran und befahl den Männern, eilig aufzusitzen. Zuletzt stiegen zwei bewaffnete Soldaten zu, dann öffnete sich das Eisentor. Der Laster holperte auf die von Regen und nassem Schnee in einen Sumpf verwandelte Straße hinunter zum Fluss.

Von der anderen Seite kam eine Frau mit weißem Kopftuch, Wattejacke und verschlammten Stiefeln schreiend herübergerannt.

«Aljoscha!?» In ihrer Stimme mischten sich Hoffnung und Verzweiflung.

Der blonde Bauernbursche auf der Holzbank neben Lorenz, keine zwanzig Jahre alt, zuckte zusammen und warf sich mit einem Satz zur hinteren Bordwand, wo die Plane eingerollt blieb und man den Himmel und die Straße sehen konnte. Einer der Bewacher hielt ihn mit dem Gewehrlauf zurück.

«Mama», flüsterte der Junge.

Die Frau blieb mitten auf der Straße im Morast stehen und

schaute dem Lastwagen nach. Noch einmal hörte man sie «Aljoscha» rufen. Dieses Mal leiser.

«Mama», erwiderte der Sohn tonlos. Dann schrie er: «Mama! Ich bin hier!»

Ein Ruck ging durch ihren Körper. Sie rannte. Rannte. Rannte verzweifelt dem Lastwagen hinterher. Doch mit den Stiefeln kam sie kaum voran und blieb immer weiter zurück. Ihre Aljoscha-Rufe wurden leiser und leiser. Noch einen Moment konnte man sie an einem Telegrafenmast stehen sehen, dann bog der Lastwagen ab.

Der Junge verharrte am Ende der Ladefläche, bis ihn ein heftiges Rucken des Lastwagens zur Seite unter die Füße des zweiten Wachmanns warf. Der schaute ihn an, sagte aber nichts. Aljoscha kroch zu seinem Platz und begrub das Gesicht in den Händen. Lorenz hörte das Weinen.

Die Geschichte des Jungen war so einfach wie grausam. Mehrfach hatte er sie während der gemeinsamen Haft erzählt. Er stammte aus einem Dorf südlich von Engels. Eigentlich wollten die NKWD-Leute nicht ihn, sondern seinen Vater holen. Der hieß wie er Alexej und für Freunde und Verwandte eben Aljoscha. Ungewöhnlich war das nicht, der Erstgeborene wurde oft nach dem Vater benannt: Iwan Iwanowitsch oder Alexej Alexejewitsch. Da der alte Bauer nicht zu Hause war – er hatte auf einem fernen Schlag des Kolchos zu tun und übernachtete im Feldlager –, suchte sich das Kommando ein anderes Opfer. Und wenn es der Sohn des vermeintlichen Schädlings war und der auch noch den gleichen Namen trug, um so besser. Da mussten die Papiere nicht einmal umgeschrieben werden.

Der NKWD hatte einen straffen Plan. Nur seine bedingungslose Erfüllung schützte all jene, die Teil der Terrormaschinerie waren, davor, selbst von ihr erfasst zu werden. Und auch das klappte nicht immer. Regelmäßig entledigte man sich der Mittäter und Zeugen, vom kleinsten Muschkoten bis zum Chef des Geheimdienstes im fernen Moskau. Als Genrich Jagoda, lange Zeit Stalins Mann fürs Grobe, nicht mehr genug Sklaven für den kommunistischen Aufbau liefern konnte, wurde er erschossen. Als sein Nachfolger, Nikolai Jeschow, Hunderttausende zu viel verhaften ließ und viele von ihnen in überfüllten Gefängnissen oder auf dem Transport in die Lager starben, ohne je ihren Sklavendienst angetreten zu haben, geschah mit ihm das Gleiche. Aljoschas Schicksal war kein Irrtum. Nur logische Konsequenz.

Die Sirene des Dampfers dröhnte ein letztes Mal über das Wasser, dann legte das Schiff ruppig auf der Saratower Seite an. Im Gänsemarsch gingen die Gefangenen von Bord. Vorbei an der Bretterbude, die großspurig Flussbahnhof hieß. Hier saßen auf den Holzbänken eingemummte Menschen mit Säcken, Eimern, zusammengeschnürten Hühnern und Enten, in der Hoffnung, dass eines der vorüberkommenden Schiffe sie mitnehmen würde. Ein paar Schritte weiter wartete bereits das Lastauto mit der Aufschrift «Brot» auf seine menschliche Ladung.

Das zweite Gefängnis, in das Lorenz kam, schien in Größe und Bedeutung der Gebietshauptstadt angemessen: ein gewaltiger Gebäudekomplex, umgeben von einem Bretterzaun, verziert mit mehreren Reihen Stacheldraht, an den Ecken bewehrt mit hohen Wachtürmen und deren gnadenlosen Suchscheinwerfern.

Im «Empfangsraum» wurden den Gefangenen Schnürsenkel, Gürtel und all die andern laut «Hausordnung» verbotenen Gegenstände wieder abgenommen. Wer bis dahin noch seinen Haarschopf hatte, bekam jetzt eine Glatze rasiert. Mörder, Politische, jetzt sahen sie alle gleich aus. Gezeichnet und ausgestoßen.

Seiner Verzweiflung auf die Nachricht über den Tod von Larissa folgte die Leere. Das Leben erschien nicht mehr weit und offen wie der Himmel an einem Tag im Frühling, sondern nur noch als Abfolge von Grausamkeiten, deren Ende nicht abzusehen war. Er wollte nur noch weg aus Engels. Egal wohin.

Leutnant Hofer frohlockte. Der Widerstand des Deutschen war gebrochen, der Hungerstreik beendet. Lorenz setzte seine Unterschrift unter genau jenes Blatt Papier, das ihm bereits Schrottkin im

«Schwarzen Kabinett» vorgelegt hatte. Nur der Verweis auf den § 205 war mit dem Messer herausgekratzt. Kein Gericht der Welt würde je einen solchen Wisch als Schuldgeständnis anerkennen.

Zwei Tage war das jetzt her. Nun folgte Lorenz wieder einem Wachmann, Treppe rauf, Treppe runter, durch düstere Korridore, bis sie vor einer Tür stehen blieben. Der Mann klapperte lange mit den Schlüsseln, endlich hatte er den richtigen. Lorenz war angekommen. Er betrat eine geräumige Zelle, in der allenfalls zehn oder zwölf Gefangene, keineswegs beengt, saßen. Allein das konnte einen schon verwundern. Erst recht der Umstand, dass auf dem Tisch in der Mitte des Raums mehrere Weißbrote lagen. Weißbrot hatte er seit einer Ewigkeit nicht gesehen. Das geöffnete Glas mit Butterschmalz und ein kilogrammschweres Stück Wurst vervollständigten ein unwirkliches Bild. Lorenz konnte seinen Blick nicht davon lösen. Auf alles schien er vorbereitet: auf einen nassen Keller, auf Dutzende Menschen in engster Zelle, auf Isolationshaft, endlose Verhöre, auf Schläge und Folter. Reichlich zu essen, das lag außerhalb aller Vorstellungskraft. Ganz zu schweigen davon, dass der Überfluss die anderen ganz und gar ungerührt ließ.

Die Mitgefangenen nahmen von dem Neuen nicht die geringste Notiz. Einige lagen sogar angezogen auf ihren Pritschen. Noch eine Merkwürdigkeit. Das Liegen auf den Nary am Tag war strengstens verboten. Es drohten drakonische Strafen. Wer erwischt wurde, bekam die Essensration gekürzt. Ziemlich das Schlimmste, was man sich denken konnte. Auch wenn die Mahlzeit nur aus einer Schüssel Balanda – einer dünnen Kohl- oder Graupensuppe – und einem Kanten Schwarzbrot bestand. Doch hier lagen die feinsten, für ein sowjetisches Gefängnis unvorstellbaren Speisen, und keiner rührte sie an. Das sollte einer verstehen.

«Ah, ein Neuer! Komm, leg deine Sachen auf die Liege da drüben», begrüßte ihn schließlich ein älterer Mann.

Er saß auf einem Hocker am Tisch und sah wie einer jener Mennoniten aus, denen Lorenz auf seinen Reisen entlang der Wolga immer wieder begegnete. Aus Glaubensgründen hatten sie Preußen vor langer Zeit verlassen und in den Weiten Russlands eine neue Heimat gefunden. Doch wer keine Staatsmacht über sich duldete und den Dienst in der Armee verweigerte, der passte nicht in die neue Zeit. Die Mennoniten flohen entweder aus der Sowjetunion, oder sie besiedelten das weit verzweigte Inselreich des Gulag.

Gulag, das war wieder eines dieser neuen Krüppel-Wörter, die Lorenz nicht mochte, zusammengesetzt aus den Anfangsbuchstaben von «Glawnoje uprawlenije isprawitelno-trudowych lagerej i kolonij», was mit «Hauptverwaltung der Besserungsarbeitslager und Kolonien» übersetzt wurde. Längst hatte sich Gulag als Synonym für Tod und Terror verselbständigt.

«Der Platz ist gestern frei geworden.»

Der Alte sah den ungläubigen Blick des Neuen angesichts der Schätze auf dem Tisch.

«Du kannst dir ruhig was schmieren. Es ist genug da. Wenn wir mehr brauchen, geben sie uns mehr. Lang zu, zier dich nicht.»

Lorenz schob seine Sachen unter die Pritsche, setzte sich an den Tisch und strich ein großes Stück Weißbrot fingerdick mit Butter ein. Nachdem er die dritte Scheibe Brot runtergeschlungen hatte, ging er zur Wurst über. Draußen im Land hieß diese Sorte Doktorskaja. Was sie mit einem «Doktor» zu tun hatte, war nicht ganz klar, so wandelte sich ihr Name allmählich in «Hundefreude». Irgendwie erinnerte sie ihn jetzt an die Wurst daheim in Westfalen. Langsam ließ das seit Wochen anhaltende Hungergefühl nach. Er hielt einen Moment mit vollem Mund inne und sah sich erneut ungläubig um. Litt er unter Halluzinationen? Nach dem Hunger der vergangenen Wochen und Monate wäre das nicht undenkbar. Oder sollte es im Saratower Gefängnis anders zugehen als in Engels?

Ihm gegenüber spielten zwei Männer in einer Ecke verbissen Karten. Die Blätter klatschten auf den Schemel. Offensichtlich war es Durak, Dummkopf, das am weitesten verbreitete Spiel in Russland. Was die Spieler jedoch in der Hand hielten, das waren nicht die üblichen, hinter Gittern aus Kartonresten hergestellten Karten. Nein, ein echtes französisches Blatt, wie man es draußen in der Freiheit hatte, auf den Hinterhöfen oder wo immer sich Männer zum Durak-Spiel zusammenfanden. Und offenbar hatten die beiden auch keine Angst, dass man sie erwischen könnte. Selbstverständlich war das Kartenspielen im Gefängnis streng verboten.

Einer der Sträflinge lief nervös, einer unsichtbaren Linie folgend, durch den Raum. Zwölf Schritte vor, zwölf Schritte zurück. Plötzlich blieb er am Tisch stehen, schaute Lorenz eine Weile beim Schmieren der fünften oder sechsten Brotscheibe zu, wartete ab, bis er erneut die Butter mit dem Löffel aus dem Glas gefischt hatte, und fragte übertrieben freundlich:

«Na, schmeckt's?»

Sein Gesicht verzog sich zu einer Grimasse, die so etwas wie ein Lächeln darstellen sollte.

«Iss nur, iss ....», murmelte er. «Wer weiß schon, was es da oben gibt?»

Er blickte demonstrativ zur Decke.

Mit vollem Mund hörte Lorenz auf zu kauen. Es waren weniger die Worte, die ihn innehalten ließen, vielmehr der Unterton. Er hatte es doch gewusst, hier konnte etwas nicht stimmen. Fragend schaute er den schmächtigen Mann an, der seiner Aussprache nach ein Tatare sein musste, er wagte nicht, den Bissen hinunterzuschlucken.

Der Mann bückte sich zu Lorenz und fuhr deutlich leiser, fast verschwörerisch, fort:

«Wofür hat man dir die ‹Schlöpka› gegeben?»

Das Wort traf Lorenz wie ein elektrischer Schlag. Er sprang auf. «Schlöpka», eine Klatsche, das war unter Ganoven das gebräuchliche Wort für Erschießen. Wer eine Schlöpka bekam, der war zum Tode verurteilt.

«Was faselst du da von ‹Schlöpka›», fuhr er den Neugierigen an. «Ich bin bisher zu gar nichts verurteilt. Meine Untersuchung läuft noch. Überhaupt, ich bin unschuldig, alles wird sich aufklären ...»

Der Wortwechsel zog die Aufmerksamkeit der anderen auf sich.

Die Kartenspieler unterbrachen ihr Spiel. Ein apathisch auf der Pritsche liegender Gefangener richtete sich auf und blickte ärgerlich zum Tisch. Ein anderer erhob sich gleichfalls und musterte Lorenz interessiert von oben bis unten.

«Ist der so dumm, oder tut er nur so?», mischte er sich in das Gespräch. Aus seiner Stimme klang ein hohes Maß an Gereiztheit. «Pass auf, Freundchen, wir alle, die wir in dieser Zelle sitzen, sind zum Tode verurteilt. Das ist die Todeszelle. Eine andere haben die hier nicht.»

Er wartete die Wirkung seiner Worte ab und fügte dann hinzu: «Irrtum ausgeschlossen.»

Lorenz blickte entsetzt von einem Gesicht zum anderen. Was war das für ein Spiel, das hier gespielt wurde?

«Ja, Irrtum ausgeschlossen!»

Der das sagte, trug ein schwarzes am Stehkragen mit weißen Knöpfen besetztes Russenhemd, dazu eine dunkle Reithose, die in gutgearbeiteten Stiefeln steckte. Er strahlte den Schick eines mittleren Parteifunktionärs aus. Die Stiefel hatte er für seinen nachmittäglichen Schlaf nicht ausgezogen. Angst, dass hier jemand etwas stehlen könnte, schien keiner zu haben. Nicht nur das Brot und die Butter lagen offen auf dem Tisch; die Insassen hatten auch ihre Habseligkeiten entweder auf einem Hocker oder am Fußende der Pritsche verstaut.

«Nein, nein, das alles kann nur eine Verwechslung sein», beharrte Lorenz.

«Unschuldig sind wir hier alle», fuhr der Mann fort. «Oder sagen wir besser, fast.» Ein bitteres Lächeln huschte über sein Gesicht. «Der da drüben auf dem Bett, der gerade noch schlief und uns jetzt so interessiert zuhört, hat eine Bank leergeräumt. Viel war nicht drin. Aber für ihn und seine Freunde hätte es gereicht. Anstatt nun das schöne Geld in einer anderen Kasse zu deponieren und darauf zu warten, dass Gras über die Sache wächst, haben sie mörderisch einen draufgemacht. Ist doch klar, dass so etwas auffällt. Er war so besoffen, dass er erst im Knast wieder zu sich kam. Nur einer seiner

Kumpane konnte noch geradeaus gucken und wollte abhauen. Den haben sie gleich abgeknallt. Auf der Flucht, du weißt schon.»

Der Erzähler machte eine lange Pause, um die Wirkung seiner Worte zu genießen. Die anderen kannten die Geschichte offensichtlich schon in allen Einzelheiten und taten eher gelangweilt.

«Den zweiten Kumpel von ihm haben sie gestern aus der Zelle geholt.» Mit einer flüchtigen Bewegung zeigte er auf die Pritsche, die jetzt Lorenz gehörte. «Nun wartet er als Letzter, wann er an der Reihe ist. Heute? Morgen? Oder erst in einer Woche? Niemand kann sagen, wann diese Hundesöhne einen holen. Es soll schon Leute gegeben haben, die vier oder fünf Wochen hier saßen. Die begannen tatsächlich daran zu glauben, man habe sie vergessen. Und dann kamen sie doch dran.»

Er atmete tief durch.

«Hundesöhne ist geschmeichelt», mischte sich einer der Kartenspieler ein und spuckte angewidert auf den Boden. «Das sind Sadisten, und wenn es nach mir ginge, wäre es längst vorbei. Aber so sitzen wir und warten, und die haben ihren Spaß. Das ist wie bei einer Katze, die eine Maus fängt. Das kleine Ding einfach runterzuschlucken wäre viel zu einfach. Sie lässt die Maus noch eine Weile zappeln, bis es dann langweilig wird. So ist es auch mit uns.»

Lorenz sprang auf.

«Das kann doch alles nicht wahr sein!»

Mit einem Satz war er an der Tür und trommelte mit den Fäusten gegen das Blech. Der Donner verbreitete sich über die Korridore.

«Junge, lass das sein», machte sich der Tatare wieder bemerkbar. «Die mögen den Krach nicht und stecken dich noch in den Karzer. Was hast du davon, die letzten Tage in Isolation und bei trockenem Brot zu verbringen? Oder meinst du, die Verpflegung hier ist umsonst? Du sollst stillhalten, verstehst du?»

Lorenz hielt inne. Einfach so alles hinnehmen? Aufgeben? Sich abfinden? So, wie die hier das längst getan hatten? Das konnte es nicht sein. Dennoch hörte er auf, gegen die Tür zu schlagen.

«Gut so», nickte der Tatare zufrieden. «Komm, setzen wir uns an den Tisch, lass uns weiterreden.»

«Irgendwas musst du doch getan haben», mischte sich der im schwarzen Hemd wieder ein. «Ganz ohne Vorwand geht es auch bei denen nicht.»

Er machte eine Pause, stand auf und rückte einen weiteren Hocker an den Tisch heran.

«Ich zum Beispiel sitze hier wegen Sabotage.» Er machte eine Pause und ließ das Wort auf den Zuhörer wirken. «Die haben uns in die Kolchose einen Traktor geschickt. Selbst in der Zeitung hat es gestanden: Eine neue Ära auf dem Lande bricht an. Nie mehr schlechte Ernten. Wir haben extra einen unserer besten Brigadiere zur Weiterbildung abkommandiert. Mischa. Der konnte dann auch mit dem Ding wahre Kunststückchen vollbringen. Wie eine Ballerina vom Bolschoj. Nur die weißen Strümpfchen fehlten.»

Lorenz kam nicht umhin zu schmunzeln. Er kannte diese tonnenschweren Ungetüme. Hin und wieder begegnete er solch einem Wunderwerk sowjetischer Ingenieurskunst auf den Feldern. Die nahe Verwandtschaft zu einem Panzer sah man ihnen schon von weitem an, in der Regel stammten sie auch aus demselben Werk. Von Grazie und Wendigkeit konnte keine Rede sein. Aber immerhin, die Riesenfelder der Kolchosen ließen sich damit deutlich schneller umbrechen als mit den mageren Pferdchen. Vorausgesetzt, der Traktor stand nicht monatelang herum, weil Ersatzteile fehlten.

«Eines Tages», fuhr der Mann fort, «haben wir im Dorfsowjet mächtig gefeiert. Hol's der Teufel, ich glaub, jemand war Vater geworden. Und ihr wisst schon, in so einem Dorf wird ständig einer Vater. Manchmal kam ich als Kolchosvorsitzender die ganze Woche nicht zum Arbeiten. Hochzeit hier, Namenstag dort, und dann sterben ja auch immer welche. Da kann man nicht einfach sagen: Das war's. Das muss schon würdig begangen werden. Die alte Anjuta hatte einen herrlichen ‹Samogon› auf Vorrat, im Selbstbrennen ist sie in der ganzen Gegend einsame Meisterin. Klar wie eine Träne, das Zeug. Nicht zu vergleichen mit dem trüben Gesöff hier in der Stadt, von dem man nur blind wird. In jeder Flasche schwamm eine kleine rote Schote. Gut für das Auge und erst recht gut für den Geschmack.»

Vor lauter Begeisterung über Anjutas Brennkünste hatte es den Kolchosvorsitzenden weit vom eigentlichen Geschehen abgetrieben. Fast verschämt kam er auf die Geschichte mit dem Traktor zurück, nicht ohne einen letzten Satz zur Güte des «Perwatsch», des erstgebrannten Samogon, einzuflechten.

«Nun, wir hatten alle ordentlich geladen. Da schwang sich Mischa auf sein Stahlross und ratterte in die Dunkelheit. Warum? Wieso? Keiner weiß es. Jedenfalls, Streit gab es keinen. Doch als er am nächsten Mittag immer noch nicht zurück war, wurden wir unruhig. Vielleicht ist er bei Dascha, meinten die einen. Nein, sagten die anderen. Da geht er nur hin, wenn es Lohn gab. Und jetzt ist erst Monatsmitte, da hat er keine Kopeke, für die Liebe schon gar nicht. Vielleicht ist er in die Stadt, vermuteten die Dritten. Aber ohne Auftrag der Kolchose, was sollte er dort, mitten in der Erntezeit? Und ob er einen Auftrag hatte oder nicht, musste ich als Vorsitzender ja wissen. Er hatte keinen.

So konnten er und der Traktor nur in der Nähe sein. Ein Glück, die Spuren der Ketten ließen sich nicht übersehen. Wir machten uns also auf den Weg, Mischa zu suchen. Der Hurenbock hatte sich in seinem Tran auf keine Kompromisse eingelassen. Die Schneise der Verwüstung führte über Zäune und Gärten in die Felder. Beim alten Mitrocha hatte es beinahe das Haus erwischt, der Abortschuppen war jedenfalls platt. Mitrocha selbst saß gerade nicht drin. Na ja, besonders schade wäre es nicht um ihn gewesen. Als er und seine Alte uns sahen, stimmten sie das große Wehklagen an und wünschten dem Traktoristen die Pest an den Hals.

Doch das mit dem Scheißhaus war halb so tragisch. War ja nur privat. Dass er einen gut Teil des volkseigenen Feldes mit dem reifen Korn platt gewalzt hatte, war schon schlimmer. Nach dem Feld ging es über die Wiesen zum Fluss. Ein Glück, die Kühe hatten die

Mäuler nicht allzu neugierig herausgestreckt. Als wir kamen, glotzten sie allerdings noch immer ziemlich verstört.

Dann machte die Spur einen Bogen Richtung Wäldchen und Sumpf. Da wurde es den Ersten mulmig. Wenn er den Traktor an einer der alten Kiefern zerwürgt hatte, konnte er etwas erleben. Doch Mischa hatte wohl in der Nacht nicht viel sehen können. So hielt er Kurs, sofern er in seinem Rausch überhaupt steuern konnte, an den Bäumen vorbei in die Senke, wo das Moor begann. Ein grausiger Ort. Kilometerweit, bis zum Fluss, nur stinkende Brühe. Allenfalls ein paar Hirten trauen sich dorthin. Und genau da führten die zwei fetten Linien seiner Kettenspuren hinein.

Der Kater von dem Besäufnis, der mich den ganzen Morgen gepeinigt hatte, war augenblicklich weg. Die letzten paar hundert Meter bis zum Sumpf legte unser Suchtrupp im Dauerlauf zurück. Erst als der Morast in die Stiefel schwappte, blieben wir stehen. Von Mischa und, noch schlimmer, vom Traktor weit und breit nichts zu sehen. Da standen wir nun und schauten bedeppert. Irgendwann glaubte einer der Jungs, vierzig oder fünfzig Meter von uns entfernt an einem dürren Ast, mitten im Moor, die Jacke des Traktoristen zu erkennen. Wir kamen auch mit langen Stöcken nicht ran. Vom Traktor keine Spur, außer einigen regenbogenfarbenen Schlieren auf der Moorbrühe. Der Tank war nicht ganz dicht.

Den Rest kann man sich denken. Ein paar Wochen konnte ich die Sache vertuschen. Dann holten sie mich ab: Sabotage am Volkseigentum. Der Vorsitzende trägt die Verantwortung für den Traktor.»

Er wurde still.

«Dass es gleich die Höchststrafe wird, nun ja, das ist Pech. Vielleicht hatten sie ja ihren Plan noch nicht erfüllt.»

Er stand auf und ging hinüber zu seiner Pritsche.

«Zu machen ist da nichts mehr.»

Es folgte ein langes Schweigen. In Lorenz' Kopf dröhnte es: Todesstrafe! Todesstrafe! Todesstrafe!

«Und», beendete der Tatare die Pause, «fällt dir endlich etwas ein? Irgendwas musst du doch gemacht haben? Mich zum Beispiel haben sie mit zwei Säcken Zucker auf dem Bahnhof erwischt. Die stammten nicht aus einem Laden. Zu dritt hatten wir sie in einem Lager mitgehen lassen. Die anderen sind getürmt, ich war zu langsam. Nun bin ich ein Saboteur. Und was man mit denen macht, ist bekannt.»

Lorenz zog laut und tief Luft in sich hinein, atmete langsam wieder aus. Das meiste von dem, was er da hörte, klang allenfalls banal. Konnte man wirklich wegen eines Unfalls mit einem Traktor, den der Betreffende noch nicht einmal selbst verursacht hatte, oder wegen zwei gestohlener Säcke Zucker Menschen erschießen?

Offensichtlich konnte man.

«Was bist du überhaupt für ein Landsmann?» Der Tatare ließ nicht locker. «Und wo haben sie dich gegriffen?»

Es dauerte, bis Lorenz bereit war, auf die Fragen zu antworten. Hatte es Sinn, offen zu sein, oder empfahl es sich eher, alles im Ungefähren zu halten? Wer wusste schon, wer hier in der Zelle mit welchem Auftrag saß? So hielt er sich knapp mit seiner Erzählung.

Der Kolchosvorsitzende rieb sich die kurzen Bartstoppeln.

«Das ist nicht viel. Aber sie mögen es gar nicht, wenn einer nicht spuren will. Vielleicht hast du ja den Bogen überspannt...»

Als Lorenz noch hinzufügte, dass er Deutscher sei, und zwar nicht von der Wolga, sondern aus dem Reich, pfiff der Tatare leise.

«So einen vor die Wand zu stellen ist für die Herrschaften ein besonderes Fest.»

Auf Lorenz' Entgegnung, er sei Kader der Komintern, folgte nur die trockene Bemerkung:

«Ob Kader oder nicht, für die sind alle Deutschen doch nur Faschisten. Egal, wen du da noch in Moskau kennst. Und die hier geborenen Schmidts und Kochs oder wie sie noch alle heißen, sind für die nicht viel besser. Alles Spione.»

Den Mennoniten schien das alles nicht sonderlich zu interessieren. Sicher war es sein Glaube, der ihn auch unter diesen Umständen entspannt, ja fast zufrieden aussehen ließ.

«Iss nur, iss.»

Er sorgte sich um Lorenz, als hätten sie noch viel vor.

«Weißt du, wenn dir das mit dem Brot und der Butter nicht genug Komfort ist, kannst du auch die Wachleute bitten, dass sie dich zum Zahnarzt führen», schaltete sich der zweite Kartenspieler ein. «Das Recht auf eine vernünftige Verteidigung hast du nicht, aber zum Zahnarzt darfst du gern gehen. Sind ja keine Unmenschen. Es sähe ja auch hässlich aus, wenn die Sowjetbürger da oben nicht nur mit Löchern im Fell, sondern auch noch mit Lücken im Gebiss ankämen.»

Er lachte fröhlich über seinen Witz.

«Aber empfehlen würde ich es dir nicht. Der Zahnklempner hat einen denkbar schlechten Ruf. Der läuft hier unter Folter.»

Tage vergingen. Kein Verhör. Kein Hofgang. Keine Aufforderung, etwas zu tun oder zu lassen. Alle seine Versuche, den Wachleuten eine Information zu entlocken oder sie auf einen Fehler hinzuweisen, schlugen fehl. Sie übersahen ihn einfach. Der ersten Aufregung folgte das Entsetzen, dann das Stadium des «Eigentlich-ist-alles-egal». Die anderen in der Zelle hatten es längst erreicht. Bis eines Abends zu ungewohnter Zeit das Schloss umgedreht wurde und ein Leutnant auf der Schwelle erschien. Zwei bewaffnete Soldaten standen wenige Schritte hinter ihm. Die Bewohner der Zelle erstarrten. Keiner rührte sich. Keiner fragte etwas.

Der Offizier holte ein Blatt Papier hervor und sagte:

«Buchstabe K.»

Es folgte eine lange Pause. Dann hörte man aus der Tiefe des Raumes leise:

«Kisly.»

Das war der Jüngste in der Zelle. Angeblich hatte er in trunkenem Zustand den Nachbarn schwer verprügelt. Der stieg seiner Mutter nach, die genug damit zu tun hatte, drei Kinder allein aufzuziehen. Dumm nur, der Nachbar war eine große Nummer im Stadtsowjet, so bekam die Sache einen politischen Anstrich. Der Junge sollte in einem Schnellverfahren wegen schweren Rowdytums verurteilt werden. Doch dem Richter war das nicht genug. In der Verhandlung wurde aus dem Rowdytum ein versuchter Anschlag auf den örtlichen Sowjet. Das Resultat: Höchststrafe.

«Nein», erwiderte der Uniformierte.

«Koslow», fragte ein weiterer stockend.

«Nein», antwortete der Uniformierte wieder.

«Kutschnoi», hörte Lorenz den Kolchosvorsitzenden halblaut, fast wie eine Bestätigung, sagen.

«Ja.»

«Mit Sachen?»

«Mit Sachen.»

Alle im Zimmer schauten zu, wie der Mann langsam sein schwarzes Jackett anzog, Mütze und Schal aus dem grünen Rucksack am Fußende seiner Pritsche holte und mit schwerem Schritt Richtung Tür ging. An der Schwelle hielt er einen Moment inne, drehte sich um und sagte jedes Wort einzeln gewichtend:

«Ne pominaite lichom …»

Denkt nicht schlecht von mir. Man sagt das in Russland vor einer langen Reise oder wenn einem ein Gang ins Ungewisse bevorsteht.

Alles verlief nach strengen Regeln. Für gewöhnlich wurde niemand nach zehn Uhr abends geholt, so konnte man wenigstens bis zum nächsten Morgen einigermaßen ruhig schlafen oder sich zumindest einbilden, es zu können. Die Soldaten betraten die Zelle nicht, sondern blieben auf dem Gang stehen. Der Name dessen, der sterben sollte, wurde nicht genannt, nur der Anfangsbuchstabe des Nachnamens. Er selbst musste seinen Namen sagen; kamen mehrere Gefangene in Frage, antworteten sie in alphabetischer Reihenfolge.

Zwei weitere Wochen folgten. Lorenz befand sich in einer Art Dämmerzustand. Was um ihn herum geschah, bewegte ihn immer weniger. Er aß, schlief und sprach kaum. Am Tag lag er auf seiner Pritsche, mit dem Gesicht zur Wand. Längst wollte er von all den Ratschlägen, die ihm die altgedienten Häftlinge in Engels auf den Weg gegeben hatten, nichts mehr wissen. Warum sollte er jetzt noch für Beschäftigung und Bewegung sorgen? Wofür sollte er sich noch gesund halten, wenn sowieso bald Schluss war? Widerstandskraft für Verhöre war nicht mehr nötig. Und auf eine lange Etappe im Viehwaggon sollte es auch nicht gehen. Also wofür?

Es war an einem späten Montagabend. Sie hatten keinen Kalender, aber mit dem Wechsel der Wachdienste begann stets eine neue Woche. Die Spieler hatten ihren Kartenstoß ein letztes Mal auf den Hocker geschlagen. Bald würde das Licht ausgehen. Plötzlich hörte man Schritte auf dem Gang. Erst leise, dann lauter. Mehrere Stiefelpaare, die Absätze mit Metall beschlagen. Zock, zock, zock, klang das Blech auf den Steinen des Kellers.

Die Tür ging auf. Der Wachmann packte seine Liste aus, hustete und schaute in den Raum:

«Buchstabe L.»

Lorenz stand auf, konnte aber kein Wort sagen.

Der Wachmann wiederholte:

«Buchstabe L.»

Da hörte Lorenz hinter sich fast flüsternd:

«Lebedew...»

In der Zelle gab es nur zwei Insassen mit dem Buchstaben «L». Lebedew war der eine, Lochthofen der andere. Lebedew kam aus einem Dorf, ein einfacher Junge, der bei einer Dorfkeilerei einen Milizionär erschlagen haben sollte. Ob er es wirklich getan hatte, ließ sich nicht klären. Heraus kamen «Banditismus» und die Todesstrafe.

«Nein.»

Nun war Lorenz an der Reihe.

«Lochthofen», hörte er sich teilnahmslos sagen.

«Ja.»

Das sollte also das Ende sein? Mechanisch setzte er hinzu:

«Mit Sachen?»

«Mit Sachen.»

Er holte seinen Koffer unter der Pritsche hervor. Eigentlich kam ihm das ziemlich albern vor. Egal, was es war, die Jacke, die Stiefel oder die Wäsche, dort, wo er hinging, brauchte er nichts davon. Er trat auf den Gang hinaus. Der Wachmann und zwei Soldaten mit Karabinern folgten ihm. In den ersten Tagen glaubte er, bei jedem Geräusch draußen vor der Tür, sterben zu müssen. Wenn das Schloss knarzte, erstarrte er. Jetzt, wo der Augenblick gekommen war, fühlte er nichts mehr. Es war, als ginge es um einen Fremden.

Sie liefen einen endlosen Gang entlang. Die Stiefel kratzten mit dem Blech auf dem Steinboden. Nach einigen Quergängen stiegen sie eine lange Treppe hinauf. Eine Eisentür nach der anderen wurde geöffnet und wieder geschlossen, bis sie endlich in einem geräumigen, nach frischer Farbe riechenden Korridor ankamen. Im Gegensatz zu den üblichen Funzeln brannten hier an der Decke starke Lampen, die den Gang in helles Licht tauchten, fast so wie draußen im Leben. Gemeinsam mit seinen Bewachern blieb Lorenz vor einer lederbezogenen Tür stehen. Der Wachmann klopfte, wartete und schob den Gefangenen in den Raum.

Wenn das der Ort war, in dem das Exekutionskommando auf ihn wartete, dann hatte er ihn sich ganz anders vorgestellt. Er stand in einem großen Zimmer. An der Fensterfront prunkte ein Schreibtisch, an dessen Stirnseite ein weit ins Zimmer reichender Tisch, davor mehrere Stühle, deren Rückenlehnen mit schwarzem Leder gepolstert und mit glänzenden Messingnägeln besetzt waren. In der Mitte des Tischs thronte die für einen russischen Natschalnik obligatorische Wasserkaraffe mit einem Glas darauf, das als Deckel diente. Letzteres wurde von seinem Besitzer nur in den seltensten Fällen zum Wassertrinken benötigt, eher für Wodka.

Auf dem Parkettboden lag ein Teppich. Das konnte man durchaus außergewöhnlich nennen. Ein Teppich in einem Raum, in dem geschossen werden sollte?

Hinter dem Schreibtisch saß ein glatzköpfiger Mann in einer NKWD-Uniform, den Sternen auf dem Kragenspiegel nach ein Major. Er schaute den Gefangenen mit Neugierde an.

«So, so», begann er nach langer Pause. «Ihr Name ist also Lochgofen».

Wie viele Russen konnte er das «H» nicht aussprechen. Das «T» verschluckte er der Einfachheit halber gleich ganz.

«Setzen Sie sich», forderte er Lorenz auf. «Sie kommen aus der Todeszelle?»

Er sah Lorenz, der sich steifbeinig auf die Stuhlkante gesetzt hatte, neugierig an:

«Wie sind Sie da hineingeraten?»

Obwohl der Major äußerlich ruhig und gelassen schien, war ihm der Spaß anzumerken. Er weidete sich am Entsetzen des Gefangenen. Offenbar sollte hier noch ein Palaver stattfinden. Aber wozu? Lorenz wartete und schwieg. Auf seiner Stirn sammelten sich Schweißtropfen.

«Erklären Sie mir, wie Sie dahingekommen sind?»

Der Major wechselte in einen gereizten Ton.

«Sie werden verstehen, als Direktor dieser Einrichtung bestehe ich auf Klarheit. Und glauben Sie mir, uns geht es nicht darum, jemanden wegzusperren, wie es bei der Klassenjustiz im Kapitalismus der Fall ist; wir wollen, dass Sie einsichtig sind und ein besserer Mensch werden.»

Er hüstelte, kramte im Schreibtischfach nach einem Bonbon, wickelte es umständlich aus, steckte es in den Mund und fuhr fort:

«Eigentlich sind wir, wenn Sie so wollen, ein pädagogisches Institut. Nur leider lassen sich bei aller Liebe nicht alle umerziehen. Dann hilft nur eins ...»

Der Gefängnisdirektor machte eine Pause.

«Also, reden Sie schon, wie sind Sie in die Todeszelle geraten? Wer hat Ihnen dabei geholfen? War's wegen der Verpflegung? Weißbrot, Butter, Wurst, alles gratis. Wo gibt's sonst noch so was? Ist besser als bei vielen draußen. Sie sehen ja aus wie eine Mastgans.»

«Genosse Major», Lorenz zog es vor, nicht weiter abzuwarten, «Sie werden wissen, in einem Gefängnis kann man sich nicht aussuchen, wohin einen die Wachen stecken. Ich habe mich nicht freiwillig für die Todeszelle gemeldet.»

«Richtig, richtig. Da wären Sie ja auch der Erste. Da ist anscheinend ein kleiner Fehler unterlaufen.»

Er hielt einen Moment inne, um die Wirkung seiner Worte abzuwarten.

«Da haben wir ja alle noch mal Glück gehabt. So etwas ist schnell passiert. Und schon grüßt man von oben. Was? Ha, ha. Aber wie Sie wissen, in unserem Land herrschen Recht und Ordnung. Darauf können Sie sich verlassen.»

Er hörte schlagartig auf zu grinsen. Patschte mit seinen Fingern auf die Schreibtischplatte und schaute Lorenz an.

«Also, ab sofort ist Schluss mit Fettlebe. Die Sowjetmenschen können es sich nicht leisten, Feinde des Volkes wie Sie auch noch zu mästen. Schließlich sind Sie hier nicht zur Kur. Führt ihn ab.»

Lorenz folgte den Soldaten, die ihn auf den Hof brachten. Dort hielt er einen Moment inne. Seit Wochen war er das erste Mal wieder an der Luft. Im Licht der Scheinwerfer glitzerten die Kristalle frischgefallenen Schnees. Kalt, weiß und unschuldig. Die abgeschabten Wände des Häuserkarrees, in denen die schwarzen Nischen der halbrunden Zellenfenster nisteten, rückten in den Hintergrund. Plötzlich schienen sie klein und unbedeutend. Es waren nur ein paar Schritte zu gehen. Quer von einer Tür zur anderen. Aber erst hier begriff Lorenz:

Er lebte noch.

Was immer das zu bedeuten hatte: Es war noch nicht das Ende.

II

Erst ein, dann zwei, dann ein letzter Schlag mit dem Hammer auf den verklemmten Riegel. Die Schiebetür sprang mit Getöse auf. Durch einen armbreiten Spalt blickte ein von Wolken zerrissener Abendhimmel in das Innere des Viehwaggons. Jemand schob einige schwere Blecheimer über die Bretter. Ein dumpfes Grunzen und Gerangel hob an, ganz so, als sei im Dunkel des Wagens ein wildes Tier erwacht. Lorenz fuhr der scharfe Geruch von Fisch in die Nase. Er spürte den unbändigen Wunsch, aufzuspringen und sich mit ein paar kräftigen Fußtritten den Weg zu den Salzheringen frei zu kämpfen.

Seit vierundzwanzig Stunden waren sie unterwegs. Seit vierundzwanzig Stunden gab es nichts. Kein Brot. Keine Grütze. Keine Balanda. Nichts. Und doch blieb er sitzen. Auch wenn sich der Geruch des Fischs ins Unerträgliche steigerte. Er durfte jetzt, gerade jetzt, nicht nachgeben.

Lorenz hörte sie schmatzen. Wie sie mit den Zähnen die Fische in Stücke rissen, wie die Eimer unter dem Andrang der Hungrigen auf dem Holzboden hin und her kratzten. Wie sich der eine rühmte, drei Heringe erwischt zu haben, und ein anderer, der zu kurz gekommen war, ihn dafür verfluchte. Ein kleiner Bursche, mit seinen sechzehn Jahren wohl der Jüngste unter den Gefangenen, saß mit dem Rücken an die Wand gelehnt und lutschte zärtlich am Rest eines Heringsschwanzes. Sehen konnte man im Dämmerlicht des Waggons nicht viel, aber man hörte seinen Genuss. Lorenz hätte den Jungen gerne zurückgehalten, doch das hatte keinen Sinn. Nur Pjotr und er blieben auf ihren Plätzen.

Sein Magen rebellierte, den ganzen Körper zog es zu den inzwischen leeren Eimern mit den Resten der Heringsbrühe. Aber nein. Sie widerstanden. Pjotr hatte ihn vor den Heringen gewarnt. Es gehörte zum grausamen Spiel der Wachen, den Gefangenen salzigen Fisch, aber kein Wasser zu geben. Der Qual des Hungers folgte die weit schlimmere Qual des Durstes. Während der Zug ohne Anhalten rollte und rollte.

Pjotr kannte all ihre sadistischen Spiele. Er war ein erfahrener «Etapnik», wie jene hießen, die nicht zum ersten Mal auf einen solchen Transport gingen. Fünf Jahre hatte er schon abgesessen, weil er ein Kulak, ein Großbauer, war. Er hatte die Solowki-Inseln im Weißen Meer überlebt, wo sich die Frau des Lagerkommandanten einen Spaß daraus machte, auf davonlaufende Sträflinge zu schießen.

«Mit den Jahren traf sie immer besser», witzelte Pjotr.

Irgendwie war er durchgekommen. Nun hatten sie ihn ein zweites Mal geschnappt und ihm in einem Schnellverfahren fünf weitere Jahre verpasst. In alle Winkel des Landes flatterte im Jahr 1938 der Ukas 00447 der NKWD-Zentrale «Über die Repression ehemaliger Kulaken, Krimineller und anderer antisowjetischer Elemente». Der darauf einsetzenden Terrorwelle unter der Landbevölkerung fiel fast eine Million Bauern zum Opfer. Doch nicht allein die Bauern waren der Willkür ausgesetzt. Der NKWD-Befehl 00439 «Über die Repression deutscher Staatsangehöriger, die der Spionage gegen die UdSSR verdächtigt werden» erklärte jeden, der auch nur das Geringste mit Deutschland zu tun hatte, für vogelfrei. Wer nicht sofort erschossen wurde, konnte sich als Lotteriegewinner fühlen und im Lager auf ein Leben danach hoffen. Zehntausende hatten dieses Glück nicht. Was der Einzelne getan hatte, spielte keine Rolle. Eine Möglichkeit, sich zu verteidigen, gab es nicht. Wie den Deutschen erging es Polen, Juden, Tataren, Chinesen, Koreanern, Angehörigen der kaukasischen Völker. Menschen, wahllos verhaftet, eingesperrt und gequält. Die Waggons in die Straflager waren brechend voll.

Irgendwo, weit vorn, hörte man das heisere Pfeifen der Lokomotive. Die Eisenpuffer schlugen aufeinander, der Waggon ruckte, ruckte nochmals, als würde er aus einem tiefen Schlaf gerissen, und setzte sich träge in Bewegung. Sofort erfüllte wieder das gleichförmige Tuk-Tuk, Tuk-Tuk der Räder den Wagen, die über die nachlässig verschraubten Schienenstöße rollten. Erst langsam, dann schneller und noch schneller. Tuk-Tuk, Tuk-Tuk, es ging immer weiter in den Norden, jenem dunklen Ort entgegen, den die Alten des sowjetischen Lager-Universums nur ehrfürchtig und die Neuen mit Schaudern flüsterten: Workuta.

Pjotr hatte den Stummel einer Papirossa aus der Tasche seiner Wattejacke gekramt, zündete ihn mit einem abgebrochenen Streichholz an, nahm zwei tiefe Züge und reichte den Rest Lorenz:

«Hier, das Einzige, was gegen Hunger hilft.» So saßen sie und schwiegen.

Wieder und wieder ließ Lorenz in Gedanken die Ereignisse der letzten Monate vorüberziehen. Immer in der Hoffnung, den Punkt zu finden, an dem etwas falschgelaufen war. Wo es vielleicht noch eine Chance gegeben hätte, aus diesem albtraumartigen Lauf der Dinge auszubrechen, wenn er nur aufgepasst hätte. Aber sosehr er sich mühte, er fand nichts. Diesen Punkt gab es nicht. Sein Schicksal war nichts Besonderes. Wahrscheinlich hatte er sogar noch Glück. Viel Glück. Sie hätten ihn auch sofort nach der Festnahme in Engels an die Wand stellen können. Oder später, als er sich sperrig zeigte im Verhör. Einer mehr, einer weniger, was zählte das. Vielleicht wollten sie ihn ja nur noch etwas quälen und hatten seinen Tod längst beschlossen. Er wusste es nicht. Er wusste nur, dass er es mit Verbrechern zu tun hatte, die sich daran ergötzten, einen Mann in die Todeszelle zu sperren.

Danach steckten sie ihn in ein überfülltes Kellerloch mit lauter Urki. Da er als Letzter in die Zelle kam, blieb ihm nur der Liegeplatz auf dem Boden neben der Jauche. Das ungeschriebene Gesetz kannte er, die Karriere eines Häftlings beginnt am Scheißkübel. Wenn es gutging, arbeitete man sich vom Schlafplatz auf dem Steinboden bis auf eine der Holzpritschen hoch. Das dauerte. Er hatte sich gerade erschöpft an die Wand gelehnt, da hörte er:

«He, du, hier wird nicht gepennt. Erst wollen wir wissen, wer du bist und woher du kommst.»

Lorenz öffnete unwillig die Augen. Die Stimme gehörte einem großen Kerl, seine Arme zeigten von oben bis unten blaue Arabesken nachlässig gestochener Tätowierungen. Er schien der Ataman in der Zelle zu sein. Die Schpana saß im Halbkreis auf Schemeln um ihn herum. Sie alle schauten jetzt interessiert auf den Neuen. Wohl in Erwartung einer lohnenden Belustigung.

Der Ataman schob grinsend den Hocker, auf dem gerade noch sein rechtes Bein lag, ein Stück von sich und lud den Neuankömmling ein, Platz zu nehmen. Lorenz schien es ratsam, der Aufforderung zu folgen. Irgendwie musste man sich mit den Typen arrangieren. Wie viele Tage, wie viele Wochen er in ihrer Gesellschaft verbringen sollte, konnte er nicht wissen. Er zwängte sich zwischen den Häftlingen hindurch. Doch als er sich setzen wollte, zog ein schmieriges Männlein den Hocker blitzartig beiseite. Lorenz gönnte dem Publikum den Spaß nicht, er fing sich ab und verharrte in gebückter Stellung. Der Oberganove lachte trotzdem und verpasste seiner Hofschranze eine kräftige Kopfnuss.

«Erzähl schon, wo kommst du her?»

Die Geschichte eines neuen Arrestanten war oft genug die einzige Abwechslung, die das Leben in der Zelle bot.

Lorenz schwieg lange, er hatte Angst. Sie hatten ihn nicht erschossen, würden sie ihn hier erschlagen, erwürgen, in der Jauche ersäufen? Tonlos kam die Antwort:

«Aus der Todeszelle.»

Der Ganovenboss hörte auf zu grinsen. Er pfiff anerkennend und schaute den Neuen abschätzend von oben bis unten an, als wollte er sich vergewissern, dass der ihm keine Märchen auftischte. Aber das würde keiner wagen und dieser dürre Kerl schon gar nicht.

«Aus der Todeszelle …», wiederholte er langsam.

Unerwartete Stille breitete sich aus. Der Ataman machte eine heftige Bewegung und trat einen Schlafenden von der Pritsche.

«Du kannst deine Sachen dahin legen. Der Platz gehört dir. Wer aus der Todeszelle kommt, hat unser aller Hochachtung. Und jetzt erzähl, was ist passiert, und wie bis du da rausgekommen? Ich kenne niemanden, der das vor dir geschafft hat.»

Lorenz nahm seinen Koffer, schob ihn unter die Pritsche, setzte sich auf den Hocker und begann seine Geschichte. Aus den Augenwinkeln beobachtete er den Mann, der soeben von der Liege vertrieben worden war. Ganz sicher sann der auf Rache.

Mit üppigen Ausschmückungen erzählte Lorenz von der Flucht aus Deutschland, der Arbeit im Donbass, dem Studium in Moskau, der Verhaftung in Engels. Am Ende stand für den Ataman fest, mit seiner noblen Geste hatte er dem richtigen Mann einen Liegeplatz zugeteilt.

«Sie haben dich in die Todeszelle gesteckt, um dich kleinzukriegen. Diese Huren! Aber sag, wenn du aus Deutschland bist, wie ist das Leben dort? Erzähl uns was …»

Lorenz ließ sich nicht lange bitten. Was konnte diese Männer beeindrucken? Natürlich ein paar spektakuläre Mordfälle, die er noch von daheim aus den Zeitungen kannte, Details über das süße Leben der Reichen und natürlich Frauengeschichten – je unwahrscheinlicher, desto besser. Diebe, Einbrecher, Mörder … sie saßen wie die Kinder auf dem Schoß der Großmutter und hörten zu.

Als am Abend die Tür aufging und sich die Männer mit ihren Näpfen zur Suppe drängten, knurrte der Ataman:

«Halt, ihr Drecksäcke! Erst kriegt der Erzähler! Der hat gearbeitet. Ihr habt gegafft. Nicht das Dünne von oben, sondern gib ihm das Dicke von unten! Ordentlich! Dann könnt ihr.»

Und so ging es am kommenden Tag und am Tag darauf. Lorenz' wenig geschliffenes Russisch schreckte die Hörer keineswegs, sondern machte die Erzählungen erst richtig glaubhaft. In aller Ausführlichkeit berichtete er über die Gebräuche beim Essen in Deutschland, das Biertrinken in den Kneipen, wie es auf der Reeperbahn in Hamburg zuging und was man auf der Walz alles so erleben konnte. Allein mehrere Stunden füllten die Lieblingsgerichte der Deutschen. Deftiges deutsches Essen – schon glaubten die Häftlinge, den Geschmack von Schweinebraten auf der Zunge zu spüren. Der Ataman interessierte sich besonders für Eisbein. Immer wieder wollte er hören, was so ein Stück wog, wie es zubereitet wurde, wie dick die Kruste war. Und dann hatte er noch eine ganz spezielle Frage: Er wollte wissen, ob in Deutschland wirklich das Furzen bei Tisch erlaubt sei. Und auch im Beisein von Frauen. Aus verlässlicher Quelle habe er das gehört. Auch dass es sehr gesund sei, den «Arschwinden» freien Lauf zu lassen.

Es schlossen sich etliche Geschichten über das Furzen an, bis Lorenz endlich das Thema «Essen» verlassen konnte und zur «Klassik» überging: Winnetou. Und was als Versuchsballon gedacht war, erwies sich als Volltreffer. Dem Publikum gefielen auch Indianergeschichten, und da Karl May, im Gegensatz zu französischen oder englischen Schriftstellern, bei den Russen so gut wie unbekannt war, ließen sich mit ihm ganze Tage verbringen. Alle Winnetou-Teile, die Abenteuer von Kara Ben Nemsi – die Männer unterhielten sich glänzend. Da, wo Lorenz die Einzelheiten nicht mehr parat hatte, erfand er Neues oder mischte mit Lederstrumpf und Jack London.

Noch besser kamen die Rückgriffe auf das Decamerone an. Boccaccios amouröse Geschichten vermochten jeden Hänger in der Handlung der anderen Autoren auszubügeln. Ach, was war er ihm und dem Schöpfer von «Tausendundeiner Nacht» dankbar! Der Mescalero-Häuptling ritt nicht nur mit Old Shatterhand durch die Prärie, sondern auch mit Peronella auf dem Fass. Der weiße Bruder schnippte den Pflaumenkern zielsicherer als Kin Pin Meh, und die Ganoven wischten sich vor Lachen die Tränen vom Gesicht.

Jeden Abend, wenn das Licht gelöscht wurde, lag Lorenz auf seiner Pritsche und starrte gegen die Decke. Beim Schnarchen der Zellengenossen ging er die Geschichten des kommenden Tages durch. Drei oder vier Stunden spontan mit Spannung zu füllen, das schaffte er nur in den ersten Tagen. Die Rolle als Hoferzähler musste mit Verstand bewältigt werden. Nie hätte er geglaubt, ein Talent zu besitzen, das ihn vor den Gemeinheiten der Kriminellen bewahrte, sie rührten ihn nicht an, sie wollten seine Geschichten hören, vielleicht rettete ihm das sein Leben.

Das Gefängnis in Saratow blieb eine Episode. Es gab nur einen ernsthaften Versuch, ihm noch einmal etwas anzuhängen. Spionage lautete erneut der Vorwurf. Lorenz schüttelte bei dem Verhör nur ungläubig den Kopf. Spionage heiße ja wohl, er habe jemandem etwas verraten. Wann und wo solle das bitte gewesen sein, und vor allem, was sollte er verraten haben? Nach einem langen Hin und Her rückte der Vernehmungsoffizier endlich heraus:

«Sie haben sich mehrfach konspirativ mit Bürgern aus dem faschistischen Deutschland getroffen. Oder etwa nicht?»

«Ich? Wann?»

«In Moskau, als Student. Erst außerhalb der Stadt, später im Zentrum. Worüber wurde bei den Treffen gesprochen? Welche Aufträge haben Sie erhalten?»

«Geheime Treffen?»

Lorenz machte ein verdutztes Gesicht. Er musste es nicht einmal spielen. Fieberhaft suchte er nach einer Erklärung, konnte aber nichts finden. Fast hatte er sich schon an all die absurden Anschuldigungen gewöhnt. Nun also doch Spionage? Er? Natürlich wusste er, dass die Deutschen für jeden wachsamen Sowjetbürger potenzielle Verräter waren. Aber er hatte schon gegen die Nazis gekämpft, da waren die noch nicht einmal an der Macht. Dafür gab es Zeugen. Karl zum Beispiel. Der war ja selbst ... Hier dämmerte es ihm. Richtig, Karl. Karl Tuttas. Ein Jugendfreund. Der kam aus dem Untergrund in Deutschland zur Schulung nach Moskau. Eigentlich waren Kontakte zu Illegalen strengstens untersagt. Doch der Hinweis auf Karls Aufenthalt kam aus dem Büro der Rektorin der Universität. Man konnte ihn nur als Anregung verstehen. Lorenz setzte sich also noch am selben Abend in einen Vorortzug und ließ sich ganz von seinen Erinnerungen treiben. Endlich würde er mit jemand sprechen können, der ihm vom Leben daheim berichtete. Wie es der Mutter ging, was die Schwestern und der Bruder machten, wer von den Kumpels standhielt, wen die Nazis geschnappt hatten.

Sie trafen sich mehrmals, ehe Karl über Skandinavien wieder den Weg in den Untergrund nach Deutschland und damit in die Arme der Gestapo antrat. Lorenz hatte Heimweh. Er war fast beleidigt, dass sein alter Freund wieder nach Deutschland ging und er zurückblieb, um Marx und die Geschichte der Kommunistischen Partei Russlands zu studieren. Das fand er angesichts der Lage in der Heimat jetzt ziemlich sinnlos. Allerdings hatte das letzte Treffen mit Karl bei Lorenz für Ernüchterung gesorgt. Der Freund machte ihm deutlich, was er so in aller Konsequenz nicht zu denken gewagt hatte: Für ihn sollte es auf absehbare Zeit keine Rückkehr nach Deutschland geben.

«Du bist schon viel zu lange weg. Das Land hat sich verändert. Das lässt sich in keinem deiner Seminare lernen. Hitler ist nicht nur ein anderer Brüning oder Papen...»

«Das weiß ich nicht schlechter als du. Aber den Kommunismus bauen die hier auch ohne mich auf, das kannst du mir glauben. Die brauchen mich nicht unbedingt. Daheim fehlen ausgebildete Leute, die Widerstand leisten. Für einen, den sie einsperren, müssten eigentlich drei neue die Fahne hochhalten.»

«Das ist revolutionäre Romantik, geht aber an der Realität vorbei. Die Nazis haben sich auf Dauer eingerichtet. Und das Volk macht mit. Selbst wenn es Krieg gibt. Wir müssen einen langen Atem haben. Dann, wenn der Spuk eines Tages vorbei ist, werden Leute wie du gebraucht. Außerdem wissen die längst, dass du schon Jahre in der Sowjetunion bist. Jeder in der Siedlung weiß es. Ein Steckbrief genügt, und sie haben dich.»

«Und dich nicht?»

«Auch mich können sie kriegen. Jeden von uns. Aber ich bin ihnen schon ein paarmal entwischt. Außerdem erkennt mich in der Masse niemand. Ich sehe aus wie Dutzende andere. Das ist bei dir nicht so. Du bist viel zu auffällig. Schlag es dir aus dem Kopf.»

So stritten sie eine Weile, aber Lorenz' Widerstand wurde immer schwächer. Karls Worte verletzten ihn. Der Freund sprach aus, was alle anderen offenbar schon längst wussten: Er war aussortiert. Für die illegale Arbeit nicht mehr geeignet. Er saß in Russland fest.

Eher traurig als beleidigt schaute Lorenz auf den Boden, als gäbe es dort im zertretenen Schnee ein letztes Argument gegen die deprimierende Wahrheit. Er sah keinen Ausweg, aber Karls Schuhe und war entsetzt. Die schienen schon vom Anblicken auseinanderzufallen. Die Sohle hatte sich an mehreren Stellen vom Oberleder getrennt. Karl stand förmlich auf dem Eis. So konnte man selbst in Moskau nicht herumlaufen, erst recht nicht eine gefährliche Reise antreten. Er war froh, dem Gespräch eine Wendung zu geben:

«Mensch, Karl, so kannst du doch nicht in die Welt. Was sollen die Schweden denken? Gib die Galoschen her und nimm meine. Die sind noch wie neu. Und um mich brauchst du dir keine Sorgen zu machen, ich werde schon keine Bastschuhe anziehen.»

Karl wehrte ab:

«Das ist sicher ein guter Gedanke. Nur leider unmöglich.»

«Warum? Ich gebe dir die Schuhe wirklich gerne.»

«Glaubst du, ich hätte mir hier keine kaufen können? Das ist nicht das Problem. Aber Schuhe einer russischen Marke würden jedem Dummkopf auf einer Polizeiwache in Deutschland sagen: Da haste den Richtigen geschnappt. Ich kann mir erst in Schweden neue Treter zulegen. Früher nicht.»

Lorenz zog dessen ungeachtet breit grinsend einen Schuh aus und hielt ihn Karl hin:

«Denkst du, ich habe in Konspiration geschlafen? Die sind noch aus Deutschland und gut beisammen. Also nimm und mach keine Geschichten.»

Wenn nicht er selbst, so konnten wenigstens seine Schuhe die Heimreise antreten. Karl zog sie schnell an. Sie passten. Der Abschied wurde nicht ganz so traurig. Und dieser Karl sollte der Spion sein?

«Der Mann, von dem Sie hier sprechen, riskiert täglich, ganz im Gegensatz zu Ihnen, sein Leben im Kampf gegen den Faschismus. Und Sie verleumden ihn als Agenten.»

Lorenz sah den NKWD-Mann verächtlich an.

«Was sind Sie bloß für ein Kommunist!?»

Das mit dem Kommunisten war dick aufgetragen. Der Geheimdienstler und seine Kumpane waren allenfalls Parteimitglieder, mehr nicht. Koltschak, Denikin oder Wrangel, all die zaristischen Generäle, die mit ihren Armeen und frischem Geld aus Berlin oder Paris die Geschichte noch einmal hatten wenden wollen, galten als die gefährlichsten Gegner der Revolution. Welch kolossaler Irrtum! Die Konterrevolution nistete längst im Kreml und hatte bald das Land fest im Griff. Der sah sich Lorenz gegenüber.

Der Appell an das kommunistische Gewissen des Vernehmers verfehlte dennoch seine Wirkung nicht. Der Mann stellte keine weiteren Fragen. Wenige Tage später musste Lorenz die Zelle verlassen. Zurück blieb ein tieftrauriges Publikum.

Es ging auf Etappe. Erst mit dem Lastwagen zum Bahnhof, dann in einem vergitterten Eisenbahnwaggon nach Moskau. Der Wagen stammte aus Zarenzeiten, denn er hatte ein Fenster. Man konnte trotz dreckiger Scheiben und der Gitterstäbe die langsam vorbeiziehende Landschaft sehen. Einen zweiten solchen Waggon sollte er auf seinen Wegen durch Lager und Gefängnisse nicht mehr betreten.

Noch einmal schöpfte er Hoffnung. Dort in Moskau saßen all jene, von denen er glaubte, dass sie ein entscheidendes Wort für ihn einlegen konnten. Wenn es nur gelang, ihnen eine Nachricht zu übermitteln. Dann ließe sich vielleicht doch noch alles zum Guten wenden. Ein Brief an Friedrich Wolf, oder sollte er sich lieber gleich an Wilhelm Pieck wenden? Schon überlegte er, was er zu Geld machen könnte, um einen der Wärter zu bestechen. Flüchtig dachte er an den Briefschreiber im Gefängnis von Engels und wusste, es hatte keinen Sinn. Er war ausgeliefert.

Über das Land rollte unerbittlich die Terrorwelle der «Großen Säuberung». Unzählige Menschen fielen der «Tschistka» zum Opfer. Weit über zwei Millionen in wenigen Jahren. Die genaue Zahl wird sich wohl nie ermitteln lassen. Im Gegensatz zu der perfekt organisierten Todesindustrie der Deutschen, bei der jedes Opfer akribisch in den Akten vermerkt wurde, die Bestellungen von Zyklon B auf die Transportkapazität der Bahn und die Umfänge der Verbrennungsöfen abgestimmt sein mussten, war der sowjetische Tod eine typisch schlampig-russische Angelegenheit. Freunde wie Feinde – Letztere selten – konnten ebenso zufällig erschossen werden wie überleben. Konnten in den Lagern durch die harte Arbeit oder an Typhus sterben, aber auch durch eine Laune des Schicksals in eine Kulturbrigade geraten und bis zur Entlassung auf den Brettern, die das Leben bedeuteten, tanzen, auf dass sich das Wachpersonal und dessen Bräute daran ergötzten. Oder man starb, weil die korrupte Lagerleitung das wenige Essen, das für die Gefangenen bestimmt war, verschoben hatte. Man starb, weil die Kohlköpfe oder das Mehl im Winter unter freiem Himmel abgekippt wurden. Man starb, weil das Land trotz unermesslicher Weiten und fetter Böden unfähig war, genug Korn zu ernten. Wo selbst das Dorf hungerte, blieb für das Lager erst recht kein Brot.

Den Hintergrund für die Vernichtung ganzer Völker durch die andere blutige Diktatur des zwanzigsten Jahrhunderts bildete eine fast rasputinische Mischung aus menschenverachtender Mystik und ideologischer Frömmigkeit. Ein paranoider Diktator, ein durch Bürgerkrieg und Hunger ausgezehrtes Volk, eine patriarchalische Gesellschaft im Fortschrittstaumel und immer wieder Angst. Angst vor einem falschen Wort. Angst vor einem falschen Blick. Angst vor einem falschen Gedanken.

Angststarre lähmte das Land.

Angststarre hielt es zusammen.

Der Einzelne war nichts. Das Kollektiv war alles. Wer sich in der Reihe nicht anstellte, und es gab immer einen Grund zum Anstellen, der wurde aussortiert. Menschewiki, Bolschewiki, Trotzkisten, Anarchisten, rechte Abweichler, linke Abweichler, Kommissare, Generäle, Popen, Bauern, Ärzte, Musikanten, Lehrer, Ingenieure, Traktoristen, Stenotypisten, alle, ausnahmslos alle, kamen dran. Selbst die Delegierten des «Parteitages der Sieger» von 1934. Mit Ausnahme Stalins und einer handverlesenen Gruppe seiner engsten Getreuen wurden alle erschossen. Die ohnehin ausgedünnte Elite der Partei musste sterben, weil der Diktator mit nur dreiviertel der Stimmen des Parteitages in seinem Amt bestätigt worden war. Dagegen hoben die Delegierten fast geschlossen für den neuen aufgehenden Stern am Polithimmel, Sergej Kirow, die Hand. Der fiel, welch Zufall, noch im selben Jahr einem Attentat zum Opfer, das wiederum Anlass für neue schreckliche rote Bartholomäusnächte bot.

In Moskau ging es mit Lorenz ganz schnell. Raus aus dem Waggon, rein in den «Schwarzen Raben», ab nach Lefortowo, Treppe rauf, Treppe runter, Tür auf, Tür zu, zwei Wächter pressten ihn barfuß in den «Sarg». Da war er nun. Wie benommen. In einer schmalen, betonierten Zelle, höchstens einen halben Meter im Quadrat, in der man weder stehen noch sitzen und schon gar nicht liegen konnte. Der schräge Boden, glitschig und kalt, bot keinen Halt, ließ den Körper zusammensacken. Das eigene Gewicht folterte den Insassen. Eine Zeitlang versuchte Lorenz, sich mit Händen und Knien abzustützen, das brachte nur einen kurzen Moment Entlastung. Die Schmerzen wurden unerträglich. Irgendwann ließ er los.

Eigentlich hatte er mit der Lubjanka gerechnet, dem berüchtigten Moskauer Hauptquartier des NKWD und seinem zentralen Gefängnis. Von hier aus zogen sich die unsichtbaren Fäden durch das Land, an deren Enden die Soldaten der Exekutionskommandos mit ihren Gewehren wie Marionetten hingen. Man brauchte nur an einer Schnur zu ziehen, schon konnte man in der Ferne die Schüsse und das Stöhnen der Sterbenden hören. Man zog an einer anderen, und die Menschen verschwanden spurlos. Als hätte es sie nie gegeben. Die Lubjanka war die Endstation für die meisten Widersacher Stalins, ob sie es nun bewusst waren oder nur dem manischen Misstrauen des Georgiers zum Opfer fielen. Bucharin, Sinowjew, Kamenew, Rykow oder Radek, es war die Elite des neuen Russland, die in den Kellern des gelben Backsteinkomplexes erst verhört, dann gefoltert, dann umgebracht wurde. Ohne diese Köpfe konnte das Land nur so werden, wie es wurde: auch ein Gefängnis. Wie die Lubjanka. Voller Angst. Voller Hass. Voller Verrat.

In Lefortowo ging es nicht anders zu. Nur dass hier das Militär das Kommando führte. Warum Lorenz gerade hier landete, er konnte es sich nicht beantworten. Pjotr, der mit ihm im Eisenbahnwaggon auf dem Weg in den Norden den Salzheringen widerstand, sollte dafür eine einfache Erklärung finden. Die waren ausgebucht, meinte er lakonisch, das kommt in Hotels vor, warum also nicht in Gefängnissen. Und berühmt wie die Lubjanka nun mal ist, wollen alle dorthin …

Lorenz kauerte unter unerträglichen Schmerzen auf dem schrägen Betonboden. Erst fühlte er seine Füße nicht mehr, dann wurden die Beine taub. Die Gedanken drangen nicht mehr durch den Schmerz; er meinte zu spüren, wie er langsam in einen anderen Zustand hinüberwechselte.

Da hörte er wie ein fernes Echo die Eisentür scheppern. Plötzlich war sie offen, er schlug, ohne sich auch nur ein wenig abfangen zu können, mit dem Kopf auf den Steinboden des Gangs. So lag er, lag zwischen den Kommissstiefeln von zwei Wachmännern, die ihn abholen sollten. Eilig hatten sie es nicht. Der eine kramte eine Schachtel Papirossy aus der Tasche, bot dem anderen eine an. Sie rauchten, die Asche auf den Kopf des Gefangenen abschüttelnd.

«Schau an, der Hund ist fast verreckt.»

«Offensichtlich ein Intelligentik», erwiderte sein Begleiter, der Stimme nach um einiges älter. «So schwächlich, wie der aussieht. Ich weiß gar nicht, warum sie diese Typen so weit durchs Land karren. Das kostet doch nur Geld. Und wir haben hier die Scherereien. Dagegen braucht's für eine Bleikugel nur Kopeken. Neulich ist einer von denen zum Teufel gegangen. Eine elende Schinderei, bis wir den auf dem Hof hatten.»

«Recht hast du. Was braucht das Volk so viele von denen? Und immer sind sie unzufrieden. Laufen in feinen Schühchen rum, wissen nicht mal, wie ein Fußlappen gewickelt wird, aber konspirieren. In Moskau wimmelt es nur so von denen.»

«Und da haben wir schon Tausende rausgefischt. Aber sie wachsen nach, wie Pilze im Regen. Du weißt ja, auf einen guten, sagen wir mal, auf den Steinpilz, kommen Dutzende giftige. So ist das auch mit diesen Intelligenzlern. He, steh auf, wird's bald! Ausschlafen kannst du dich auf Etappe.»

Sie packten den benommenen Gefangenen an den Armen und zerrten ihn in die Höhe. Die Beine konnten den Körper nicht tragen. So taumelte Lorenz zwischen den Aufsehern wie eine gliederlose Puppe, versuchte verzweifelt, einen Halt zu finden. Sie schleiften ihn ein Stück mit, bis sie ihn irgendwo auf dem langen Gang an die Wand lehnten.

«Bah», meinte der Jüngere fröhlich, «der ist ja ein richtiger Olympionike. Der von gestern konnte an der Stelle hier noch lange nicht stehen. Den hab ich mit Wasja sogar die Treppen raufschleppen müssen. Ich sage dir, das war ein schwerer Sack.»

Noch einmal zündeten sie sich ihre Papirossy an, bliesen den Qualm genussvoll dem Gefangenen ins Gesicht und überlegten, wo sie einen trinken gehen könnten. Der Ältere von den beiden nahm noch einen Zug, dann schob er Lorenz die Kippe in den Mund:

«Hier hast du, wer weiß schon, ob du noch einmal dazu kommst, eine zu rauchen.»

Lorenz musste all seinen Willen zusammennehmen, um nicht an dem Stummel zu ziehen. Sein Innerstes streckte sich sehnsüchtig nach oben, wo zwischen den Zähnen die speichelnasse Papphülse der Papirossa steckte. Doch er biss auf das Papier und spuckte den Zigarettenrest auf den Boden.

«Nichtraucher», flüsterte er.

Manchmal in diesen Tagen fehlte ihm das Rauchen mehr als das Essen. Es kostete ihn ungeheure Kraft, nicht um Zigaretten bei den Wachen zu betteln oder deren Stummel aufzuheben.

«Schau dir das an. Wenn sie so einen abknallen, ist es wirklich nicht schade. Du zeigst dein großes Herz, und was macht der Intelligentik, er rotzt hier einfach hin.»

Der Jüngere stieß Lorenz in die Seite.

«Dawaj, dawaj!»

94

Die Zehen schienen abgestorben, die Füße schmerzten unerträglich. Er schlurfte erst einen, dann einen weiteren Schritt. Die Wachleute folgten ihm. Lorenz versuchte, die neue Lage zu verstehen. Die Gespräche der beiden gaben nicht viel her. Doch eines schien sicher: Erschießen wollten sie ihn nicht. Nicht hier. Noch nicht.

Der Abschied von Lefortowo fiel genauso schnell aus wie die Begrüßung. Es war kein voller Tag, den er in dem Moskauer Gefängnis zubrachte. Keine Einweisung, kein Verhör, nur die Stunden im «Sarg». Richtig zu sich kam er erst im Waggon, als der Zug Fahrt aufgenommen hatte und die Plätze auf dem Boden verteilt waren. Pjotr, der in einem deutlich besseren Zustand auf diese Reise ging, hatte ihn zu sich gezogen und an die Wand gedrückt. Dies sollte bis zur Endstation am Petschora-Fluß sein Platz bleiben.

Moskau war eine weitere der vielen absurden Stationen seit seiner Verhaftung. Warum der «Sarg»? Warum die schnelle Ausweisung? Fragen, auf die weder er noch jemand anderes eine Antwort wusste. Viel später, in der Arktis, versuchte er mit Hilfe einiger alter Bolschewiki das Ganze zu verstehen. Sie hatten ihr halbes Leben in Gefängnissen und Lagern zugebracht, davon auch einige Jahre unter dem Zaren. Einer der Männer schien eine plausible Erklärung zu haben. Parallel zu Lorenz' Einlieferung in Lefortowo wurde in Moskau gerade ein Schlag gegen die Spitze der Komintern vorbereitet. In diesem Zusammenhang wäre Lorenz zwar nur ein kleiner Fisch gewesen, aber er passte mit seiner Biografie in das Raster. Doch dann wurde der Hauptzeuge «der internationalen Verschwörung zum Sturz der Sowjetmacht» unter ungeklärten Umständen in Lefortowo ermordet. Er hatte im Verhör Dutzende ranghohe Funktionäre der verschiedensten kommunistischen Parteien als Drahtzieher bezichtigt. Mit seinem Tod brach die wacklige Anklage in sich zusammen. Nun wurde auch Lorenz nicht mehr gebraucht. So kam er ein drittes Mal davon, ohne wirklich zu wissen, wie das passieren konnte.

Der Zug rollte und rollte. Sadisten, Folterknechte. Verbrecher. Wie sollte man sie nennen? Der Tag, nachdem sie den Gefangenen salzige Heringe gegeben hatten, wurde schrecklich. Die Nacht danach noch schlimmer. Die Menschen wimmerten nach Wasser. Aber der Zug rollte und rollte. Und wo kein Halt, da auch kein Wasser. Nicht einmal dieser dreckige Zinkeimer Wasser, den es sonst auf jeder Station gab. Nichts. Mit Vieh, für deren Transport die Waggons bestimmt waren, würde niemand so umgehen. Die Fracht wäre viel zu kostbar. Mit Vieh hätte man Mitleid. Für Menschen war Mitleid nicht vorgesehen.

Tage vergingen. Mal gab es Wasser, aber keinen Fisch. Mal gab es Fisch, aber kein Wasser. Dann gab es auch eine Suppe, mit Graupen und Brot. Dann nur gedämpfte Rüben.

Und der Zug rollte und rollte und rollte.

Bis sie endlich am Ziel waren, an der Petschora. Ein dunkler, unwirtlicher Fluss, hoch im russischen Norden. Lange Zeit war das die sichtbare Grenze der Zivilisation. Nicht mehr weit, und die Wälder hörten auf, die Tundra begann. Wo der eisige Polarwind das Quecksilber im Winter bis auf fünfzig Grad unter null drückte. Nur die Nomaden, die den Rentierherden folgten, besiedelten die Region. Zu rau. Zu menschenfeindlich. Doch der Rohstoffhunger des Landes duldete auf der Karte keine weißen Flecken mehr. Um den Reichtum des nördlichen Ural wussten schon frühere Generationen. Kohle, Öl, seltene Erze, sogar Gold fanden die Geologen. Bloß leben konnte man dort nicht. So hatte noch der Zar in einem Dekret untersagt, die Besiedlung der Region voranzutreiben. Jetzt brach die neue Zeit in die eisige Ruhe des hohen Nordens.

Noch einmal röhrte weit vorn die Lokomotive. Unter lautem Poltern und ohrenbetäubendem Quietschen kam der Zug zum Stehen. Durch die Ritzen des schadhaften Waggons konnte man nicht viel erkennen, aber hören. Das laute Fluchen der Wachleute, die auf und ab rannten, das nervöse Bellen der Hunde. Dann öffneten sich die Waggontüren wie Schleusen. Die Gefangenen ergossen sich als grauer Brei auf den Schotter zwischen den Gleisen. Der

96

Versuch, alle antreten zu lassen, misslang. Als die Ersten den Wasserbehälter sahen, an dem die Lokomotiven betankt wurden, gab es kein Halten. Sofort war der Tank mit einer Menschentraube zugewachsen. Erst als alle getrunken hatten, gelang es den Soldaten mit Schlägen und Tritten, so etwas wie eine Marschordnung herzustellen. Es war tiefer Nachmittag, die Wachen wollten fertig werden.

Bevor sich die erste Kolonne in Bewegung setzte, inspizierte ein Trupp Uniformierter die Reihen und sortierte kräftige Männer aus. Lorenz, der in den Monaten seiner Gefangenschaft völlig abgemagert war, gehörte nicht dazu. Aber Pjotr. Aus den Gesprächsfetzen der Wachen konnte man verstehen, dass sie Arbeitskräfte für den Gleisbau suchten. Ohne Eisenbahn blieben die Kohlevorkommen der Arktis wertlos. Gleise zu verlegen war genauso eine Schinderei wie der Kohleabbau. Wer also das leichtere Los hatte, Pjotr, der zurückblieb, oder Lorenz, der weiter nach Workuta musste, konnte keiner wissen. Sie gaben sich die Hand und wünschten sich Glück. Das Ende einer kurzen Lagerfreundschaft.

Der Weg sollte Lorenz Hunderte Kilometer Fußmarsch durch die Wälder und Sümpfe Richtung Norden führen. Allein der Gedanke daran ließ ihn erschaudern. Wie groß war die Erleichterung, als ihre Kolonne nicht den Pfad zum Zwischenlager einschlug, von dem am nächsten Morgen der Aufbruch in die Taiga erfolgte, sondern es geradewegs hinunter zum Fluss ging. Dort lagen zwei große Barken, die ursprünglich dazu dienten, Kies zu befördern; jetzt wurden sie mit menschlicher Fracht beladen. Die Bretter des Stegs wippten bei jedem Schritt der Gefangenen bedenklich, an der rostigen Bordwand schmatzte das trübe Wasser in Erwartung eines Pechvogels.

«Dawaj, dawaj!», schrien die Wachen, jene russischen Wörter, die ein Ausländer unter den Sträflingen als Erstes zu hassen lernte.

«Dawaj, dawaj!», hieß es, wenn die Kolonne am Morgen bei klirrendem Frost zum Schneeschaufeln ausrückte.

«Dawaj, dawaj!», raunte es, wenn einer entkräftet zusammenbrach und die Wachen ihn mit den Stiefeln traten.

«Dawaj, dawaj!», schrie der Offizier, wenn die Gefangenen nach einem Vierzehn-Stunden-Arbeitstag durch das Lagertor wankten.

Auf eine Barke passten die Insassen mehrerer Waggons. Aufgefüllt wurde so lange, bis kein Fußbreit Platz blieb. Die Transporte kamen aus allen Teilen des Landes, das Sprachgewirr war entsprechend. Ein Dozent aus Moskau, dem die Leidenschaft für das Englische fünf Jahre Lager eingebracht hatte, regte an, statt auf den Fluss zu starren, doch die Nationalitäten durchzuzählen. Heraus kamen 38. Natürlich stellten die Russen und die mit ihnen brüderlich verbundenen Völker der Sowjetunion das Gros der NKWD-Beute: Ukrainer, Usbeken, Kasachen, Armenier, Georgier, Tschuwaschen, Turkmenen, Karatschaier, Balkaren, Karelier, Aserbeidschaner, Moldauer, Tadschiken, aber auch Udmurten und Tataren. Und wo die Tataren waren, konnten die Mongolen nicht weit sein. Und wo Mongolen waren, waren auch Mandschuren, und wo die waren, gab es auch Chinesen. An Bord waren es fünf. Die Japaner waren hingegen nur mit einem Häftling vertreten, der Türken und Griechen gab es da schon mehr. Skandinavier oder Spanier waren auch dabei. Natürlich, nicht zu vergessen, reichlich Polen und Deutsche.

Endlich legte der Kahn schräg im Wasser liegend ab. Wer im Bauch auf den Schotterresten saß, hatte es bequemer, auch der kalte Wind konnte ihm dort nichts anhaben, aber er sah von der Flusslandschaft nichts. So war Lorenz froh, dass er einen Deckplatz hatte, weit vorn zwischen den Tauen. Die Ufer der Petschora waren so ganz anders als die der Flüsse, die er kannte. Selbst die Wolga erschien ihm nirgendwo so unnahbar und rau. Bäume wurden in einem dünnen Streifen entlang des Ufers geschlagen. Genau so weit, wie es noch leicht war, die Stämme in den Fluss zu schieben, wo sie als Flöße davonglitten. Dahinter begannen die Weiten der Taiga. Immer wieder zogen Hügel vorüber, auf denen abgesägte Baumstümpfe mannshoch in die Luft ragten. Ein trauriger Anblick. Als hätte jemand mit riesigen Nägeln ein Landschaftsbild zusammengenagelt. Lorenz konnte sich den Sinn nicht erklären. Auch die neben ihm Sitzenden zuckten nur mit den Schultern. In der ganzen

Welt sägte man die Bäume über dem Boden ab. Hier nicht. In diesem Land war vieles so ganz anders.

Ein Kapitänsdinner war nicht vorgesehen, die Gefangenen schliefen hungrig ein. Jeder in der Hoffnung, am Morgen würde es schon etwas Brot geben und, wenn man Glück hatte, auch eine Blechtasse «Kipjatok». Erst im Norden ging Lorenz auf, warum in der russischen Sprache heißes Wasser nicht einfach «gorjatschaja Woda» heißt, sondern es ein eigenes Wort dafür gibt. Manchmal reduziert sich das Leben auf das Wesentliche: ein trockener Platz, ein Kanten Brot, Feuer und eben «Kipjatok». Die Träume von Kaffee oder Tee sind dann längst ausgeträumt. Es geht nur noch um diesen Moment, diesen einen Tag. Ob es noch einen anderen geben wird, wer weiß das schon. Der «Kipjatok» hilft jedenfalls, darauf zu hoffen.

Wie und was der Kapitän in der Nacht sehen konnte, ließ sich nicht sagen. Ob er eine Karte hatte, auch nicht. Bojen gab es nicht. Auf jeden Fall machte die Barke keine Anstalten anzulegen. In Workuta wurden frische Sklaven gebraucht. Die Gefangenen richteten sich ein, so gut es ging. Auch Lorenz schlief, mit dem Kopf auf dem Koffer. Nicht weil es bequem war, sondern damit der nicht gestohlen wurde. Selbst auf diesem engen Raum war es aussichtslos, etwas wiederzukriegen.

Ein entsetzlicher Schrei weckte ihn.

«Auf die Pferde!», dröhnte eine heisere Stimme. «Säbel raus! Attacke!»

Lorenz hatte, schlaftrunken, wie er war, Mühe zu verstehen, wo er sich überhaupt befand und was da gerade vor sich ging.

«Ich werde euch Hurenböcke in Stücke hauen, dass kein räudiger Hund von euch fressen will. Attacke! Mir nach!»

Endlich ging ein Scheinwerfer an. Der Lichtkegel tastete sich über die Köpfe der Schlafenden. Man sah, wie zwei Wächter versuchten, einen zappelnden alten Mann festzuhalten. Mit Mühe gelang es ihnen, ihm die Arme auf den Rücken zu drehen. Lorenz erkannte ihn, Pjotr hatte ihn auf den Alten aufmerksam gemacht. Ein ehemaliger Kommandeur der Roten Armee, Mitstreiter des legendären Heerführers Tschapajew; mit ihrem Reiterregiment hatten sie im Bürgerkrieg die Weißen geschlagen. Als der Alte später verhaftet wurde, verstand er nicht, warum. Er begriff nur, dass ihn Menschen einsperrten, die vom Kampf und der Front einen Dreck wussten. Er sagte ihnen das, dafür schlugen sie ihn halb tot. Er verstand es trotzdem nicht.

In all den Tagen hatte er mit keinem gesprochen. Selbst auf der Barke, wo man den anderen nicht ausweichen konnte, saß er stumm. Früher, in der Reiterarmee, da war alles klar: Vor ihm standen die Koltschak-Truppen, die den Zaren wiederhaben wollten, und hinter ihm die Arbeitermacht. Und er wäre lieber im Sattel gestorben, als zurückzuweichen. Es ging um Leben und Tod und um eine lichte Zukunft. Jetzt war alles verdreht. Wo war vorn? Wo hinten? Wo stand der Feind? Und wer war der überhaupt? Viele, sehr viele zermarterten sich darüber den Kopf und verzweifelten. Für einen Haudegen wie ihn ließen sich die Fragen schon gar nicht beantworten. Die Revolution, die er meinte, war das jedenfalls nicht.

Nun hatte er sich aus der Realität verabschiedet. Er wähnte sich mit dem Kavallerietrupp im Angriff. Er schrie und schlug um sich. Bevor die Wächter es schafften, ihn zu fesseln, biss er einem in die Hand. «Attacke!» Als die Barke an der Ussa, einem Nebenfluss der Petschora, anlegte, wurde der Alte als Erster von Bord gebracht.

III

Es war zu spät.

Der Junge scherte aus der Kolonne aus, schlurfte zum Bach, sank auf die Knie, tauchte sein Gesicht in das klare Wasser und trank und trank. Er hatte die Welt vergessen.

Doch sie ihn nicht.

Wie aus dem Nichts stand der Rotarmist neben ihm. Der Gewehrverschluss klickte kalt. Dann senkte sich der Lauf an den Hinterkopf des Trinkenden, der ahnungslos tief über dem Wasser verharrte, erhitzt von der ersten Frühlingssonne und dem langen Marsch. Und ehe noch einer etwas rufen oder tun konnte, bellte ein Schuss, dessen Widerhall sich nach und nach in der Ferne zwischen den Kiefern verlor.

Der Körper des Jungen sackte zusammen und rutschte bis weit über die Schultern ins Wasser, das sich, wie von langen Bändern durchwoben, rot färbte.

Die Kolonne gefror. Entsetzt starrten die Häftlinge auf den Fluss. Weder ein Schrei noch ein Fluch noch eine andere menschliche Regung durchbrach die Stille.

Schwere, drückende Stille.

Es mochte sich allenfalls um Sekunden handeln, aber Lorenz kam dieser Moment quälend lange vor.

Als Erste hatte sich eine ältere Frau aus der Schockstarre befreit. Sie rannte mit wutverzerrtem Gesicht auf den Wachmann zu, der sie abschätzend musterte.

«Du Mörder! Du grausames Vieh!», schrie sie ihn an, ohne darauf zu achten, dass er den Lauf des Gewehrs langsam auf sie richtete.

«Der erste Mord, den du begangen hast, war der an deiner Mutter. Die starb, als du auf die Welt kamst. Du bist ein Mörder. Und es gibt für dich kein Vergeben. Nicht in diesem Leben. Und nicht in einem anderen.»

Sie blieb stehen, nicht weil das Gewehr inzwischen direkt auf sie zeigte, sondern weil ihr entsetzter Blick erneut auf den Jungen fiel, dessen Blut neben ihren Füßen, mitgerissen vom Wellenspiel, stromabwärts rann. Ein paar Frauen nutzten den Augenblick der Verwirrung und schoben sie hastig zurück in die Kolonne, so dass der Wachmann sie nicht mehr sehen konnte. Der stand immer noch am Bach, das Gewehr schussbereit, den Körper des Jungen neben sich, die Augen auf die Häftlinge gerichtet. Er schien unentschlossen, ob er die Frau verfolgen sollte oder nicht.

«Halt, wir machen Rast», tönte die Stimme des Leutnants, der den Gefangenentreck befehligte.

Die Offiziere hassten es, wenn auf den Fußmärschen zu den Kohleminen Exzesse stattfanden, das bedeutete eine weitere Verzögerung. Geschwächt von schlechter Ernährung, gepeinigt von Mückenschwärmen, ohne feste Schuhe, geschweige denn Stiefel an den Füßen, kam die Karawane nur schleppend voran. Oft blieb das Ziel der Tagesetappe, die Baracken in einem der vielen Waldlager, unerreichbar. So schliefen die Häftlinge dort, wo der Konvoi zum Stehen kam. Ohne Zelte, ohne Decken, sie hatten nichts. Wenn dann am Morgen noch ein, zwei Häftlinge fehlten, gab es Ärger.

Dennoch schwieg der Leutnant. Das Verhalten des Wachmanns war brutal, brutal und dumm, aber durch die Befehle gedeckt. Jedes Mal, ehe sich eine Kolonne im großen Sowjetland in Bewegung setzte, erklang der allen Gefangenen bekannte Spruch des Begleitoffiziers:

«Jeder Schritt links oder rechts gilt als Fluchtversuch, es wird ohne Vorwarnung geschossen.»

Dass es genau so und nicht anders gemeint war, wussten sie jetzt.

Während sich die erschöpften Häftlinge zwischen den Wurzeln der Kiefern niederließen, befahl der Leutnant einer Handvoll Männern, ein Grab zu schaufeln. Das Werkzeug lag zusammen mit der wenigen Habe der Gefangenen auf einem der Fuhrwerke, die den Konvoi begleiteten. Kurze Zeit später hörte man das Kratzen von Metall auf Eis. Die Häftlinge versuchten, den Dauerfrostboden aufzubrechen. Schaufeln konnte man es nicht nennen. Eine schwache Märzsonne hatte dem Frost nur wenige Zentimeter Boden abgerungen.

Als die flache Grube ausgehoben war, legten die Männer den Toten, so wie er war, in das Loch. Nur ein kleiner Hügel frischer Erde und ein paar Findlinge erinnerten daran, dass hier ein Mensch begraben war. Ein Pope fand sich nicht in ihrer Kolonne. So standen die Gefangenen ein paar Minuten schweigend um die Steine. Dann setzten sie sich wieder auf ihre Plätze und wickelten das klebrige Brot aus, das sie am Morgen als Tagesration erhalten hatten. So still war es noch nie bei einer Rast. Selbst die Vögel, die nach dem langen Winter mit ihrem fröhlichen Choral überschwänglich die Sonne und den blauen Himmel feierten, waren verstummt, verschreckt durch den Schuss und die graue Masse der Menschen, die sich unter den Bäumen ausgebreitet hatte.

Lorenz kaute sein Brot. Mehr Marschverpflegung gab es nicht. Es sei denn, sie kämen rechtzeitig bei den Baracken an, dort konnten sie mit Kascha, einem Schlag Brei, rechnen. Aber das schien unwahrscheinlich. Heute waren sie einfach zu langsam. Viel zu langsam. Jeder Zwischenfall kostete Zeit. Zeit, die am Ende des Tages fehlte und die Wachen wütend machte. Da sich der Aufbruch verzögerte, begann Lorenz, seine aufgeweichten Filzstiefel abzudichten. Sie waren ihm als einziges Schuhwerk geblieben. Die Schuhe mit Gummisohle fehlten schon in Engels, samt Pullover. Solange noch Schnee lag, schmerzte der Verlust der Schuhe nicht allzu sehr. Filzstiefel waren für den russischen Winter eine ideale Angelegenheit, warm und leicht, man musste sich nicht so schnell Sorgen machen, dass die Zehen abfroren.

Nun hatte sie aber der Frühling auf dem Marsch in den Norden eingeholt. Überall Morast, Pfützen und Bäche. Im Nu sog sich der Filz mit Wasser voll, und alle Versuche, wenigstens die Sohle dicht zu bekommen, scheiterten. Lorenz hatte sich Bastschuhe aus Birkenrinde geflochten, als eine Art Galoschen. Da blieb zwar nicht ganz so viel Lehm und Erde hängen wie bei den unsäglichen Tanks, die aus alten Autoreifen geschnitten wurden, dafür floss das Schmelzwasser wie bei Ebbe und Flut rein und wieder heraus. Um wenigstens ab und zu trockene Füße zu haben, war das häufige Wechseln der Fußlappen die einzige Lösung. Inzwischen wusste er auch, wie die Stofffetzen richtig gewickelt wurden. Aus schmerzhafter Erfahrung. Denn kaum hatte man nicht aufgepasst, rutschte alles zusammen und rieb beim Laufen die Füße wund. Irgendwann war auch Lorenz davon überzeugt, dass trockene Fußlappen so etwas Ähnliches wie Glück seien und der Erfinder der Wollsocken noch nicht geboren war.

Unmerklich veränderte sich auf ihrem Marsch die Landschaft. Die Wälder wurden licht, die Kiefern geduckt. Dann verschwanden die Bäume ganz, bis auf ein paar Krüppelbirken, die hinter den Findlingen kauerten. Kahles Land, hin und wieder zerschnitten von Erdbrüchen, durch die sich zugefrorene Bäche wanden. Es war kalt, sehr kalt. Aus den Schneefetzen wurden wieder Schneefelder. Der Winter, den sie längst hinter sich gelassen glaubten, kehrte zurück. Der Tag begann grau und endete grau. Die Luft flirrte schneidend und dünn wie auf einem Berggipfel. Arktis, das war nicht einfach nur der Norden. Selbst wenn die Sonne schien, sie blieb schwächlich, eine Sonne ohne Kraft und Hoffnung.

Der Fluss Workuta, erstarrt unter einem eisigen Panzer, empfing den müden Tross abweisend. Von einer Abraumhalde, deren Umrisse sich scharf gegen den Horizont abzeichneten, wehte der Wind einen schwarzen Schleier Kohlestaub über die Flussebene. Da, wo sich die Körner ins Eis fraßen, war es schwarz.

Schwarzes Eis.

Während sich die anderen ungerührt weiterschleppten, blieb Lorenz stehen und starrte das unwirkliche Bild an. Was ihm in diesen Tagen und Monaten widerfuhr, das war die Umwertung all seiner bisherigen Erfahrungen: Was als sicher galt, war zerbrochen. Was sauber schien, lag im Schmutz. Was wahr zu sein hatte, wurde Lüge. Selbst das Eis wollte nicht mehr rein und sauber sein.

Die Gefangenen passierten das Lagertor, vorbei an einer schiefen Bretterbude mit Wachturm, auf dem das mächtige Auge eines Scheinwerfers hockte. Unruhe kam auf. Die Gefangenen hofften, Schutz vor dem heraufziehenden Schneesturm zu finden, und beeilten sich. Doch Entsetzen breitete sich aus: Die Baracken von Workuta waren Zelte. Statt fester Holzhütten, wie man sie weiter südlich im Land allerorts fand, gab es nur mannstief in den gefrorenen Boden getriebene Gruben. Eingefasst wurden sie von wenigen Brettern und Balken, die allenfalls einen Meter über die Erde ragten. Die Dächer bestanden aus Zeltplanen, aus immer und immer wieder geflicktem «Bresent». Kein Ofen der Welt konnte eine solche Behausung warm halten. Nicht bei minus vierzig Grad.

Das hieß für die Gefangenen, nach einem schweren Arbeitstag in der Kohlegrube oder draußen in der Tundra, in den ewig klammen Sachen zu frieren. Wer es nicht schaffte, mit der Zeit in der Lagerhierarchie so weit aufzusteigen, dass er näher zu einem der beiden Öfen vorrücken konnte, erfror irgendwann. Die Reihen der doppelstöckigen Holzpritschen zogen sich rechts und links an den Wänden entlang. Am Ende der Baracke die «Suschilka», ein abgetrenntes Kabuff. Hier hängte man abends wenigstens die Wattejacke auf, in dem festen Glauben, sie am Morgen etwas trockener zurückzubekommen. Decken gab es nicht. Nur Matratzen, gefüllt mit Sägespänen.

Für richtige Baracken fehlte das Material. Holz, das nicht im Schacht zum Abstützen der Stollen benötigt wurde, ging für den Bau der Wachtürme und Zäune drauf. Da in der Tundra keine Bäume wachsen, musste jedes Brett über Hunderte von Kilometern herbeigeschafft werden. Nur die Lagerverwaltung und die Wachleute hatten feste Hütten. Alles andere, was zum Lagerareal gehörte, Küche, Speisesaal, Magazin oder die Krankenstation, war in der gleichen erbärmlichen Bauweise errichtet wie die zwanzig Erdlöcher der Gefangenenunterkünfte. Auch die Latrinen, und die hatten zu all dem noch nicht einmal ein Dach.

Workuta war zu dieser Zeit noch keine Stadt. Zumindest nicht in dem Sinn, wie ihn Lorenz verstand, auch wenn die Zahl der Häftlinge im Jahr seiner Ankunft auf vierzigtausend anschwoll und später bei weit über hunderttausend lag. Der Ort bestand aus einer Anhäufung von Lagern und Siedlungen, die je nach Bedarf um die Schächte, Werkstätten oder Baubetriebe herum angelegt wurden. Mit einiger Verwunderung bemerkte Lorenz, dass zwischen den einzelnen Schächten ein Gleis verlief. Denn es sollten noch Jahre vergehen, bis die von einer Sklavenarmee verlegte Trasse, zu deren Bau auch Pjotr abkommandiert worden war, das Kohlebecken mit dem Rest des Landes verband. Die «Lagerniki», wie sich die Bewohner des Gulag-Reichs nannten, waren davon überzeugt, dass unter jeder Schwelle dieser Bahn ein Toter lag. Sie übertrieben nicht.

Woher der mit so viel Schrecken verbundene Name des Flusses Workuta stammte und wie er zu erklären sei, dazu gab es viele Deutungen. Am überzeugendsten schien, dass sich das Wort «Wor» auf die russische Bezeichnung für Dieb bezog; «Kuta» konnte seinen Ursprung in «Kutjosh» haben, das heißt so viel wie Gelage. Die Kombination beider Bestandteile ergibt ein Diebsgelage. Und das klang insofern sinnvoll, als dieser lebensfeindliche Ort durch seine Abgeschiedenheit lange Zeit als eine Art Rückzugsgebiet für allerlei zwielichtiges Gesindel galt. Weder die Hand des Zaren noch die seiner Nachfolger reichte so weit in den Norden.

Der einsetzende Schneesturm sorgte dafür, dass der Appell beim Eintreffen im Lager ausfiel. Gefangenenzählen galt ansonsten als Lieblingsbeschäftigung der Lagerleitung. Es hätte ja jemand entlaufen sein können. Bloß wohin? In die verschneite Tundra zu fliehen, konnte nur ein Wahnsinniger wagen. Wer nicht zu Eis gefror, den lieferten die eingeborenen Nenzen für ein paar Flaschen Wodka gerne wieder ab. Ohne die Hilfe der Nomaden hatte eine Flucht keinerlei Aussicht auf Erfolg.

Dass an diesem Abend das ewige Aufrufen der Namen, das Abzählen der Reihen ausblieb, war kein Akt des Mitgefühls. Der eisige Wind machte nicht nur den Gefangenen das Leben schwer, sondern auch ihren Peinigern. Die Wachen wollten sich endlich aufwärmen, es zog sie zu ihrem Wodka. So wurden die Neuen auf die Baracken verteilt und den brutalen Sitten des Lagerlebens überlassen.

Das Empfangskomitee der Baracke Nr. 12 wartete schon an der Tür: der Stubenälteste und ein «Freund des Volkes». Ein mehrfacher Mörder, soweit man den Geschichten glauben durfte. Wie alle anderen musste auch Lorenz seinen Koffer, in dem sich inzwischen kaum noch etwas Brauchbares fand, abgeben. Zuerst dachte er, es sei eine Routinekontrolle. Doch das stellte sich sehr bald als Irrtum heraus. Nichts von den Sachen sah er je wieder. Auch den Koffer nicht. Die Ganoven teilten die «Schmotki», wie sie die armselige Habe der verängstigten Neuankömmlinge nannten, unter sich auf. Was etwas taugte, wurde gegen Tabak und Zucker getauscht.

Lorenz blieb neben der blauen Wattejacke nur noch das, was er am Körper trug. Für den Ort mochte es nicht ganz die passende Bekleidung sein, doch trotz aller Strapazen der vergangenen Wochen und Monate hatte sich sein geliebter Anzug passabel gehalten. Jedenfalls stach Lorenz mit ihm aus dem bunten Sammelsurium, das die anderen Barackenbewohner trugen, deutlich hervor. Kein Wunder, der Anzug stammte von einem der teuersten Herrenausstatter Dortmunds. Er hatte ihn all die Jahre in Moskau und in Engels mit Sorgfalt gehütet. Nicht nur, weil er darin besonders gut aussah, sondern weil er ihn an eine ungewöhnliche Geschichte und eine außergewöhnliche Frau in Deutschland erinnerte.

Mathilda hatte sich seinerzeit in den jungen, redegewandten Arbeiterburschen verliebt. Es störte nicht, dass sie eine «von» und mit einem hohen Tier aus der Stahlbranche in Essen verheiratet war. Um einige Jahrzehnte älter, kannte der nur noch zwei Leidenschaften: Aktien und Jagen. Die junge Frau brauchte er allenfalls einmal wöchentlich, damit er sich bei einem Empfang mit ihrer Schönheit schmücken konnte. Der Rest interessierte ihn wenig. So auch die

107

für ihren Stand reichlich ungewöhnliche Neigung, sich auf allerlei politischen Versammlungen herumzutreiben. Von denen gab es Ende der zwanziger Jahre in Deutschland ein Überangebot.

Sie bevorzugte Kommunisten, Anarchisten, aber auch Trotzkisten und konnte ihren temperamentvollen Reden stundenlang zuhören. Ein leiser Schauer lief ihr über den Rücken, wenn von Weltrevolution oder der «Expropriation der Expropriateure» die Rede war. Letzteres übersetzte sie nicht als Enteignung der Besitzenden, sondern als Abstechen. Das Schwärmen von einer besseren Zukunft, das revolutionäre Glühen der Augen, das alles fesselte, ja verzauberte Mathilda. Auch sie war für eine gerechtere Welt, Weltrevolution, Chauffeur und Dienstmädchen inklusive.

Lorenz gefiel ihr sofort. Sie ihm auch. Als er ihr ins Ohr hauchte, dass es um den Dichter des populären Schlagers «Wenn der weiße Flieder wieder blüht» ein Geheimnis gebe, das nur er zu lüften vermöge, war sie ganz und gar hingerissen. Lorenz kannte neben den gängigen drei noch weitere vier Strophen. Mehr Beweis, dass sie es mit einem Poeten zu tun hatte, bedurfte es nicht. Mathilda vergaß die Ruhr und kam sich vor wie in der Boheme an der Seine.

Die aufregende Episode fand ihr jähes Ende, als Lorenz überstürzt aus Deutschland fliehen musste. Er wurde per Haftbefehl gesucht. Mathilda fand die Nachricht ärgerlich, sie mochte es nicht, wenn man ihr das Spielzeug nahm, aber sie bewies praktischen Verstand. Ihr Held, der sofort untertauchen musste und keine Mark besaß, wurde in Dortmund ausstaffiert. Zwei Anzüge aus einem der vornehmsten Herrengeschäfte, mehrere Paar Schuhe, darunter feste für den Winter, und alles, was noch so dazugehörte, einschließlich einer Brieftasche plus Inhalt.

Als Lorenz über einige Umwege in Moskau ankam, war er eingekleidet wie kein Zweiter der jungen Emigranten. Was den einen oder anderen Genossen misstrauisch stimmte: Ein einfacher Schlosser aus dem Ruhrgebiet trug nicht solche Anzüge. Wenn ihr wüsstet, dachte Lorenz nur. Denn mindestens so aufregend

wie Mathildas Großzügigkeit war die erste Wegstrecke seiner
Flucht aus Deutschland. Mathilda zog den Gejagten kurzerhand
auf die Rückbank ihres Mercedes, schloss das Fenster zum Fahrer,
spannte das Rollo, und ab ging's Richtung Amsterdam. Es sollte
die schönste Autofahrt seines Lebens bleiben. Die Beamten an der
Grenze winkten den Wagen, der nur einem Ruhr-Baron gehören
konnte, ehrfürchtig durch. Bequemer konnte man eine Grenze
illegal nicht passieren. Zumal auf Mathilda die Gefahr wie ein
Aphrodisiakum zu wirken schien. Während sich Lorenz keineswegs sicher war, dass der Fahrer nichts hören oder sehen konnte,
nutzte Mathilda den Schwung einer Kurve, um den jungen Revolutionär zu sich herüberzuziehen. Ein Abenteuer wie im Kino. Und
sie war mittendrin. Gemeinsam mit ihrem Rudolfo Valentino auf
der Flucht.

Verständlich, dass Lorenz an dem Anzug ganz besonders hing.
Doch jetzt hieß es wohl, Abschied zu nehmen. Er hatte sich auf
eine Pritsche gelegt, vor Erschöpfung fielen ihm sofort die Augen
zu. Aus der Ferne hörte er nur die Kartenspieler am Ofen krakeelen.
Einer der Spielenden erregte sich derart, dass Lorenz ärgerlich zu
ihm hinüberschaute. Seltsam, der Schreihals zeigte immer wieder
in seine Richtung. Das gefiel Lorenz nicht. Es dauerte eine Weile,
dann begriff er, worum es ging. Der Bursche hatte alles verspielt
und bot jetzt das Jackett des Neuankömmlings als Pfand. Sein Jackett. Darüber, welchen Wert der ganze Anzug haben sollte, gab es
auch schon einen heftigen Disput. Bei Siebzehn und Vier brauchte
man nicht lange auf die Fortsetzung der Geschichte zu warten.

Der Kartenspieler kam entspannt auf Lorenz zu. Er roch nach
Schnaps, was Lorenz unter den gegebenen Umständen besonders irritierte. Woher sollten die hier in diesem elenden Loch den
Wodka haben? Das aufgedunsene Gesicht des Mannes, das von
makellosen, aber vom Machorkarauchen braunen Zähnen beherrscht wurde, ließ an seiner Entschlossenheit keinen Zweifel.
Seine Nase war ihm offensichtlich bei einer Schlägerei gebrochen

worden und schief zusammengewachsen. Sicher war er größer als Lorenz. Aber nicht darin lag die Bedrohung. Selbst wenn es Lorenz gelingen sollte, den Kerl mit einem Überraschungsschlag hinzustrecken, seine Kumpane wären sofort zur Stelle. Und dann Gnade ihm.

«Hey, Nemetz, gib deine Jacke meinem Freund da drüben. Der wartet schon. Mach keine Sperenzchen!»

Er zeigte mit dem Finger auf einen der Urki und schlenderte ohne Eile zu seinem Platz am Ofen zurück. Er war dran mit dem Kartenmischen. Immerhin hatte er «Nemetz», Deutscher, gesagt und nicht «Faschist».

Lorenz zögerte. Gleich am ersten Tag den Zorn der Kriminellen auf sich zu ziehen, das hieß den sicheren Tod suchen. Er schaute dem Kartenspieler nach, blieb aber auf der Pritsche liegen. Es ging ihm nicht nur um den Anzug. Trotz all der Schrecken der letzten Monate hatte er einen Rest Selbstachtung nicht verloren. Andere verharrten längst in einer Art Dämmerzustand, ließen apathisch alles über sich ergehen. Von den Mitgefangenen erwarteten sie allenfalls Gemeinheiten und waren selbst für ein Stück Brot oder für eine Kippe zu jeder Gemeinheit fähig. Mitgefühl galt als Schwäche. Wer schwach war, hatte keine Chance.

Er wusste, es führte kein Weg daran vorbei, sich von dem Anzug zu verabschieden. Wenn es nicht heute passierte, dann eben morgen oder in einer Woche. Längst war ihm klar, alles, was aus dem Rahmen fiel, Jacke, Stiefel, Hose, alles sorgte für Begehrlichkeiten und damit für Gefahr. So beschloss er, wenn an diesem Abend von seinen «Wertsachen» etwas übrig bleiben sollte, würde er es gegen etwas Brauchbares tauschen. Schon am nächsten Tag. Doch das wäre erst morgen. Heute und jetzt hatte er zu entscheiden: Gibst du das Jackett freiwillig aus der Hand oder nicht?

Da spürte er, wie ihn sein Nachbar anstieß. Es war Michail, der Matrose. Vor der Verhaftung hatte er als Bootsmann auf einem U-Boot gedient. Sie freundeten sich beim Marsch durch die Wildnis an. Zu ihrer Gruppe gehörten noch ein Norweger und ein Japaner. Da sie aus verschiedenen Himmelsrichtungen auf den Todes-

110

treck geraten waren, gab es viel zu erzählen. Das machte nicht nur die Strapazen des Marsches etwas erträglicher, sondern sie waren als Gruppe auch wehrhafter. So blieb ihnen das Schicksal anderer Gefangener erspart, die von den Wachen gezielt in einem Waldstück mit ein paar Kriminellen aus der Kolonne allein gelassen wurden.

Der Norweger hatte früher eine Leningrader Boxmannschaft trainiert, der Japaner Moskauer Milizionären Jiu-Jitsu beigebracht. Beide waren wegen Spionage verhaftet worden, beide bekamen «die volle Spule», wie es unter den Gefangenen hieß. Also zehn Jahre Lagerhaft. Dagegen hatte Lorenz mit seinen fünf Jahren, die ihm ein Saratower Spezialgericht auf dem Weg in die Arktis nachgereicht hatte, nur eine «Kinderfrist». Dass daraus weit mehr wurde, konnte er zu dem Zeitpunkt nicht ahnen.

Der Norweger und der Japaner sprachen so schlecht Russisch, dass sie Mühe hatten, sich überhaupt verständlich zu machen. Aber beide konnten Deutsch. Ein glücklicher Zufall: Der Skandinavier hatte in Deutschland studiert, während der Japaner auf eine deutsche Erzieherin daheim in Tokio verweisen konnte. Damit sich der Bootsmann nicht ausgeschlossen fühlte, übersetzte ihm Lorenz das Wichtigste ins Russische, was ihm das Misstrauen der Wachen eintrug. Die waren selbstverständlich davon überzeugt, dass ein Deutscher, der fließend Japanisch, Norwegisch und Russisch sprach, nur ein ganz ausgebuffter Spion sein konnte.

Die Geschichte des Matrosen klang verrückt. Aber «normale» Geschichten gab es in dieser Welt ohnehin nicht. Sein Boot war in der Ostsee infolge eines technischen Schadens auf Grund gelaufen. Nur wenige Besatzungsmitglieder konnten sich retten. Der Bootsmann zog den Kapitän aus dem Wasser. Doch die Freude über die Rettung währte nicht lange: Alle Überlebenden wurden verhaftet und zu zehn Jahren wegen Sabotage verurteilt. Ein sowjetisches U-Boot konnte und durfte nicht havarieren. Der unter Lebensgefahr gerettete Kapitän wurde erschossen.

Nun fühlte sich der Seemann offensichtlich verpflichtet, Lorenz in seiner Bedrängnis beizustehen.

«Komm, nimm meinen Buschlat», forderte er ihn auf.

Den Buschlat, eine russische Matrosenjacke aus dunkelblauem Wollstoff, hatten die Ganoven auch schon im Auge. Aber vorerst ging es um das gute Jackett aus Dortmund.

«Komm, nimm», wiederholte er, «musst keine Angst haben. Ich mach das schon.»

Lorenz reichte ihm das Jackett, was sofort zu grölendem Protest der Urki führte. Der glücklose Spieler eilte herbei. Gerade wollte er dem Matrosen die Jacke aus der Hand reißen, da knurrte der ihn an. Lorenz verstand nicht, was gesagt wurde. Es klang wie eine fremde Sprache, fast Russisch, aber doch nicht ganz, die Aussprache mehr als sonderbar. Doch nicht nur er schien verwundert. Der Kartenspieler ließ sofort von dem Matrosen ab und blieb wie versteinert stehen.

Das konnte nur eins bedeuten: Michail sprach jene geheime Sprache der Kriminellen, von der Lorenz schon einiges gehört hatte, an deren Existenz er aber bisher nicht glauben mochte. Der Bootsmann stand auf und ging, das Jackett über die Schultern gelegt, zum Ofen. Auch dort musste er nur ein paar Worte hinwerfen, und Lorenz sah mit Erstaunen, wie man ihm ein Glas Tee reichte. Mit Zucker. Einer der Atamane holte persönlich für Michail einen Hocker. Dann ging er zum Kartenspieler, der sich verzogen hatte. Es folgte eine kurze, aber heftige Ansprache, schließlich hörte man nur noch unterwürfiges Stammeln:

«Ich wollte doch nur …»

Er kam nicht dazu, noch etwas zu sagen. Ein brutaler Schlag ins Gesicht ließ ihn auf die Pritsche stürzen. Aus der Nase spritzte Blut. Der Ataman blieb unentschlossen stehen und rieb sich nervös die Faust. Er dachte wohl darüber nach, ob es sich lohnen würde, noch einmal nachzufassen, oder ob es schon reichte.

Nach einer guten Stunde kam der Bootsmann zurück und legte Lorenz das graue Jackett auf die Pritsche.

«Keine Sorge, der kommt nicht wieder.» Es klang sehr ruhig.

«Wie hast du das gemacht, und was bin ich dir schuldig?», erwiderte Lorenz. Der Matrose lächelte nur.

112

«Nicht nur unser Japaner stammt aus einer guten Familie, ich auch. Aus Odessa. Du kennst ja den Spruch, wonach in unserem unermesslichen Reich der Vater eines echten Ganoven aus Rostow und die Mutter aus Odessa kommen muss. Moskau mag die Hauptstadt aller Sowjetmenschen sein, Odessa ist die Hauptstadt der Unterwelt. Und mein Onkel ist einer ihrer Fürsten. Die Odessiden sind unter ihresgleichen eine Macht. Glaube mir, der Bursche hat jetzt mehr Angst als du.»

Er deckte sich mit dem Buschlat zu, drehte sich auf seiner Pritsche um und schlief ein. Dennoch, Lorenz hielt an seinem Entschluss fest, den Anzug schnellstens einzutauschen.

Am nächsten Morgen wurden sie, begleitet vom Bellen der Hunde, in die Dunkelheit hinausgetrieben. Der Eiswind heulte immer noch. Was am Abend versäumt wurde, holte die Lagerleitung jetzt nach: antreten, durchzählen, neu verteilen. Die Strahlen der Scheinwerfer sammelten sich auf dem Appellplatz. Mann für Mann wurden die Gefangenen aufgefordert, nach vorn zu treten, Name, Beruf und den Grund ihrer Haft zu nennen. Lorenz hatte den Kopf, so tief es ging, in die Wattejacke gezogen und die Ohrklappen der Schapka fest zugebunden. Trotzdem dauerte es nicht lange, und der stechende Wind ließ ihn zittern. Endlich wurde nach der endlosen Reihe russischer Namen mit «K» das «L» aufgerufen.

«Name, Vor- und Vatersname?», schrie der Lagerkommandant. Der Schreiber versuchte, seine Finger in den Handschuhen zu bewegen.

«Lochthofen, Lorenz Lorenzowitsch.»

«Nationalität?»

«Deutscher.»

«Was für ein Deutscher?»

«Reichsdeutscher.»

«Hmm. Beruf?»

«Journalist.» Lorenz antwortete so kurz wie möglich. Alles andere konnte die Prozedur nur in die Länge ziehen.

«Hast du keinen anständigen Beruf?», murmelte der Schreiber.

Der Kommandant schaute ihn schräg von oben an, als wollte er ihm für die unnötige Verzögerung gleich mit dem Fausthandschuh eine drüberziehen, sagte aber nichts.

«Was ist ein anständiger Beruf?»

«Na, einer, der hier gebraucht wird. Als Journalist gehst du in die Tundra Schnee schaufeln. Was meinst du, wie lange du das machst, bis dich der Teufel holt?»

«Na ja, ich bin Schlosser, auch Schmied, ich kann schweißen.»

«Warum sagst du das nicht gleich?» Der Schreiber sah sich um. «Pjotr Semjonowitsch, brauchten Sie nicht einen Schlosser für die Bahnwerkstatt?»

Erst jetzt bemerkte Lorenz, dass neben der Lagerprominenz auch mehrere Figuren ohne Uniform herumstanden. Es musste sich um die Einkäufer handeln. Wie in jedem Sklavenhalterstaat gab es auch hier einen Sklavenmarkt. Verantwortliche eines Schachts oder eines Baubetriebs oder eben einer Werkstatt suchten sich unter den Neuankömmlingen ihre Arbeitskräfte aus. Lorenz schöpfte Hoffnung. Am Schmiedefeuer zu stehen war etwas ganz anderes, als draußen im Frostboden zu graben oder im Schacht Kohle zu hauen.

«So, ein Deutscher? Und du sagst, du kannst mit dem Werkzeug umgehen?»

Der Chef der Bahnwerkstatt schien ein schlechtgelaunter Mann zu sein. Aber das musste nichts bedeuten. Es war früh am Morgen, dunkel und kalt, außerdem hatten sie gestern Abend eine Flasche Spiritus aufgetan. Das wirkte nach. Nun stand er da und fror. Das Hin und Her ging ihm auf die Nerven. All die Bauern, Lehrer und Professoren, die sie hier vor ihnen aufgebaut hatten, die waren ohnehin nicht zu gebrauchen.

«Na, komm mit, wir wollen es versuchen. Aber wehe, du bist ein Aufschneider! Ein Schreiberling kann eigentlich unmöglich ein guter Schlosser sein.»

Doch ehe Lorenz nur einen Schritt tun konnte, hielt ihn der Kommandant zurück.

«Nicht so schnell, Brüderchen. Da bliebe noch die Frage: Wofür haben sie dir die Frist verpasst?»

Das war seit langem das erste Mal, dass jemand anderes als seine Mitgefangenen den Grund für seine Verhaftung wissen wollte. Aber da er weder in Engels noch in Saratow und auch nicht in Moskau irgendein Papier unterschrieben hatte, auf dem das stand, wusste er noch immer nicht, worauf sich die sogenannte Troika, das Sondergericht, geeinigt hatte.

«Das weiß ich bis heute nicht.»

Der Kommandant schaute ärgerlich. Die Sache mit diesem Deutschen dauerte schon viel zu lange. Auch er fror. Trotz des dicken Schafspelzes und des kräftigen Schluck Wodkas, den sie in der Schreibstube gekippt hatten, ehe es auf den Appellplatz ging. Die wärmende Wirkung des Schnapses ließ beim Buchstaben «L» gerade nach, und der Lagerkommandant war damit beschäftigt zu überlegen, wo sie ein neues Fläschlein herkriegen könnten.

«Waska, schau in den Papieren nach, irgendwas wird doch zu diesem deutschen Chui drinstehen.»

Früher, draußen, im richtigen Leben, hätte Lorenz das mit dem «Schwanz» nicht so hingenommen. Aber dass es bei einem solchem Appell nicht ohne «Mat» abgehen würde, das war ihm klar. So tat er, als hätte man ihn höflich bei Vor- und Vaternamen genannt und wartete. Endlich hatte der Schreiber das richtige Blatt und studierte es im Schein seiner Taschenlampe.

«KRTD», zeigte er dem Kommandanten triumphierend die entsprechende Stelle.

«KRTD», wiederholte der Oberstleutnant befriedigt.

«KRTD?», sprach Lorenz verwundert nach. Sollte ihm dieser Schrottkin doch die Sache mit Trotzki angehängt haben? Denn schon in Saratow spielte das Thema bei den Verhören keine Rolle mehr. KRTD war das Kürzel für «Konterrevolutionäre trotzkistische Tätigkeit». Damit konnte man jeden und alle hinter Gitter bringen. Bei Bedarf auch erschießen. Trotzki hatte als Stalins schärfster Rivale gegolten. Dass er von Lenin zeit seines Lebens bevorzugt wurde, schürte den Hass des Georgiers zusätzlich, obwohl sich beide in ihren Zielen und Methoden nicht sonderlich unterschieden, auch wenn der eine als brillanter Denker und der andere eher mit seiner Bauernschläue auffiel. Trotzki wie Stalin vertraten grundsätzlich die Auffassung, wenn Menschen ihr Glück nicht verstanden, dann musste man nachhelfen. Wenn nötig mit Gewalt. Während Trotzki mit seiner Flucht in den Westen nie über die Theorie hinauskam, trat Stalin den praktischen Beweis an, dass der wahre Weg ins Paradies der Werktätigen von Stacheldraht gesäumt wird.

«Ja, KRTD und fünf Jahre. Junge, das ist doch so gut wie gar nichts», bekräftigte der Schreiber.

«Aber ich kenne doch gar keinen Trotzkisten. Und mit Trotzki selbst habe ich auch nie zu tun gehabt.»

«Dawaj, Nemetz, scher dich zum Chui, sonst erfrieren wir hier alle noch», brüllte der Kommandant. «Keiner von euch Brüdern will sich hier an irgendwas erinnern. Wenn wir das jedes Mal ausdiskutieren wollten, dann hätten wir viel zu tun. Außerdem hast du ja ab sofort genug Zeit, darüber nachzudenken.»

Da war nichts zu machen. Er war also ein Trotzkist. Auf dem Weg in die Werkstatt, der die zugewehte Bahnlinie entlangführte, erzählte er dem Einkäufer seine Geschichte. Was er in Deutschland gemacht, wie es ihn nach Russland verschlagen, was er gelernt und wo er gearbeitet hatte. Pjotr Semjonowitsch Kruglow hörte nicht ohne Interesse zu, blieb aber zurückhaltend. Trauen konnte man dem Neuen erst, wenn der gezeigt hatte, ob er tatsächlich wusste, wie man einen Hammer hielt.

Die Werkstatt der Bahnlinie Workuta–Ussa kündigte sich an durch mehrere Weichen und viele schadhafte Waggons, die vereist auf den Gleisen standen. Dazwischen parkte eine Rangierlok, die offenbar noch funktionierte. In der Werkstatt war es warm, fast gemütlich. Der Geruch von Maschinenöl verströmte ein Gefühl der Geborgenheit. Lorenz wusste sofort: Das war die Rettung. Er musste, komme, was wolle, die Arbeit in der Bahnwerkstatt kriegen.

Kruglow stellte dem Meister seine Beute vor. Der musterte Lorenz von oben bis unten und schüttelte nur den Kopf:

«Der Kerl passt ja mit beiden Beinen in einen Stiefel. Wie soll der mit dem Hammer zuschlagen? Der kann doch das Eisen nicht mal halten. Wenn Sie mich fragen, Pjotr Semjonowitsch, das wird nichts.»

Offensichtlich hatte er schon einem anderen den Posten versprochen, und nun kam ihm der Einkauf des Chefs dazwischen. Doch Kruglow ließ sich nicht beirren.

«Gib ihm eine Arbeit. Mal sehen, was er kann.»

«Was wollen wir mit dem Docht? Ich habe keine Lust, die Sachen, die so einer versaut, nachzuarbeiten. Und überhaupt», wandte er sich an Lorenz, «was kannst du schon?»

«Was ihr wollt. Schmied, Schlosser, Schweißer.»

Lorenz musste jetzt alles riskieren. Ein Docht, das war jemand, dessen Tage gezählt waren. Einer am Verglimmen. So weit war es mit ihm noch nicht, das sollte der Meister sehen.

Der knurrte noch eine Weile, dann lenkte er ein.

«Gut. Wir werden bald wissen, was der Nachkomme von Siemens und Zeiss zu bieten hat. Hier, ein kaputter Puffer. Der muss wieder an den Waggon dran. Ich hoffe, du kannst schweißen.»

«Mach ich», Lorenz nickte. Das dürfte nicht zu schwer sein.

«Nicht autogen, elektrisch.»

«Geht auch. Aber ich brauche zwei Mann zum Halten.»

«So viel Luxus gibt es vielleicht in Deutschland. Bei uns wird das mit einem gemacht!» Der Meister grinste, als wollte er sagen: Hab ich's doch gewusst, ist ein Aufschneider.

«Da drüben liegt Werkzeug.» Er wies auf einen Kasten in der Ecke, lauter verbogener, rostiger Schrott.

Lorenz blickte Kruglow an:

«Kann ich mir selbst das Werkzeug nehmen?»

Der Chef nickte. Der Meister kratzte sich die Bartstoppeln, aber er schwieg. Lorenz ging langsam von Werkbank zu Werkbank und suchte auf jedem Tisch, was er brauchte. Kruglow nickte wieder:

«Nicht schlecht. Ein so blutiger Anfänger, wie du dachtest, ist er mit Sicherheit nicht.»

Beide scherten sich keinen Deut darum, dass der, über den sie sprachen, alles mit anhören konnte. Die Machtverhältnisse in der Werkstatt waren klar: Jeder Neue hatte zu kuschen, sonst war er die Arbeit im Warmen sofort wieder los. Vor allem auch die deutlich bessere Verpflegung. Die wurde in der Lagerwelt in «Kessel» eingeteilt. Die ärmsten Schlucker, die draußen Schnee schaufeln mussten und die Norm nie erfüllen konnten, bekamen am Ende eines Tages auch noch das schlechteste Essen, höchstens 300 Gramm Brot und eine Schüssel «Balanda». Das war der sogenannte 1. Kessel. Hier in der Werkstatt sorgte man dafür, dass die Normierer die Anforderungen nicht zu hoch schraubten. So war ein 2. Kessel das Minimum, das man erwarten durfte: 600 Gramm Brot, dazu einen Teller Suppe und einen Schlag Kascha.

Wer den 3. Kessel bekam, und auch das war hier möglich, konnte mit dem, was er selbst nicht benötigte, etwas Handel treiben. Denn ein Zweipfundbrot, Brei und eine Suppe mit Spurenanteilen von Fleisch – meist war es mit allem Möglichen gestrecktes Gehacktes –, machte einen fast satt. Das Ganze ließ sich steigern bis zum Rekord-Kessel, der nach den Maßstäben des Lagers schon so etwas wie ein Festessen war: 1200 Gramm Brot, Fleisch oder Fisch, Kascha und Suppe und zur Krönung Kompott. Täglich. Als Voraussetzung dafür galt eine beachtliche Übererfüllung des Plans. Das schaffte in der Regel keiner. Aber träumen durfte man davon.

Die Masse der Gefangenen kam in all den Jahren der Lagerhaft nie über den 1. Kessel hinaus. Das hieß hungern. Jeden Tag. Immer in der Hoffnung, irgendwie ein paar Gramm Brot zusätzlich zu ergattern. Nur wenigen gelang es. Die meisten hatten längst nichts mehr zum Tauschen. Und Pakete durften nicht alle empfangen, Ausländer schon gar nicht. Lorenz konnte nicht auf solche Hilfe hoffen, keiner seiner Angehörigen, weder Mutter noch sonst jemand, wusste, wo er war und ob er überhaupt noch lebte.

Die anderen in der Werkstatt hatten längst ihre Arbeit liegenlassen und sahen jetzt zu, wie sich der Deutsche anstellte. Helfen, daran dachte keiner. Es war aus ihrer Sicht schon viel, dass sie ihm Werkzeug überließen. Lorenz schaute in alle Ecken, konnte jedoch das richtige Stück nicht finden, Rundstahl, eine Zwei-Zoll-Stange. So musste er raus in die Kälte und vor der Tür im Schnee suchen. Ihm schien, als habe er beim Reingehen etwas Passendes gesehen. Er hatte sich nicht getäuscht. Als er zurück in die Werkstatt kam, war er eingehüllt in eine dampfende Wolke von Eiskristallen. Das Thermometer musste in der Nacht nochmals deutlich gefallen sein. Er kerbte die Stange an, legte sie auf den Amboss und bat seinen Helfer festzuhalten. Alle kamen näher, um ja nichts zu verpassen. Bei dem Deutschen konnte es sich nur um einen Hochstapler handeln. Denn um die Stange zu bearbeiten, musste man sie erst im Feuer zum Glühen bringen.

Schon beim ersten Zugriff spürte Lorenz, der schwere Hammer lag gut in der Hand. Das gab Sicherheit. Er holte aus und schlug zu. Die Stange brach, genau an der richtigen Stelle. Unter Umständen hätte er ein zweites oder drittes Mal zuschlagen müssen, aber es konnte nur eine Frage der Zeit sein, wann das benötige Stück abbrechen würde. Das lag am Frost, er machte das Metall spröde. In Deutschland wäre das so nicht gegangen – nicht kalt genug.

Kruglow summte leise einen Militärmarsch. Auch der Meister schien jetzt wie verwandelt. Er lächelte breit und klopfte dem Neuen gönnerhaft auf die Schulter.

«Molodetz!» Was so viel heißen sollte wie: Das hast du gut gemacht. Ihm war klar, dem Deutschen konnte man einiges aufbürden.

«Klar, Junge, für dich haben wir hier genug zu tun. Leg das Zeug weg, das sollen andere machen. Für dich habe ich Besseres …»

Doch der Meister kam nicht dazu, seinen Satz zu vollenden. Kruglow schob ihn beiseite:

«Nichts da. Der Happen ist zu fett für dich. Wie war Ihr Name?»

Lorenz konnte sich nicht erinnern, dass ihn in den letzten Monaten überhaupt jemand nach seinem Namen gefragt hätte. Als Häftling hatte man allenfalls eine Nummer. Doch das schien sich gerade zu ändern. Zum ersten Mal seit der Verhaftung in Engels spürte er wieder Boden unter den Füßen.

«Lorenz Lorenzowitsch, das ist nicht schwer zu merken.»

«Na dann, Lorenz Lorenzowitsch, kommen Sie mit mir. Können Sie als Schlosser genauso arbeiten oder noch besser als Mechaniker? Ja? Wunderbar, es wartet viel Arbeit auf Sie.»

Es mochte sein, dass Pjotr Semjonowitsch Kruglow selbst über keine besonderen handwerklichen Fähigkeiten verfügte. Aber er hatte einen Riecher für die Talente der anderen. Und sein Riecher sagte ihm, mit dem Deutschen hatte er an diesem verkaterten Morgen einen guten Fang gemacht. Irgendwo in diesem chaotischen Reich des Mangels und des Pfuschs stand immer ein überladener Waggon mit gebrochener Achse, drehte sich ein heißgelaufenes Förderrad nicht mehr. Da war die Not groß, und nur die Bahnwerkstatt konnte helfen. Der Deutsche passte gut dazu. Als Lorenz später, weil es ihm in der Werkstatt zu dunkel war und es in ganz Workuta keine Glühlampen gab, vier oder fünf durchgebrannte Lampen wieder zum Leuchten brachte, wusste es Kruglow ganz genau, er war auf eine Goldader gestoßen. Lorenz hatte eine verschrottete Vakuumpumpe wieder funktionstüchtig gemacht. Nun konnten sie gegen Rubel und Wodka all die Lampen reparieren, an denen es im immer dunklen Norden so mangelte.

Das Jahr 1939: *Hitler kündigt die Vernichtung der «jüdischen Rasse» an. Während der «Großen Säuberung» (1936–1939) werden in der Sowjetunion über zwei Millionen Menschen ermordet. Pius XII. wird Papst. General Franco erobert Madrid. Nach Angaben der Gestapo sind in deutschen KZ mehr als 300 000 Gefangene inhaftiert. Deutschland und die Sowjetunion schließen den Hitler-Stalin-Pakt. Mit dem Überfall auf Polen beginnt Deutschland den Zweiten Weltkrieg. Russische Truppen marschieren in Ostpolen ein. Das erste Düsenflugzeug, eine Heinkel He 178, hebt ab. Hitler entgeht knapp einem Attentat im Bürgerbräukeller in München. Tausende Bilder werden in Berlin als «entartete Kunst» verbrannt. Mit einer Armeeoffensive beginnt die Sowjetunion den Krieg gegen Finnland.*

Seite 121:
Wachturm und Wohnbaracken in Workuta, Aufnahme aus den dreißiger Jahren.
© picture-alliance / akg-images / RIA Nowosti.

1939

★

I

Der Fluss stöhnte, als hätte ihm der Winter den Eispanzer zu knapp geschneidert. Endlich konnte er sich davon befreien. Wie eine Schlange die alte Haut schälte er die Kruste ab. Über den ersten offenen Wasserflächen stieg Dunst auf. Überall knirschte und knackte es. Immer neue Risse ließen die Schollen zerbersten. Die dicken Eisplatten schoben sich übereinander, um dann unter lautem Getöse am eigenen Übermut zusammenzubrechen. Alle Meter kam der Eisbrei zum Stillstand, sammelte Kraft, um sich aufs Neue den Weg stromabwärts zu bahnen. Der Frühling in der Tundra war kein sanfter Jüngling, er war ein polternder Rabauke. Angesichts der Schnee- und Eismassen blieb ihm auch gar nichts weiter übrig: Er hatte sein Werk, das andernorts Wochen und Monate brauchte, in wenigen Tagen zu vollbringen.

Der Sand am Ufer war noch immer leicht gefroren, er knirschte unter den Stiefeln. Ein herrliches Gefühl, nach der langen Kälte des Winters endlich tief durchatmen zu können, ohne die ständige Gefahr, sich sofort eine Lungenentzündung und damit den Tod zu holen. Lorenz ging gern diesen Pfad von der Werkstatt zur Anlegestelle, er führte weg von den Stacheldrahtzäunen in ein Stück Natur, das von Menschen noch nicht geschändet war. Auf diesem Weg konnte man sogar den Anblick der Wachtürme vermeiden. Auch wenn er wusste, sie waren da. Immer.

Es war schon Nachmittag, bald würde es dunkel. Die Siedlung mit Schacht, Lager und Werkstätten blieb durch den Eisgang seit Tagen nur auf Umwegen erreichbar. Nun sollte eine erste Barke Baumaterial und einen defekten Generator bringen. Lorenz hatte zugesagt, das Gerät in der Bahnwerkstatt zu reparieren, und wollte jetzt sehen, ob es ordnungsgemäß anlandete. Als Mechaniker war er schnell zur rechten Hand des «Natschalnik» Kruglow aufgestiegen, auf den Schächten galt er als anerkannter, absolut zuverlässiger Fachmann. Von ihm hieß es: Er gibt niemandem etwas «na lapu», in die Pfote, und nimmt auch selbst nichts. In einem Land, in dem die Korruption blühte, nannte man das einen auffälligen Charakter. Das Gulag-Universum spiegelte in vielerlei Hinsicht nur die gewöhnlichen sowjetischen Verhältnisse: Ohne Bestechung rührte sich nichts.

Auf den Transport zu achten gehörte eigentlich nicht zu den Pflichten des Mechanikers. Aber er wusste, wenn ein Dummkopf die Maschine in den Uferschlamm fallen ließ, dann bedeutete das doppelte Arbeit. So schaute er lieber selbst nach. Bis zur Anlegestelle der Barke waren es allenfalls noch ein paar hundert Meter, da sah er am Ufer neben einem umgedrehten Boot mehrere Gestalten an einem Feuer. Sie bemerkten ihn auch. Zwei Männer lösten sich aus der Gruppe und kamen ihm entgegen. Lorenz packte sofort seinen Hammer fester am Griff. Seit dem Vorfall um seinen Anzug trug er das schwere Stück an einer Drahtschlaufe immer am rechten Handgelenk. Zur Selbstverteidigung. Dass er als Schmied flink damit umgehen konnte, blieb kein Geheimnis. Selbst im Schlaf legte er den Hammer nicht ab. Seine Wattejacke, die Stiefel, die er gegen den Anzug bei einem Offizier getauscht hatte, die Fellmütze, kurzum alles, was er am Leibe hatte, besaß nach den Maßstäben des Lagers hohen Wert. Ganz zu schweigen von seinem Leben. Und er war nicht bereit, irgendetwas davon kampflos abzugeben.

«Grüß dich, Mechaniker», sprach ihn einer der beiden Männer schon aus sicherer Entfernung an, wohl wissend, dass ihr Auftreten auch missverstanden werden konnte. Lorenz erkannte ihn als einen der Heizer aus dem Kesselhaus.

«Mechaniker, hast du ein bisschen Machorka?»

Erleichtert, dass die Begegnung einen solch harmlosen Grund hatte, reichte Lorenz beiden eine Papirossa.

Die Barke hatte sich inzwischen vom Steilufer auf der anderen Seite gelöst. Trotz des Eisgangs würde sie bestimmt nicht mehr als eine Viertelstunde brauchen, den Fluss zu queren. An der Anlegestelle wartete allerlei Volk, um gleichfalls eine Lieferung oder, wie im Fall der Wachleute, eine frische Partie Häftlinge in Empfang zu nehmen. Feuer brannten, es wurde laut gelacht und erzählt. Das Ende des Winters stimmte die Menschen froh, ließ sie nicht so gedrückt aussehen, und fast vergaßen sie, dass sie eingesperrt waren. Lorenz blieb abseits, er wartete, bis der rostige Kahn endlich im Ufersand stecken blieb. Dann wurden die ersten Säcke, Kisten und Bretter an Land bugsiert. Seine Leute hatten ein Fuhrwerk aufgetrieben und trugen den Generator nun unter den kritischen Blicken des Mechanikers zum Wagen.

Zufrieden, dass die Sache schnell und glatt verlief, wollte sich Lorenz auf den Rückweg machen. Ihn trieb eine Verabredung mit Kajetan, einem Österreicher aus Linz. Also fast ein Landsmann. Dieser Kajetan saß für die örtlichen Verhältnisse auf einem Traumposten: Er verwaltete ein Lebensmittellager, in dem es so ziemlich alles gab, was ein Häftling heiß begehrte: Kartoffeln, Buchweizen, Speck. Wie Kajetan zu diesem Posten gekommen war, darüber schwieg er sich beharrlich aus. Und Lorenz fragte nicht nach. Der Mann hatte eben Glück. Ihm selbst reichte es aus, ab und zu mit Kajetan ein paar Worte auf Deutsch zu wechseln, einen zu trinken und dazu etwas Sakuska zu haben. Ein Tag, der so zu Ende ging, war ein guter Tag in Workuta.

Die Vorratsbaracke, befestigt und scharf bewacht, lag nicht weit vom Fluss. Er hatte sich schon zum Gehen gewandt, da glaubte er plötzlich in der Menschenmasse, die von Bord der Barke strömte, etwas Bekanntes zu erkennen. Vielleicht war es auch nur ein Ahnen. Denn im Grunde sahen die ausgezehrten Menschen alle gleich aus. Etwas versetzte ihn in Unruhe. Er ging noch einmal zur Barke, Kajetan konnte die paar Minuten warten.

Einer nach dem anderen stolperten die Männer an ihm vorbei. Vielen war anzusehen, dass sie die nächste Kälte nicht überleben würden. Der lange Weg in den Norden, die Entbehrungen der Etappen, der Hunger, die ständige Angst, entkräftet zurückzubleiben und mit einem Genickschuss zu enden, hatte sie schon zu viel Kraft gekostet. Mit ihnen würde der Frost leichtes Spiel haben.

«Hofer! Du Schwein!»

Es brach aus Lorenz heraus, noch bevor er selbst richtig begreifen konnte, was da gerade geschah. Also doch, sein Gefühl hatte nicht getrogen. Lorenz zerrte das Gerippe in seinen zerlumpten Sachen aus der Reihe und hielt es mit der linken Hand am Kragen. Seine Rechte umklammerte den Hammer. Fast hatte es den Anschein, der Mann könne fliegen, so leicht und widerstandslos baumelte er in der Hand des Mechanikers.

Totschlagen?! Einfach totschlagen!

Er konnte nichts anderes denken als «Hofer, du Verbrecher, du elendes Schwein!». Trotz der Erbärmlichkeit seines Aufzuges gab es keinen Zweifel, es war Hofer. Es war einer der beiden Männer, denen er das hier verdankte, die ihn hierher verschickt hatten. Hierher, in dieses schreckliche Lager, obwohl sie nichts, aber auch gar nichts gegen ihn vorzubringen hatten. Wäre es da nicht allzu gerecht, nun mit gleicher Münze zu zahlen? Was sollte ihm schon passieren? Da wurden aus den fünf Jahren eben zehn. Na und? Damit musste er sowieso rechnen. Und ihn irgendwohin schicken, wo es noch schlimmer war, das ging auch nicht mehr. Er war bereits am äußersten Ende dieser Welt. Die, und davon konnte er sich hier selbst überzeugen, nicht rund, sondern doch flach war. Und diese Welt hatte einen Rand, von dem man täglich in den Tod stürzen konnte.

Hofers Augen quollen aus seinem Gesicht. Er schaute Lorenz verzweifelt an, davon überzeugt, dass sein Leben jetzt zu Ende sei.

«Nun hol noch einmal tief Luft, Hofer, und wenn du beten kannst, dann bete ...»

Er machte eine Pause, hob langsam den Hammer.

Hofer schaute auf Lorenz, schaute auf den Hammer, blickte zum Kahn hinüber und konnte keinen Ton aus sich herauspressen.

«Ich mache dich kalt, so wie du Hunderte Unschuldiger kaltgemacht hast. Wie ihr meine Larissa umgebracht habt...»

Doch mit jedem fürchterlichen Fluch, jeder neuen Drohung spürte Lorenz, wie in ihm der Zorn erlosch. Ihm war klar, er konnte noch mehr und noch fürchterlichere Dinge in den Abend hinausschreien, aber dann würde er handeln müssen. Immer und immer wieder hatte er in den langen Nächten darüber nachgedacht, welche Rache wohl die beste für diesen Abschaum sei. Er hatte Schrottkin und Hofer viele Tode sterben lassen, und jedes Mal hatte er selbst Hand angelegt. Jetzt, wo er es mit einer einfachen Bewegung seiner Rechten, die den Hammer führte, tun konnte, spürte er nichts mehr. Nicht einmal mehr Hass.

«Mechaniker, was ist los?!»

Der Chef der Wache, deren Aufgabe es war, die Häftlinge vom anderen Ufer zu übernehmen, kam, aufgescheucht durch das Geschrei, vom Feuer herübergelaufen.

«Nichts weiter. Das ist mein Untersuchungsführer. Er hat mich hierhergebracht.»

«Ach so, dann schlag ihn tot! Einer weniger von diesen Hurensöhnen.»

Der Offizier schien beruhigt, dass es eine so überzeugende Erklärung für den Tumult gab. Er kehrte zum Lagerfeuer zurück. Auch die anderen an der Anlegestelle scherten sich nicht mehr um den Vorfall. Selbst bei den Wachen war ein Untersuchungsrichter nicht das, was man einen angesehenen Menschen nannte. Viele der einfachen Bauern, aus denen sich die «Wochra», die Wachmannschaften, in der Regel rekrutierten, hatten selbst Vater oder Bruder, die in Gefängnissen oder Lagern saßen. Dass da ein Mann kurzen Prozess machte, wenn er einen der Henker zu fassen bekam, schien allen nur verständlich.

Auge um Auge. Zahn um Zahn.

«Da hat doch der Mechaniker wieder einmal Glück. Kommt vorbei und macht einen solchen Fang», meinte einer der Schlosser.

«Hüh, Pferdchen, mach Tempo, sonst müssen wir noch eine Leiche mitnehmen.» Das Fuhrwerk mit dem aufgeladenen Generator ruckte knirschend an.

Das Entsetzen ließ Hofer nach und nach die Kontrolle über seinen Körper verlieren. Sein Unterkiefer hatte sich selbständig gemacht; er hing herab und gewährte einen Blick auf eine Reihe Stahlkronen. Die meisten der Verbrecher schienen das Maul voller Eisen zu tragen.

«Na gut, Hofer …»

Lorenz ließ sein Opfer mit einer theatralischen Handbewegung los, kramte eine Zigarette hervor, steckte sie ihm in den Mundwinkel und schob den verdammten Unterkiefer hoch. Mit einem Mal wusste er, was er tun würde. Endlich konnte er erfahren, was Schrottkin und Hofer damals trieb, ihn so zu quälen. Er dachte an Lotte, dachte an Larissa. Sein kleines Mädchen …

«… rauchen wir noch eine …»

Hofer zitterte. Er konnte die Hände nicht stillhalten, es dauerte eine Ewigkeit, bis seine Zigarette brannte. Zweimal blies er vor Aufregung die Flamme aus. Immer wieder schielte er auf den Hammer, der jetzt besonders gut sichtbar an Lorenz' Handgelenk baumelte. Dann, endlich, zog er gierig den Rauch ein. Hofer hatte, seitdem er mitten im schönsten Verhör verhaftete wurde, mit einer solchen Begegnung gerechnet. Er verkroch sich in die dunkelste Ecke eines Waggons, zog sich die dreckigsten Lumpen über den Kopf, er schmierte sich das Gesicht schwarz, ließ den Bart wachsen und schaute keinen Menschen mehr an. Und doch musste der Augenblick kommen.

Jetzt war es also soweit. Es käme einem Wunder gleich, wenn er diesen Abend überleben sollte. Doch auf dieses Wunder hoffte er nicht. In seinem Inneren hatte er mit sich und dem Leben abgeschlossen, war höchstens verwirrt, dass es jetzt noch einen Aufschub gab. Wozu noch?

Lorenz betrachtete den Mann aufmerksam.

«Pass auf, Hofer, ehe ich endgültig entscheide, was mit dir passiert, möchte ich noch ein paar Dinge klären. Komm mit.»

Er schnappte die Gestalt und zog sie am Ufer entlang.

«Leutnant, ich borg mir den hier aus. Wir gehen zu Kajetan. Wenn ihr ihn braucht, dann wisst ihr, wo er ist.»

Der Offizier winkte vom Feuer herüber, es war ihm egal. Fliehen konnte ohnehin keiner. So stiegen Lorenz und sein Untersuchungsführer gemeinsam den Hang zu den Baracken hinauf. Hofer war überzeugt, er werde zur Schlachtbank geführt, in eine dunkle Ecke, damit es keine Zeugen gebe. In diesen Sachen kannte er sich aus.

Als der Hammer plötzlich gegen den massiven Balken des Lagerschuppens donnerte, wurde der Geheimdienstler aus seiner Apathie gerissen. Schon polterte es auch von innen, die Tür flog auf, und aus der Dunkelheit antwortete eine kratzige Stimme mit einem Schwall derber Flüche. Kajetan, riesig, bärtig und wild, machte nicht den Eindruck, als verstünde er Spaß. Grimmig schaute er Hofer an, der direkt vor ihm stand. Sollte diese lächerliche Figur es gewagt haben, derart unverschämt an seine Tür zu schlagen? Es genügte ja schon ein Schubs, und das ängstliche Seelchen würde von ganz allein den schwächlichen Körper verlassen.

Dann erkannte er hinter dem Etappnik Lorenz, und Kajetans Gesicht hellte sich auf.

«Hab ich mir's fast gedacht. So frech kannst nur du an meine Tür trommeln. Rein mit dir. Was, der auch noch? Na, wenn du meinst. Aber dem noch etwas abzugeben, scheint mir ziemlich zwecklos.»

«Mach dir keine Sorgen, Kajetan. Der muss uns nicht den ganzen Abend auf die Nerven gehen. Übrigens, er heißt Hofer und ist mein Untersuchungsführer.»

Kajetan ließ trotz seiner eher mäßigen Kenntnisse der russischen Sprache einen lupenreinen Mutterfluch hören. Dann verschwand er im Dunkel der Hütte und kam mit einer langstieligen Axt zurück.

«Wollen wir ihn gleich hier umlegen, was meinst du?»

Lorenz drückte das Werkzeug zur Seite.

«Dafür haben wir noch genug Zeit. Erst will ich von ihm einiges wissen ...»

«Was soll diese Ratte schon erzählen? Der lügt doch, wenn er nur das Maul aufmacht. Wie alle diese Verbrecher. Wenn du es nicht tust, lass es mich machen.»

Drohend hob er die Axt.

«Mann, Lorenz, das ist einer von denen, die deine Tochter auf dem Gewissen haben. Und jetzt ist der in deiner Hand, und du zögerst noch? Hat nicht jeder von uns hier oben tausendmal geschworen, wenn er je einen von denen in die Finger bekommt, ihm den Hals umzudrehen ... War er's allein?»

«Nein, sicher nicht. Es gab auch andere. Noch schlimmere. Aber er hatte seinen guten Anteil daran, und nun will ich wissen, wie es dazu gekommen ist.»

Er schob seinen Begleiter am Hausherrn vorbei und setzte ihn an den Tisch. Auf dem stand ein in Lappen verpackter Topf. Die Pellkartoffeln in seinem Inneren verströmten einen Duft, wie ihn sich Hofer nicht lieblicher vorstellen konnte. Für ihn war der alte Streit hinter Gittern, was für einen Mann das Wichtigste sei – Freiheit, Frauen oder Fressen – längst entschieden. Einmal richtig satt essen, das war's. Alles andere verblasste dagegen.

Lorenz fing seinen gierigen Blick auf.

«Kajetan, sei so freundlich, bring noch eine Schüssel, auch ein Glas. Wir sind hier ja unter Menschen und nicht im NKWD-Keller.»

«Für meinen Geschmack, Lorenz, bist du viel zu romantisch. Was hat es denn für einen Sinn, so einen noch zu füttern? Wenn du ihn nicht kaltmachst, dann tut es ein anderer.»

Dennoch ging er zum Regal, wo die Blechnäpfe standen.

Hofer war es egal, worauf die Kartoffeln landeten. Hauptsache, er konnte so viele wie möglich in sich hineinstopfen. Er wartete keine Sekunde ab, wartete nicht, dass sich die ersten abkühlten, sondern schlang sie hinunter, verbrannte sich den Schlund und schien es nicht zu spüren. Hauptsache fressen. Fressen. Er blickte Lorenz fragend an, dann goss er sich aus der fettglänzenden Öl- flasche, die auf dem Tisch stand, einen großen Schwapp in seine Schüssel und wälzte die heißen Kartoffeln darin, ehe er sie mit bei- den Händen in den Mund steckte.

«Langsam, Hofer», versuchte ihn Lorenz in seinem Heißhunger zu bremsen. «Das ist gefährlich. Dein Magen ist das schwere Essen nicht mehr gewöhnt. Lass das Öl.»

Doch Hofer hörte nicht. Gerade noch dem sicheren Tod entron- nen, sollte er freiwillig von diesem Festessen ablassen? Niemals. Was er kriegen konnte, musste rein. Er unterbrach das Kauen nur für den einen Augenblick, als Lorenz drei Gläser mit «sto Gramm» füllte und auf das unverhoffte Wiedersehen anstieß. Hastig stürzte er den Wodka runter. Verschluckte sich, fing fürchterlich zu hus- ten an, fasste sich nach mehreren schweren Schlägen Kajetans auf den Rücken wieder und begann von neuem, Kartoffeln in sich hin- einzustopfen.

Dann nickte Lorenz, und Kajetan legte seine große Pranke auf den Topf. Doch mit einer flinken Bewegung gelang es Hofer, noch zwei Kartoffeln an den gespreizten Fingern des Riesen vorbei her- auszufischen.

«Pass auf, Hofer, du bekommst noch etwas mit auf den Weg in die Baracke, wenn du mir antwortest.»

Hofer hielt einen Moment inne, hörte sogar mit dem Kauen auf. Man sah ein leises Aufflackern in seinen Augen. Er dachte nach. Der Satz enthielt für ihn zwei wichtige Botschaften. Erstens: Er konnte hier wieder weg. Das war schon ungewöhnlich genug. Zweitens: Er bekäme auch noch Proviant dazu. Das hieße, er würde mor- gen und vielleicht auch übermorgen satt werden. Er lachte in sich hinein: Und du Dummkopf hast gedacht, das ist tatsächlich das Ende.

Lorenz unterbrach Hofers Selbstbetrachtungen.

«Diese alberne Geschichte von damals, mit dem Lastwagen im

Schlamm, meine Satire dazu in der Zeitung, das war doch nicht der wirkliche Grund, warum ihr mich verhaftet habt? Oder?»

Er schaute seinen Untersuchungsführer gespannt an. Doch Hofer hatte inzwischen für sich geklärt: Von den beiden bringt dich keiner um. Viel zu weich. Schlagen, ja, vielleicht. Aber umbringen? Nein. Und: Der Deutsche will etwas von dir wissen und ist bereit, dafür zu zahlen. Erst Kartoffeln, dann ein Glas Wodka, und liegen da nicht am anderen Ende des Tischs ein paar fette Heringe, fein in Streifen geschnitten, in einem Töpfchen? Kurzum, ein Festmahl. Er, Hofer, würde hier nicht rausgehen, ehe er nicht alles leergegessen hätte. Und die zwei würden es ihm servieren.

«Nein, da haben Sie völlig recht, Lorenz Lorenzowitsch, das war nicht der Grund Ihrer Verhaftuuuung.»

Das letzte Wort zog er bewusst zum Ende hin in die Länge und blickte, den Hals reckend, zum Fisch hinüber.

«Ist genug», schnauzte der Österreicher. «Wenn du überhaupt noch etwas kriegen solltest, dann mach die Guschen auf. Sonst überlege ich mir das mit dem Beil.»

Aber Hofer schaute unbeeindruckt auf den Fisch, wie ein dürrer Kater, den sie gerade mitsamt dem Sack aus dem Fluss gefischt hatten und der genau wusste, man würde ihn nicht wieder hineinwerfen.

Lorenz spießte ein Stück Hering auf die Gabel, hielt sie hoch und drehte langsam einen Kreis vor der Nase des Mannes:

«Du kriegst den Fisch, aber rede!»

«Na ja, Sie wissen doch, Lorenz Lorenzowitsch, da gab es so eine Parteiversammlung, der stellvertretende Parteisekretär der Stadtleitung sollte verarztet werden. Eine klare Sache. Die hatten die Papierchen für ihn schon fix und fertig. Zehn Jahre Lager als rechter Abweichler. Der Oberst selbst übernahm den Fall. Schrottkin assistierte nur.»

«Weiter, und was habe ich damit zu tun?»

Lorenz dämmerte es, dennoch zog er es vor, den Unwissenden zu spielen.

«Haben Sie schon vergessen? Der Mann war auf dem Rückweg von einer Dienstreise aus Moskau, wo er, wie sich später herausstellte, einflussreiche Gönner hatte. Na, jedenfalls sickerte die Sache durch, jemand muss ihm einen Tipp gegeben haben. Lange wussten wir nicht, wer es gewesen sein konnte.»

Hofer schaute Lorenz vielsagend an.

Ja, das stimmte. Kolja, sie duzten sich, war das, was man einen feinen Kerl nannte. Offen und hilfsbereit. Als Russe konnte er in Engels nicht die Nummer eins sein, den Posten musste in der Hauptstadt der Wolgadeutschen wenigstens zum Schein ein Wolgadeutscher besetzen. Aber in Wirklichkeit zog Kolja die Fäden und machte auch die Arbeit. Lorenz wusste das, er schätzte ihn. Logisch, dass er versuchte, ihn zu warnen, als das Gerücht von seiner Verhaftung aufkam. Er bat Koljas Frau um Rückruf, sobald ihr Mann zu Hause sei. Es sei sehr wichtig. Lebenswichtig. Sie verstand. Als Kolja hörte, dass man ihn heiß erwartete, drehte er sofort um und fuhr wieder nach Moskau. Dort ließ er seine Beziehungen spielen und kam erst am Tag der entscheidenden Parteiversammlung zurück. Lorenz steckte er die Nachricht zu, er habe alles im Griff.

«Und dann …»

Hofer schnappte Lorenz die Gabel aus der Hand, spießte mit einer blitzartigen Bewegung ein zweites Stück Fisch auf und verschlang die Beute. Lorenz ließ ihn gewähren, während Kajetan fluchte, aber jedem einen ordentlichen Schluck aus der Wodkaflasche nachgoss.

«Na ja, dann sprangen Sie, Lorenz Lorenzowitsch, in dieser Versammlung auf und lobten den Mann. Das sah nach Harakiri aus. Doch da wedelte Ihr Freund mit seiner Direktive aus Moskau. Unser Oberst tobte vor Wut. Hier konnte etwas nicht stimmen. Wir beim NKWD können ja auch eins und eins zusammenzählen. Da wussten wir, wer uns die Sache vermasselt hatte.»

Er grinste.

«Nun, dass die Geschichte eine Fortsetzung haben würde, war

133

klar. Der Apparat vergisst nichts. Der Apparat vergibt nie! Den Rest kennen Sie...»

Ja, den Rest kannte Lorenz. In der Versammlung rückten einige sofort von ihm ab. Andere wunderten sich über seinen Mut. Dritte über seine Dummheit. Er selbst glaubte sich auf der sicheren Seite. Es musste ja noch ein paar Anständige geben.

Und doch hatte er die Verhältnisse falsch eingeschätzt. Anstand war nicht gefragt. Schon lange nicht mehr. Die schützende Hand aus Moskau erstreckte sich nur auf Kolja, den feinen Kerl... Nicht auf ihn.

«Wir hatten schon Monate vorher ein hübsches Papierchen für Sie, Lorenz Lorenzowitsch, vorbereitet. Wachsam sein ist ja nur der eine Teil unserer Arbeit. Der andere heißt sammeln, sammeln, sammeln. Wir sammeln alles. Was der Nachbar sagt, was die Kinder in der Schule plaudern und was die verlassene Ehefrau zu erzählen hat. Wissen Sie, ich bin Spezialist für abgelegte Ehefrauen. Sobald ich mitkriegte, da hat sich einer eine Neue angeschafft, nichts wie hin zur Alten. Ein paar warme Worte des Mitgefühls, und schon heult sie los, ganz gerührt, dass es auch noch anständige Männer gibt.» Hofer schnaubte. «Da geht die Arbeit wie von selbst. Sie glauben nicht, Lorenz Lorenzowitsch, was die Kerle ihren Frauen so alles erzählen, Sachen, die Weiber wirklich nichts angehen. Aber nein, sie quatschen. Und dann wähnt sich der betrügerische Gatte noch sicher und geborgen in den Armen der neuen Manjuschka oder Daschenka, dabei haben wir ihn längst am Bein...»

Der volle Bauch und vor allem der Wodka versetzten Hofer in ausgelassene Stimmung. Berauscht von den eigenen Worten, schlug er Lorenz kumpelhaft auf die Schulter.

«Nun ja, Lorenz Lorenzowitsch, in Ihrem Fall war es natürlich nicht die Frau, und wegen dem Kolja konnten wir Sie ja nicht direkt rannehmen. Ein gewisser Rotärmel war behilflich, hat beim Verhör geplaudert. Viel war mit dem nicht los. Der unterschrieb alles. Wenn nötig, auch ein leeres Blatt Papier. Dem brauchte man nur ein Stichwort zu geben, schon sprudelte er, lieferte alles, vor allem Namen. Wie ein Telefonbuch. Namen, Namen ...»

Hofer zog die Kartoffeln näher zu sich heran.

«Ihrer war auch dabei. Sie seien ein Spion, der sich öfter mit anderen Agenten treffen würde. Wo und wann, konnte er nicht sagen. Worum es bei den Treffen ginge, auch nicht. Aber dazu gab es ja uns. Wir brauchten nur den Namen. Am Geständnis sollte es nicht liegen. Wie Sie wissen, Geständnisse sind unsere Spezialität. Dass ausgerechnet Sie stur blieben, konnte keiner ahnen. Aber genutzt hatte es ja auch nichts.»

«Diese Hundesöhne, job twoju ...»

Kajetan fluchte, spuckte voller Widerwillen in die Ecke, stand auf und kramte aus einem Spind eine Flasche hervor. Als sie die Gläser erneut gefüllt hatten, warnte Lorenz den Untersuchungsführer wieder, vorsichtig mit dem Essen zu sein. Doch der winkte ab. Er tunkte ein Stück Brot in das Öl.

«Ob ich die alle noch zusammenbringe, die Sie belastet haben, weiß ich nicht, ich glaube, ein gewisser Kreuzberg war auch an Ihrem Fall beteiligt. Hat aber nicht viel gesagt. Nur dass Sie, Lorenz Lorenzowitsch, nie in der KPD waren.»

«Das weiß ich auch. Aber deswegen wird man ja selbst in diesem Land nicht verhaftet. Hoffe ich.»

«Das stimmt schon, aber Kreuzberg meinte, Sie hätten alle in dem Glauben gelassen, dass Sie in der Partei seien. Das ist etwas anderes.»

«Unsinn. Gab es noch mehr von solchen Zeugen?»

Hofer angelte mit einer schnellen Bewegung den letzten Hering aus dem Topf und ließ ihn schnell in seinen Mund rutschen. Kajetan schaute missbilligend zu Lorenz. Seinem Gesicht sah man an, dass er dem Treiben des verfressenen Gastes mit großer Lust ein Ende bereitet hätte. Die Faust spannte sich schon. Aber Lorenz hielt ihn am Ärmel.

«War noch jemand an der Sache beteiligt?»

Hofer genoss die Umkehr der Verhältnisse. Er bestimmte jetzt den Verlauf der Begegnung. Mit offener Neugier schaute er sich im Lagerraum um. Überall standen Säcke, Fässer mit Fisch …

Plötzlich machte es in dem Gang zwischen den Säcken klick, man hörte ein lautes Piepsen. Kajetan sprang sofort auf, verschwand in der Dunkelheit. Einen Augenblick später kam er triumphierend aus dem Labyrinth hervor, eine monströse Falle in der Hand. Die Konstruktion hatte ihm Lorenz gebaut, die Vorlage ein Seifensieder aus Prag geliefert, der sich vom Beruf her mit Ratten bestens auskannte. Gerade hatte die Falle ihre Praxistauglichkeit gezeigt. Kajetan lief zur Tür und schleuderte das zappelnde Tier zu den Hunden.

«Ich glaube, du musst mir noch ein paar von den Dingern machen. Sonst werde ich der Biester nicht Herr.»

«Schon gut, Kajetan, machen wir. Aber lass den Mann erst sein Werk vollenden. Nun, Hofer, weiter.»

«Na ja, viel ist da nicht mehr zu sagen. Ein Gordon gestand beim Verhör, dass Sie den Leo Trotzki verehren. Vor allem, weil der so klug sei und beim Lesen mit einem Mal ganze Seiten erfassen könnte. Aber das war selbst Schrottkin zu dünn.»

Hofer unterbrach seine Erinnerung und schaute wie gebannt auf den Rest Wodka in der Flasche. Doch Lorenz schüttelte den Kopf:

«Und was ist mit Schrottkin? Haben sie ihn befördert, oder drischt der immer noch auf wehrlose Menschen ein?»

«Schrottkin? Mit Schrottkin ist es vorbei.»

Hofer zog eine verächtliche Grimasse.

«Den haben sie erschossen. Es wird ein paar Monate nach Ihrer Abreise gewesen sein. Da saß so ein Würstchen bei uns im Keller. Ein kleiner Fisch. Fünf Jahre wegen … Ach, was weiß ich. War jedenfalls ein Menschewik, ein Sozialdemokrat alten Schlags. Vor der Revolution, versteht sich. Hatte auf die Falschen gesetzt. Das alles musste ihm ja schon ein paar Jährchen einbringen. Aber irgendwie fanden die Jungs Gefallen an ihm. Ich glaube, er hatte schon einige Zähne eingebüßt und ein oder zwei Rippen waren auch gebrochen. Da kam Schrottkin zufällig in den Keller. Eigent-

lich hatte er nichts mit dem Fall zu tun. Es ging nur um Schreib-
kram. Oder er wollte etwas wissen. Ist ja auch egal. Da sitzt dieser
Menschewik auf dem Stuhl und winselt: ‹Hallo, Genosse Schrottkin, wo kommst du denn her? Willst du mir helfen?› Sie gehörten bei den Menschewiki zur selben Parteizelle. Schrottkin wollte
ihn gleich wegen Verleumdung erschießen, hatte schon die Pistole
raus. Aber die Genossen spitzten die Ohren. Durch ihre Wachsamkeit saß Schrottkin nun selbst auf dem Stuhl. Peng. Weg war er!»

Als auch die zweite Flasche leer war, holte Kajetan noch etwas
zum Nachspülen, reinen Spiritus. Hofer vertrug in seinem Zustand nicht viel. Mitten im Gespräch rutschte er unter den Tisch.
Lorenz und Kajetan legten ihn auf die Bank, da schlief er auch
schon. Dann setzten sich die beiden an den Tisch und gossen sich
abermals ein. Irgendwann beschloss Lorenz, in dieser Nacht nicht
mehr in seine Baracke zurückzugehen. Als Mechaniker kam es
vor, dass er bei einem dringenden Auftrag gleich in der Werkstatt
schlief. Kruglow hatte ihm einen Schein besorgt, damit es bei den
Wachen im Lager keine Aufregung gab. Als auch der Spiritus alle
war, breitete Kajetan für Lorenz auf dem Tisch eine Decke aus und
legte sich selbst auf die zweite Holzbank. Bald klang es, als arbeitete in der Baracke ein Sägewerk im Akkord.

Ein unmenschlicher Schrei, schrill und schneidend, erfüllte die
Dunkelheit.

«Heilige Mutter! Vergiftet, ihr habt mich vergiftet!»

Lorenz schrak auf. Für einen Moment wusste er nicht, wo er war.
Er hörte einen dumpfen Schlag. Ein lautes «Kruzitürken!» über-
tönte den abermaligen Schrei:

«Ihr wollt mich umbringen!»

Dann ging die schrille Stimme in Wimmern über.

«Warum habt ihr das getan? Warum habt ihr das getan?»

Wer hatte wen umgebracht? Wer wen vergiftet? Lorenz hatte
Mühe zu verstehen, was um ihn herum geschah. Das «Kruzitürken» klang vertraut. Kajetan? Langsam erinnerte er sich.

Licht ging flackernd an. Der Riese beugte sich über Hofer, der zusammengekrampft unter der Bank kauerte. Er hielt sich den Bauch und wimmerte immer wieder:

«Warum habt ihr das getan?»

Mit weit geöffneten Augen sah er Lorenz an.

«Kajetan, hol den Feldscher, der verreckt uns gerade!»

Mit Hofer war genau das passiert, was er schon am Abend befürchtet hatte: Er hatte sich überfressen. Die Kartoffeln, das Öl, der Schnaps – der ausgezehrte Körper konnte den plötzlichen Überfluss nicht verkraften. Gottesgericht?! Als Atheist war es manchmal wirklich schwer, nicht zu glauben, dachte Lorenz.

Kajetan stürmte in die Nacht. Lorenz legte Hofer einen nassen Lappen auf die Stirn. Dann standen die verschlafenen Sanitäter im Raum. Sie packten den zuckenden Körper des Untersuchungsführers zusammen und trugen ihn hinaus. Lorenz und Kajetan saßen noch eine Weile wortlos im Licht der schwachen Lampe. Auf der Fensterbank standen die drei Gläser und die leeren Flaschen. Kajetan schaute in jede hinein, doch es war nichts mehr da. Dann stand er auf und legte im Vorbeigehen Lorenz die schwere Hand auf die Schulter.

«Tja.» Er machte eine lange Pause. «Ist halt Schicksal. Du hast ihn gewarnt. Da war nichts zu machen, es war sein Tag. Du wolltest ihn leben lassen. Aber es war sein Tag.»

«Leg dich hin. Die Nacht ist bald um.»

Er verschloss die Tür. Drei schwere Vorhängeschlösser.

Doch Lorenz konnte nicht mehr schlafen. Es war noch dunkel, als er aufstand und sich auf den Weg in die Werkstatt machte. Am Lagertor holte er seinen Schein und eine Papirossa heraus, der Soldat wollte nur die Zigarette. Die zweite Zone, der Bereich mit den Werkstätten und der Bahnlinie, wurde nicht so scharf bewacht wie die erste, wo die Baracken der Häftlinge standen.

Sie rauchten und schwiegen. Dann brummte der Wächter:

«Die haben heute Nacht einen weggeschafft.»

«Und?»

«War erst am Abend von der Etappe gekommen.»

«Und, was war mit dem?»

«Hat sich totgesoffen.»

«Totgesoffen?»

«Ja, totgesoffen! Ich weiß auch nicht, wie der das angestellt hat. Unsereins bekommt die ganze Woche keinen Tropfen Wodka über die Lippen, und der hat noch keine Pritsche und ist schon sternhagelvoll. Für die ist das doch kein Lager, sondern der reinste Urlaub.» Er ließ den Rauch seiner Papirossa in der kalten Luft aufgehen. «Nur keine Weiber, das ist das Einzige, was fehlt.»

«Bist du sicher, dass er tot ist?»

«Na klar, die haben ihn an mir vorbeigetragen. Liegt jetzt im Geräteschuppen. Die Wanzen werden sauer sein. Ist schon kalt. Aber den Ratten macht das nichts aus.»

«Ratten?»

In Gedanken sah Lorenz den steifen Körper Hofers, wie er sich an den Enden im Halbdunkel leicht bewegte. Denn um ihn herum würde es wimmeln. Die hungrigen Tiere hatten sich den Verhältnissen angepasst. Von Pietät verstanden sie nichts, das Leben ging weiter. Auch wenn wieder einer fehlte. Sie holten sich von ihm nur das, was noch zu gebrauchen war.

II

Die Tür flog auf. Lorenz sah die kräftige Gestalt Sascha Bauers im Gegenlicht der tiefstehenden Nachmittagssonne.

«Sie suchen dich!» Sein Gesicht war erhitzt, die Stimme überschlug sich.

«Mich?» Lorenz schaute ihn ungläubig an.

«Ja, dich. Und nicht nur dich. Sie suchen *alle* Reichsdeutschen!»

«Du irrst. Sie suchen Spione und Saboteure. Sie suchen die, die mit Auftrag aus Deutschland nach Russland kamen und die unter die heiße Hand gerutscht sind. Die politischen Emigranten, das ist eine ganz andere Sache. Die können nicht nach Deutschland ...»

«Nein! Nein! Es sind wirklich alle gemeint. Ich musste heute zum Lagerkommandanten. Weißt schon, es ging noch mal um den Unfall vorige Woche auf dem Schacht. Da waren die gerade dabei, alles durchzusprechen. Dein Name ist gefallen, ich hab's genau gehört. Dass ihr mir auch den Mechaniker nicht vergesst, meinte der Politruk mit seiner schiefen Schnauze. Die Kakerlaken sind sofort ausgeschwärmt. Die müssen gleich hier sein ...»

Der Politruk galt als graue Eminenz des Lagers. Offiziell gab der Kommandant die Befehle, inoffiziell machte er das, wozu ihn der Politruk, der «Politische Leiter», anwies. Ein beschränkter Eiferer, der dem Geprassel der eigenen Propaganda glaubte. Er hatte schon vor einigen Tagen dafür gesorgt, dass Lorenz seinen Passierschein abgeben musste und die Lagerzone nicht mehr verlassen durfte.

Kruglow, der die Aufregung aus seinem Kontor heraus mitbekommen hatte, eilte herbei und schaute Lorenz vielsagend an. Die Werkstatt lag oberhalb der anderen Baracken, von hier aus hatte man einen guten Überblick.

«Da unten scheint wirklich etwas im Gange zu sein. Ich gehe davon aus, dass Sie, Lorenz Lorenzowitsch, nicht die Absicht haben, derzeit nach Deutschland zu reisen?»

«In die Hände der Gestapo? Ich bin doch nicht verrückt!»

«Also brauchen wir einen Platz, an dem man Sie in den nächsten Tagen nicht findet. Der letzte Transport geht übermorgen. Dann sind die Flüsse endgültig zugefroren, und die Schiffe stecken fest. Bis zum Frühjahr kommt dann keiner mehr weg. Höchstens zu denen da oben...»

Es hätte seines Fingerzeigs Richtung Himmel nicht bedurft, die anderen hatten ihn auch so verstanden.

«Und was im Frühjahr ist, kann heute kein Mensch sagen. Aber wohin mit Ihnen?»

Sascha blickte ratlos von Lorenz zu Kruglow.

«Hier in der Werkstatt finden sie ihn sofort. Auch im Bahnschuppen. Unten in den Baracken sowieso.»

Jemanden im Lager verschwinden zu lassen war keine leichte Aufgabe. Nicht nur die Wachen waren gefährlich, auch die Spitzel.

«Ich wüsste da einen Platz...», mischte sich der Leiter des Kesselhauses ins Gespräch. Er wollte eigentlich nur einen Auftrag in der Werkstatt loswerden. Irgendwo im Wirrwarr der zahllosen Rohre und Druckbehälter seines Kesselhauses war immer etwas undicht, aber diesmal eilte es. Und vom Wohlwollen Kruglows hing es ab, wie schnell die Sache repariert würde.

«Bei uns, unter den Kesseln. Da ist zwischen den Fundamenten ein Hohlraum. Man kann nicht stehen, aber liegen. Es ist kein gemütlicher Platz, doch die Wochra wird sich dort nicht hintrauen. Und wenn, dann geben wir heißen Dampf rein. Ist wie in der Banja. Doch über einer Schüssel mit kaltem Wasser kann man es aushalten.»

Lorenz schaute unentschlossen. Kruglow nickte.

«Na dann los. Nehmt eine Lore. Den Mechaniker rein. Deckt ihn mit einer Plane zu. Tragt ihn am besten auch eingepackt ins Kesselhaus. Irgendein Klopfer sieht immer was. Du, Sascha, sorgst für Proviant.»

Angeschoben von vier Kerlen, die von Sascha Bauer dirigiert wurden, schepperte die Lore Richtung Kesselhaus. Lorenz hockte regungslos unter der Plane. Er hatte Angst. Nicht einmal hier im Lager ließen sie ihn in Ruhe. Dass Hitler und Stalin einen Pakt geschlossen hatten, wusste man in Workuta, bei den Politischen sorgte es für Verwirrung. Wobei die meisten das Gerücht, dass alle Deutschen, einschließlich der Emigranten, abgeschoben würden, für abwegig hielten. Auf so einen Irrsinn konnten sich die sowjetischen Genossen unmöglich einlassen.

Doch, sie konnten.

Und die Vermittlung aus Workuta nach Buchenwald, von der Kolyma nach Dachau, klappte hervorragend. Die Gestapo konnte einen nach dem anderen von der Liste der Meistgesuchten streichen. Nur wenige überlebten den im Kreml organisierten Verrat. Und die KPD-Spitze im «Lux» in Moskau schwieg. Schwieg und zitterte vor ihren Gastgebern.

Unbemerkt kam Lorenz in seinem Versteck an. Während draußen der Frost knirschte, herrschte unter den Kesseln eine Affenhitze. Die ließ sich gerade noch ertragen, wenn die flache Schiebetür offen stand. Da konnte man sogar im Zwielicht lesen. Lorenz bat Sascha, aus seinem Spind in der Werkstatt das einzige Buch in deutscher Sprache zu holen, das er besaß. Es war eine Ausgabe der Deutschen Verlags-Anstalt von Shakespeares Dramen in der Übersetzung August Wilhelm Schlegels und Ludwig Tiecks. Ein 1000-Seiten-Wälzer, in Leder gebunden und von einem Barbaren brutal mit Isolierband geflickt. «Hamlet», «König Lear» und «Macbeth», Lorenz malte sich aus, welch Stoff der Meister aus Stratford hier in Workuta gefunden hätte. Verrat, Gier, Intrigen – das Leben im Lager lieferte täglich die dramatischen Geschichten nebenbei. Eine bessere Lektüre für die Tage der Ungewissheit konnte er sich kaum vorstellen. Denn ob es ihm wirklich gelingen sollte, dem Zugriff zu entgehen, das wusste keiner. Seine Chancen standen schlecht. Er kannte das schon. Wie in einem ordentlichen Drama, dachte er bitter und fragte sich, welche Rolle ihm zugedacht sei.

Der Rest des Tages verlief ruhig. Spätabends schaute Sascha

noch mal nach ihm. Von Kajetan brachte er Brot und Zucker. Außer der Verpflegung gab es Nachrichten. Und die waren schlecht. Eine halbe Stunde nachdem Lorenz aus der Werkstatt verschwunden war, kam die Wochra. Alle wurden verhört. Ohne Ergebnis. Die Durchsuchung der Schuppen und insbesondere der schadhaften Waggons ergab auch nichts. Überall wurde die Order verbreitet, jeder muss sofort melden, wenn ihm Lorenz begegnete. Wer das nicht tat, dem drohten sie an, die Haftzeit zu verdoppeln. Gleiches galt für jeden, der ihm bei der Flucht half.

Lorenz schaute Sascha an:

«Und, wie ist die Stimmung?»

«Es wissen nur wenige, wo du bist. Die sind zuverlässig.»

Am nächsten Morgen war es so weit. Der Chef des Kesselhauses schrie: «Wir bekommen Besuch!» Lorenz in seinem Loch wusste, was gemeint war.

«Sie kommen. Los, ab in den äußersten Winkel und halte das Gesicht über die Schüssel. Es wird jetzt richtig heiß.»

Dann schob einer der Leute mit dem Fuß das Türchen zu und stieg hastig die Eisentreppe hinauf, wo zwischen den Kesseln eine Batterie Monometer glänzte. Schon hörte Lorenz das Scharren der Stiefel, das Absetzen der Gewehrkolben auf dem Ziegelboden. Ein Wochra-Offizier gab die Kommandos:

«Matwej, steig auf die Kessel und schau nach, ob da was ist.»

«Aber Genosse Leutnant, da ist gar nichts, da oben ist es höchstens kochend heiß. Da hält es kein Mensch aus», hörte Lorenz die Stimme des Kesselhauschefs.

«Der muss hier irgendwo sein. Alles andere haben wir abgesucht. Und in die vereiste Tundra wird er ja nicht geflohen sein. So verrückt ist der Mechaniker nicht.»

«Aber verrückt genug, um sich an die Faschisten ausliefern zu lassen?»

«Ruhe. Befehl ist Befehl. Außerdem, die Genossen in Moskau werden sich schon etwas dabei gedacht haben. Und umsonst sitzt der ja auch nicht hier.»

«Na ja. Wenn es ihm genauso ergangen ist wie mir, dann wüsste ich etwas dazu zu sagen.»

«Was ist das für eine Klappe hier unten?»

«Das ist der Platz für den heißen Dampf, wenn die Kessel Überdruck haben. Da ist nichts. Dort überlebt keine Ratte, die wird gekocht.»

«Matwej, komm runter und steig da rein. Wollen doch mal sehen, ob da nicht doch was ist.»

«Genosse Offizier, ich muss Sie warnen. Wenn ich gezwungen bin, Dampf abzulassen, wird Ihr Mann verbrüht. Sonst riskiere ich, dass einer der Kessel in die Luft fliegt. Dann kriegen sie uns beide dran.»

«Matwej, hör nicht auf den Zivilisten. Der versteht sowieso nichts von unserer Arbeit. Also rein da.»

Lorenz hielt den Atem an. Mit beiden Händen umkrampfte er die Schüssel und rechnete in jedem Moment damit, die Visage eines Wochra zu sehen. Zur Tür mochten es gut fünf Meter sein, die Pfeiler, auf denen das Fundament der Kessel ruhte, versperrten den Blick. Aber wenn sie eine Lampe hatten, war er geliefert. Sein Pulsschlag wurde immer lauter, so laut, dass er schon glaubte, allein dieses Geräusch könnte ihn verraten.

In dem Augenblick, als der Schieber ruckte und ein erster Spalt Licht in das Kellerloch drang, hörte er ein ohrenbetäubendes Fauchen, das in einen gellenden Pfiff überging. Eine Wolke heißen Dampfs füllte sofort den Raum. Lorenz steckte sein Gesicht in das kalte Wasser und blieb untergetaucht, solange die Luft reichte. Er spürte, wie seine Hände, die den Rand der Schüssel umklammerten, vom Dampf langsam verbrüht wurden. Die Hitze einer russischen Banja war ein laues Lüftchen dagegen. Als er wieder auftauchte, hörte er lautes Schimpfen.

«Kesselflicker, bist du verrückt geworden? Willst du meine Leute braten? Hör sofort auf mit dem Unsinn und behindere unsere Ermittlungen nicht.»

«Genosse Leutnant, ich habe es Ihnen gesagt.» Die Stimme

144

des Kesselhauschefs klang gleichgültig. «Da kann kein Mensch rein, das sehen Sie doch, das ist lebensgefährlich. Stellen Sie sich vor, die beiden Burschen wären schon drin. Nicht auszudenken. Aber ich musste so handeln, sonst platzt mir der Kessel. Und das ist Sabotage. Das würde uns schlecht bekommen. Sehr schlecht. Ich würde es Ihnen nicht empfehlen, Ihre schöne Uniform gegen Sträflingskleidung zu tauschen. Sie wissen ja, wie schnell so etwas passiert.»

Natürlich wusste das der Offizier. Aber er wollte auch nicht sofort klein beigeben.

«Nun haben Sie Dampf abgelassen, dann können die Jungs ja jetzt rein?»

«Rein können sie immer, aber ob sie wieder rauskommen, ist die Frage. Denn sehen Sie diesen kleinen Druckmesser hier, der immer mit seinem Zeiger hin und her springt, was sagt uns der?»

Lorenz kannte das Manometer und wusste genau, was der Zeiger «uns sagte»: dass er kaputt war. Dass er längst hätte ausgetauscht werden müssen und mit dem heißen Dampf nur wenig zu tun hatte. Schon lange sollte einer seiner Leute das Ding reparieren, aber sie hatten keine Ersatzteile, und die neu zu feilen kostete viel Zeit. So blieb das Ding, wie es war. Kaputt.

«Los, Petja, geh du dieses Mal als Erster, Matwej leuchtet dir den Weg...»

Die Lust Petjas, verbrüht zu werden, hielt sich in Grenzen.

«Genosse Offizier, das ist wie in der Hölle, da überlebt keine Wanze, ein Mensch schon gar nicht. Und hier, meine Hand, sehen Sie nur», jammerte der Soldat. «Ich muss zum Sanitäter. Die ist verbrüht.»

«Dawaj! Keine Widerrede, Schieber auf und rein.»

Lorenz hörte erneut das Rucken der Tür. Wieder drang ein schmaler Lichtstrahl in das Innere seines Verstecks. Wieder wurde das Zischen und Pfeifen des Dampfs lauter. Wieder tauchte er ab und versuchte dieses Mal, auch die Hände im Wasser zu schützen, obwohl das längst nicht mehr so kalt war. Als er auftauchte, hatte sich der Dampf gelegt. Es war heiß, aber man konnte atmen. Von draußen hörte er nur die fürchterlichen Flüche der Soldaten. Doch dann mischte sich erneut das Scharren der Stiefel unter die übrigen Geräusche im Kesselhaus, die Stimmen wurden leiser und leiser. Bis sie ganz verstummten.

Lorenz wagte es nicht, sich zu bewegen. Endlich klopfte jemand mit dem Stiefel gegen die Pforte:

«Alles noch dran?»

Es war die vertraute Stimme des Kesselhauschefs.

Lorenz schlug drei Mal mit einem Kieselstein an den Boden eines der Kessel: klock, klock, klock. Nun wussten auch die draußen, er lebte noch.

Nach drei Tagen war der Alarm vorbei. Sascha Bauer kam ein letztes Mal mit Verpflegung und Nachrichten:

«Ich glaube, morgen kannst du raus. Nur, du musst auf der Hut sein. Sie haben auf deinen Kopf eine Prämie ausgesetzt. Jeder kann dich verraten. Wenn dich ein Wächter abknallt, gibt's dafür eine Sonderration Wodka. Pass auf!»

Lorenz hatte Sascha, einen Wolgadeutschen, irgendwann aus einer Transportbrigade herausgepflückt und ihm eine Arbeit in der Werkstatt verschafft. Der Schlosser, der früher für die Kolchosen Traktoren repariert hatte, dankte dafür mit treuer Ergebenheit. Seine Sorge war also nicht gespielt. Und es gab in der Tat Anlass zur Sorge. Das Verschwinden eines Häftlings mitten im Lager ließ viele Schlüsse zu. Der naheliegende: Die Wochra hatte die Sicherheitslage nicht im Griff. Sehr bedenklich für den örtlichen NKWD-Chef, einen gewissen Tarakanow, und Grund für erhöhte Wachsamkeit. Dass sich der Name Tarakanow bezeichnenderweise von dem russischen Wort für Kakerlake ableitete, wunderte im Lager niemanden. Genosse Kakerlake ging davon aus, dass die Feinde der Sowjetunion gerade hier in Workuta eine Basis errichtet hatten. Schlimmer noch, von hier aus den Sturz der Arbeiter-und-Bauern-Macht planten.

Im «schlauen Häuschen», wie die NKWD-Zentrale bei den Gefangenen hieß, herrschte aufgeregte Geschäftigkeit; ein Ameisenhaufen schien ein lahmer Verein dagegen. Unter Aufbietung aller Kräfte hatte man die deutschen Häftlinge herausgesiebt, in einem gesonderten Teil des Lagers isoliert und auf Etappe hinunter zur Ussa geschickt. Von dort aus sollten sie in den Süden verschifft werden. Das war nun einige Tage her. Nur einer fehlte auf der Liste: der Mechaniker der Bahnwerkstatt. Schon dreimal hatte Tarakanow die Werkstatt durchkämmen lassen. Schon dreimal hatte er sich den Chef der Werkstatt vorgeknöpft, diesen Kruglow. Ohne Ergebnis. Der Deutsche blieb wie vom Erdboden verschluckt.

Tarakanow empfand es als persönliche Beleidigung, dass jemand einfach so, direkt vor seiner Nase, verschwinden konnte. Er blickte mit einem Glas Tee in der Hand aus dem Fenster und dachte darüber nach, dass der Tod von drei Spitzeln in den letzten beiden Monaten kein Zufall war. Da draußen musste ein Gegenspieler sein, der ein unsichtbares Netz von Fäden knüpfte, das die Arbeit des NKWD, ja der Partei behinderte. Es konnte gar nicht anders sein. Und er, Oberstleutnant Tarakanow, war dazu berufen, das konterrevolutionäre Nest auszuräuchern.

Plötzlich sah er, umsäumt von den Eismustern, mit denen der Frost die Fensterscheibe verziert hatte, den Mechaniker schnurgerade auf die NKWD-Zentrale zukommen. Nur noch ein paar Schritte, und schon schwebte die braune Schapka des Deutschen Stufe um Stufe die Treppe zum Eingang empor. Und ehe Tarakanow noch einen Gedanken fassen oder gar einen Befehl brüllen konnte, hörte er Tumult im Vorzimmer. Dann flog die Tür auf. Der Wachhabende stürmte den Gesuchten am Arm zerrend ins Zimmer:

«Ich habe ihn! Ich habe ihn gefasst!»

«Halt's Maul! Nicht du hast ihn gefasst, er ist gerade selbst hier reinspaziert. Ich habe es am Fenster gesehen. Lass ihn los und scher dich an die Arbeit.»

«Genosse Oberstleutnant», Lorenz legte die unschuldigste Miene auf, zu der er fähig war, «ich weiß nicht, was in den Soldaten gefahren ist. Ich komme in einer wichtigen Angelegenheit, und der schnappt mich wie ein Verrückter. Können Sie mir das erklären?»

«Ich sage dir, lass ihn los.»

Voller Wut presste Tarakanow jeden Buchstaben einzeln zwischen den Zähnen heraus. Der Sergeant schlich davon, sichtlich empört, dass man ihn um die Sonderration Wodka betrog. Denn zweifellos war er der Erste, der den Flüchtigen ergriffen hatte. Dass es mitten in der Zentrale war, tat aus seiner Sicht nichts zur Sache. Tarakanow setzte sich hinter seinen Schreibtisch, legte die Fingerspitzen auf Höhe seines Kinns aneinander und schaute Lorenz lange an. Endlich begann er:

«So, so, Sie kommen in einer wichtigen Angelegenheit zu mir. Darf ich erfahren, um was es sich handelt?»

«Ich habe eben gehört, dass Sie mich suchen, und bin deshalb sofort hierhergeeilt. Worum geht es?»

«Ja, worum geht es? Sagen wir mal so: Wo waren Sie die letzten vier Tage? Wir haben überall gesucht.»

«Ich war hier.»

Lorenz machte eine Handbewegung, als hätte er die ganze Zeit im Zimmer des NKWD-Chefs verbracht.

«Wo hier?»

«Na hier, im Lager.»

«Im Lager?»

«Ja, glauben Sie, Genosse Oberstleutnant, jemand könnte einfach so aus dem Lager spazieren? Ohne dass Sie es merken?»

«Nein, das glaube ich wirklich nicht.»

«Und würde ich, wenn ich die Absicht hätte zu fliehen, mich dann freiwillig hier bei Ihnen melden?»

Tarakanow dachte nach. Irgendwas stimmte nicht. Sicher sein, dass seine Deppen überall nachgesehen hatten, konnte er nicht.

«Sie sind Deutscher? Aus dem Reich?»

«Ja.»

«Und wollen Sie nicht in die Heimat zurück?»

«Würden Sie zu den Faschisten wollen?»

«Ich? Natürlich nicht!»

«Ich auch nicht.»

«Die anderen sind alle weg.»

«Alle?»

«Ja, alle.»

«Auch solche, die von der Gestapo gesucht werden?»

«In Moskau wird man wissen, was richtig ist.»

«Und was meinen Sie?»

«Ich meine, ich habe hier genug zu tun. Nach dieser Geschichte werden wir für Sie eine neue Beschäftigung suchen müssen.»

«Aber Kruglow ...»

«Da wird sich Kruglow einen anderen anlachen müssen, der für ihn die Arbeit macht. Ab sofort geht es in die Ziegelei. Die Lehmgrube dürfte das Richtige sein. Da finden wir Sie wenigstens.»

«Aber Genosse Oberstleutnant, in der Werkstatt könnte ich viel mehr für den Aufbau des Kommunismus von Nutzen sein ...»

«Die Sache ist beschlossen, keine Widerrede. Sie haben es noch immer nicht begriffen. Und Sie wollen ein intelligenter Mensch sein. Waren sogar auf der Universität. Das Lager ist keine Strafe, es ist eine Reinigung. Eine Reinigung der Gesellschaft. Der ganze Dreck muss ans Tageslicht. Eigentlich sollte jeder Sowjetmensch einmal im Leben ins Lager ... Zur Reinigung.»

Tarakanow war vom Tisch aufgestanden und schaute wieder sinnend aus dem Fenster. Auf dem Brett stand sein kalt gewordener Tee. Er nahm den Metalluntersetzer mit der in falsches Silber geprägten Silhouette des Kreml, rührte den dunklen Sud durch und setzte in sich gekehrt seine Rede fort, ohne dass Lorenz sicher sein konnte, ob er überhaupt zu ihm sprach:

«... die haben es alle nicht verstanden. Nur der Genosse Stalin, da bin ich sicher, der weiß es: Das Lager ist die kleinste Zelle des Kommunismus! Nur so lässt sich die lichte Zukunft bauen. Überall Lager. Jeder Rajon, jede Stadt sollte ihr Lager haben. Da dürfen wir keine Anstrengungen scheuen. Kein falsches Mitleid. Nur so schaffen wir den neuen Menschen.»

Er schaute aus den Augenwinkeln schräg hinüber zum Mechaniker, der immer noch in der Mitte des Zimmers stand. Ein verächtliches Lächeln verzerrte für einen Moment seine Lippen. Auch dieser Deutsche kapierte offenbar nicht, welch geniale Idee ihm gerade dargebracht wurde. Es war das erste Mal, dass er diesen Gedanken laut äußerte. Einen Gedanken, der ihn schon seit langem umtrieb. Er war davon überzeugt, er musste ihn nur an der richtigen Stelle anbringen, dann würde es schon mit ihm nach oben gehen. Steil nach oben. Schon sah er sich auf dem Allunionskongress des NKWD im Kreml zum Rednerpult schreiten. Neidvoll blickten ihm die anderen nach. Nur der Genosse Stalin nickte ihm wohlwollend zu: Sprechen Sie, Genosse Tarakanow, über das Lager und den Kommunismus. Und euch, Genossen, empfehle ich, gut hinzuhören. Wir haben es bei dem Genossen aus Workuta mit einem talentierten Kader zu tun, der die komplizierte Materie des Aufbaus des Kommunismus voll und ganz durchdrungen hat.

Ja, genau so würde der große Führer sprechen. Und er, Tarakanow, er würde seine Rede halten, er würde lange sprechen, seine Erfahrungen gründlich darlegen. Aber dann am Ende, dann würde der Vater der Völker aufstehen und ihn umarmen. Nicht enden wollender Applaus würde den Saal erfüllen.

«Wenn das die Zukunft ist, wäre es da nicht viel günstiger, einen Stacheldrahtzaun gleich um das ganze Land zu ziehen?»

Die Erwiderung riss den NKWD-Chef aus seinen Gedanken.

«Gehen Sie. Die Arbeit in der Lehmgrube wird Sie zu neuen Einsichten bringen.»

Lorenz drehte sich zur Tür.

«Es wäre sicherlich gut, wenn Sie Ihren Leuten sagen würden, dass Sie mich gefunden haben. Sie wissen ja...»

«Hinaus. Denkst du, ich will einen Toten vor der Zentrale liegen haben?»

Dieser Deutsche verstand natürlich nichts. Gar nichts.

Tarakanow konnte nicht wissen, wie sehr er mit dieser Feststellung recht behalten sollte. Wenige Wochen später wurde er erschossen. Auch seine Genossen hatten ihn anscheinend nicht verstanden. Tarakanow konnte nur verrückt oder ein Abweichler sein. Es lief auf das Gleiche hinaus.

Am nächsten Morgen musste Lorenz mit allen anderen aus der Baracke ausrücken. Er bekam nicht einmal mehr die Möglichkeit, seine Leute in der Werkstatt zu benachrichtigen. Die Köpfe tief auf die Brust gesenkt, eingepackt in alles, was die Männer besaßen, stampften sie im schneidenden Wind an der Bahnlinie entlang Richtung Ziegelei.

Der Weg führte über eine Eisenbahnbrücke, die zwar gut für Waggons, aber schlecht für Menschen war. Die Freiräume zwischen den Schwellen waren nicht ausgefüllt. Aus großer Höhe konnte man tief unten das Wasser zwischen den gewaltigen Findlingen brodeln sehen. Hier in den Schnellen war es noch nicht völlig gefroren. Ganz anders auf der Brücke: Die gesamte Konstruktion hatte der Frost dick mit Eis überzogen. Trotz aller Schreie und Drohungen konnten sich einige Häftlinge nicht entschließen, ihren Fuß auf die Brücke zu setzen. Zu all der Aufregung kam noch das Pfeifen einer Rangierlok, die ungeachtet des Auflaufs munter auf die Brücke zuhielt.

Lorenz blieb ganz still.

Die Höhe, das Eis, der schneidende Wind, das alles störte ihn weniger. Die Arbeit in der Lehmgrube der Ziegelei war dagegen etwas, was man wirklich fürchten musste. Da der Lehm wegen der zehn Monate Winter und des Dauerfrostbodens kaum auf gewöhnliche Weise abgebaut werden konnte, förderte man ihn unter Tage. Eine grauenvolle Schinderei. Technik gab es so gut wie nicht. Der Lehm musste förmlich mit den Händen herausgekratzt werden. Dazu die schlechteste Verpflegung, die man sich denken konnte. Ihm war klar, lange würde er das nicht durchhalten.

Die Lok donnerte mit Getöse über die Eisenbrücke, nahm schon wieder Fahrt auf, da quietschte es plötzlich. Jemand musste die Notbremse gezogen haben, zumindest hörte es sich so an. Die Lok blieb stehen, fauchte mehrfach, als überlegte sie, wohin es gehen sollte, und rollte zischend zurück. Einen Moment später sah man das erhitzte Gesicht Sascha Bauers aus dem Fenster. Er schrie schon von weitem:

«He, Lorenz, was machst du hier?»

«Na, Sascha, was soll ich schon machen? Tarakanow hat mich in die Lehmgrube verkauft. Zur Strafe, weil ich nicht zu den Nazis wollte.»

«Das glaube ich nicht. Der ist doch verrückt.»

«Wie recht du hast, aber es hilft nichts.»

«Na, das werden wir doch mal sehen».

Er sprang von der Lok und reichte Lorenz etwas Brot, eingewickelt in einen Fetzen Zeitungspapier, und eine angerissene Schachtel Papirossy.

«Nimm das, für heute dürfte es reichen. Ich kümmere mich. Hab da so 'ne Idee.»

Schon sprang er auf, wieder ertönte der durchdringende Pfeifton, die Lok dampfte davon.

Als sie in der Ziegelei ankamen, ging es sofort in die Grube. Wer keine Stiefel hatte, und das waren die meisten, stand bis zu den Knien in der Lehmpampe. Die Aufbauten, mit denen die Wände und die Decke abgestützt waren, sahen abenteuerlich aus. Schon in den Kohleschächten Workutas war der Standard der niedrigste, den Lorenz je gesehen hatte. Doch was man hier tat, war einfach nur kriminell. Das Material, irgendwie und irgendwo zusammengesuchte Holzpfosten und Bretter, mit denen man nicht einmal eine Kuhweide hätte einzäunen wollen, war ohne sichtbares System kreuz und quer übereinandergenagelt. Es kam einem Wunder gleich, dass die Stützen dem Druck noch standhielten.

Lorenz bekam eine Schaufel vor die Füße geworfen, die bereits ein Eigengewicht hatte, das einen verzweifeln lassen konnte. Noch schlimmer hatten es jene erwischt, die sich mit Trage oder Schub-

152

karre abquälen mussten. Beides unförmige Geschütze, unsagbar schwer. Obwohl die Schubkarre ein Rad hatte, geflickt, aber immerhin, bedurfte es eines zweiten Mannes, um das Monstrum hinauf zur Ziegelpresse zu hieven. So packte einer hinten die beiden weit abstehenden Griffe, der andere zog an einem Strick, der über die Schulter gelegt war und die Haut blutig rieb. Wehe, einer von beiden kam ins Rutschen, dann sackte die elende Ladung wieder in die Grube.

Flüche, Schreie, Tritte waren die Folge. Die Gefangenen gingen grob und gemein miteinander um; lehmverschmiert, wie sie waren, hatten sie kaum noch etwas Menschliches an sich. Lorenz musste an Natterngezücht denken, das in großer Zahl, blutkalt und ungerührt, in der Höhle übereinander hinwegkroch. Hier war jeder nur mit dem eigenen Überleben befasst.

Zu Mittag durften sie aus der Grube, hinauf in die Verpflegungsbaracke. Stinkende Kohlsuppe wurde in Schüsseln gegossen. Lorenz packte das Brot, das ihm Sascha zugesteckt hatte, auf den Tisch, riss sich einen Kanten ab und schob den Rest in die Mitte, er hätte es sowieso nicht länger verwahren können. Sofort war es in Stücke gerissen. Nur einer von denen, die etwas abbekommen hatten, bedankte sich. Die anderen hielten ihn wohl eher für beschränkt.

Trotz der Kälte ging Lorenz hinaus vor die Tür. Er wollte allein sein. Dass er von einem Tag auf den anderen die Werkstatt verlassen musste, hatte ihm weit mehr zugesetzt, als er vor sich selbst zugeben wollte. Gerade hatte das Leben begonnen, etwas erträglich zu werden, da stießen sie ihn wieder hinunter. Er zündete sich eine von Saschas Zigaretten an und schaute über den Fluss.

Ein lautes Scheppern ließ ihn zusammenzucken. Sie schlugen mit dem Hammer auf ein Stück Eisenbahnschiene, die Häftlinge wussten, sie hatten sich unverzüglich einzufinden. Lorenz zögerte, er sah, wie eine Draisine heranrollte. Als das Gefährt an der Ziegelei ankam, erkannte Lorenz unter den drei Männern, die das Gestänge hoch- und runterdrückten, abermals Sascha Bauer.

Der winkte ihm zu und marschierte geradewegs ins Kontor des «Natschalniks». Der Büroschuppen schmiegte sich seitwärts an das Hauptgebäude der Ziegelei. Aus seinem Dach ragte ein glühend rotes Ofenrohr, das fast so etwas wie Gemütlichkeit verbreitete.

Es dauerte nicht lange, da flog die Tür des Kontors wieder auf; Sascha kam heraus, an seiner Seite der Ziegeleichef, auf den er energisch einzureden schien. Sie liefen über den Hof zum Wochra-Offizier, der ebenfalls in einer Bretterbude sein Hauptquartier hatte. Auch dort dauerte das Gespräch nicht lange. Zu dritt kamen sie zurück, nahmen jetzt Kurs auf die großspurig «Stolowaja» genannte Bracke, in deren Tür Lorenz immer noch lehnte.

«Der da?», fragte der Unterleutnant, mit dem Finger auf ihn zeigend. «Was macht ihr wegen so einem Muschik für ein Theater? Ihr könntet davon auch drei oder vier haben. Hautsache, ihr habt noch ein paar Fläschchen. Keine mehr? Schade. Nimm ihn mit, bevor ich es mir anders überlege.»

Inzwischen waren sie an der Tür der Kantine angekommen.

«Was? Eine Unterschrift wollt ihr auch noch von mir?»

Der Uniformierte tat empört, aber sein Unterton verriet, dass er jetzt nur noch ans Trinken dachte.

«Aber Genosse Unterleutnant …» Sascha faltete ein Blatt Papier auseinander und zog einen Kopierstift aus der Hosentasche. Lorenz erkannte ihn sofort. Merkwürdig, selbst ein Stift konnte einen Menschen bewegen. Es war der Kopierstift, der stets auf seinem Tisch in der Werkstatt gelegen hatte. «… Sie wissen doch, bei uns im Sowjetland muss alles seine Ordnung haben. Wenn Sie bitte so freundlich wären, hier die Übergabe zu unterschreiben. Wunderbar. Und schon sind wir weg.»

Er schnappte Lorenz an seiner lehmverschmierten Wattejacke und zerrte ihn eilig zur wartenden Draisine. Kaum waren sie aufgesprungen, da legten sie zu viert los, Richtung Fluss. Als die Ziegelei hinter einer Biegung verschwunden war, brüllte Lorenz gegen das Rattern der Räder an.

«Sascha, wie hast du das gemacht? Die verzichten doch nicht freiwillig auf einen Sklaven.»

«Das war nicht allzu schwer», schrie er zurück in den Wind. «Ich habe dem Ziegeleichef Grüße von Kruglow bestellt und ihm gesagt, dass wir nie wieder etwas für sie reparieren, wenn sie dich nicht sofort an uns delegieren. Du weißt ja, wir sind für die Betriebe auf der anderen Seite des Flusses überhaupt nicht zuständig. Und wenn seine Ziegelpresse erst mal ein paar Tage steht und sein Plan brennt, dann machen sie ihm Feuer unter dem Arsch. Das hat er sofort begriffen. Und dem Offizier habe ich eine Flasche Spiritus mitgebracht. Dafür verkauft er seine Mutter an den Teufel. Nur unterschreiben wollte er zuerst nicht.»

Die Draisine ratterte mit lautem Getöse über die Brücke.

«Aber falls Tarakanow mitbekommt, wo du abgeblieben bist, ist es allemal besser, einen Wisch zu haben.»

Lorenz nickte anerkennend:

«Mensch, Sascha.» Er konnte nicht weitersprechen, Rührung hatte sich auf seine Stimme gelegt. Ein lange vergessenes Gefühl.

Es war der letzte Tag des Jahres. Schneesturm. Wie konnte es anders sein. Hell wurde es nicht, trotzdem mussten sie auf den Appellplatz. Durchsicht. Der Lagerkommandant wollte wissen, ob noch alle da wären. Das hieß nur eines: stundenlanges Warten und Frieren. Dann wieder diese endlose Reihe russischer Namen mit «K»: Karow, Kirin, Kobrin, Komarow, Korobkin, Kostrow, Kowal, Krylow, Kulschew, Kurtschenko, Kusmenko, Kusnetzow ... Der Buchstabe «L» war dagegen eine Erholung. Nur fünf Namen.

Endlich rief der Schreiber – ein Gefangener wie alle anderen, aber ein «Freund des Volkes» – «Longofen» über den Appellplatz. Lorenz trat vor. Nach dem Aufsagen der üblichen Daten kam die Frage: Weshalb verurteilt? Das war, zumindest auf dem Papier, seit der Ankunft im Lager geklärt.

«Nun, Mechaniker, der Paragraph?»

«KRTD.»

«Falsch», sagte der Schreiber.

«Wieso? Es hieß bei der Einweisung KRTD.»

«Falsch.»

«Was dann?»

«Paragraph 58 Punkt 4: Agent der internationalen Bourgeoisie.»

«Ich?! Ein Agent der Bourgeoisie? Ich bin aus Deutschland emigriert, weil ich verfolgt wurde.»

Der neue Lagerchef mischte sich gereizt ein:

«Pass auf, Mechaniker, vögel mir nicht das Hirn. Sonst erinnere ich mich daran, dass du in der Werkstatt nichts mehr verloren hast, die erfüllen ihren Plan auch ohne dich, wenn ich ihnen Beine mache. Und überhaupt, welcher dreckige Schwanz kann schon wissen, warum du hier bist? Und wen du dort gefickt hast? Die Genossen in Moskau werden sich schon etwas dabei gefotzt haben.»

«Ja, aber … Die wollten mich in Deutschland einsperren.»

«Na siehst du, wie gut du es getroffen hast. Jetzt kümmern wir uns um dich. Der Nächste!»

Zwecklos, es hatte keinen Sinn. Lorenz dachte an die Lehmgrube. Er musste froh sein, dass sie ihn zur «Stärkung des Kommunismus» in der Werkstatt brauchten. Also: Klappe halten.

Das Jahr 1940: *Die Olympischen Spiele fallen aus. SS-Reichsführer Himmler ordnet den Bau des KZ Auschwitz an. Deutscher Blitzkrieg im Westen. NKWD-Einheiten ermorden nahe Katyn Tausende gefangene polnische Offiziere. Die Wehrmacht marschiert in Paris ein. Stalin lässt das Baltikum besetzen. Erste Nylonstrümpfe gehen in den Verkauf. John Lennon wird in Liverpool geboren. Ein sowjetischer Agent erschlägt mit einem Eispickel Leo Trotzki in dessen mexikanischem Exil. Durch einen deutschen Luftangriff werden das Stadtzentrum und die Kathedrale von Coventry zerstört. Über 400 000 Juden werden von deutschen Besatzern in Warschau in ein Ghetto gesperrt und später in Vernichtungslager abtransportiert.*

Seite 157:
Wachturm und Wohnbaracken in Workuta. © picture-alliance/akg-images/
RIA Nowosti.
Unterlage: Von den Nazis zu Propagandazwecken verbreiteter Bericht aus Wor-
kuta von Kajetan Klug.

1940

★

Es knirschte. Kurz und trocken. Der Urka sackte wimmernd auf den dreckigen Fußboden. Blut lief über sein Gesicht. Lorenz stand in der Mitte der Baracke, den Hammer fest in der Hand, und sah sich langsam um: vor ihm die anderen Kartenspieler am Ofen. Sie waren erschrocken aufgesprungen und schauten auf ihren Kumpanen. Hinter seinem Rücken versammelten sich die Politischen. Nur wenige blieben auf ihren Pritschen.

Die Auseinandersetzung kündigte sich seit Tagen an. Ob sie von der Lagerleitung ermuntert wurden oder die Kriminellen von sich aus handelten, war nicht zu ergründen. Jedenfalls reagierten die Ganoven auf alles gereizt und aggressiv. Sie ließen keine Gelegenheit aus, die anderen zu peinigen. Das Gesindel machte sich auf dem einzigen freien Platz zwischen Ofen und Pritschen breit und ließ keinen anderen dorthin. Wer von der Tür kam und auf geradem Weg zu den Pritschen ging, konnte froh sein, nicht getreten oder angepöbelt zu werden. Vor allem die «Schpana» tat sich mit Gemeinheiten hervor. Die Bosse lachten und ließen ihre Schranzen gewähren.

So wie jetzt. Lorenz kam als einer der Letzten, müde und verfroren. Er hielt sich in der Baracke nur auf, wenn es nicht anders ging. Lieber eine zweite Schicht oder auch in der Nacht arbeiten, als hier mit dem Pack zusammengedrängt zu hausen. Es kostete zu viel

Kraft, die Bande ständig auf Abstand zu halten. Und der Bootsmann, der ihn am ersten Tag vor den Urki bewahrt hatte, der lag irgendwo verscharrt. Erschossen. Nach mehreren schweren Unfällen hatte er sich geweigert, in den Schacht einzufahren.

Draußen fauchte ein eisiger Wind. Die Tür der Baracke ließ sich schwer öffnen und noch schwerer schließen. Lorenz hatte sie mit Wucht zugeschlagen und war schon einige Schritte Richtung Pritsche gegangen, da riss der Wind die Tür wieder auf. Ein Schwall eisiger Luft, gemischt mit Schneekristallen, brach in den Raum. Der Ataman schrie mit heiserer Stimme:

«Welcher Pimmel war das?»

«Es war der Faschist!»

Einer der Schpana sprang auf und stieß Lorenz den Hocker, auf dem er gerade noch gesessen hatte, in den Rücken. Ein stechender Schmerz ließ Lorenz zusammenzucken, er drehte sich blitzschnell um und schlug, ohne auch nur zu schauen, mit dem Schlosserhammer zu.

Nun lag der Kerl mit einem Loch im Kopf in einer Blutlache. Er hatte offensichtlich vergessen, dass der Mechaniker zwar nicht kräftig von Statur, aber flink mit dem Hammer war. Die Urki reagierten verwirrt. Mit Gegenwehr hatten sie nicht gerechnet, sie widersprach allen Erfahrungen mit den Politischen.

«Einen Schritt weiter, und der Nächste legt sich dazu», knurrte Lorenz.

Trotz ihrer lauten Flüche und ihrer Drohgebärden, die Kumpane des Verletzten wagten es nicht anzugreifen. Selbst mit einem Messer hätten sie gegen den Hammer kaum eine Chance. So standen sie Angesicht zu Angesicht, und keiner rührte sich. Dann zischte der Ataman einem der Kartenspieler etwas zu. Der sprang zur Tür und verschwand. Lorenz war überzeugt, er würde die Sanitäter holen. Aber als er zurückkam, waren es zwei Wochra-Soldaten, die ihn begleiteten. Sie schauten auf das Blut, den stöhnenden Mann am Boden und auf die Gefangenen.

«Mechaniker, warst du das?»

«Ja, aber …»

«Kein Aber. Gib sofort den Hammer her und komm mit.»

«Der hat mich …»

«Was der hat oder nicht hat, entscheidet der Kommandant.»

Vergeblich versuchten die Politischen, den Wachleuten begreiflich zu machen, was passiert war. Die Soldaten hörten nicht zu. So gingen sie zu dritt in die Dunkelheit hinaus, während die Urki den Verletzten ins Lazarett schleppten.

Auf dem Weg zur Lagerleitung überlegte Lorenz, wie er sich verhalten sollte. Sicher, es war eine Art Notwehr. Aber würde der Lagerchef das gelten lassen? Das meiste sprach gegen ihn. Er war Deutscher, Trotzkist, Agent und weiß der Teufel was noch. Also so gut wie vogelfrei. Und die Kriminellen hatten ihre Sicht der Ereignisse den Wachen längst verabreicht. Als Journalist wusste er: Die erste Information sitzt immer am tiefsten und lässt sich nur noch schwer korrigieren. Seine Lage war denkbar schlecht, Todesurteil nicht ausgeschlossen. Das gab es für «Feinde des Volkes» schon bei weit geringeren Vergehen.

Eigentlich war den Oberen das Leben eines Gefangenen gleichgültig. In Workuta starben täglich Menschen an Entkräftung, an Unterernährung, an Misshandlungen. Und wenn dieses Sterben auf die Rechnung der Lagerleitung, des NKWD oder der Wachmannschaften ging, krähte kein Hahn danach. Von einer Untersuchung ganz zu schweigen. Eine ganz andere Sache war es, wenn ein Politischer zuschlug.

Immerhin, der NKWD-Leutnant, der das Verhör führte, verließ sich nicht allein auf die Aussagen der Urki und des Mechanikers, sondern befragte weitere Zeugen aus der Baracke. Auch Gustav. Als Lagerkoch war er so etwas wie eine Respektsperson, und da er dem Offizier öfter sein Lieblingskompott, eine Grütze aus Moosbeeren, verabreichte, hatte der zu ihm ein gewisses Zutrauen.

Gustav kam ebenfalls aus Deutschland. Sein Konditorberuf hatte ihm den Posten in der Küche eingebracht. Sanftmütig und ängstlich von Charakter, galt der kleine, dürre Mann mit Vollglatze als harmlos. Dennoch war ihm eine große Macht gegeben. Er entschied, ob sich die Suppenkelle ganz voll, halb voll oder fast leer in eine Schüssel senkte. Und da Gustav den Häftlingen lieber mehr als weniger auftat, war er ein allseits beliebter Mann. Politik interessierte ihn nicht sonderlich, man konnte sich nur wundern, wie so einer als Verschwörer in den Norden kam. Doch das war ganz einfach. Bereits in den zwanziger Jahren ging er aus Deutschland in den Kaukasus, wo er unweit von Tiflis in einer deutschen «Hühnerkommune» seinen Beitrag zum Aufbau des Kommunismus leisten wollte. Einer Kolchose, die sich auf Geflügelzucht spezialisiert hatte. Deutsche Dörfer gab es in der Gegend schon seit Generationen. Die ersten Siedler ließen sich in Georgien nieder, weil sie am Tag des Weltuntergangs nahe am Berg Ararat sein wollten, und der lag um die Ecke.

Die Brigade, in der Gustav arbeitete, machte einen Ausflug in die Hauptstadt. In Tiflis lief gerade eine mit viel Propagandarummel angekündigte Ausstellung zum Wirken des großen Stalin im Kaukasus. Natürlich fanden sich einige, die das unbedingt sehen wollten – ob aus echter Neugier oder dem Wunsch folgend, sich bei der Parteileitung einzuschleimen. Gustav jedenfalls winkte ab.

«Geht nur. Ich habe für solche Sachen nicht viel übrig. Ist mir zu viel Kult...»

Das reichte. Der Satz brachte ihm fünf Jahre Lager ein.

Genau diesen gefährlichen Umstürzler befragte der Offizier nun in der Angelegenheit des Mechanikers. Eigentlich war das Urteil längst gefällt, aber der Leutnant hatte Zeit. Da stand er nun, der Koch und Gutmensch Gustav, vor dem NKWD-Mann.

«Gustav Gustavitsch, Sie sind ein besonnener Mann. Können Sie mir sagen, was in der Baracke passiert ist? Was hat den Mechaniker geritten?»

Gustav nahm seine runde Nickelbrille von der Nase, die von der Kälte beschlagen war. Rieb die Gläser lange mit einem Stofffetzen, den er aus der Hosentasche gefischt hatte, betrachtete sie gegen die Lampe und antwortete mit einer Gegenfrage:

«Genosse Leutnant, sind Sie Kommunist?»

«Ja, natürlich bin ich das. Was hat das mit dem blutigen Zwischenfall zu tun?»

«Wissen Sie, Genosse Leutnant, was Sie tun würden, wenn man Sie einen Faschisten nennen würde?»

«Ich würde den Kerl totschlagen!»

«Sehen Sie, nichts anderes hat der Mechaniker gemacht. Nur dass der Bursche am Leben geblieben ist und sich jetzt im Lazarett vor der Arbeit drückt. Lorenz Lorenzowitsch hat gegen die Faschisten gekämpft. Der weiß, was ein Faschist ist. Und da kommt dieser Schpana ... verstehen Sie?»

«Hmm, Faschist hat er ihn genannt?! Ach so ...»

Als Gustav die Lagerleitung verließ, blieb ein nachdenklicher Leutnant zurück. Ob er an Gerechtigkeit dachte oder an Moosbeerengrütze, wer wollte das schon sagen. Jedenfalls durfte Lorenz zu seinem Erstaunen wieder in die Werkstatt. Der Urka mit dem Loch im Kopf kehrte nach Wochen aus der Krankenstation in die Baracke zurück, wo ihn Lorenz mit dem vertrauten Hammer in der Hand empfing:

«Ich sag dir nur eins, du hast Glück gehabt.»

Der Bursche, der noch immer einen Kopfverband trug, schaute ihn entsetzt an.

«Ich bin nicht nur Schlosser, ich bin auch Schmied. Und für gewöhnlich treffe ich besser. Glaub mir, wenn ich von dir auch nur einen Mucks höre, hat deine letzte Stunde geschlagen. Du weißt, den Hammer trage ich immer bei mir ...»

Es dauerte wenige Tage, und der Urka musste auf Etappe, an den Jenissej. Lorenz atmete auf. Denn so sicher war er sich nicht. Jeden Tag gab es gefährliche Situationen. Da half keine Erfahrung und kein Hammer. In der Nacht wachte Lorenz schweißgebadet auf. Er träumte, er hätte seinen Hammer in der Werkstatt vergessen. Oder das verlässliche Werkzeug wurde plötzlich leicht und biegsam, als wäre es aus Gummi. Jedes Mal, wenn er den Hammer hob, bog sich das Ding nach der Seite.

Das Lagerleben war eine ununterbrochene Kette von Grausamkeiten und Gemeinheiten. Noch mehr, als es je ein Gefängnis konnte, reduzierte das Lager die Menschen auf ihre niedrigsten Instinkte. Die Wahrscheinlichkeit, die Tortur zu überleben, war derart gering, dass sie alles, was mit Anstand, Selbstachtung oder Mitleid verbunden war, schon auf dem Weg zu ihrem Zielort im Kot der verlausten Viehwaggons zurückgelassen hatten. Hier im Lager konnte man den Menschen nackt und bloß, ohne all sein zivilisatorisches Schmuckwerk, betrachten. So dünn der kulturelle Humus, so fließend der Übergang ins Stupide. Waren sie eigentlich noch Menschen?, fragte sich Lorenz oft. Schuften, Fressen, Scheißen, Schlafen, das waren die vier Zustände, auf die sich alles reduzierte. Wer diesen Kreislauf der Lagerelemente beherrschte, konnte sich Hoffnung machen. Auf den nächsten Morgen. Viel weiter dachte keiner.

Aber dann gab es ja noch, welch Wunder, den Banja-Tag, eines dieser unerklärlichen Dinge im großen Sowjetreich, wie der Zahnarzt für die Häftlinge in der Saratower Todeszelle. Nach einer Zehn-Tage-Arbeitswoche hatten sie frei für die Sauna. Das galt nicht nur für die Lagerleitung oder die Wachleute. Nein, auch für die Häftlinge. So hoffte man, der Wanzenplage irgendwie Herr zu werden. Der primitive Holzschuppen mit seinem aus Findlingen gelegten und bis zum Glühen erhitzten Ofen, den roh gezimmerten Bänken, den Zinkschüsseln mit kaltem Wasser, zu denen man sich tief hinunterbeugte, um kühle Luft zum Atmen zu bekommen, den Besen aus Birkenreisig, die den heißen Körper beträufelten – alles in allem eine primitive Einrichtung, aber für die Häftlinge war es die Herrlichkeit. Einmal in der Woche konnte man sich den Dreck vom Leib schrubben. Einmal in der Woche wurden die Knochen durchgewärmt. Einmal in der Woche gab es frische Wäsche. Wie bei richtigen Menschen. Wer wollte, konnte sich sogar gegen ein paar Rubel, die man aus einem anderen Leben gerettet, getauscht oder gestohlen hatte, rasieren lassen.

Lorenz genoss diese Zeit in der Banja wie einen hohen Feiertag. Der Herr über das Reich dampfender Kessel und grob gehackter Kernseife war in ihrem Lager ein Armenier. Ein Ataman und Freund des Volkes. Es hieß, er habe auf einem Moskauer Markt am großen Rad gedreht. Manche meinten sogar, er sei einer von jenen sowjetischen Untergrundmillionären, über die man auf den Basaren zahllose Legenden erzählte. Eines Tages gab es eine Messerstecherei, und ab ging's nach Workuta, wegen mehrfachen Mordes. Aber seine Kontakte reichten immer noch so weit, dass er den Posten in der Banja bekam. In den Schacht musste der nicht.

Doch auch die Welt eines Sauna-Meisters war nicht frei von Sorgen. Er hatte lange mit sich und der Menschheit gehadert, weil er nirgends ein Rasiermesser auftreiben konnte und so sein Geschäft gefährdet sah. Den Häftlingen wurde ihr Rasierzeug bei der Verhaftung abgenommen, und die Lager-Banjas mit Rasiermessern auszustatten fiel in Moskau keinem ein. So rasierten sich einige mit Glasscherben. Dementsprechend sahen ihre Gesichter aus. Dann kam Lorenz und schlug dem Armenier einen Handel vor: Er, Lorenz, werde ihm ein paar ordentliche Rasiermesser machen im Austausch gegen eine für alle Zeiten unentgeltliche Sauna-Benutzung de luxe. Das hieß: frische Handtücher – keine von fünf Häftlingen vorher –, bessere Seife, eigener Schwamm und Schipr Eau de Cologne nach der Rasur.

Unter den Bedingungen Workutas war es fast unmöglich, brauchbares Material für eine Klinge zu finden. Erst nach mehreren Anläufen erwies sich der Stahl eines schwedischen Kugellagers als annehmbar. Noch schwieriger gestaltete sich das Schmieden und Schleifen, das viel Zeit und noch mehr Geschick verlangte. Nicht zuletzt deshalb, weil sich Lorenz daranmachte, gleich ein ganzes Dutzend Messer herzustellen. Sollte die Sache klappen, versprach sie ein gutes Geschäft. Zwei, drei Flaschen Wodka konnte man pro Messer verlangen. Schnaps war die beste Währung, die man sich zwischen dem 1. und dem 8. Schacht denken konnte.

Die Klinge hatte er, nun ging es um den Griff. Weder Elfenbein noch Horn stand zur Verfügung. Eine Zeitlang hoffte er, von den Rentierzüchtern etwas Fischbein oder ein Stück Mammutzahn zu bekommen, aber die hatten selber nichts. So musste er sich mit Holz begnügen. Fichte, Kiefer, Birke kamen nicht in Frage. Viel zu weich. Eiche oder Buche waren hart genug. Doch woher so etwas nehmen, hier hinter dem Polarkreis? Improvisation als Lebensretter des Sozialismus. Ohne das Talent Tausender Menschen, praktisch aus nichts noch etwas Annehmbares zu machen, wäre das Sowjetland längst zusammengebrochen. Für Lorenz bestand dieses Nichts aus einem Wagenrad. Es war aus Buche und stammte aus einer Zeit, in der man auf Qualität gewissen Wert legte, es war sehr alt. Nun musste es eine Speiche abgeben.

Der Barbier zeigte sich zu Tränen gerührt. Begeistert wie ein kaukasischer Säbeltänzer fuchtelte er mit den beiden ihm zugedachten Rasiermessern herum.

So saß Lorenz nach einem ausgiebigen Dampfbad auf einem der Stühle im Vorraum der Banja, vom Hals abwärts eingehüllt in einen Umhang aus weißem Laken. Entspannt hörte er zu, wie der «Parikmacher» – die Russen gebrauchten für Frisör immer noch das schöne deutsche Wort – hinter seinem Rücken die Klinge an einem Abziehriemen wetzte. Er hatte Zeit. Noch war ein Kunde vor ihm.

Lorenz schloss die Augen und wähnte sich daheim im Frisörladen seines Onkels. All die Schalen, Dachshaarpinsel, die Seifen und Flakons mit den Rasierwassern, schon als Junge faszinierte ihn diese Welt; er konnte es nicht erwarten, endlich auf einem dieser Sessel Platz zu nehmen … Er dachte an seine Mutter, an die Armut zu Hause. Die fand er jetzt gar nicht mehr so schlimm. Im Gegenteil, es ging ihnen nicht schlecht. Geborgenheit, jawohl, das war das richtige Wort für seine Kindheit in Sichtweite der Zeche. Er dachte an den langen, hohlwangigen Prinz, auch Prickel genannt, an Jupp Klenz, den Freund aus der Nachbarschaft, dessen Vater ein Deutschungar war, und an Erich, seinen jüngeren Bruder. Und daran, wie sie am Morgen auszogen, das Abenteuer zu suchen.

Ihre Ziege wartete schon. Auch Nachbars Lord war voller Ungeduld. Ein kluger Dobermann, ergeben und dienstbereit, wie nur Hunde sein können. Lord stand an einem Loch im Zaun hinter dem Holunderbusch. Sie hatten zwei Latten locker gemacht, damit er hindurchkonnte. Das hatte Gründe. Sein Herr, der ausgediente Bergarbeiter Roß, mochte die Ausflüge seines Hundes nicht. Lord wusste das. Aber sein aristokratischer Name sprach schon davon, dass er solche Einwände nicht gelten ließ. Eine hässliche Szene würde folgen, die zu alldem schmerzhaft endete. Lord blieb hartnäckig in seinem Bestreben, mit den Jungen durch den Wald zu streifen, ihnen die Stöcke zurückzubringen, die sie über die Lichtung warfen. Wie wild sich Herr Roß auch gebärdete, Lord wartete auf die Jungs und den Ausflug.

Ihr Weg führte durch einige Nebenstraßen zur Unterführung, über der das Eisenbahngleis der Zeche verlief; unentwegt donnerten hier die Waggons vorüber. Lord, der vor dem kleinen Trupp herrannte, war beschäftigt. Alle Licht- und Telegraphenmasten wurden untersucht. Er roch und schnupperte, las die hinterlegten neuesten Hundenachrichten. Einige gefielen ihm nicht. Er knurrte. Sein Fell sträubte sich in einem schmalen Streifen vom Kopf bis zum gestutzten Schwanz. Ja, einige Nachrichten gefielen ihm wirklich nicht. Man schrieb das Jahr 1917. Der Nachbar Grabowski, den die Kohle und ein von einer Lore abgerissener Zeigefinger vor dem Schützengraben bewahrt hatten, sagte zum alten Roß: «Es wird immer beschissener an den Fronten. Bald klappt der ganze Dreck zusammen.» Seine Manchesterhose schlackerte traurig um die dürren Beine. Der alte Roß sah über seine altersschwache Brille nach Grabowski. Dann spuckte er aus. Das war alles, was er zur Lage an den Fronten zu sagen hatte.

Die Unterführung lag hinter ihnen. Sie bogen in einen Feldweg ein, der zu einem Wäldchen bei den Kläranlagen führte. Hier wurde das Abwasser der Kokerei gereinigt, ehe es in die Lippe floss. Das Wäldchen war der einzige grüne Ort, der Kindern und Tieren zugänglich war. Zumindest hatte noch keiner versucht, sie aus diesem Paradies zu vertreiben, der Krieg hatte zu viele strebsame Beamte in die Schützengräben Belgiens, Frankreichs und Russlands geworfen … Für die vier Jungs, den Hund und die Ziege war das Wäldchen ein Stück Freiheit. Der Gestank der Kläranlagen kümmerte sie nicht. Die Ammoniak- und Naphthalindämpfe, gemischt mit Koks- und Teergasen, lagen täglich über der Bergarbeitersiedlung.

Lorenz öffnete für einen Moment die Augen. Richtig, er war nicht mit den Freunden unterwegs, er war auch kein Junge mehr, und von einem Wald konnte man in dieser Ödnis aus Eis und Schnee nur träumen. Dennoch fand er seine Lage, hier in der Banja, gar nicht so schlecht. Er schielte zum Nachbarstuhl. Der Armenier hatte gerade die erste Bahn Schaum abgestreift. Es würde dauern, bis der Mann rasiert war. Also noch Zeit, um in die Erinnerungen zurückzukehren.

Lotte, die Ziege, verrenkte ihren Hals. Sie hieß tatsächlich so wie seine spätere Frau, das sollte stets für viel Spott und Neckerei zwischen ihnen sorgen. Und Lotte hatte nur eines im Sinn. Noch bevor der kleine Trupp in den Wald einbog, mussten sie an einem Roggenfeld vorbei, das Großbauer Berkel gehörte. Täglich litt Lotte an dieser Stelle Tantalusqualen. Der Roggen war schon in die Ähren geschossen, die jungen Körner schmeckten milchig und süß. Durch die lange Nacht hungrig geworden – das Spülwasser am Morgen hatte diesen Zustand nicht wesentlich verbessert –, versuchte Lotte, im Vorbeigehen einige dieser Leckerbissen zu erhaschen. Im Grunde hatten die Jungs nichts dagegen, aber Bauer Berkel war ganz anderer Meinung, und es gab Ursache, diese andere Meinung zu respektieren. So wie Bauer Berkel sein Eigentum liebte, eine solche Wucht erlangten seine Maulschellen. Das sommersprossige Gesicht, die borstigen Haare auf westfälischem Schädel, der grobe Knochenbau, all das flößte den dünnbeinigen Kindern Schrecken ein.

Bauer Berkel kannte keinen Hunger. Er aß sich täglich viermal satt. Daran änderte auch der Krieg nichts. Er trug seine strotzende Gesundheit mit einer solchen Frechheit zur Schau, dass sie in der allgemeinen Umgebung von Hunger, Unterernährung und Elend wie eine Provokation wirkte. Egal, wie es an den Fronten stand, für ihn hatte der Krieg seine guten Seiten. Ein Sack Weizen zur rechten Zeit angeboten, brachte eine Menge Geld.

Die Jungen ließen den gefährlichen Abschnitt hinter sich. Lotte hatte nichts außer ihrem Speichel geschluckt. Das war gut so. Lord, der vorausgegangen war, schlug plötzlich an. Aus einem Versteck im Gebüsch kam Berkel hervor. Er trat nach dem Hund, dessen Zähne mit metallischem Klang zusammenschlugen. Ein Pfiff, und Lord ließ von seinem Gegner ab. Bauer Berkel wagte nicht, von neuem gegen den Hund vorzugehen. Er sah, der Dobermann hatte Lust auf Händel. Besser also, man ließ sich nicht mit ihm ein. Außerdem lag ja auch kein Grund vor. Die Lausejungs hatten gut auf ihre Hippe aufgepasst.

Die Jungs bogen in den Wald und verschwanden aus seinem Blickfeld. Das dichte Gestrüpp, die kratzigen Brombeerranken, die so hartnäckig nach ihren Beinen griffen, konnten sie nicht aufhalten. Endlich lag das kleine Gewässer vor ihnen. Sie scheuchten ein paar Teichschnepfen auf, die im Zickzackflug durch die Luft wirbelten und Purzelbäume schlugen, um dann am gegenüberliegenden Ufer ins Schilf zu fallen. Eine Rohrdommel unterbrach ihr Schlagen. Die Kinder standen wie von Zauber gebannt. Das laute, hastige Trinken Lords, der den stillen Wasserspiegel mit seiner Schnauze brach, rief die Jungs in die Wirklichkeit zurück. Sie erwachten aus ihrem Traum. Die Augen, die der Hunger groß umrandete, füllten sich wieder mit Leben. Unbewusst wiederholten sie die Schluckbewegungen des Hundes. Die Hosen rutschten. Erich versuchte, sie aufzufangen. Aber das gelang ihm kaum. Wie konnte es auch anders sein: Hüften, die das Herunterrutschen verhindern konnten, hatten sie alle nicht.

«Speck!»

Das klang wie ein Peitschenhieb. Sie stürmten zum Wasser. Prinz stand als erster knietief im Teich. In seinen Händen hielt er einen Schilfstängel: Speck! In hohem Bogen flogen die Blätter ins

Wasser. Seine Finger arbeiteten flink, bald war der gelbliche Kern herausgeschält. Prinz biss hinein, gierig schmatzend. Ein bitter-herber Geschmack verbreitete sich im Mund. Das dämpfte seinen Eifer und den der anderen auch. Sie frühstückten und dachten an frisches Brot, braun und knusprig gebacken, nie aufzuessen, weil es immer nachwächst.

Von den Klärteichen tönte lautes Rufen. Die Jungs schreckten auf, sie hatten beim Spiel alles vergessen. Der da schrie, das war Gottlieb, der Wächter der Kläranlage und ein Mucker, wie man in der Bergarbeitersiedlung sagte, ein Baptist, dem die Spottsucht der Kinder das Leben versauerte. Gleich war das Liedchen auf ihren Lippen:

Immer rin, immer rin
Bei Gottlieb und Kathrin.
Schon wieder eine Seele
Hat Gottlieb an der Kehle!

Doch was war das? Gottlieb fuchtelte mit den Armen, deutete über sie hinweg, aufgeregt und beschwörend. Die Jungs sahen sich ver-ständnislos an, drehten sich um und erstarrten: die Ziege!

Lotte hatte den Weg zurück genommen und stand mitten in Bauer Berkels Roggenfeld ...

Lorenz' Herz begann, aufgeregt zu klopfen ...

«He, Mechaniker?!»

Aus der Ferne hörte er die krächzende Stimme des Armeniers, der ihn unbemerkt eingeseift hatte und jetzt hinter seinem Stuhl stand. Gerade setzte er die Klinge des Rasiermessers an seinen Hals. Lorenz war froh, der Bedrängnis seiner Erinnerung entron-nen zu sein.

Der Barbier räusperte sich:

«Mechaniker, man sagt, in Ihrer Gesellschaft lebt es sich gefähr-lich ...»

Er strich langsam das Rasiermesser vom Kehlkopf zum Kinn hinauf. Etwas in seiner Stimme gefiel Lorenz nicht.

«Man sagt, Sie würden mit dem Hammer so flink umgehen.»

Lorenz gefror das Blut. Der Armenier war kein Freund. Ja, ja, sie kannten sich ganz gut. Machten sogar Geschäfte. Aber er war und blieb ein Urka, der seinen Gesetzen und Regeln folgte. Und wenn der Bursche mit dem Loch im Kopf und der Barbier zur selben Bande gehörten, dann …

Wehrlos saß er auf dem Stuhl, die Klinge am Hals, er rührte sich nicht. Der Hammer lag unter dem Stuhl, eingewickelt in seine Wattejacke. Unerreichbar. In dieser Situation hätte er ihm ohnehin nicht helfen können. Ein einfacher Druck auf das Messer genügte, er hatte es selbst mit viel Sorgfalt geschliffen. Er sah schon das Blut auf das Laken tropfen. Zudem, es führte einer das Messer, bei dem es auf ein paar Jahre nicht ankam. Zehn, zwanzig Jahre, ein Mord mehr spielte keine Rolle.

«Man sagt, Sie hätten dem Burschen ein schönes Loch in den Kopf geschlagen.»

Lorenz wagte nicht, die Spucke, die sich vor Aufregung im Mund gesammelt hatte, runterzuschlucken. Wieder und wieder strich die Klinge sacht über das Kinn, als wolle sie ihn zum Abschied noch einmal streicheln.

«Gut gemacht, sehr gut, Mechaniker.»

Der Armenier lachte plötzlich vergnügt.

«Man muss die Hündischen schlagen, wo man sie treffen kann. Ein Loch im Kopf reicht nicht, da muss der ganze Kürbis ab. Ich wünschte, Sie hätten bei Ihrem Einsatz so ein Messerchen wie meins bei der Hand gehabt. Zack.»

Er machte eine rasche Bewegung und hätte dabei fast die Nasenspitze des nächsten Kunden erwischt. Lorenz atmete tief. Die angestaute Luft schien mit einem Mal aus seinem Körper zu entweichen. Der Barbier war ein Krimineller «im Gesetz», also einer von der Gegenpartei. Weder im Gefängnis noch im Lager hörte die blutige Fehde zwischen den Syndikaten auf. Erst kürzlich war auf dem

171

Nachbarschacht ein Dutzend «Hündischer», jeder bewaffnet mit einer scharf geschliffenen Feile, in eine Baracke ihrer Gegner eingedrungen. Sie wüteten so lange, bis alle in ihrem Blut lagen. Die Wachleute schauten zu. Als Verstärkung kam, war alles lange vorbei.

An diesem Tag trieb Lorenz eine gewisse Eile, die Banja zu verlassen.

Wieder der letzte Tag im Jahr. Dieses Mal kein Schneesturm, nur ein dunkler Frosttag. Der Beginn der großen Zählung verzögerte sich. Die Häftlinge machten ihre Späße: Garantiert fand der Lagerchef seine Wodkaflasche nicht, und ohne Schnaps könne der nicht zählen.

Aber nein, Wodka war da. Ein Anruf aus der Zentrale hielt die Prozedur auf. Endlich warf der Offizier den Hörer auf die Gabel. Es folgte ein kräftiger Fluch. Jetzt konnte es losgehen, Gefangene zählen. Lorenz seufzte. Wieder diese endlosen russischen «K». Beim Buchstaben «L» hingegen ging es noch zügiger als sonst. Von den ursprünglichen fünf waren es noch drei.

«Luch Go Fen», rief der Schreiber und wunderte sich, als Lorenz aus der Reihe trat. Er hatte sicher einen Chinesen erwartet. Der Mann war neu.

«Mechaniker, bei deinem Namen bricht man sich ja die Zunge, ehe man die Buchstaben beisammenhat.»

«Tut mir leid. Hab's mir nicht ausgesucht.»

«Schwatzt nicht», unterbrach der Kommandant.

«Also, Ihr Paragraph?»

«Paragraph 58 Punkt 4. Agent der internationalen Bourgeoisie.»
Der Schreiber schaute in seine Papiere.

«Kann nicht stimmen.»

«Wieso kann das nicht stimmen? Erst letztes Jahr hat mir Ihr Vorgänger das diktiert. Was stimmt nicht?» Lorenz war verwirrt. Wieder hatte jemand an der Sache gedreht. Warum? Mit welchem Ziel? «Na, dann eben KRTD.»

«Auch falsch.»

«Und was ist in diesem Jahr richtig?»

«Paragraph 58 Punkt 10!»

«Punkt 10?!»

Den hatten wir noch nicht, dachte Lorenz. Jedes Jahr eine neue Begründung, das bedeutete, der NKWD selbst wusste nicht, warum er eigentlich inhaftiert war. Immerhin, den gefährlichen Unterpunkt des Paragraphen 58, «KRTD», hatte er verlassen. Als Trotzkist musste man immer mit dem Schlimmsten rechnen. Stalin verfolgte Trotzki unerbittlich bis in den Tod. Und der NKWD verfolgte all jene, die angeblich vom politischen Bazillus des Trotzkismus erfasst waren. Punkt 10 hieß, dass der Verurteilte zum Sturz der Sowjetmacht aufrief oder verbotene Literatur verbreitete. Das war nicht weiter schwer. Die Bibliotheken kamen nicht nach, die Bücher all jener zu vernichten, die gestern noch hochdekoriert und heute schon hingerichtet waren. Historische Fotos mussten ständig retuschiert werden, um die in Ungnade Gefallenen verschwinden zu lassen.

Lorenz kehrte an seinen Platz in der Reihe zurück, wo ihn Sascha Bauer freudig begrüßte:

«Mensch, Mechaniker, da hast du wieder Dusel. Punkt 10. Wenn es so weitergeht, wirst du noch vorfristig entlassen!»

Sascha lachte. Vorfristig war eine Vokabel, die in Workuta eigentlich nicht vorkam.

Das Jahr 1941: *Deutsche Truppen landen unter Rommel in Afrika. Das Patent für Teflonbeschichtung wird erteilt. Zuse baut den ersten Computer. Der deutsche Überfall auf die Sowjetunion fordert in vier Jahren Krieg über 25 Millionen Tote. Der Auflösung der Autonomen Wolgadeutschen Republik folgt die Deportation Hunderttausender nach Sibirien. Das Tragen des «Judensterns» wird im Deutschen Reich Pflicht. In Babi Jar bei Kiew kommt es nach der deutschen Besetzung zu Massakern an Juden, bei denen 33 000 Menschen ermordet werden. Grundsteinlegung für das Pentagon. Die Japaner überfallen Pearl Harbor. Deutsche Truppen stehen 17 Kilometer vor Moskau. Brechts «Mutter Courage» wird in Zürich uraufgeführt.*

Seite 175:
Ausweisfoto von Paula Lochthofen. Unterlage: Kajetan Klugs Originalbrief vom 8. August 1941.

1941

★

I

Drei Stück Zucker fielen mit einem leisen Glucksen ins Glas, hielten einen kurzen Moment inne, glitten dann langsam zu Boden, wo sie zerfielen. Er rührte den Tee nachdenklich um. Heißer bernsteinfarbener Tee, der zart dampfte und in dem überfüllten Abteil des Zugs Kotlas–Moskau ein längst vergessenes Gefühl der Behaglichkeit verströmte. Die Schaffnerin, ein Bauernmädchen mit roten Haaren und ansteckendem Lachen, warf spielerisch noch ein paar Stückchen Raffinade auf den Klapptisch am Fenster. Sie trällerte schon vom Gang her, wenn noch etwas gebraucht würde, wisse man ja, wo sie zu finden sei.

Pawel Alexandrowitsch schaute aus dem Fenster. Er sah Grün. Unendlich sattes, tiefes Grün der Wälder. Dieses Grün gab es nur im Norden. Nein, nicht dort, wo er herkam. Das war nicht der Norden, das war die Arktis. Dort gab es so gut wie gar nichts. Allenfalls zerzauste Sträucher. Ein von Kälte und Winden verkrüppeltes Land, so weit das Auge reichte.

Norden, das war hier. Ein solches Fest in Grün, das kannte der Süden nicht. Birken folgten Kiefern, Kiefern folgten Eschen, Espen, Tannen, Fichten und wieder Birken und Kiefern. Und dann die Luft, klar und frisch wie Kristall. Fast schien es so, als sei die Welt nur aus diesem Grün erschaffen.

Weiß, Weiß kam hier allenfalls als einzelne Wolkenfetzen am

strahlenden Junihimmel oder als kleiner Strich eines Birkenstamms vor. Und da war noch das Kopftuch der Bahnwärterin, die aus ihrem Haus gerannt kam, um das Fähnchen zu schwingen, wann immer der Zug freie Fahrt begehrte.

Freie Fahrt ...

Er buchstabierte die beiden Wörter. Langsam. Ganz so, als müsste er sie erst wieder lernen.

Freie Fahrt ...

Auf dem Bahnhof in Kotlas hatte er für ein paar Kopeken eine Postkarte gekauft. Ein Stück grauen Kartons. Auf der einen Seite bedruckt mit dem üblichen Wohin und Woher, auf der anderen Seite der Platz für den Text. Am Schalter der Bahnpost waren sie freundlich. Er bekam sogar ein Tintenfass und einen Federhalter durch das kleine Fenster gereicht. Man verstehe es schon, dass Menschen die von *dort* kamen, ein Bedürfnis zum Schreiben hätten. Das *dort* klang wie aus einem fremden Land. Von dem man viel gehört, aber das man selbst nie gesehen hatte.

Eine ferne Insel.

Ja, eine Insel. Anders konnte es auch gar nicht sein. Eine Insel fern aller Zivilisation. Weit weg von aller Menschlichkeit. Er kam von einer Insel, kein Zweifel. Sogar sein Weg dorthin führte über das Meer.

Sie wurden damals im Hafen von Archangelsk auf einen rostigen Kahn verfrachtet. Aus dem Weißen Meer ging es in die Barentssee, von dort bis zur Insel Waigatsch und dann durch die Tundra zu Fuß bis an die Workuta. Die ersten Tage auf dem Schiff verliefen ruhig. Doch am fünften oder sechsten kam Unruhe auf. Wo sie ihren Anfang nahm, wusste er nicht. Erst flüsterte es, dann schwoll es an, dann schrien sie immer aufgeregter. Erst einer, dann zwanzig oder dreißig, dann mehr. Sie wollten alles, wollten alles ganz genau wissen. Die Küste Norwegens sei nicht weit, und wenn sie jetzt die Brücke stürmten und die Wachleute über Bord warfen, könnten sie es schaffen.

«England wartet darauf, uns Asyl zu geben. Wer will, kann auch nach Amerika», ereiferte sich ein Muschik, seiner Aussprache nach stammte er aus dem Ural.

«Was sollen die in England mit dir? Du kannst ja nicht einmal richtig Russisch», erwiderte ein Mann in leichtem Sommeranzug.

Schon wenn man die beiden sah, war klar, dass sie niemals auf einen Nenner kommen konnten. Der Mann im Leinenanzug mochte vor seiner Verhaftung Professor an der Universität oder hoher Beamter in einem Kommissariat gewesen sein. Trotz erlittener Schikane behielt er Haltung. Ja, er blickte fast herablassend auf die Meuterer. Dennoch traute ihm Pawel Alexandrowitsch nicht zu, auch nur den ersten Winter im Lager zu überleben. Dort, im Norden, reichte es nicht aus, klug zu sein.

«Das ist doch alles nur eine Provokation», mischte sich ein Dritter ein. Mit ihm hatte sich Pawel Alexandrowitsch wortlos verständigt. Sie mussten sich nur ansehen und wussten Bescheid: Beide waren nicht zum ersten Mal auf einem solchen Transport. Beide kannten das Lager.

«Du bist selbst ein Provokateur. Du willst nur, dass wir in der Tundra krepieren und niemand da ist, der unsere Knochen in der Erde verscharrt ... Also, was ist, wer macht mit?»

Eilig hatte sich ein Pulk gebildet. Ein Wochra-Soldat schaute misstrauisch herüber, aber er konnte nichts verstehen. Der Wind trieb die Worte davon. Als er sich umdrehte, ging der Streit weiter.

«Natürlich ist das eine Provokation», ließ der Mann mit Lagererfahrung nicht locker. «Ich rieche solches Pack wie dich. Seht ihr da draußen am Horizont das Schiff? Es folgt uns seit Tagen. Was glaubt ihr, was das ist?»

Pawel Alexandrowitsch schaute in die Richtung. Doch er konnte nichts erkennen, sosehr er auch die Augen hinter den dicken Brillengläsern zusammenkniff. Ohne Brille war er praktisch blind. Mit Brille sah er in der Ferne nur das, was er kannte. Aber es musste wohl so sein, da draußen kreuzte ein Schiff.

«Wisst ihr es nicht? Ich will es euch verraten: Es ist eine Fregatte, und die wartet nur darauf, dass es hier losgeht. So schnell könnt ihr gar nicht gucken, wie die den Pott versenkt haben. Es wäre nicht der erste.»

Der Mann machte eine lange Pause, dann sprach er weiter. Nachdenklicher. Leiser.

«Die Gefängnisse sind voll. Die Lager übervoll. Da kommt ihnen ein versunkener Kahn gerade recht. Während wir die Fische füttern, kriegen die Matrosen an den Geschützen eine Sonderration Wodka. Also …»

Das klang überzeugend. Die hitzige Stimmung kühlte sich merklich ab. Schließlich zerstreuten sich die Meuterer. Die Fahrt ging ohne Zwischenfälle weiter. Einmal glaubte auch Pawel Alexandrowitsch, am Horizont so etwas wie ein Schiff zu sehen. Aber darauf schwören? Nein, das hätte er nicht getan.

Das war vor fünf Jahren. Lange her. Nun saß er in Kotlas auf einer Holzbank im Wartesaal, eine Postkarte vor sich, und suchte nach Worten. Er fand sie nicht. Und dabei hatte er so viele Jahre Zeit, sich die paar Zeilen zu überlegen. Immer wieder flüsterte er:

«Liebe Nina, liebe Lena!»

Wie gern hätte er auch «liebe Anna» geschrieben.

Aber Anna war tot.

Auch wenn die Nachrichten, die ihn nach seiner Verhaftung erreichten, spärlich waren, eines wusste er: Die Genossen hatten die Jahre nach seiner ersten Verbannung in die Wälder an der Pinega nicht ungenutzt verstreichen lassen. Was früher undenkbar schien, selbst unter dem Zaren unmöglich, das war nun Normalität geworden: Sippenhaft.

Ein böses Wort. Böse und gemein, wie die Kreaturen, die sie anordneten. Gleich nach ihm hatten sie dieses Mal auch seine Frau verhaftet. Die fern jedweder Politik nur ein Verbrechen begangen hatte: mit einem «Feind des Volkes» verheiratet zu sein. Er liebte sie, sie liebte ihn, mehr gab es nicht zu sagen. Es drehte ihm das Herz um, wenn er nur an sie dachte. Anna. Anna, meine Liebe. Sie bezahlte mit ihrem Leben. Ein Leben, das er eigentlich besser machen wollte. Er war bereits Bolschewik, da wussten die meisten, die ihn später verhörten, nicht einmal, was das ist. Pawel Alexandrowitsch trat 1907 in die Partei ein. Da war er siebzehn, voller Zuversicht, voller Hoffnung auf eine gerechtere Welt.

Doch das zählte nichts mehr. Schlimmer noch: Es machte ihn verdächtig. Was? Sie kannten Lenin? Haben sogar mit ihm Tee getrunken? Schön, schön. Wen kannten Sie noch? Auch Leo Trotzki? Da haben wir doch den Richtigen gegriffen. Er wurde verhaftet. Dann holten sie seine Frau. Die Misshandlungen im Gefängnis überlebte Anna nicht.

Ihre beiden Töchter blieben allein. Er mochte sich den Schmerz der Mädchen nicht ausmalen, ihre Tränen, ihre Sehnsucht. Er tröstete sich nur mit dem Gedanken, dass seine jüngere Schwester noch da war. Nüsja, ein zupackender Mensch, ließ nicht zu, dass die Kinder in ein Waisenhaus kamen. Die Große, Nina, blieb bei ihr. Nüsja und Nina verstanden sich, sie waren beide vom gleichen Schlag, aufgeschlossen, neugierig auf die ganze Welt. Lena, seine Jüngste, zerbrechlich, dafür umso eigensinniger, wurde von Annas Bruder aufgenommen. Der und seine Frau verwöhnten das Mädchen nach Kräften. Selbst hatten sie keine Kinder.

«Ich bin auf dem Weg.»

Er flüsterte die Worte. Das war die Botschaft. Mehr musste auf der Karte nicht stehen.

«Ich bin auf dem Weg.»

Nur diese fünf Wörter.

Er war frei. Er fuhr zu ihnen, zu seinen Kindern. Er würde sich im Süden eine Arbeit suchen, und vor allem würde er sich um die Mädchen kümmern. Eine kleine Familie. Nicht eine wie die anderen, denn es wird immer jemand fehlen. Anna. In seine Freude mischte sich wieder dieser dumpfe Schmerz, er war nicht vergangen in all den Jahren, sie fehlte ihm so sehr. Aber er hatte ja seine Mädchen. Die brauchten ihn. Ein guter Vater wollte er sein, damit sie diese verlorenen Jahre, diese schrecklichen Jahre, wo sie allein waren, vergessen könnten. Erst werden sie die Schule beenden.

Natürlich mit guten Noten. Dann werden sie studieren. Ja. Seine beiden Mädchen würden studieren.

Er hatte das nicht gekonnt. Ein paar Jahre Klosterschule mussten reichen, mehr gönnte ihm das Leben nicht. Oder der Vater. Aber es war auch egal, es gab keinen anderen Weg für ihn. Er führte in die Gießerei. Sein Vater, Alexander Alexandrowitsch Alförow, verunglückte, ein Gussteil zerquetschte sein rechtes Bein. Danach war er ein Krüppel. Er begann zu trinken. Der Nachbar fand sich dazu. Morgens, noch ehe es richtig hell wurde, verlangten sie nach dem ersten Glas. Die Hände zitterten, dass sie den Wodka nicht eingießen konnten. Die Mutter musste es tun. Dann senkten die Männer den Kopf zum Glas und fassten es mit den Zähnen. Nach den ersten «sto Gramm» verging der Schüttelfrost langsam.

Allen war klar, der Junge musste Geld verdienen. Sonst wären sie verhungert. Die Mutter, die jüngere Schwester, der Vater. Gießer, das hieß schwere Arbeit. Aber Gießer, das war auch ein angesehener und vor allem ein gut bezahlter Beruf. Ob Pawel Gießer werden wollte, fragte keiner. Da war er vierzehn, und es war 1904.

Heute ist es anders. Das wusste Pawel Alexandrowisch ganz genau. Seine Mädchen würden studieren. Früher wäre das nicht denkbar gewesen. Nicht für seine Kinder. Aber jetzt. Der Traum, sein Traum, würde sich erfüllen. Etwas hatten sie ja doch geschafft mit ihrer Revolution.

«Bis Moskau sind es nur zwei Tage», schrieb er auf die Karte. Dieser zweite Satz war kurz. Eigentlich belanglos, ohnehin nur Geschwätz. Geschwätz, wie er es nicht mochte. Weckte falsche Hoffnungen. Vielleicht dauerte es ja auch länger. Wer konnte in Russland schon sagen, wann und wo ein Zug ankäme oder nicht. Für die Kinder wäre es nicht gut, wenn sie warteten und niemand stiege auf dem Bahnsteig aus. Weil sich der Zug verspätete. Weil sie ihm in Moskau keine Fahrkarte für den Anschlusszug verkaufen wollten. Weil … Weil … Weil …

Es war noch viel Platz auf der Karte. Sicher, alles nicht so wichtig, was er da jetzt noch schreiben wollte. Aber er konnte doch die Karte nach all den Jahren nicht halb leer auf den Weg schicken. Er tauchte die Feder wieder in das Tintenfass.

«Wenn alles gutgeht, kriege ich einen Anschlusszug in den Süden. Dann bin ich in einer Woche wieder bei Euch.

Es grüßt Euer Vater.

Kotlas, 20. Juni 1941»

Er wartete, bis die Tinte trocken war. Klebte eine Briefmarke in die rechte obere Ecke und steckte das Stück Karton in den blauen Briefkasten. Natürlich landete die Nachricht erst einmal auf dem Sortiertisch des Geheimdienstes. Sie würden lange in den paar dürren Zeilen nach einer verborgenen Botschaft suchen. Das wusste er.

Am anderen Ende des Waggons hörte man plötzlich laute Schreie. Obwohl es ein Schlafwagen war, gab es keine Abteiltüren. Alles war offen. Die Reihen der Doppelstockbetten standen einmal quer und einmal längs zu den Fenstern, dazwischen der mit Koffern und Säcken vollgestellte Durchgang. So hörte jeder jeden, was besonders in der Nacht für alle, die einen leichten Schlaf hatten, zur Qual wurde.

Die Aufregung ging von einem hageren Mann mit gezwirbelten Bartenden und weißem, wehenden Haar aus. Er rannte barfüßig, nur mit einem Hemd und dicker grauer Unterhose bekleidet durch den Gang und schrie:

«Genossen, Genossen! Hurensöhne! Man hat mich im Schlaf bestohlen! Hose und Stiefel, weg! Am helllichten Tag! Wo leben wir eigentlich, Genossen?»

Und ohne eine Antwort abzuwarten, donnerte er weiter:

«Ich verlange, dass man mir die Hose zurückgibt! Ich kann doch in Moskau nicht ohne Hose dastehen?! Ich bin Veteran des Bürgerkriegs! Ich habe gegen Wrangel mein Blut vergossen! Und sie bestehlen mich! Mich! Genossen, wo leben wir eigentlich? Haben diese Menschen kein Kreuz unter ihrem Hemd? Diese Hurenböcke, dreimal verflucht sollen sie sein…»

«Die mit dem Kreuz, die sitzen woanders ...», rief ihm ein Mann aus dem Abteil nebenan hinterher und biss in ein bleiches Hühnerbein. Gemeinsam mit seinem Bettnachbarn hatte er ein russisches Stillleben am Fenster aufgebaut: ein Fläschlein Wodka mit zwei Gläsern. Gerade waren sie dabei, den ersten Schluck hinunterzukippen. Der Tumult lenkte sie ab. Nun, da der Alte den Waggon unter Gelächter verlassen hatte, vollendeten sie ihr Werk.

Pawel Alexandrowitsch zog seinen Buschlat über die Schultern, lehnte sich zurück in die Ecke zwischen Fenster und Sitzbank, die gleichzeitig als Bett diente, und schlief ein. Auch wenn es ihm leidtat. Im Schlaf konnte er die Birken nicht grüßen, die sich zu seinem Empfang als feierliches Spalier aufgestellt hatten.

Die letzten Meter schlichen sie im Schritttempo. Verschlafen blickte er aus dem Fenster. Eilende Passagiere, Säcke, Koffer, Hühner, dazwischen die gewaltigen Aufbauten der Gepäckträger, die mit ihren Wägelchen flink und rücksichtslos die Vorfahrt erzwangen: Der Jaroslawler Bahnhof hatte sich nicht verändert. Noch immer hatte man hier das Gefühl, halb Russland fahre gerade irgendwohin, während die andere Hälfte gerade von dort kam. Und wo traf man sich? Natürlich in Moskau.

Ihr Waggon ruckte ein letztes Mal und blieb unter fürchterlichem Quietschen stehen. Das Gedränge an der Tür mochte Pawel Alexandrowitsch nicht, er wartete, bis sich der erste Schwung Fahrgäste auf den Bahnsteig ergoss. Das Fenster war schmutzig. Offensichtlich war die Schaffnerin zu hübsch, als dass sie sich mit Fensterputzen beschäftigen wollte. Er nahm ein liegengebliebenes Laken und wischte den Staub von der Scheibe. Mit Verwunderung bemerkte er, wie sich die eben ausgestiegenen Menschen um einen Aushang am Ende des Bahnsteigs versammelten. Plötzlich schien alles Getriebe angehalten, die Passagiere verharrten wie versteinert, erfroren ihre Heiterkeit. Stumm standen sie und lasen.

So etwas hatte er noch nicht gesehen und konnte es sich auch nicht erklären. Als er endlich aus dem Waggon stieg, war es kaum möglich, sich durch die erstarrte Masse hindurchzuzwängen.

«Was ist passiert?», fragte er einen Mann mit einer blauen Schiebermütze auf dem Kopf und einem Sack auf dem Rücken.

«Wojna! Krieg! Die Deutschen haben Kiew bombardiert.»

«Krieg? Also doch.» Nein, es war keine wirkliche Überraschung. Der Krieg hatte sich angekündigt, seit Tagen und Wochen. Nur im Kreml schien man das nicht begriffen zu haben. In Workuta hatten sie viel darüber gesprochen. Über die Chancen, ihn zu bestehen. Und natürlich auch darüber, dass das Land nach den Wellen der Verhaftungen praktisch wehrunfähig war. Die wichtigsten Militärs waren erschossen oder saßen in Gefängnissen und Lagern. Die Wirtschaft lebte von Sklavenarbeit. Die Militärtechnik war hoffnungslos veraltet. Das Einzige, was sich prächtig entwickelte, war der Glaube: der Glaube, dass Stalin alles sieht, alles kann, alles weiß. Doch davon würden sich die Waffen der Deutschen kaum beeindrucken lassen.

Er versuchte, sich so schnell wie möglich einen Weg durch die Menschenmenge Richtung Ausgang zu bahnen. Seine Erfahrung sagte ihm, dass der Bahnhof für einen wie ihn, einen «Ehemaligen», jetzt kein guter Ort war. Der NKWD hatte nicht nur eine schlagkräftige und personell gut bestückte Vertretung auf jedem nennenswerten Knotenpunkt im Land. Die Bahnhöfe in Moskau waren im Grunde Außenstellen der Lubjanka. Mit eigenen Gefängniszellen und eigenen Richtern, die Menschen aus dem endlosen Strom der Passagiere herausgriffen und sie in der Schattenwelt des Gulag verschwinden ließen. Langes Zögern konnte verhängnisvoll sein.

Fast hatte er die Empfangshalle hinter sich gelassen, da sah er sie. Sie standen im Dunkeln neben dem weit geöffneten Eingangstor, durch das ein unglaublich blauer Himmel hereinstrahlte. Vier Uniformierte, die sich über einen Mann hermachten. Sie sahen ihn auch.

Der Offizier, der gerade noch mit Interesse die Papiere des Festgehaltenen prüfte, schob sie verächtlich einem der Soldaten zu und eilte Pawel Alexandrowitsch entgegen. Pawel Alexandrowitsch drehte sich um, er würde jetzt einfach in eine andere Richtung gehen. Doch es war zu spät. Er fühlte die Hand auf seiner Schulter, noch ehe er sich zwischen den Passagieren verlieren konnte.

«Bürger!», klang es hinter seinem Rücken. «Bürger! Sie können gleich weiter. Wir haben nur ein paar Fragen.»

Pawel Alexandrowitsch blieb stehen, drehte sich langsam um, schob die Hand von seiner Schulter. Sie schauten sich in die Augen. Obwohl er den Mann noch nie in seinem Leben gesehen hatte, kam er ihm auf ekelhafte Weise bekannt vor. Mit seinem wässrigen Blick, diesem anmaßenden Ausdruck im Gesicht, der unerschütterlichen Gewissheit, über Leben und Tod entscheiden zu können.

«Woher kommen Sie? Ihre Papiere.»

Pawel Alexandrowitsch schwieg. Holte langsam die Entlassungspapiere heraus. Durch seinen Kopf schossen Lorenz' Worte, der ihn immer wieder beschworen, ja ihm eine richtige Rede zum Abschied gehalten hatte:

«Fahren Sie nicht, Pawel Alexandrowitsch. Es riecht nach Krieg. Bleiben Sie in Workuta. Sie sind hier anerkannt und geachtet. Bei Freund und Feind. Sie haben die Gießerei aufgebaut und sind jetzt ihr Natschalnik. Als Freien wird man Ihnen hier nichts tun. Unten im Süden, da ist es anders.»

Sie redeten lange. Pawel Alexandrowitsch ließ sich nicht beirren. Er war frei. Er wollte zu seinen Kindern. Jetzt wusste er: Der Deutsche hatte recht behalten. Die Hoffnung, nach der Freilassung unbehelligt nach Hause zu kommen, erwies sich als trügerisch.

«Aha … Ach, so ist das …», der NKWD-Leutnant steckte den «Wolfspass» in seine Brusttasche. Wolfspass, das Entlassungspapier eines Häftlings. Hier stand unmissverständlich, dass der Besitzer für längere Zeit gesessen hatte.

«Folgen Sie uns!» Er wies in Richtung eines Zwischengangs und winkte zwei Soldaten herbei. «Sie wissen doch. Es ist Krieg. Und da können natürlich solche Elemente wie Sie nicht frei herumlaufen.»

Er öffnete eine Tür, die von einem bewaffneten Soldaten bewacht wurde. Pawel Alexandrowitsch trat in einen stickigen, von Menschen überfüllten Raum. Es war vorbei. Sie hatten ihn. Sie würden ihn wieder einsperren. Seine Freiheit währte nur eine kurze Bahnfahrt. Der Rest ging schnell. Einer der NKWD-Offiziere, die im Nebenzimmer residierten, zerriss seine Papiere und stellte lakonisch fest, dass es für ihn nur ein Reiseziel gebe, und das heiße Workuta.

«Mit welcher Begründung werde ich verhaftet?»

«Es ist Krieg», antwortete der Mann. «Das ist Grund genug!»

«Für wie lange? Wie lange sperren Sie mich ein?»

«Das kann Ihnen niemand sagen.»

Noch in der Nacht ging es mit einem Viehwaggon wieder in den Norden. Nina sollte ihren Vater nie wiedersehen.

II

Lorenz wusste, dieser Tag würde kommen. Und danach wäre alles anders als bisher. Er stand wie so oft am Morgen als Erster in der Werkstatt und blies das Schmiedefeuer an. Das war der schönste Moment des Tages. Die rote Glut wurde hell und heller, tauchte schließlich den ganzen Raum in einen warmen Schein.

Dann ging die Tür auf, Sidorow, ein Schlosser aus der Werkstatt, schrie:

«Krieg! Es ist Krieg! Hitler hat Russland überfallen!»

Der Junge konnte sich nicht beruhigen. Immer wieder schrie er dieses verdammte Wort: Krieg.

Es geschah, was geschehen musste: Nicht nur Hitler, nicht nur die Nazis waren Schuld am Krieg. Sondern alle Deutschen, die in der Sowjetunion lebten. Die Wolgadeutschen eingeschlossen. Und je schlechter die Lage an der Front wurde, umso schlimmer wurde vor allem die Behandlung der Reichsdeutschen. Mit einem Schlag verloren sie alle Posten, auch wenn dadurch die Produktion stockte, das Land auf diese Weise zusätzlich geschwächt wurde.

Wenige Tage nach Kriegsausbruch kam der Hauptingenieur in die Baracke und verlas mit unbeteiligter Stimme eine Liste von Namen. Ausnahmslos von Deutschen. Sie sollten alles liegen- und stehenlassen und mitkommen. Lorenz stand nicht auf der Liste. Als der Produktionschef schon gehen wollte, sprach er ihn an.

«Iwan Petrowitsch, was ist los? Alle sind Deutsche ...»

Der Hauptingenieur knurrte nur:

«Lorenz, hängen Sie Ihren Kopf nicht freiwillig in die Schlinge. Glauben Sie mir, es war ein hartes Stück Arbeit, die Dummköpfe zu überzeugen, dass Sie Holländer sind. Wie lange das geht, weiß der Himmel.»

Es ging genau vier Wochen. Man brauchte ihn noch. Unter ihm arbeitete die Werkstatt reibungslos wie nie zuvor. Das hieß Planerfüllung für das große Sowjetland und ein ruhiges Leben für die Chefs. Wer bei Verstand wollte das freiwillig aufgeben?

Der NKWD wollte.

Sie kamen zu zweit, in ihren dunkelblauen Uniformen. Er musste seine Sachen packen. Er war der letzte Deutsche in der Baracke.

Es ging auf Etappe ins Waldlager zum Holzeinschlagen – Lesopowal – am Fluss Ussa. Bäume hatte Lorenz lange nicht gesehen, mit fast zärtlicher Erinnerung dachte er an den Wald daheim, so winzig und zerzaust, wie er nah bei der Kokerei stand. Er dachte an den stolzen Dobermann und seinen Bruder Erich, der die besten Pfeile schnitzen konnte. Er dachte daran, wie sie unter den Bäumen lagen und in den Himmel schauten. Doch in der Taiga waren die Bäume keine Freunde, es waren geschundene Kreaturen wie die Männer. Nun wusste er auch, warum die Hügel am Fluss mit mannshohen Baumstumpen verunstaltet waren, wie er sie entlang der Petschora auf dem Weg nach Workuta gesehen hatte. Sie schlugen die Bäume in Höhe des Schnees. Lag der anderthalb Meter hoch, dann eben in dieser Höhe. Wenn es getaut hatte, ragten die kahlen Stümpfe in den Himmel.

Nach einer Woche beherrschte der Hunger alles. Jedes Gespräch. Jeden Gedanken. Selbst die Träume. Lorenz wachte hungrig auf. Lorenz schleppte sich hungrig in die Taiga. Lorenz schlief hungrig ein. Die Sterberate schnellte nach oben. Selbst die kräftigen, die lagererfahrenen Männer wussten keinen Ausweg mehr.

Nur einer Brigade ging es besser. Deren Mitglieder erfreuten sich bester Verpflegung, auch wenn man sie nicht mehr und besser arbeiten sah. Und das Woche für Woche. Lorenz ließ das keine Ruhe. Die Stämme sahen aus wie ihre, bei der Abnahme gab es keine Besonderheiten. Nur in der Küche wussten sie Bescheid, die Brigade hatte den «sozialistischen Wettbewerb um die beste Planerfüllung» schon wieder gewonnen.

Lorenz kam ein Verdacht. Alle zehn Tage musste der Brigadier einen Bericht über die geleistete Arbeit abgeben. Das sollte nicht einfach eine sachliche Anhäufung nackter Zahlen sein. Diese alte kapitalistische Sichtweise auf die Produktion hatte man im Sowjetland längst hinter sich gelassen, schließlich ging es um den Aufbau des Kommunismus. Auch im Lager. Selbst wenn es sich um Häftlinge handelte – auf das richtige Bewusstsein kam es an. Und der Einzige, der das begriffen hatte, war offensichtlich der Chef der satten Brigade.

So ging Lorenz zum Buchhalter. Er wolle den Bericht der Vorbilder lesen, um zu lernen, versteht sich. Der lehnte ab, wo käme man hin, wenn jeder Häftling nach Gutdünken in den Unterlagen rumschnüffeln dürfte. Aber der Kommandant, der mit dem Buchhalter gerade die Weltlage besprach, hatte einen guten Tag und freute sich über den wissbegierigen Deutschen. So bekam Lorenz die Genehmigung. Schon nach den ersten Zeilen wusste er, da war ein Künstler am Werk. Im blumigsten Parteijargon rühmte der Brigadier der Satten die Taten seiner sechzig Männer. Wo bei den anderen nur spärliche Zahlen standen, fand man bei ihm einen ganzen Roman. Kurzum, die einfachsten Dinge erschienen als edles Heldentum. Bestverpflegung war das Mindeste, was die Brigade dafür erwarten durfte. So ließ sich das Leben eher ertragen. Vor allem wenn man die anderen hungrigen Gestalten um sich herum sah.

Nachdenklich kehrte Lorenz in die Baracke zurück. Da saßen die Strategen seiner Brigade und klagten über eine ungerechte Welt, die den Bedürftigen das wenige nahm und den Satten im Überfluss gab.

«Hol sie der Teufel, die haben bestimmt jemanden in der Schreibstube bestochen», vermutete einer.

«Hast du gesehen, was für einen Berg Kascha die auf den Tellern hatten?», stimmte ein anderer zu. «Ich hab heute genau aufgepasst, wie viele Stämme sie zum Fluss bringen. Kannst mir glauben, keinen mehr als wir. Und doch fressen die sich satt, und wir hungern. Hast du schon mal im Lager solche fetten Fressen gesehen? Ich nicht! Höchstens bei der Wochra.»

«Da kann man nichts machen», seufzte der Brigadier. «Blat wysche, tschem narkomat!» Mit dem gängigen Spruch «Beziehungen sind wichtiger als das Volkskommissariat» wollte er die Männer erheitern. Es gelang nicht. An diesem Abend erntete er nur unwilliges Knurren.

«Ganz so ist es nicht», sagte Lorenz nach einer Weile.

Die Runde schaute ihn an.

«Was willst du damit sagen?», raunte der Brigadier.

«Ich will sagen, man kann sehr wohl etwas tun.»

«Und was sollte das sein?» Der Brigadier reagierte gereizt.

«Das hat nichts mit Beziehungen zu tun.» Lorenz überhörte den drohenden Unterton.

«Womit denn sonst?»

«Auch nichts mit der Leistung der Brigade.»

«Sondern?»

«Mit der Leistung des Brigadiers.»

«Was soll der Blödsinn? Das ist doch nur dummes Gerede. Alle arbeiten gut, nur ich arbeite schlecht? Wer soll das glauben?»

«Das habe ich nicht gesagt. Du arbeitest wie alle anderen. Aber ...»

«Aber ...? Was aber?»

«Aber du schreibst die falschen Berichte.»

«Falsch? Was soll daran falsch sein? Die Berichte sind so, wie Berichte sein müssen. Davon werden es nicht mehr Kubikmeter.»

«Wäre schön, wenn's so wäre. Ich hab's mir selbst angesehen. Die arbeiten vielleicht sogar weniger als wir, haben aber dafür die besseren Berichte. Du kennst doch das schöne russische Wort ‹Pokasucha›. Das heißt, man tut so, als ob, und das noch viel schöner, als es im richtigen Leben sein kann ...»

«Männer, wir sollten dem Schwätzer nicht länger zuhören.»

«Langsam, Brigadier. Da scheint doch was dran zu sein. Wir sehen es ja: Die sind satt, wir nicht.»

«Also, entweder das Gerede hört mir sofort auf. Oder ...»

«Was heißt hier ‹Oder›? Wir haben dich gewählt, wir können dich auch absetzen.»

«Ach, so ist das? Ich reiß mir hier den Arsch auf, und der schnüffelt hinter meinem Rücken.»

«Ich sage nur, was ich mit eigenen Augen gesehen habe. Unsere Berichte sind so schlecht wie die der anderen Brigaden. Mit einer Ausnahme eben. Und denen geht es besser.»

«Wenn du alles besser weißt, mach doch den Dreck alleine!»

Der Brigadier sprang auf und ging weg vom Feuer. Die anderen schauten Lorenz an. Bis zu diesem Moment wusste er, Brigadier werden, das wollte er auf keinen Fall. Nicht selten entschied der Chef einer Brigade über Leben und Tod. Wer macht die miese Arbeit? Wer wird geschont? Fragen, die sich jeden Morgen stellten. Er wollte sie nicht beantworten müssen. Aber es war zu spät.

«So, Lorenz, nun bleibt dir nichts anderes übrig, als den Brigadier zu machen. Wollen doch mal sehen, ob du im Schreiben so gut bist wie im Reden.»

Noch am Abend stimmte die Brigade ab. Lorenz wurde gewählt. Er hatte die Revolte angestoßen. Nun konnte er nicht zurück.

Einen Tag vor der Abgabe des nächsten Berichts ging er nicht wie üblich nach der Rückkehr aus dem Wald gleich in die Stolowaja-Kantine, um seine spärliche Ration in Empfang zu nehmen, sondern zuerst hinüber zur Lagerleitung. Denn für gewöhnlich machte die keine Überstunden. Der Politoffizier und der Buchhalter saßen beieinander, hatten es warm und redeten über dies und das. Lorenz fragte, ob es denn möglich sei, sich eine frische «Prawda» auszuleihen oder zumindest die letzte Nummer, die das Lager erreicht hatte. In der Baracke würde viel über Politik diskutiert, aber oft ohne Sachkenntnis und richtigen Standpunkt. Da täte etwas Zeitungslektüre gut.

Der Politruk schaute ihn erst verwundert, dann begeistert an. Die politische Arbeit im Lager war eine mühselige Angelegenheit. Die Gefangenen stellten sich stur und unbelehrbar. Weder wollten sie bessere Menschen werden noch einsehen, dass es nur zu ihrem Wohl war, dass sie hinter Stacheldraht saßen. Doch endlich schien es einer begriffen zu haben. Der Parteihäuptling rannte in sein Zimmer. Zurück kam er mit einem ganzen Packen. «Prawda», «Iswestija», «Trud» – alles, was er finden konnte.

Mehr noch als über die bevorstehende lehrreiche Lektüre freute sich Lorenz, dass nun auf Wochen das nötige Papier für die Notdurft gesichert war. Natürlich galt es, vorsichtig zu sein. Denn bei den vielen Stalin-Porträts in den Zeitungen musste man genau darauf achten, mit welcher Seite man seinen Hintern abwischte. Wie sehr das Scheißen ein politischer Vorgang sein konnte, hatte er schon einmal erlebt.

Irgendein armer Kerl hatte es nicht bis zu den Latrinen geschafft. Oder er war einfach nur ein Dreckschwein, pinkelte und schiss, wo es ihm gerade einfiel. Jedenfalls hatte der Kerl seinen Haufen mit einem Stück Prawda verziert, auf dem das Bildnis des geliebten Führers prangte. Es herrschten klare Frosttage. Das heißt, die Bedingungen dafür, dass möglichst viele Leute den Frevel sahen, waren optimal. Das Kunstwerk gefror, und jeden, der zur Latrine ging, sah Stalin mit verschmiertem Gesicht an. Irgendwann bekam auch die Lagerleitung Wind davon. Sofort rückte ein Trupp Kanalarbeiter aus.

Am Abend musste die gesamte Lagerbesatzung zum Appell antreten. Es wurde gedroht und geschrien. Der Lagerchef versicherte, man werde den Saboteur finden und ihn seiner gerechten Strafe zuführen. Da man jedoch keine Fingerabdrücke nehmen konnte und sich freiwillig niemand zu der Tat bekannte, ließ die Wochra die dreihundert Mann zur Strafe stundenlang im Frost stehen. Solche Strafen waren das Todesurteil für geschwächte Häftlinge, aber das spielte keine Rolle. In der Lagerlogik hieß es, wer umfiel und erfror, hätte den Winter ohnehin nicht überlebt.

Schließlich setzte der Kommandant eine Belohnung aus für jeden, der einen brauchbaren Hinweis liefern konnte. Es winkte ein Monat lang beste Verpflegung. Eine unendliche Versuchung. Aber nichts, keiner wurde gemeldet. Der Täter war offensichtlich bei dem Vorgang allein gewesen. Sicher hätte man auch jemanden einfach so ans Messer liefern können, Menschen wurden schon für weit weniger verraten. Aber so ein Abendessen mit Fleisch und Nachtisch konnte man nicht heimlich verspeisen. Alle hätten sehen können, wer der «Klopfer» war. Die hatten im Lager keine hohe Lebenserwartung.

Jedenfalls ging Lorenz mit seinem Packen Zeitungen beschwingt davon. Er fragte sich, wie beschränkt Funktionäre nur sein können. Der Politruk schien allen Ernstes zu glauben, sie würden nun in der Baracke den Aufbau des Kommunismus diskutieren. Dabei brauchte er für den Bericht nur ein paar Phrasen aus der «Prawda», die neuesten Losungen und Hymnen auf Stalin, der nach dem ersten Schock des Kriegsausbruchs wieder zu Kräften kam.

Das Prinzip der «Schapka», also der politischen Mütze, die praktisch auf jedem wissenschaftlichen Text saß, ob er die Entstehung der Arten, die Aufzucht von Schweinen oder das Leben von Pilzen und Bakterien behandelte, hatte Lorenz noch an der Universität gelernt. Gespickt mit Zitaten von Lenin, Marx und Stalin, entschied die «Schapka» oft genug darüber, ob jemand ein großer Wissenschaftler wurde oder ein kleines Licht blieb. Was unter einer gelungenen politischen Mütze an Neuem, gar Bahnbrechendem steckte, blieb oft genug zweitrangig.

Lorenz holte sich am Ofen einen Blechbecher mit heißem Wasser und legte los.

«Die faschistische Hydra hat ihr Haupt erhoben, um den Hort des Menschheitsfortschritts, die Sowjetunion, zu vernichten. Aber die Sowjetmenschen werden siegen! An der Front und hinter den Frontlinien. Wir, die Brigade 3 des ‹Lesopowal› an der Ussa, sind diese Woche wie ein Mann aufgestanden, um unseren Beitrag im ruhmreichen Kampf des Vaterlandes zu leisten.

Unsere Gewehre sind die Äxte!

Unsere Geschütze sind die Sägen!

Unsere Panzer sind die Holzstapel, die den Himmel stürmen!

Gemeinsam mit der ruhmreichen Roten Armee werden wir den barbarischen Feind in die Knie zwingen! Jeder frischgeschlagene Stamm wird ein Pfahl im Fleische der Faschisten sein. Unter den mächtigen Schlägen Mütterchen Russlands werden die Hitler-Horden zerbröseln. Über dem Reichstag wird das rote Tuch wehen.

Und wir, die Brigade 3 des ‹Lesopowal›, werden die Fahnenstange liefern.»

Es folgten die üblichen Zahlen – die geschlagenen Festmeter Holz, der Krankenstand, die Abgänge infolge Dahinscheidens – und alles, was sonst noch passierte. Die Woche war nicht besser als die vorangegangene. Aber auch nicht schlechter.

Am Morgen gab Lorenz das Papier mit wichtiger Miene beim Kommandanten ab. Der wunderte sich, dass es mehrere Blätter waren, nicht wie sonst nur eins. Lorenz musste seine aufsteigende Heiterkeit unterdrücken. Nein, kein Grund zum Lachen, schließlich ging es ums Überleben. Was spielten da schon ein paar lächerliche Worte, ein paar Übertreibungen und Phrasen für eine Rolle.

Es war ein kalter, grauer Tag, an dem es wieder einmal nicht hell werden wollte und selbst der Platz am Feuer kaum Wärme gab. Vielleicht bildete er es sich ein, aber Lorenz hatte bei der Arbeit das Gefühl, von den anderen Gefangenen beäugt zu werden. Jetzt, wo er die Verantwortung für das Projekt «Extra-Kessel» übernommen hatte, wurde ihm mulmig. Es war schon schwer genug, für sich allein zu sorgen. Nun hatte er bei allen Hoffnung genährt und konnte nur darauf vertrauen, dass sein Plan aufging. Das würde sich spätestens bei der Essenausgabe am Abend zeigen.

Auf dem Rückmarsch zum Lager zog sich der Tross für gewöhnlich Hunderte Meter in die Länge. Viele der Waldarbeiter waren so ausgezehrt, dass sie kaum gehen konnten. Doch dieses Mal war es anders. Selbst einige von denen, die allenfalls noch humpelten, trabten plötzlich, angetrieben von einer wunderbaren Hoffnung.

Lorenz wurde es immer unheimlicher.

Nachdem die erste und die zweite Brigade abgefertigt waren, kam auch für die Brigade 3 der Augenblick der Wahrheit. Anton, ein Wolgadeutscher, hatte sich kraft seiner Statur an allen vorbei an die Spitze der Warteschlange geschoben. Er tauchte bis über beide Arme ins Ausgabefenster der Stolowaja ein. Man hörte seinen Bass und die Erwiderung aus der Küche. Lorenz, der sich hinten angestellt hatte, konnte die Anspannung kaum noch ertragen.

Der alte Brigadier schaute feindselig. Er hatte die Kränkung nicht verwunden.

Anton tauchte aus dem Fensterchen der Essenausgabe auf. Glücklich klemmte er sich das Schwarzbrot unter den Arm. Ein Kilo Brot? Das war mindestens der dritte «Kessel». Sie hatten es geschafft. Der Hüne lief mit Kastenbrot und einer Schüssel Suppe selig lächelnd an Lorenz vorbei.

«Brigadier, du bist unsere Rettung!» Er strahlte wie ein Kind. «Es ist der Spezialkessel. Und nach der Suppe gibt es noch Kascha. Aus Buchweizen. Was will der Mensch mehr?»

Ein fröhliches Murmeln erfasste die Wartenden. Lorenz atmete tief durch. Wie lange der Segen anhalten würde, konnte er nicht wissen. Aber sein Einsatz hatte sich gelohnt. Sie hatten dem Tod ein paar Tage abgerungen.

III

Paula saß auf einem Stuhl nah beim Fenster, die knochigen Hände fest auf die Knie gepresst. Vor ihr auf dem Küchentisch, mitten auf der vom vielen Abwischen farblos geriebenen Wachstuchdecke, lag ein Briefumschlag. Sie starrte ihn an und suchte die Kraft, ihn endlich zu öffnen. Ihr kleines Kartoffelmesser lag daneben, aber sie rührte es nicht an. Gerade jetzt war Lydia nicht im Haus. Wo doch die Tochter in solchen Momenten immer genau das Richtige tat.

Es war der Brief.

Paula wusste es sofort. Als der Postbote kam und ihn ihr persönlich in die Hand drückte, da spürte sie, dass es nur der Brief sein konnte. Etwas in ihr fiel tief runter und versetzte sie in eine Unruhe, so wie damals, als ihr Mann noch täglich in den Schacht einfuhr. Sie hatte Angst um ihn, und es wurde auch mit den Jahren nicht besser; jede Stunde wartete sie, dass er heil nach Hause käme, erst dann zog Ruhe in ihr Herz. Bis zum nächsten Morgen. Denn sie wusste es immer, eines Tages würde es geschehen. Aber der Mann überlebte alles, was unter Tage passierte, Schlagwetter, Explosionen. Die Staublunge nicht.

Das war nun schon über zehn Jahre her. Und fast genauso lange war ihr Sohn Lorenz aus dem Haus. Der Mann auf dem Friedhof, der Sohn seit Jahren verschollen.

Nun dieser Brief.

Sie schaute den Umschlag an, er war beschriftet mit den unterschiedlichsten Tinten und Stiften. Die rote Hindenburg-12-Pfennig-Briefmarke klebte ordentlich in der Ecke rechts oben. Darauf ein Stempel von Freudenstadt und das Datum 6. 8. 41.

Freudenstadt? Da kannte sie niemand. Nein, ganz bestimmt nicht. Überhaupt, in den letzten Jahren kam kaum noch Post ins Haus, kein Brief, keine Karte. Früher, ja, da war das etwas ganz anderes, da konnte sie den Nachbarinnen vorlesen, was ihr Sohn berichtete, der jetzt an der Universität studierte. Lorenz schrieb ausführlich, ganze Romane, über das Leben in Moskau, von den Prüfungen und seinem erfolgreichen Abschluss. Das Bild der schönen Tatarin klemmte noch am Küchenschrank. Auch wenn aus den beiden nichts wurde. Sie wusste, dass er umgezogen war, nach Engels an der Wolga, jetzt eine deutsche Frau und eine kleine Tochter hatte. Larissa, ein schöner Name. Gern hätte sie das Kindchen einmal in die Arme genommen, doch so musste sie sich mit dem Foto begnügen. Immerhin, sie besaß einige Bilder, auch von ihrem Lorenz, auf den sie so stolz war.

Seit einigen Jahren war es jedoch still. Sie wusste weder, was mit ihm geschehen war, noch, wo er steckte. Ob er überhaupt noch lebte. Selbst August, ihr Schwiegersohn, schickte aus dem KZ im Emsland hin und wieder eine Karte. In den dürren Zeilen stand nichts von den Schrecken des Moorlagers, aber sie und ihre Lydia, ihre Älteste, wussten so wenigstens, dass er lebte.

Von Lorenz kam keine Nachricht. Nichts.

Wenn doch nur Lydia endlich nach Hause käme. Wo blieb sie nur so lange? Die kleine, hagere Frau mit dem energischen Gesicht, das die Spuren harter Jahre trug und durch den Haarknoten am Hinterkopf noch strenger wurde, schaute immer noch gebannt auf den Umschlag. «An Frau Paula Lochthofen» stand da. Das war sie. Eine andere Paula Lochthofen gab es nicht. Auch wenn der Absender fast in jedem Wort einen Fehler gemacht hatte, so dass es ein Wunder war, dass der Brief sie erreicht hatte, den Namen kannte er offenbar genau.

«Wenn Adressat gestorben oder abgereist bitte an andere Familienmitglieder ausfolgen» war mit kleiner Schrift in die linke Ecke gekritzelt. «Ausfolgen», wer sagte denn so etwas? Paula überlegte, ob sie jemanden kannte, der so sprach. Sollte das in Freudenstadt tatsächlich so viel anders sein als bei ihnen? Aber halt, da stand ja noch etwas, quer mit roter Tinte auf die linke Seite des Briefumschlags geschrieben: «Abs. Kajetan Klug Linz (Donau) Fabrikstr. 12».

Kannten sie jemanden in Linz, und wenn ja, was hatten sie mit dem zu tun? Lydia konnte das als Einzige wissen, ihr fiel niemand ein. «Kajetan», den Namen hatte sie noch nie gehört. War es überhaupt ein deutscher Name? Unter den Bergleuten in der Siedlung hieß niemand «Kajetan». Nicht einmal die, deren Väter aus Polen kamen. Auch bei den Grabowskis nebenan hatten sie keinen «Kajetan» in der Familie. «Bronislaw» oder «Pjotr», das kannte sie, aber «Kajetan»? Nein.

Wo blieb denn nur Lydia? Sie konnte nicht mehr warten. Also musste sie selbst handeln, auch wenn ihr der Gedanke den Atem verschlug. Sie hatte Angst. Angst, dass mit dem Brief ein großes Unglück in ihr Haus käme. Und wenn es so sein sollte, dann wollte sie wenigstens nicht allein sein. Aber Lydia kam nicht.

Paula fasste das Messer und schlitzte den Umschlag auf. Vier Seiten, eng beschrieben. Sie hastete mit ihrem Blick von Zeile zu Zeile, ohne den Sinn der Sätze richtig zu verstehen. Das konnte man später nachholen. Vorerst ging es nur um eins:

«5. / 8. 1941
    Werthe Familie Lochthofen!
    In Erfüllung eines gegebenen Versprechens, von Ihrem Sohn Lorenz Lochthofen anlässlich meiner Abreise von der russischen Gefangenschaft als politischer Sträfling und Flucht in mein Heimatland, fühle ich mich verpflichtet Ihnen über das Schicksal Ihres Sohnes sowie Seiner Frau Lotte geb. Reis und deren Tochter Nachricht zu geben.
    Ihr Sohn Lorenz wurde im Jahre 1938 in der Stadt Engels in der Wolgadeutschen Republik wegen angeblich politischen vergehens verhaftet und auf 5 Jahre Straflager verurteilt ist im Sommer 1938 nach Workuta Lagerpunkt Usa gekommen wo selbst er sich seit dieser Zeit befindet und unter schweren Arbeitsbedingungen in der Werkstätte der Eisenbahn Workuta-Usa arbeitet ...»

Er arbeitet. Also lebt er. Paulas Herz raste und schlug ihr bis zum Hals. Lorenz lebt.

«Seine Frau Lotte Lochthofen wurde auf 5 Jahre Lagerarbeit in das Lager Karaganda in Mittelasien verschickt weitere Nachrichten über Ihren dortigen Aufenthalt fehlen, das Töchterchen ist im Gefängnis in Engels gestorben …

Also im Auftrage Ihres Sohnes bitte ich Sie alles zu tun was möglich ist und nach Möglichkeit zu helfen. Ich habe Ihren Sohn das letzte Mal am 28. 4. 41 gesprochen und gesehen er war damals soeben von einer längeren schweren Herzkrankheit an welcher er seit 2 Jahren leidet und die sich besonders verschlechtert hatte 3 Monate krank lag, die erste Woche wieder arbeitete, er bat mich falls, mir die Flucht aus dem Sowjetlande gelingen soll, Euch über sein Schicksal zu verständigen sowie auch zu bitten das Ihr alles unternehmen möget was notwendig ist um Ihn zu retten. Dieser meiner Aufgabe entledige ich mich nun mit dieser Mitteilung und des Wunsches Ihres Sohnes. Gleichzeitig bestelle ich im Namen Ihres Sohnes die herzlichsten Grüsse und stehe Ihnen falls notwendig jederzeit zu Verfügung

Kajetan Klug»

Lager. Zwangsarbeit. Workuta. Larissa tot.

Worte wie Nadelstiche. Reglos saß sie in der dämmrigen Stube. Sie konnte vieles von dem, was sie da gelesen hatte, nicht verstehen. Paula legte den Brief auf den Tisch. Draußen im Flur hörte sie, wie die Tür geöffnet und leise geschlossen wurde. Endlich war Lydia nach Hause gekommen.

«Er lebt!», schrie ihr Paula zu. «Er lebt!», wie ein junges Mädchen sprang sie auf, die Tochter zu umarmen.

Das Jahr 1942: *Gründung der Vereinten Nationen in Washington durch 26 Staaten. Auf der Wannsee-Konferenz wird die Vernichtung der Juden als «Endlösung» detailliert geplant. Stefan Zweig begeht im brasilianischen Exil Suizid. Anna Seghers Roman «Das siebente Kreuz» erscheint. Der SS-Reichsführer Heinrich Himmler genehmigt den Generalplan Ost, der eine zwangsweise Umsiedlung der slawischen Bevölkerung Osteuropas nach Sibirien vorsieht. Die Rote Armee beginnt die kriegsentscheidende Gegenoffensive in Stalingrad. Nobelpreise werden kriegsbedingt nicht vergeben. Erste Energiegewinnung durch Kernspaltung in den USA.*

Seite 201:
Kleines Foto: Pawel Alexandrowitsch Alförow bei seiner Verhaftung durch den NKWD 1936 in Stalino. Größeres Foto: Pawel Alförow 1956 in Workuta.

1942

★

«Wer nicht aufsteht, wird erschossen!»

Die Worte des Lagerkommandanten klangen wie das Bellen eines tollen Hundes. Laut. Geifernd.

Dennoch, es rührte sich keiner. Die Häftlinge blieben auf den Pritschen liegen. Entschlossen, das Unvermeidliche zu tragen.

Kein Widerwort.

Kein Stöhnen.

Nichts.

«Uch, diese Hurensöhne …», es folgte eine weitere Tirade Drohungen und gemeiner Flüche. Dann knallte die Barackentür. In der Stille hörte man die Stiefel durch den Schnee knirschen. Die Häftlinge blickten stumm auf den leeren Platz am Ofen, wo gerade noch der Kommandant gestanden hatte. Nur ein Wunder konnte sie noch retten. Lorenz glaubte nicht an Wunder.

Wie zu erwarten, blieb die Arbeit im Wald nur eine Episode. Schon bald ging es von der Ussa zurück an die Workuta.

Abschied von den Bäumen.

Mit dem Vorrücken der Wehrmacht wurde die Lage der Deutschen im Land, ob noch frei oder bereits eingesperrt, immer schwieriger. In Workuta isolierten die Wachen sie sofort von den anderen Gefangenen und brachten sie in ein Speziallager nahe dem Schacht Nr. 7. Schon beim Marsch dorthin kroch das Gerücht durch die Kolonne, man werde sie umbringen, dort in der Einöde, wo es keine Zeugen gab. So wie im Jahr 1937, als Trotzkisten und Menschewiki in einem abgeschirmten Areal zusammengetrieben und erschossen wurden. Diese hatten es gewagt, gegen die unmenschlichen Haftbedingungen und für die Anerkennung ihres Status als politische Gefangene zu streiken. Das konnte der NKWD nicht durchgehen lassen.

Alarmiert durch den Zwischenfall, eilte damals aus der Zentrale in Moskau eine Kommission nach Workuta. Die Kontrolleure mussten nicht lange nach einer Erklärung suchen: Die Ermordung Hunderter Gefangener, das konnte nur ein Akt der Willkür sein. Nun war so ein Lager kein Ort, an dem Gesetze etwas galten, doch mitunter hielt es die Obrigkeit für angebracht, den Blutrausch allzu eilfertiger Staatsdiener zu bremsen. Die ergriffenen Maßnahmen entsprachen ganz und gar dem Geist der Zeit. Jenes Exekutionskommando, das die Streikenden niedergemäht hatte, erschoss kurz darauf den Lagerchef samt seiner unmittelbaren Helfer.

Die Erinnerung an das Blutbad lebte im Lager weiter.

So schlichen dreihundert Männer entkräftet durch das Dämmerlicht des Polartages. Vor ihnen die Tundra, reglos und kalt, am Horizont, wie ein dünner Strich, die Ausläufer des Ural-Gebirges. Das Sonderlager bestätigte ihre Befürchtungen. Es bestand aus drei Baracken: zwei für die Häftlinge und eine für die Lagerleitung, in der sich zugleich die Küche und das Lebensmittellager samt Sanitätsstelle befanden. Es gab weder Strom noch Wasser. Zum Kochen und Waschen nahmen sie Schnee, der in Kesseln geschmolzen wurde. Wenigstens gab es Kohle, obwohl der Schacht noch nicht produzierte. Eine Schmalspurbahn verband das Quartier der Aussätzigen mit der übrigen Lagerwelt.

Die Mehrzahl der Gefangenen wurde zum Vortrieb des Schachtes abkommandiert, Lorenz in die mechanische Werkstatt. Auch hier war alles primitiv. Kein Vergleich zu seiner Arbeit bei der Bahn. Dennoch machte es einen gewaltigen Unterschied, ob man draußen im Freien zu Beton gefrorenen Abraum mit Hacke und Schaufel wegschabte oder in einer vor Wind und Frost geschützten Schmiede stand. Es war einer der Arbeitsplätze, die einem das Leben retten konnten.

So war es bei Horst, einem jungen Mann aus Berlin. Sein Vater, Max Seydewitz, galt als einer der angesehensten linken Sozialdemokraten. Die Söhne mussten aus Deutschland fliehen; in Moskau wurden sie unter der aberwitzigen Anschuldigung verhaftet, sie wollten einen Ableger der Hitlerjugend gründen. Horst kam nach Workuta, sein Bruder Frido an die Kolyma. Lorenz brauchte den Burschen nur anzuschauen: In seiner Verfassung würde der keine drei Wochen im Schacht überleben. So versuchte er alles, ihn in die Werkstatt zu holen. Vielleicht war es ein Wunder, vielleicht Zufall, irgendwie schaffte er es. Ab sofort stand Horst am Schmiedefeuer. Sicher war er nicht der begnadete Handwerker, das gab er in seiner bescheidenen Art jederzeit offen zu. Woher sollte er auch das nötige Wissen haben? Nach seiner Flucht aus Deutschland hatte er nur eine kurze Ausbildung in einem Moskauer Betrieb erhalten. Aber Horst war absolut zuverlässig und ein Landsmann. Zu zweit ließ sich vieles besser ertragen.

Wenige Tage nach dem Eintreffen im Sonderlager wurde die tägliche Brotration auf unter 300 Gramm herabgesetzt. Damit war das Gerücht, die Deutschen sollten umgebracht werden, zur Gewissheit geworden. Mit dem winzigen Stückchen Brot und einer trüben Wassersuppe gab es kein Überleben. Das Speziallager sollte also für die erste Welle deutscher Häftlinge in Workuta das Ende sein. Zwei weitere Wellen würden folgen. Die der Kriegsgefangenen, beginnend mit der verlorenen Schlacht bei Stalingrad, und die der neuen Politischen, die nach dem Krieg im sowjetisch besetzten Osten Deutschlands von der Straße weg verhaftet wurden.

Die Lage am Schacht Nr. 7 spitzte sich schnell zu. Entkräftet, schafften immer weniger Gefangene den täglichen Anmarschweg durch die Schneewehen zur Arbeit. In wenigen Wochen war von den dreihundert Gefangenen nur noch ein Drittel übrig. Der Tod arbeitete in diesem Winter im Akkord. Da es unmöglich war, für all die Toten Gräber in den Frostboden zu hacken, wurden sie in einer der beiden Baracken abgelegt. Die noch Lebenden drängten sich in der anderen. Niemand erschrak mehr, wenn am Morgen der Pritschennachbar kalt neben ihm lag. Einige waren so verzweifelt, dass sie lieber den schnellen Tod suchten, als weiter darauf zu warten, wann es endlich so weit sei. Max, ein Österreicher, ging einfach auf das Lagertor zu und reagierte auf keinerlei Warnungen der Wochra. Die Wachleute machten sich einen Jux daraus, ihn laufenzulassen. Als wollten sie ihm vor dem Tod noch einmal das Gefühl der Freiheit gönnen.

Dann schossen sie.

In den Rücken.

Die meisten anderen starben lautlos. Ob die Häftlinge dem Zynismus oder der allgegenwärtigen Korruption zum Opfer fielen, ließ sich nicht ergründen. Die Abgeschiedenheit des Speziallagers und der Hass auf alles Deutsche begünstigte das Wegschauen. So konnte es sich die Lagerleitung leisten, nicht nur das Übliche an Brot, Kohl, Hirse und das, was es sonst noch gab, zu verschieben, sondern sie verlor dabei jegliches Maß. Für die Toten wurde nach guter altrussischer Tradition weiter kassiert. Das hieß, die Verstorbenen lebten wie Gogols «Tote Seelen» in den Kontorbüchern, den Bestellungen und Berichten der Lagerverwaltung weiter. Es wurden für sie Jacken, Hemden, Stiefel geordert. Was man selbst nicht brauchte, ließ sich zu Geld machen.

Waren es zehn oder vielleicht doch zwölf Wochen, die inzwischen vergangen waren? Niemand wusste es. Jedenfalls war mit diesem Morgen der Tag gekommen, an dem die Häftlinge nicht mehr von ihren Holzpritschen aufstanden. Und keine Drohungen, keine Schläge, keine Fußtritte vermochten daran etwas zu ändern. Nun musste selbst der Lagerchef unverrichteter Dinge abziehen. Sosehr er auch fluchte, er verstand nicht, was hier gerade geschah. Apathisch lagen die Gefangenen auf ihren Plätzen.

Die Zeit zog sich zäh. Drei, vier Stunden. Nichts passierte. Zumindest nichts von Bedeutung. Willi Pasmannek, der direkt neben dem Fenster lag, kratzte in das dicke Eis ein Guckloch und gab den anderen durch, was er erkennen konnte.

«Der Kommandant geht rüber zur Totenbaracke.»

«Der Kommandant prüft das Schloss an der Tür des Leichenhauses.»

«Der Kommandant kommt zurück.»

«Der Kommandant spricht vor der Tür der Lagerleitung mit dem Arzt.»

«Der Kommandant flucht, er verschwindet im Kontor.»

Willi verstummte. Es folgte eine lange, unerträglich lange Pause. Dann setzte die Kommentierung wieder ein.

«Der Kommandant kommt aus seinem Häuschen.»

«Die Wochra schwärmt aus, Richtung Lagertor.»

«Es tut sich was. Ich sehe einen Zug, mindestens fünf Loren rollen auf das Lager zu.»

Die letzte Nachricht riss alle, die sie hören konnten, aus der Lethargie. Wer im Gedränge am kleinen Fenster noch Platz bekam, kratzte sich ein Stück Scheibe frei. Dennoch sah es Willi als Erster:

«Auf den Loren sitzen Soldaten. Mit Gewehren. Mindestens dreißig Mann. Es ist das Kommando. Die werden uns erschießen …»

Schlagartig wurde es still. Nur ein Baptist murmelte leise ein Gebet. Er nahm Abschied von der Welt. Lorenz schaute zu ihm hinüber. Das war wieder der Moment, wo er Menschen um ihren Glauben nur beneiden konnte. Sie hatten wenigstens einen Trost. Für die anderen gab es keinen. Ein paar Gramm Blei treffen auf weniger als sechzig Kilogramm Mensch. Das war's.

Als sie sich am Morgen verabredet hatten, nicht zur Arbeit auszurücken, gehörte er keineswegs zu jenen, die dafür waren. Er ahnte die Konsequenzen. Dabei hätte er in der Werkstatt vielleicht bis zum Frühling durchgehalten. Und wer konnte schon sagen, was dann wäre. Aber die meisten anderen hatten diese Hoffnung nicht mehr. Sie würden verrecken, heute, morgen.

Sollte er aufstehen, weggehen, weg in die Werkstatt? Hier ging es verdammt noch mal um sein Leben. Er hatte nur das eine, und er wollte nicht sterben, nicht hier. Und doch blieb er.

«Die Soldaten springen ab. Die Soldaten warten vor dem Lagertor. Ein Offizier begrüßt den Lagerchef.» Willi setzte ungerührt seine Schilderung fort.

«Achtung!»

«Sie kommen!»

Die Barackentür flog auf, ein Trupp Uniformierter marschierte, eisige Luft nach sich ziehend, zur Mitte des Raumes. Der NKWD-Leutnant stellte sich neben den Ofen, schaute über die Reihen der Pritschen.

«So, ihr seid also die Deutschen, die nicht arbeiten wollen? Ihr wittert wohl Morgenluft! Ihr denkt wohl, euer Führer ist nicht mehr weit und ihr könnt ihm die Kohle des Nordens zum Geschenk machen. Aber da habt ihr euch verrechnet! Ich, Leutnant Morosow, ich werde euch lehren, was Befehlsverweigerung heißt. Wer nicht sofort aufsteht, wird erschossen.»

Der Offizier wiederholte langsam das Wort.

«E r s c h o s s e n!»

Er schaute von Gesicht zu Gesicht.

«Habt ihr das verstanden? Oder braucht ihr einen Dolmetscher? Vor dem Tor stehen dreißig Rotarmisten und warten auf den Befehl. Also, was ist? Wollt ihr immer noch nicht arbeiten?»

Die Gefangenen schauten den Mann mit angsterfüllten Augen an. Doch keiner rührte sich. Obwohl jeder, selbst jene, die kaum Russisch verstanden, wusste, was er gesagt hatte. Morosow verharrte einen Moment, schlug nervös seine in der rechten Hand zusammengelegten Lederfäustlinge in die offene Handfläche der linken und war bereits im Begriff zu gehen, da meldete sich doch jemand zu Wort. Erich Sternberg, der Lagerarzt. Unbemerkt hatte er im Gefolge der Offiziere die Baracke betreten.

Sternberg war eine internationale Kapazität auf dem Gebiet der Psychiatrie. Er kam als Spezialist in die Sowjetunion, weil er schon frühzeitig wusste, was ihn als Juden in Deutschland erwartete. Eines hatte er nicht bedacht: Deutscher und Jude, das war auch im stalinistischen Sozialismus eine fast tödliche Mischung. So fand er sich, statt in einem deutschen KZ, in Workuta wieder. Als Gefangener. Doch seine Dienste als Mediziner wurden gebraucht. Auch wenn er oft genug nur das Ende eines gequälten Lebens bescheinigen konnte.

«Genosse Morosow, darf ich Sie für einen Augenblick unter vier Augen sprechen? Ich glaube, ehe Sie den Befehl geben, sollten Sie etwas wissen ...»

Auf die Einmischung des Arztes reagierte der Lagerchef empört:

«Genosse Hauptmann, was wollen Sie diesem Schwätzer zuhören?», fuhr er dazwischen. «Der Arzt ist auch nur ein Deutscher. Der steckt doch mit den Meuterern unter einer Decke. Schreibt jeden krank, der einen Schnupfen hat, und ich kann zusehen, wie der Plan ...»

«Ich bin nicht nur Deutscher, sondern auch Jude. Und mit Sicherheit warte ich nicht darauf, dass mich Hitler befreit», erwiderte Sternberg. Er sprach leise, doch jeder verstand seine Worte. «Also, hören Sie mich an, Genosse Morosow, nur ein paar Sätze, dann können Sie immer noch entscheiden.»

Der Leutnant blickte vom Lagerleiter zum Arzt und zurück.

«Gut. Wir gehen raus. Sie warten.»

Er drehte sich um, den misstrauischen Blick des Lagerchefs im Rücken. Sternberg folgte ihm. Durch die winzigen Gucklöcher auf den vereisten Scheiben sah Willi, wie sie zur Leichenbaracke gingen.

Der Offizier winkte einen Wachmann heran und ließ das Vorhängeschloss öffnen.

Was dort passierte, schilderte der Arzt später so:

«Noch in der Tür war der Offizier fest entschlossen, den starken Mann zu spielen.

‹Zu welchem Hundepimmel schleppen Sie mich hierher? Was soll schon in der Baracke sein?›

Doch dann standen wir vor den Pritschen, auf denen übereinandergestapelt die steifgefrorenen Körper lagen. Gleich neben der Tür starrten uns die gefrorenen Augen an. Morosow war entsetzt. Der Anblick traf ihn unvorbereitet, was er da sah, ging ihm an die Nieren. Er war verwirrt und suchte eine Erklärung. Ich gab sie ihm:

‹Hier liegen zwei Drittel der Insassen des Lagers. Gestorben in wenigen Wochen. Eine solche Sterberate kannte ich bisher nicht, und ich bin schon einige Jahre hier oben im Norden.›

‹Wie kam es dazu?›, fragte der Leutnant.

‹Das wissen Sie doch. Von zweihundert Gramm Brot am Tag kann man nicht leben …›

‹Zweihundert Gramm? Und wo ist der Rest?›

‹Das weiß nur der Lagerchef. Und noch eins: Das sind hier zwar fast alles Deutsche, aber sie hassen die Faschisten nicht weniger als Sie. Von denen wartet keiner darauf, dass ihn die Wehrmacht befreit. Da will auch keiner streiken. Die Männer sind fertig. Ob sie jetzt erschossen werden oder in einer Woche krepieren, es kommt auf das Gleiche heraus. Es liegt an Ihnen, den korrupten Natschalnik zu belohnen und die Männer zu erschießen. Ich wüsste, was zu tun ist. – Vielleicht ist es sogar besser, erschossen zu werden.›

Für eine Weile sagte keiner etwas. Die toten Augen starrten durch uns hindurch.

‹Das ist eine neue Lage›, antwortete der NKWD-Mann schließlich. Offensichtlich regte sich etwas in ihm. Jedenfalls sprach er auf dem Rückweg aus dem Leichenhaus kein Wort.»

Zurückgekehrt in die Baracke, erteilte der Leutnant nur knappe Befehle:

«Erstens: Dieses Lager wird aufgelöst.»

Ein Raunen ging durch die Reihen. Der Lagerchef und seine Untergebenen schauten verständnislos.

«Zweitens: Die Gefangenen werden vom Arzt untersucht und ihrem Zustand entsprechend auf die Krankenstationen verteilt.»

Einer der Gefangenen stöhnte; es klang, als machte seine geschundene Seele, die gerade beschlossen hatte, ihn zu verlassen, auf halbem Wege kehrt.

«Drittens: Der Lagerchef und der Wirtschaftsleiter werden verhaftet ...» Der letzte Satz ging im allgemeinen Tumult unter. Die Proteste der Lagerleitung gleichfalls.

Später sprach es sich unter den Häftlingen herum, dass die Spitze der Lagerverwaltung wegen Diebstahls von Volkseigentum und Sabotage hingerichtet worden war. Im Grunde war es egal, wen es traf: Hauptsache, es wurde jemand erschossen.

Sternberg feierten die Gefangenen als Helden.

Das Sonderlager am Schacht Nr. 7 wurde tatsächlich aufgelöst, alle Baracken mit Benzin übergossen und angezündet. Die Toten blieben auf den Pritschen liegen.

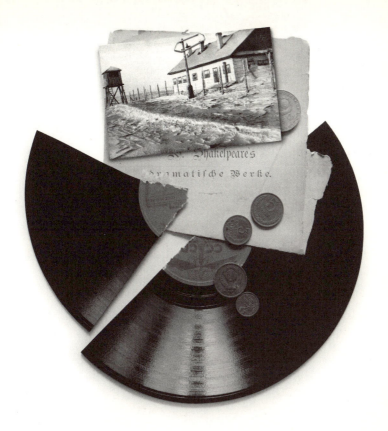

Das Jahr 1943: *Feldmarschall Paulus kapituliert in der Schlacht von Stalingrad. In einer Rede im Berliner Sportpalast fordert Goebbels den «totalen Krieg». Der Roten Armee gelingt es, den deutschen Belagerungsring um Leningrad, der unter der Zivilbevölkerung über eine Million Opfer fordert, zu durchbrechen. Sophie und Hans Scholl werden hingerichtet. Deutsche Verbände ergeben sich in Tunesien. Im Warschauer Ghetto, aus dem bereits 300 000 Juden deportiert worden sind, beginnt der Aufstand. Stalin lässt die Kommunistische Internationale (Komintern) auflösen. Auf der Konferenz in Teheran teilen Roosevelt, Churchill und Stalin Europa neu auf. Das erste Antibiotikum wird isoliert. «Der kleine Prinz» von Antoine de Saint-Exupéry erscheint.*

Seite 213:
Lageraufnahme aus den vierziger Jahren. © picture-alliance / akg-images / RIA Nowosti. Unterlage: Aufschlagseite von «W. Shakespeare's dramatische Werke», dem einzigen Buch in deutscher Sprache, das Lorenz Lochthofen im Lager besaß.

1943

★

Die Sonne schien heiß. Es war einer dieser wenigen strahlenden Tage des kurzen Tundra-Sommers. In der dünnen Luft des Nordens musste man tief einatmen, um genug Sauerstoff zu bekommen. Lorenz lief auf dem Eisenbahngleis zur Arbeit. Er war zusammen mit Horst in die Werkstatt eines der beiden Baustoffbetriebe befohlen worden. Die Siege an der Front, vor allem bei Stalingrad, sorgten jetzt dafür, dass die Deutschen nicht mehr wie Aussätzige behandelt wurden.

Lorenz suchte seinen Schritt den Abständen der Schwellen anzupassen. Die Schienen der Schmalspurbahn machten einen Bogen und knickten in einer morastigen Grube nach der Seite weg. Das passierte im Sommer oft. Der Permafrostboden taute nur an der Oberfläche und verschlang das spärlich aufgetragene Kiesbett. Nun rackerte sich ein gutes Dutzend Gefangener damit ab, den Schienen wieder Halt zu geben. An der Kleidung erkannte Lorenz schon aus der Ferne, um welche Häftlingen es sich handelte: deutsche Kriegsgefangene. Feldgraue Hosen, Uniformjacken mit Metallknöpfen und Mützen, die hier kein Mensch trug, gemischt mit üblicher Lagerkleidung, ließen keinen Zweifel. Lorenz blieb stehen und schaute den dreckverschmierten Gestalten bei der Arbeit zu.

Das richtige Schaufeln mussten sie noch lernen. Das hieß die

Kräfte einteilen und vor allem: keine unnötigen Bewegungen. Die Landsleute nahmen von ihm keine Notiz. So standen sie, der eine schaute, die anderen schaufelten. Lorenz war neugierig. Er wollte wissen, was die Neuen so dachten, worüber sie redeten, wem sie die Schuld an ihrer Misere gaben. Und da sie nicht ahnen konnten, dass er Deutsch verstand, versprach es eine gute Unterhaltung.

Sein Kalkül ging auf. Irgendwann setzte ein hochgewachsener Kerl die Schaufel ab, stützte sich mit beiden Händen auf den Stiel und schaute Lorenz herausfordernd an:

«Na, Iwan? Das machst du gerne, was? Dem Deutschen bei der Arbeit zugucken?»

Lorenz lächelte wortlos.

Ein zweiter Häftling, schmächtig und mit Ohren, die wie Kartoffelpuffer unter dem Mützenrand hervorstanden, gluckste, warf seine Hacke hin und schaute zu dem Fremden, der immer noch lächelte und schwieg. Die anderen folgten nach und nach, froh darüber, einen Grund gefunden zu haben, die Arbeit unterbrechen zu können. Die Wachen störte es nicht, die waren abgelenkt. Sie saßen um einen Findling und klopften Domino. Klick, klack, klick, klack, hörte man die schwarzen Spielsteine aufschlagen.

«Ich glaube, Jupp, so einer weiß noch nicht einmal, von welcher Seite er die Schaufel anpacken muss», begann der Schmächtige das Gespräch. «Auf die Idee, in so einer gottverfluchten Gegend Schienen zu verlegen, muss ja erst mal einer kommen. Der Führer hatte schon recht, wenn er beim Russen aufräumen wollte. Allein können die das doch nicht.»

«Pass auf, was du sagst, wenn der dich versteht, bist du dran», mischte sich ein Dritter ein, der Aussprache nach ein Rheinländer.

«Ach was, der Russki kann doch kein Deutsch. Sonst hätte er längst etwas gesagt. Stimmt's, Iwan?»

Unbeirrt freundlich lächelnd stammelte Lorenz:

«Ich, Deutsch, ne ponimaju.»

«Na bitte, er versteht nichts.»

Der, den sie Jupp nannten, drehte sich zu den anderen um.

«Sag ich's doch, dumm wie alle Russen.»

Alle lachten. Bis auf einen. Einen kleinen, etwas in die Wurzel gegangenen Kerl mit blasser Haut und fast rotem Haar:

«So dumm sind sie nun auch wieder nicht. Sonst wären wir nicht hier und müssten nicht in diesem stinkigen Morast ihre erbärmliche Bahnstrecke legen.»

Jupp reagierte verärgert.

«Quatsch. Der Führer konnte ja nicht ahnen, dass der Winter vor Stalingrad so beschissen wird …»

«Du und dein Führer. Hast du immer noch nicht genug? Der hat dich, mich, uns alle verarscht. Mit Sommerklamotten haben wir bei minus vierzig Grad in den eisigen Löchern gesessen, dazu der schöne Klang der Stalinorgeln. Schon vergessen? Und ob einer von uns den Winter hier oben übersteht, kann auch niemand sagen. Aber Hauptsache, dem Führer geht's gut.»

Jupp hatte längst jegliches Interesse an Lorenz verloren und blickte feindselig auf den Widersacher:

«Wenn wir hier nicht unter Beobachtung wären, dann wüsste ich, was ich täte: dich an die Wand stellen!»

Ein Teil der Zuhörer nickte zustimmend. Jupp packte die Schaufel und ging auf den anderen zu. Lorenz hätte nicht geglaubt, dass aus einer harmlosen Situation ein solcher Konflikt würde. Radebrechend machte er auf sich aufmerksam:

«Ich nix sprechen. Nur Gedicht!»

Jupp drehte sich um, als müsste er schnellstens eine lästige Fliege mit der Schaufel platt schlagen. Lorenz nutzte die Pause und sprach in reinstem Hochdeutsch:

Über allen Gipfeln
Ist Ruh'
In allen Wipfeln
Spürest du

Kaum einen Hauch;
Die Vöglein schweigen im Walde
Warte nur, balde
Ruhest du auch.

Die Deutschen blickten verdutzt. Als Erster hatte der Rheinländer seine Fassung wieder:

«Was war das denn?»

Er musterte den merkwürdigen Russen.

«Also, ich hab zwar auch irgend so ein Zeug in der Schule gelernt, aber jetzt aufsagen könnte ich nichts.»

Nach einer kurzen Pause überlegte er laut:

«Seid ihr sicher, dass der kein Deutsch versteht?»

«Na ja, so ein Gedicht kann jeder lernen.» Jupp hatte endlich seine Sprache wiedergefunden und versuchte sich an einer Erklärung.

«Irgendwann habe ich das schon mal gehört. Für Goethe war's ja viel zu kurz. Und überhaupt, woher sollte so ein dummer Russki schon Goethe kennen?»

Ehe Lorenz auf die messerscharfe Analyse etwas entgegnen konnte, kam der Sergeant verärgert herübergelaufen:

«Dawaj, dawaj!»

Mit einer eindeutigen Geste trieb er die Häftlinge an. Offenbar hatte er das Dominospiel verloren. Auch Lorenz musste sich beeilen.

Das Jahr 1945: *Die Rote Armee befreit das KZ Auschwitz, in dem über eine Million Juden ermordet wurden. Erfolgreicher Start einer V2-Rakete in Peenemünde. Alexander Solschenizyn wird verhaftet und zu acht Jahren Haft verurteilt. Bei dem alliierten Luftangriff auf Dresden sterben über 25 000 Menschen. Hitler erschießt sich im Führerbunker. Am 8. Mai erfolgt die Kapitulation Deutschlands. Die UNO-Charta wird unterzeichnet. Die amerikanischen Atombombenabwürfe auf Hiroschima und Nagasaki fordern über 200 000 Tote. Am 2. September ist der Zweite Weltkrieg zu Ende. Nach Schätzungen starben 60 Millionen Menschen. Orwells Roman «Farm der Tiere» erscheint.*

Seite 219:
Lorenz Lochthofen Mitte der vierziger Jahre als Mechaniker und am Fluss Workuta.

1945

★

Aus dem «Prijomnik» an der Wand dudelten patriotische Lieder. Manche sagten auch Radio dazu, doch das war reichlich übertrieben. Es war kein richtiges Radiogerät. Im Volksmund hieß so etwas «Ersatz». Das deutsche Wort hatte die Wehrmacht auf ihrem eiligen Rückzug samt Millionen Toter zurückgelassen. Mit Staunen vernahmen die Russen während der Besetzung, dass es neben der guten Butter auch eine «Ersatz-Butter» gab. Neben Honig auch Ersatz-Honig, Kaffee-Ersatz, Marmeladen-, Benzin-, Leder-Ersatz. Nichts schien den Deutschen heilig. Alles, was gut war, erfanden sie neu. Und all das Neue war nicht gut, eben Ersatz. Fortan hatte das Minderwertige in der russischen Sprache einen deutschen Zwilling. War etwas schlecht gemacht, ging der Schuh beim Regen aus dem Leim oder schrumpfte das Kleid nach dem Waschen um Größen, dann war das alles nicht nur «plocho», nicht nur schlecht, sondern Ersatz.

Wie der «Prijomnik». Eigentlich handelte es sich lediglich um einen Lautsprecher, zu dem aus einer Dose eine dünne Strippe führte, nicht einmal eine Skala, auf der man Paris, London oder Madrid lesen konnte, war vorgesehen. Im Kreml galt die feste Überzeugung, ein Sowjetbürger braucht das nicht. Radio Moskau von morgens bis abends, das musste einem Patrioten genügen. Immerhin, eine Freiheit war verblieben: Man konnte die Kiste ausschalten.

Erich Sternberg ging gemächlich zum Tisch, auf dem seine Utensilien lagen: Stethoskop, Thermometer, mehrere Spritzen, eine weiße Porzellanschale mit Löffeln und Skalpellen. Neben der Tischlampe stand eine Batterie Flakons. Vor allem die große Flasche «Seljonka» fiel auf, eine Art Jod, nur eben nicht braun, sondern schreiend grün. Und so scheußlich, dass der harmlose Name «Grünchen» völlig in die Irre führte. Die schwer abwaschbare Tinktur wurde stets großflächig auf Hände, Beine und andere Körperteile verschmiert. Gustav hatte das Pech, nach einem Sturz die gesamte rechte Gesichtshälfte mit dem giftgrünen Zeug verschönt zu bekommen. Noch Wochen später erschrak jeder, der ihn auch nur aus der Ferne sah. Eine Wasserkaraffe mit Glas und ein Spiritusbrenner vervollständigten das Arrangement.

«Aha, das Alibi», spöttelte Lorenz und schüttelte den Brenner.

Im Glasbauch gluckste es. Ein Arzt galt im Lager als verlässliche Quelle für etwas Trinkbares. Tausende Hektoliter Alkohol verschwanden im ganzen Land im Inneren des medizinischen Personals, ohne je einen Patienten gesehen zu haben. Keine andere Volkswirtschaft der Welt verbrauchte so viel reinen Spiritus wie die Union der Sozialistischen Sowjetrepubliken. Denn der neue Mensch, der Erbauer des Kommunismus, hatte eine markante Besonderheit: Er war immer durstig. Durstig auf Alkohol. Was bei anderen Gütern, bei Autos, Kühlschränken, Fleisch, Wurst oder Damenschlüpfern unerreichbar schien, im Pro-Kopf-Verbrauch reinen Alkohols hatte das Land die kapitalistische Konkurrenz schon lange weit hinter sich gelassen. Anders als die Deutschen, die sich auf ihr Bier etwas einbildeten, oder die Franzosen, die sich mehrheitlich dem Wein verbunden fühlten, hielt man sich in Russland nicht bei solch kindlichen Beschäftigungen auf. Ja, man trank auch Bier. Wenn es welches gab. Auch Wein. Aber im Grunde ging es nur um das eine: Wodka. Allenfalls Spiritus galt als ebenbürtig, im Notfall auch «Samogon». Der Rest war «Ersatz».

Willi Pasmanek, ein früher Freund Thälmanns, Horst Seydewitz aus der Werkstatt, der Schlosser Sascha Bauer, Gustav Berving, der Konditor und Koch, sie alle hatten sich auf diesen Abend gefreut. Gründe zu feiern gab es mehrere. Der Krieg war zu Ende. Die Deutschen geschlagen. Hitler tot. Leise Hoffnung keimte. Vielleicht kamen sie ja bald frei. Dazu noch der Geburtstag von Erich.

«Lass den Brenner stehen», rief der Mediziner Lorenz entspannt zu. «Der wird noch gebraucht. Ich hab was Besseres.»

Stolz präsentierte er eine Vierkantflasche, die den Gästen sehr gefiel. Reiner Spiritus. Fast ein Liter. Das versprach einen vergnüglichen Abend.

«Der Herr Professor haben gut vorgesorgt. Unsereins kann so etwas Feines zu seinem Ehrentag nicht bieten. Hätte ich doch lieber Medizin studiert.»

Gustav schob ein Paket über den Tisch.

«Wer trinkt, soll nicht hungern. Da ist Sakuska.»

Er wickelte das Zeitungspapier auf. Ein Dutzend «Piroschki», eine Art Pfannkuchen – nicht süß, sondern gefüllt mit Gehacktem –, leuchtete der Gesellschaft goldbraun entgegen. Lorenz holte aus seiner Arbeitshose ein Klappmesser hervor. Natürlich war es Gefangenen verboten, Messer zu besitzen, aber das hatte er selbst gemacht, und solange die Wachen es nicht bemerkten, besaß er ein Taschenmesser. Genussvoll schnitt er die «Piroschki» in kleine Stücke. Als Jüngster übernahm Sascha die Aufgabe des Mundschenks. Der Spiritus blubberte fröhlich in die Gefäße. Je nach Bedarf gab es einen Schwapp Wasser dazu. Ein Halb-und-halb-Gemisch galt als vernünftig. Mancher in der Runde hoffte auch, durch einen größeren Wasseranteil das eigene Stehvermögen zu verbessern. Macht nichts, sagten die anderen. So blieb für sie mehr.

Erich hob sein Glas und prostete den Freunden zu:

«Auf die Heimkehr!»

«Auf die Heimkehr!» antworteten die anderen.

«Und wohin soll es bitte gehen?», fragte Willi nachdenklich.

Schon fielen sie in ihren alten Streit. Konnte Deutschland je wieder die Heimat eines aufrechten Deutschen sein? Gar eines Juden? Und war die Sowjetunion, in die sie einst mit so großen Erwartungen gekommen waren und die sie so bitter enttäuscht hatte, eine Alternative? Für Horst und Lorenz gab es kein Zweifeln: Sie wollten zurück. Zurück nach Hause. Den Albtraum hinter sich lassen. Einen neuen Anfang wagen. Doch die andere Fraktion war in der Überzahl. Sowohl Erich als auch Willi und selbst Gustav, ganz zu schweigen von Sascha, der als Wolgadeutscher nie etwas anderes als Russland gesehen hatte, sie alle konnten sich nicht vorstellen, nach Deutschland zurückzugehen.

«Die sind doch alle noch Nazis», polterte der sonst eher ruhige Willi, nachdem man den zweiten Becher auf den Sieg geleert hatte. «Die waren Faschisten, und die bleiben Faschisten. Sicher, sie haben einen auf den Deckel bekommen. Vorerst sind sie still. Machen, was die Alliierten sagen. Aber lass die sich erst mal berappeln. Dann kriechen sie wieder aus ihren Löchern.»

«Ich gebe zu, viele, aber nicht alle waren Hitler-Anhänger», erwiderte Lorenz. «Bei mir in der Familie hat keiner mitgemacht, das kannst du mir glauben. Und es wird auch noch andere geben. Darauf lässt sich aufbauen …»

«Sicherlich, nur uns lassen sie da nicht ran, beim großen Aufbau», bemerkte Gustav bitter. Eigentlich passte der Pessimismus gar nicht zu ihm. «Was dort geschieht, ist das eine. Das andere ist doch, die werden uns hier nie und nimmer rauslassen. Wir sind die überlebenden Zeugen ihres Verbrechens. Was kann der NKWD für ein Interesse daran haben, dass die Welt erfährt, was die hier getrieben haben, während andere an der Front starben?»

Gustavs Worte hatten die Runde schweigsam gemacht.

«Die brummen uns noch mal zehn Jahre drauf, und fertig ist der Lack.»

«Meinst du wirklich, die lassen uns nicht weg?» Sascha klang ungläubig und besorgt zugleich. «Aber alle reden von Amnestie. Die brauchen doch jetzt Leute zum Wiederaufbau. Millionen sind tot. Nur mit Bauern aus Sibirien werden die Fabriken nicht arbeiten.»

«Die haben die Leute auch zur Verteidigung gebraucht. Und doch haben sie kurz vor Kriegsbeginn die Rote Armee enthauptet», mischte sich Willi wieder ein. «Das mit der Amnestie klingt gut. Aber da hätte man uns ja längst etwas sagen können. Aber nein. Nichts. Oder habt ihr etwas gehört? Ich sag euch was, der Anton aus dem Kesselhaus war beim NKWD-Natschalnik und wollte wissen, wann er denn freikäme. Er sitzt ja auch schon vier Jahre über der Frist. Wie du, Lorenz. Dem haben sie gesagt, er soll ganz schnell verschwinden, sonst gibt es noch ein paar Jährchen drauf.»

Horst, der bedächtig ein Stück Piraschok kaute, wurde unwillig:

«Wenn ich euch so höre, könnte man sich ja gleich von der Wochra erschießen lassen. Haben ja auch welche gemacht, sind in den Stacheldraht gelaufen. Schrecklich. Und? Nun liegen sie verscharrt in der Tundra. Kein Stein. Kein Kreuz. Wissen nicht mal, dass Hitler den Krieg verloren hat. Und das ist schon ein Grund, um weiterzuleben. Den Sohn vom alten Herrmann Duncker, den Wolfgang, den hab ich noch in der Krankenbaracke gesehen. Der wollte nicht mehr, der Mut hatte ihn verlassen. Sie haben ihn in ein Massengrab geschmissen. Am Fuß baumelte ein Holzschild mit dem Namen. Aber das kann es doch nicht gewesen sein! Da würden wir ja den elenden Verbrechern recht geben.»

«Genau so ist es.» Lorenz füllte die Gläser und Tassen mit einem neuen Schwapp Spiritus. «Wer hier bleibt, wird ihnen nie entkommen. Selbst wenn wir nach allen Fristen, die man uns noch aufbrummt, irgendwo im Süden, dem Donbass oder am Meer wieder Fuß fassen. Die sind schon da, erwarten uns und finden uns überall. Die sterben nicht aus. Auch wenn an der Oberfläche alles schön rosig aussieht. Drunter ist alles faul und krank. Wenn ich kann, bin ich hier weg. Ich will zurück nach Deutschland.»

Er hob sein Glas und prostete dem Spender zu:

«Auf das Leben und ein neues, besseres Deutschland. Glaubt mir, die brauchen uns in Berlin allein deshalb, weil wir wissen, wie es auf jeden Fall *nicht* geht.»

«Auf das Überleben!» Sie tranken sich gegenseitig zu.

«Genau das ist es, Lorenz», Erich setzte nachdenklich sein Glas ab, «hier weiß ich, woran ich bin. Mich können die hier mit nichts, rein gar nichts mehr überraschen. Irgendwann muss ja der Spuk vorbei sein. Dann werde ich wieder in meine Moskauer Klinik gehen. Bei jedem Deutschen aber müsste ich mich fragen: Ist das auch einer von denen, die Kinder und Frauen in die Gaskammer getrieben haben? Behandelst, rettest du gerade so einen? Nein, so könnte ich nicht arbeiten und nicht leben.»

«Nun, Kinder und Frauen umbringen, das können die hier auch. Da braucht es die Deutschen nicht dafür.»

Alle in der Runde wussten, wovon Lorenz sprach.

«Seid doch mal leise», zischte Willi plötzlich. Er stand auf und lief zur Tür, wo an der abgeschabten Wand der Prijomnik hing. Voller Pathos berichtete ein sowjetischer Reporter aus dem deutschen KZ Buchenwald. Für die Zuhörer in einer Lagerbaracke in Workuta klang vieles sehr vertraut. Fast wie ein Fachvortrag.

Es wurde still. Jedes Detail war wichtig. Der Weg durch das Tor. Die Genickschussanlage. Das Krematorium. Der Steinbruch. Nur als der Reporter das Innere der Baracken beschrieb, flammte sarkastisches Gelächter auf. Ihm war aufgefallen, dass es für jeweils zwei Gefangene nur eine Decke gab. Vor allem Sascha Bauer konnte sich nicht beruhigen.

«Wie unmenschlich!», rief er. «Diese Bestien!»

Er lachte und lachte und wollte nicht damit aufhören.

«Zwei Decken für einen? Oder hieß es doch: eine Decke für zwei? Da hat es die Leute unter den Faschisten ja wirklich hart getroffen. Aber Jungs, sagt mir, was sind überhaupt Decken? Und wofür werden die gebraucht? Ich kann mir darunter nichts vorstellen.»

In das Hohngelächter mischte sich Bitterkeit. Lorenz fluchte, natürlich russisch. Ein deutsches Schimpfwort schien ihm in diesem Zusammenhang zu harmlos. Dann goss er allen nach.

«Auf die Kameraden, die es nicht geschafft haben. Hier. Und dort.»

Schweigend tranken die Männer.

Das Jahr 1947: *Europa zittert unter einem der kältesten Winter seit Menschengedenken. In Deutschland wird die amerikanisch-britische Bizone gegründet. Als «Träger des Militarismus» wird Preußen formell als Land aufgelöst. Thor Heyerdahl sticht auf dem Floß Kon-Tiki in See. Die Truman-Doktrin markiert die Position des Westens im Kalten Krieg. Der Marshall-Plan wird verkündet. Schwarze Listen in Hollywood belegen kritische Künstler mit Berufsverbot. Die UNO beschließt die Teilung Palästinas. Gründung der Gruppe «Junge Literatur», die sich später «Gruppe 47» nennt. In der Sowjetunion startet eine neue Säuberungswelle, die sich gegen «wurzellose Kosmopoliten» richtet.*

Seite 227:
Großes Foto: Blick über den Fluss auf den 8. Schacht und die Wohnsiedlung
auf dem Rudnik. Kleines Foto: Lorenz Lochthofen fotografiert im Wohnzimmer.
Unterlage: Das russische Sparbuch der Familie.

1947

★

Er stand in der Haustür und schaute hoffnungsvoll der Briefträgerin entgegen, die in Gummistiefeln über den Hof watete. Das Hochwasser ließ langsam nach, der zu einem See angeschwollene Fluss kehrte in sein Bett zurück. So konnte die Postfrau ohne Risiko an den breitgelaufenen Schlammpfützen vorbei, deren Ränder von einer ersten dünnen Eiskante gesäumt waren, von Tür zu Tür springen. Quer über ihrer dürren Brust hing die schwarze Segeltuchtasche mit den Zeitungen und Briefen und zog sie fast in den Morast.

«Nichts mitgekommen, Lorenz Lorenzowitsch!», rief die Ukrainerin schon aus der Ferne. «Vielleicht ist ja nächste Woche etwas dabei.»

«Schon gut, Maria Petrowna, Sie haben ja keine Schuld. Aber es ist ein wichtiger Brief, auf den ich warte.»

Lorenz ging gedrückt ins Haus. Vor einem Jahr hatten sie ihn aus der direkten Lagerhaft entlassen. Aus den ursprünglichen fünf Jahren Arbeitslager waren neun geworden. Nichts Besonderes in Workuta. Erst recht nicht für einen Deutschen. Die Hoffnung, nach dem Krieg die verfluchte Stadt endlich verlassen zu können, gar in die Heimat zurückzukehren, hatte sich nicht erfüllt. Es wollte sich einfach nichts bewegen.

Lena, seine Frau, hatte erst vor wenigen Wochen entbunden, der

229

Kleine hielt alle auf Trab. Ein Glück, dass sie Jegorowna hatten. Unter diesen Umständen eine Kinderfrau zu finden war nicht einfach. Dass er inzwischen als Hauptmechaniker im Baustoffwerk ordentlich verdiente, eröffnete neue Möglichkeiten. Wer jenseits des Polarkreises Arbeit fand und kein Häftling mehr war, bekam doppeltes Gehalt, doppelten Urlaub, und jedes Jahr im hohen Norden wurde für die Rente wie zwei gezählt. Dennoch hielt sich die Zahl derer, die bleiben wollten, in Grenzen, selbst unter den Russen, die an Entbehrungen gewöhnt waren. Auch Lorenz wäre lieber mit Kind und Frau in den Süden gezogen, doch das konnte vorerst nur ein Traum bleiben. Er saß in Workuta fest. Verbannung nannte sich das. «Na wetschnoje poselenie», «auf ewige Ansiedlung».

Während in zivilisierten Welten das Wort «Verbannung» nur noch in Geschichtsbüchern vorkam, gehörte es in der Sowjetunion der Nachkriegszeit zum Alltag. Es betraf Millionen. Jene, die bereits festsaßen. Aber auch jene, die aus deutscher Gefangenschaft kamen und unter dem Generalverdacht des Verrats in die unwirtlichsten Gegenden des Landes, weit weg von ihrer Heimat und ihren Familien, verschickt wurden. Solche Gegenden gab es in dem Riesenreich viele. Nicht, dass ein Professor der Physik in einem Tschuktschen-Dorf besonders viel für den Aufbau des Sozialismus tun konnte, nein, darauf kam es nicht an, auch wenn überall Fachkräfte fehlten. Die Internierung im Lager oder das Festhalten am Rande der Zivilisation hatte nur einen Grund: Sie hielten die Menschen in Angst und Schrecken. Machte sie gefügig. Ließ nicht zu, dass sie Fragen stellten. Und erst recht nicht Antworten fanden, die eine Führungskaste nicht vorgestanzt hatte.

Frei und doch nicht frei, Workuta, diesen verdammten Ort, die Stadt mit ihren Eisstürmen, der ewigen Dunkelheit, Workuta durfte er nicht verlassen. Nicht einmal einen Ausweis hatte er. Sicher, sie richteten sich ein, wie es Menschen immer tun. Sie versuchten, ein normales Leben zu führen, soweit es normal sein konnte im Reich des Gulag. Der Posten des Hauptmechanikers verschaffte ihnen eine ungewöhnlich geräumige Werkswohnung.

Drei Zimmer, Küche und Toilette innen, das gab es sonst kaum. Die Häuser standen zwischen Fluss und Lagerzaun in einem Karree. Außer ihnen wohnten sechs weitere Familien im Haus, fast alle mit gemeinsamer Küchenbenutzung. Ihre Siedlung, der Rudnik, war zwar durch das Wasser vom Rest der Stadt getrennt, aber Stadt konnte man die Ansammlung von Hütten auf der anderen Flussseite ohnehin nicht nennen.

Bei der Namenswahl für den Jungen waren sich Lena und Lorenz schnell einig. Ein russischer Großvater namens Pawel, Pawel Alexandrowitsch, und eine deutsche Großmutter Paula, da konnte der Sohn nur Pawel heißen. Pawel, Paul, ein sehr solider Klang in beiden Sprachen. Es war rührend zu sehen, wie der alte Bolschewik, den sie für seine Überzeugung von einem Gefängnis ins nächste gesperrt hatten, das winzige Wesen auf den Armen trug. Er wanderte mit ihm durch die Wohnung, ein altes Kinderlied vor sich hin brummend. All die Jahre Lager, Zwangsarbeit, Misshandlung und Hunger ließen Pawel Alexandrowitsch nicht verbittern.

Dass mit dem Kindchen das Leben weiterging, dass Tod und NKWD nicht das letzte Wort hatten, das versöhnte ihn selbst mit Lenas Sturheit. Denn alle seine Warnungen, die Tochter möge doch bitte, bitte im Süden bleiben und dort auf seine Rückkehr warten, hatten nicht gefruchtet. Lena machte sich aus dem Donbass auf den Weg nach Workuta. Da war der Krieg noch nicht einmal zu Ende. Daheim in Stalino, wie das alte Jusowka seit den zwanziger Jahren hieß, hatte sie lange auf den Vater gewartet. Vergeblich. Sie hielt nichts mehr in der Stadt – was sollte das für ein Zuhause sein, ohne Vater, ohne Schwester? Nina, die ältere Schwester, hatten die Deutschen geholt. Sie musste eines Tages an einem Sammelpunkt antreten, wurde mit anderen Frauen auf Lastwagen verladen und zur Zwangsarbeit nach Deutschland gebracht. So leicht war das, man trieb die Menschen wie Vieh zusammen und verkaufte sie.

Zwei Postkarten erreichten Lena noch während der Besatzung. Zwischen den Zeilen konnte sie lesen, dass es Nina auf dem Bauernhof in Norddeutschland dreckig ging. Die große Schwester, einmal lebenslustig und stark, wog jetzt kaum noch etwas. Später schickte man sie als Hilfsschwester in ein Lazarett an die Mosel. Da hoffte sie, am Leben zu bleiben ... Auch Lena wurde kurz vor dem Abzug der Deutschen zu diesem Sammelpunkt befohlen. Eine Frau kontrollierte die Listen der Zwangsarbeiter; ihr muss das zierliche Mädchen leidgetan haben. So machte sie Lena mit einem entschlossenen Kringel um ein paar Jahre jünger: noch ein Kind, zu schwach für die Arbeit in Deutschland.

Wenige Wochen später war Stalino befreit.

Allen Bitten ihres Vaters zum Trotz packte Lena bald danach ihren Koffer und stieg in den Zug nach Norden. Zu dieser Zeit war Pawel Alexandrowitsch zwar kein «Lagernik» mehr, aber wie die meisten anderen auch nicht frei. Noch tobte der Krieg, und alle, vor allem die «Ehemaligen», mussten dort bleiben, wo man sie eingesperrt hatte. Eines Tages stand nun Lena in dem winzigen Zimmer, das sein und ab sofort auch ihr Zuhause war. Der sonst so ruhige und besonnene Pawel Alexandrowitsch regte sich entsetzlich auf, aber es half nichts. Jetzt galt es, das Mädchen in einer Lagerstadt zu beschützen und für sie eine Arbeit zu finden. Ein Studium kam zu seinem höchsten Bedauern in Workuta nicht in Betracht.

So machte er Lena zwei Angebote. Das erste, es schien ihm das bessere, sie könne als Laborantin bei seinem Freund Professor Stadnikow in die Lehre gehen, einem Akademiemitglied und anerkannte Kapazität auf dem Gebiet fossiler Brennstoffe. Der zweite Vorschlag: Lena lernte technische Zeichnerin bei Aron Borisowitsch Katzer, einem peniblen Mann aus Leningrad, der bei der Verhaftungswelle nach Kirows Tod in die Fänge der Geheimpolizei geraten war. Natürlich kannte er weder Kirow noch irgendwelche Menschen aus dessen Umfeld. Dennoch lautete die Anklage auf Verschwörung. Schon allein dass der Mann Jude war wie Trotzki, galt als Beweis. Zehn Jahre Lager schienen die angemessene Strafe.

Lena zog Lineal und Tuschefeder dem Erlenmeyerkolben vor.

Das hatte Folgen. Die Gießerei, in der Pawel nach wie vor arbeitete, gehörte zu den Auftraggebern des Konstruktionsbüros, so wie die mechanischen Werkstätten des Baustoffwerks. Lorenz stand dann wie zufällig, und das immer öfter, am Reißbrett der neuen Mitarbeiterin. Die junge Frau, die nicht wie alle anderen um ihn herum eine Gefangene oder Verbannte war, sondern als «freiwillig angeworbene» Arbeitskraft galt, gefiel ihm. Lorenz war inzwischen 40. Er wusste, wenn er noch einmal so etwas wie ein normales Leben finden wollte, dann musste er sich jetzt entscheiden. Alles andere hieße für immer allein bleiben. Und er entschied sich. Charme, Weltläufigkeit, gute Manieren, all das verfehlte seine Wirkung auf Lena nicht.

So ging das Leben weiter. Neues kam dazu – all den finsteren Prophezeiungen zum Trotz. Wie viele hatten sich zu früh aufgegeben. Wie viele waren nicht nur an der völligen körperlichen Auszehrung, sondern am Erlöschen ihres Willens zerbrochen. Lorenz wollte nicht nur überleben. Er wollte es ihnen allen zeigen. Den Nazis, dem NKWD, allen, die immer und immer wieder danach trachteten, ihn in den Dreck zu drücken, ihn zu zerstören. Ein Kind, eine Frau, eine Familie: Ein deutlicheres Zeichen seines Widerstandes gegen all den Hass, die Gewalt, den Verrat konnte es nicht geben.

Und er wollte weg, wollte endlich nach Hause. So setzte er sich an einem Sonntagnachmittag an den Tisch und legte ein Blatt Papier vor sich hin. Denn wenigstens das wurde ihm jetzt erlaubt, wo er doch ein «Freier» war, wenngleich zweiter Klasse: Briefe zu schreiben und Briefe zu bekommen. Lorenz tunkte die Feder ein:

«Lieber Genosse Pieck,
entschuldige vielmals, dass ich mich nach altem Brauche so unvermittelt an Dich wende. Du wirst Dich wohl kaum an mich erinnern können: Lorenz Lochthofen, Student der Westuniversität in Moskau von 1931 bis 1935. Mai 1935 –

nach Beendigung der Universität – wurde ich durch das ZK
der KPdSU (B) nach Engels kommandiert, wo ich bis 1937
in der Redaktion ‹Nachrichten› arbeitete. 1937 ging es hinter den Polarkreis. Seit Beendigung des Krieges arbeite ich als
Hauptmechaniker in einem Betrieb der Stadt Workuta.»

Bis dahin war es der leichte Teil des Schreibens. Er musste
nachdenken, dann schrieb er entschlossen weiter:

«Genosse Pieck – um kurz zu sein: Ich verfolge mit lebhaf-
tem Interesse euren Kampf um die Organisation eines neuen
demokratischen Deutschland. Ich möchte und will mit dabei
sein und in euren Reihen kämpfen. Ich weiß nicht, auf wen
ich mich berufen, an wen ich mich wenden kann. Aber ich
hoffe, dass es dort noch Genossen gibt, die mich kennen, besonders aus dem Ruhrgebiet. Wenn Du mir einen Hinweis
geben kannst, an wen ich mich wenden muss, um die Möglichkeit zu erhalten, in euren Reihen zu kämpfen, so wäre ich
Dir unendlich dankbar.

Mit herzlichen Grüßen
Lorenz Lochthofen

P.S. Ich soll Dir die letzten Grüße Albert Müllers (Georg
Brückmann) übermitteln.

Meine Adresse: Komi ASSR, gorod Workuta, Sawod
Stroijmaterialow.»

Das Schreiben nahm keine halbe Stunde in Anspruch. Den Umschlag in Workuta zur Post zu bringen, hielt er nicht für ratsam. Er
gab ihn einem Geologen mit, der nach Moskau fuhr. Dort in der
Hauptstadt fiel ein Brief nach Ostberlin vielleicht nicht so auf. Hier
hätten sie ihn einfach verschwinden lassen.

Jetzt hieß es warten.

Lange hatte er überlegt, ob er das Postskriptum anfügen sollte.
Brückmann, dessen in Moskau bekannter Deckname Albert Mül-
ler lautete, hatte in der deutschen Sektion der Komintern vor allem

mit Kaderfragen zu tun. Er war ein enger Vertrauter Piecks. Das Gerücht, Brückmann habe selbst Listen zusammengestellt, anhand derer der NKWD deutsche Emigranten verhaftete, kannte Lorenz, noch ehe ihm der Mann in seinem erbärmlichen Zustand in Workuta begegnete. Er lag in der Sanitätsbaracke, das Sterben hatte schon begonnen. Während sich Lorenz langsam von einer schweren Lungenentzündung erholte, verließen Brückmann die Kräfte. Dass man den Informanten selbst ins Lager geschickt hatte, gehörte zu den Methoden des Geheimdienstes. Zeugen verstummten so für immer.

Ob das Schicksal seines Gefährten den SED-Spitzenmann in Berlin bewegte? Pieck schien nicht ganz so abgestumpft wie viele andere Parteiobere. Aber auch er hatte zu lange in Moskau zittern müssen, als dass er ein Risiko eingehen würde. Lorenz wusste nur zu gut, dass ein solcher Brief in Berlin, wenn überhaupt, dann nur mit der Kohlenzange angefasst würde. Nachrichten von jenen, die saßen – und mochten es noch so verdiente Genossen sein –, liebte man gar nicht. Sie störten das Seelenheil derer, an denen der Kelch, aus welchem Grund auch immer, vorübergegangen war. Weil sie zu prominent waren, weil sie als Aushängeschild gebraucht wurden, weil es der Zufall wollte oder weil sie selbst tüchtig dabei halfen, Parteifreunde ins Lager zu schicken und wunderbar mit dem NKWD paktierten.

Auf Post aus Workuta wartete keiner.

So kam es, wie es Lorenz befürchten musste, die dürre Postfrau brachte nie ein Schreiben aus Berlin. Antwort auf seinen Brief erhielt er nicht. Obwohl seine Zeilen an Pieck fein säuberlich in seiner Akte abgeheftet wurden, einem Papierkonvolut, das unabhängig von ihm in Berlin bereits ein eigenes Leben führte.

Der NKWD ließ nicht locker. Noch hatte er die Macht. Lorenz spürte es, auch wenn die Kraft schwand. 1947 war nicht mehr 1937, aber noch saß im Kreml derselbe grausame Mann. Noch führte kein Weg fort aus dem Norden. Workuta lebenslang. Aber was hieß schon in diesem Leben lebenslang? Gerade war ein tausendjähriges Reich zu Asche zerfallen.

Über Monate tat sich nichts. Dann musste es plötzlich sehr schnell gehen. Er wurde in die NKWD-Zentrale bestellt, wo ihn ein geschniegelter Leutnant begrüßte. Lorenz hatte die Nacht zuvor nicht geschlafen. Wie sollte er wissen, welche Gemeinheiten sie sich wieder ausgedacht hatten? Der Anlass für das Treffen konnte harmlos sein, aber genauso gefährlich. Ein Jahr nach der großen Amnestie waberten aus Moskau die Gerüchte, eine neue Welle des Terrors sei im Anrollen. Da war es vielleicht sogar von Vorteil, in Workuta zu sein und nicht erst dorthin verschickt zu werden.

Der Leutnant im «schlauen Häuschen» schwatzte lange über dies und das, ob es bei der Teilung Deutschlands bleiben werde und was er, Lorenz, zur Rolle der USA sagen könne, die ja wohl zum Angriff auf die Sowjetunion blase, den stolzesten Hort aller Werktätigen dieser Welt. Auch was er denn so von der Bewegung der Schnellarbeiter-Methode im sozialistischen Wettbewerb hielt, wollte der Offizier wissen. Schließlich sei er als Hauptmechaniker ja ein Fachmann. Dann kam er endlich zur Sache:

«Sie haben einen Antrag auf einen Passport gestellt?»

Sofort war Lorenz angespannt. Natürlich, seine Frist war längst abgelaufen. Er wollte Papiere, die ihn zu einem freien Mann machten. Es war beileibe kein Auslandspass, sondern nur ein Ausweis, den sie hier nach alter Tradition großspurig Passport nannten.

«Nun, wir haben darüber beraten. Sie sind zwar ein Deutscher. Genauer gesagt: ein Reichsdeutscher. Da gibt es, wie Sie wissen, einen markanten Unterschied.»

Er schaute den Häftling an.

«Sie haben aber gegen die Faschisten gekämpft, da war ich noch ein Lenin-Pionier. Glauben Sie mir, ich weiß, was das bedeutet. Na ja. Wir haben beschlossen, dass sie ab sofort frei sind.»

«Frei?!»

Lorenz wiederholte das Wort «Swobodny» nachdenklich. Diesen Augenblick hatte er sich oft vorzustellen versucht. Wie reagierte man darauf nach all den Jahren der Erniedrigung?

Wieder frei … Jetzt, wo es ausgesprochen war, fühlte er nichts. Das Leben hatte ihn gelehrt, auch in Momenten des Glücks die Gefühle zu unterdrücken. Gefühle machten angreifbar. Wer sich von Gefühlen leiten ließ, war schon verloren. Am besten, man gab die Gefühle am Lagertor ab. Ein Prinzip des Überlebens.

«Was heißt das? *Frei?*»

Er schaute den Leutnant an. Das russische Wort «Freiheit» hatte natürlich die gleiche Bedeutung wie in der französischen oder in der deutschen Sprache. Frei hieß frei. Man konnte gehen, wohin man wollte. Man konnte leben, wo man wollte. Man musste bei niemandem dafür um Erlaubnis bitten. Nur mit der sowjetischen Ausprägung des russischen Wortes «Freiheit» verhielt es sich eigenartig. Freiheit hieß hier allenfalls Abwesenheit von Stacheldraht. Der Rest wurde unter bürgerliche Dekadenz gefasst. Und frei unter den Bedingungen Workutas war etwas ganz Besonderes.

Der Leutnant lächelte zurück:

«Na, Sie wissen schon. Sie sind frei. Natürlich gibt es ein paar kleine Einschränkungen. Sie müssen hier in Workuta bleiben. Der Norden hat ja auch seine schönen Seiten. Nicht wahr? Die Arbeit als Mechaniker macht Ihnen doch Spaß? Die bringt Ihnen ordentlich Rubelchen ein. Und dann wird man sehen.»

Lorenz lächelte nicht.

«Was ist das für eine Freiheit? Wenn man den Ort seiner Lagerhaft nicht verlassen kann?»

«Ach, wissen Sie, man kann auch einen Fisch zweiten Frischegrades essen, wenn man ihn scharf brät und ordentlich mit Knoblauch einreibt. Glauben Sie mir, eine Delikatesse! Da riechen Sie nichts! Nicht einen Hauch! Auch wenn der Stör etwas lange in der Sonne gelegen hat. Immerhin, sie verkaufen auch Wobla dritten Frischegrades. Aber ich selbst habe es noch nicht probiert.»

«Freiheit zweiten Frischegrades? Meinen Sie damit die Verbannung? Wie heißt es doch in dem entsprechenden Ukas: Ansiedlung auf immer und ewig. Meinen Sie *das* mit Freiheit?»

Wenn es nicht um sein Leben gegangen wäre, hätte Lorenz diesem pomadigen Leutnant einfach ins Gesicht gespuckt. Sie hielten ihn hier Jahre fest, ohne gültiges Urteil, nie hatte er einen Richter gesehen. Ihre Willkür kannte keine Grenzen. Von wegen kein Stacheldraht mehr, keine Wachtürme!

«Lorenz Lorenzowitsch, Sie machen es einem nicht leicht, Ihnen eine gute Nachricht zu überbringen.»

Der NKWD-Mann wurde ärgerlich:

«Sie sind frei. Und das mit der ‹Ansiedlung auf ewig›, nehmen Sie das nicht so schwer. Kommt Zeit, kommt Rat. Bedenken Sie doch, Sie sind ein Deutscher. Dass man Sie nach diesem Krieg überhaupt aus der Haft entlässt, das ist doch schon was.»

«Ich habe den Krieg nicht geführt.»

«Ja, ja. Ich verstehe das. Aber Sie müssen auch die verstehen, die in jedem Deutschen einen Feind sehen. Die würden an meiner Stelle anders entscheiden. War er selbst nicht dabei, dann war es sein Bruder, war's der Bruder nicht, dann der Schwager ...»

«Mein Schwager saß als einer der Ersten im KZ!»

«Nun, dann war's der Nachbar. Des Nachbars Kinder. Sei's drum. Sie bekommen Papiere, ist das nichts?»

«Doch, doch.»

«Na sehen Sie. Und es gibt noch eine gute Nachricht: ‹Schuhgröße 38›. Verstehen Sie? 38!»

«38?!»

«Ja, Paragraph 38! Sie können reisen, wohin Sie wollen. Allerdings nur, wenn Sie immer schön brav nach Workuta zurückkommen. Natürlich ist Moskau oder Leningrad als Aufenthaltsort ausgeschlossen. Aber zur Kur oder in den Urlaub fahren, das geht. Wenn Sie wollen, sogar in den Süden. Nur immer, wie gesagt, immer schön zurückkommen und melden. Sonst gibt's Ärger. Na, Sie sind ja ein kluger Mann und kennen die Konsequenzen. Ist das auch nichts?»

Schuhgröße 38. Das war Häftlingsjargon. Die Paragraphen, nach denen man entlassen wurde, lagen im Bereich der Schuhgrößen. Wer die 38 erhielt, konnte zufrieden sein. Lorenz war klar, dass er auf mehr nicht hoffen durfte. Eigentlich war Verbannung «plus» für Deutsche nicht vorgesehen. Ja, selbst die meisten Russen, die frei wurden, bekamen 39 und aufwärts. Das hieß, sie durften nicht näher als auf 101 Kilometer an eine Bezirksstadt heran. Von den großen Metropolen ganz zu schweigen. Wenn sie dort eine Milizpatrouille erwischte, gab's eine neue Frist, und ab ging's wieder ins Lager. So gesehen hatte er wirklich Glück.

Sklavenglück. Nicht das Glück des freien Mannes.

«Hier ist Ihre Bestätigung.» Der Offizier reichte Lorenz ein Blatt Papier über den Schreibtisch.

«Gehen Sie mit der Sprawka zur Miliz und lassen Sie sich einen Passport ausstellen. Ich wette, Sie sind eher am Schwarzen Meer als ich. Doch vergessen Sie nie: Immer schön bei der Miliz melden. Damit wir wissen, dass Sie noch da sind.»

Der Leutnant schüttelte Lorenz zum Abschied enthusiastisch die Hand, als sei er gerade Sieger im sozialistischen Wettbewerb geworden. Lorenz schaute erst ihn und dann die auf und ab schwingenden Hände entgeistert an. Wie beschränkt oder verblendet musste man sein, um zu erwarten, dass die vielen geschundenen Menschen, von denen sich das Lager nährte, am Ende auch noch dankbar wären, wenn man ihnen die Kette, an der sie hingen, etwas lockerte, aber das Stachelhalsband angelegt blieb?

Für einen Augenblick war Lorenz in seinen Gedanken versunken. Der arme Marx. Wie kamen diese Menschen dazu, zu behaupten, das alles geschehe nach seinem Willen? Vielleicht lag es ja an Russland. Unterentwickelt und fromm. Dass gerade hier das große Experiment seinen Anfang nahm, war sicher ein Versehen der Geschichte. Das tiefgläubige Land hatte den alten Gott abgeschafft und ihn durch die neuen Gottheiten ersetzt. Glaube statt Wissen. Und Stalin war ihr Prophet und der NKWD eine Priesterkaste, die dafür sorgte, dass keiner vom rechten Weg abkam, und immer genug Opferlämmer zur Hand waren.

Lorenz ging. Und merkte erst draußen, dass er das Blatt fast zerknüllt hatte. Er versuchte, es über dem Knie glatt zu streichen, aber es wurde nicht glatt. Nun, es musste auch so gehen. Natürlich wusste er, dass ein Deutscher in Workuta mehr nicht erwarten konnte. Andere bekamen ihren Wisch und durften doch nur bis zur Stadtgrenze.

Brechend voll. Bei der Miliz drängten sich die Menschen. Was sie alle dort wollten, konnte man schwer ergründen. Und wie immer in Russland hatte von fünf Schaltern einer geöffnet. Das hieß, warten, warten, warten. Als Lorenz endlich an die Reihe kam, taten ihm die Beine und das Kreuz weh. Er schob das Papier, das er vom NKWD-Leutnant erhalten hatte, durch die Öffnung des kleinen Fensters. Barsch nahm eine uniformierte Frau den Zettel, warf einen Blick darauf, fragte, ob er auch Passbilder hätte. Er hatte. Die Frau klemmte die Fotos an das Blatt, schob alles einem Mitarbeiter zu und machte eine kurze Bemerkung, die Lorenz nicht verstand:

«Wie bitte? Was haben Sie gesagt?»

«Nichts. Zumindest nichts, was Sie angehen könnte. Ihre Papiere werden bearbeitet. Warten Sie. Der Nächste …»

Lorenz ging zwei Schritte beiseite, blieb aber so stehen, dass er das Geschehen hinter dem Schalterfenster im Auge behielt und auch die Frau ihn noch sehen konnte. Das schien ihm die sicherste Methode zu sein, um nicht sofort wieder vergessen zu werden. Dennoch dauerte es seine Zeit, bis er endlich seinen Namen, diesmal als «Logofen», rufen hörte.

Die Frau in der blauen Milizionärbluse, die ihr um einiges zu knapp saß und am Busen, aber noch mehr über dem Bauch spannte, schob missmutig den nagelneuen Passport durch das Fenster. Nachdem er auch die Bescheinigung zurückhatte, bedankte sich Lorenz freundlich. Die schlechte Laune dieses Weibes konnte ihm jetzt egal sein. Dachte er. Auf dem Weg zur Tür blätterte er den

Ausweis durch, ein Hochgefühl machte sich breit: Immerhin, du hast jetzt Papiere, das ist doch schon etwas. Aber plötzlich stutzte er. Was war das? In der entsprechenden Rubrik stand statt Paragraph 38 deutlich Paragraph 39. Das war nicht richtig. Er machte auf der Stelle kehrt und schob, nicht ohne zuvor höflich um Erlaubnis gebeten zu haben, den Kopf wieder durch das Schalterfenster.

«Genossin Milizionärin, hier liegt ein Versehen vor. Statt 39 muss es 38 heißen …»

«Zeigen Sie her!» Sie riss ihm den Ausweis aus der Hand.

Lorenz hatte den Eindruck, sie wusste sehr wohl, was da stand.

«Ich kann keinen Fehler erkennen.»

Sie schob das nach frischem «Dermantin»-Kunstleder riechende Heftchen verächtlich zurück.

«Aber natürlich liegt hier ein Fehler vor. In der Sprawka heißt es eindeutig 38. So muss es auch im Ausweis stehen: 38, nicht 39!»

«Bürger, seien Sie nicht so kleinlich», keifte die Milizionärin. «Was macht das schon, 38 oder 39?»

Die Frau war sich ihrer Position bewusst, sie zeigte keinerlei Bereitschaft, den Fehler zu korrigieren.

«Wenn es eine Kleinigkeit ist», Lorenz blieb hartnäckig, obwohl die Schlange der Wartenden schon zu murren begann, «dann schreiben Sie es korrekt auf, und ich gehe sofort.»

«Das ist korrekt. Und wenn Sie es genau wissen wollen: Für einen Deutschen gibt es keinen Paragraph 38. Die Bestimmungen der Amnestie gelten für dieses Völkchen nicht.»

Das ganze Büro lachte. Außer der Frau am Schalter und ihrem Gegenüber saßen im Hintergrund des Raums offensichtlich noch weitere Mitarbeiter.

«Bürger Deutscher, halten Sie die Menschen nicht auf. Es wollen heute auch noch andere drankommen.»

Sie hob ihren ausladenden Hintern vom Stuhl, sah zum Schalterfenster hinaus und rief fröhlich:

«Der Nächste!»

Da stand Lorenz nun. Bebend vor Wut. So war das, die hatten die Macht, die konnten verfahren, wie sie wollten. Aus Faulheit, Boshaftigkeit, Missgunst. Lorenz musste nicht nach Worten suchen, ihm fielen noch ganz andere ein. Aber nicht mit ihm. Er würde sich das nicht bieten lassen. Im Gespräch mit dem Leutnant hatte er gerade noch über die Ungerechtigkeit des Paragraphen 38 geschimpft, und jetzt sollte er nicht einmal den bekommen. Nein, der Tag war noch nicht zu Ende. Er warf die Tür zu und machte sich erneut auf den Weg ins «schlaue Häuschen».

Doch weiter als ins Vorzimmer kam er nicht. Dort saß inzwischen ein Sergeant auf der Ecke eines Schreibtischs, die Schirmmütze lässig nach hinten geschoben, und unterhielt die beiden Sekretärinnen. Die kicherten gerade, als Lorenz in den Raum trat. Auf seine Begrüßung reagierten sie so wenig wie auf die Frage, ob Leutnant Petritski – den Namen hatte er draußen aufgeschnappt – zu sprechen sei. Stattdessen drehte sich der Sergeant unwillig um und schaute den Fragenden ärgerlich an.

«Hier ist geschlossen, das sehen Sie doch! Kommen Sie morgen wieder.»

Er ließ keinen Zweifel, dass für ihn das Gespräch damit beendet sei, und wandte sich wieder den Frauen zu:

«Wo waren wir stehengeblieben?»

Doch Lorenz war nicht bereit, sich so schnell geschlagen zu geben. Womöglich würde am nächsten Tag schon niemand mehr wissen, ob der oder ein anderer Paragraph richtig war. Was in der Konsequenz bedeutete, dass er auch in den kommenden Jahren Workuta nicht verlassen dürfte.

«Wenn der Genosse Leutnant nicht da ist, dann schauen Sie auf die Papiere. Man hat mir einen falschen Paragraphen in das Dokument geschrieben, und die Miliz will es nicht korrigieren.»

Lorenz hielt dem Sergeanten Ausweis und Bescheinigung hin. Der kam nicht umhin, sich wieder umzudrehen.

«Ob 38 oder 39 – was macht das schon aus?»

Lorenz fiel es immer schwerer, sich zu beherrschen.

«Für mich sehr viel!»

«Na, wenn's weiter nichts ist…»

Der Sergeant schaute zu den beiden Frauen, und als spräche er nur mit ihnen, nicht mit Lorenz, grinste er:

«Den Deutschen steht die 38 gar nicht zu. Da gibt es sogar einen Ukas der Regierung. Also gehen Sie, bevor wir uns die Sache noch einmal anders überlegen. Ein besseres Papier kriegen Sie nicht.»

«Doch, bekommt er!»

Von allen unbemerkt, hatte der Leutnant den Raum betreten.

«Pankin, hast du nichts anderes zu tun, als Mascha und Olga von der Arbeit abzuhalten? Ich hätte da etwas für dich. Diese Depesche muss zum 4. Schacht. Hier, nimm und ab.»

Petritski schob dem Sergeanten einen Umschlag zu. Man sah es ihm an, die Sache mit dem Passport ärgerte ihn weit weniger als dieser Bursche, der es wagte, in seinem Vorzimmer herumzulungern und seinen Sekretärinnen schöne Augen zu machen.

«Aber Genosse Leutnant, bis zum 4. Schacht ist es ein langer Marsch, und es ist längst Nachmittag!»

«Ich weiß, wie spät es ist. Und wenn du dich nicht sofort auf den Weg machst, hat die Kantine geschlossen, bis du zurück bist. An deiner Stelle würde ich mich beeilen.»

Der Sergeant warf einen zornigen Blick in die Runde und verschwand. Petritski nahm Lorenz die Bescheinigung aus der Hand, griff den Federhalter und schmierte quer über das Papier: «Überprüft. Sofort erledigen. Petritski». Lorenz steckte den Wisch ein, bedankte sich und eilte davon. Er musste schnellstens zur Miliz, hoffentlich war der Schalter noch geöffnet und die Schlange nicht mehr so lang. Dass es den vergleichsweise milden Paragraphen 38 für Deutsche praktisch nicht gab, wusste er nun. Und was auch immer den NKWD-Offizier dazu gebracht hatte, für ihn eine Ausnahme zu machen, schon morgen konnte er sich anders entscheiden.

Die Miliz hatte noch geöffnet. Die Schlange mit den Wartenden war noch länger, dementsprechend gereizt die Stimmung. Dazu die Frau hinter dem Schalter, die inzwischen auf Nachfragen nur noch hysterisch reagierte. Einfach an den Wartenden vorbeizugehen, schien Lorenz nicht angeraten. Dennoch machte er einen verzweifelten Versuch, das Prozedere abzukürzen.

«Genossen, ich will mich nicht vordrängeln, aber ich habe hier schon einmal zwei Stunden angestanden.»

«Na und? Wir stehen schon drei.»

«Die haben einen Fehler gemacht.»

«Das wird nicht der letzte sein.»

«Aber versteht doch: Ich möchte nur eine Korrektur.»

«Erst heißt's, nur eine Korrektur, dann dauert es ewig.»

«Glaubt mir, es geht schnell. Darf ich!?»

Die Masse der Wartenden reagierte unentschlossen, Lorenz machte einen Schritt zum Fenster und schob die Papiere hinein. Ein gellender Schrei:

«Hier ist schon wieder der Deutsche!»

Die Frau hinter dem Schalterfenster warf ihren Federhalter weg, die Tinte spritzte in alle Richtungen. Sie sprang auf und ging in den Teil des Raums, den man nicht einsehen konnte. An ihrer Stelle erschien ein Milizionär, offenbar ihr Vorgesetzter.

«Was ist hier los, Bürger?», herrschte er Lorenz an. «Warum lassen Sie die Frau nicht in Ruhe arbeiten?»

«Lasse ich gerne, wenn sie nur so freundlich wäre, den kleinen Fehler, die Ungenauigkeit, die sich beim Ausstellen meines Passports eingeschlichen hat, zu korrigieren.»

«Was für ein Fehler?»

Lorenz wies auf die Stelle:

«Hier muss es 38 und nicht 39 heißen!»

Der Miliz-Chef musterte die Seite:

«Alles richtig. Paragraph 38 gibt es für Deutsche nicht. Da ist die Richtlinie eindeutig …»

«Hier, lesen Sie, was Petritski geschrieben hat. Oder wollen Sie es besser wissen als der NKWD-Natschalnik?»

Der Milizionär stutzte, als er den Namen Petritskis hörte.

«Sofort erledigen … Der Teufel soll sie holen!»

Er schaute Lorenz an, dann wieder das Blatt. Man sah seine Verärgerung; natürlich wusste er, dass offene Kritik am NKWD auch für einen Milizionär nicht ungefährlich war.

«Einen Tag wollen sie es so, den anderen heißt es, Kommando zurück. Na, mir soll es egal sein. Alla, mach die Sache fertig.»

Es vergingen keine zehn Minuten, dann flog sein Ausweis aus dem Fensterchen und rutschte weit über das Brett. Mit einem Satz war Lorenz zur Stelle. Er blätterte die Seiten durch. Tatsächlich, statt einer 39 stand die 38 da. Aber wie sah das aus? Unglaublich. Lorenz schlug den Pass auf die Holztheke. Die 9 hatte man mit einer Rasierklinge herausgekratzt, so war die Tusche bei der 8 auf dem dünnen Papier verlaufen. Selbst ein Laie erkannte, dass diese Stelle manipuliert war.

«Uch, Bljad», entfuhr es Lorenz.

Auch wenn «Hure» normalerweise nicht zu seinem Wortschatz gehörte, er musste sich Luft machen. Da er sich nicht noch einmal an der Schlange vorbei zum Schalterfenster wagte, entschied er sich für den Hintereingang. Die Tür sprang auf, der Miliz-Chef stand vor ihm.

«Sie? Sie haben doch alles. Was wollen Sie noch?»

«Das ist kein Passport, sondern ein Dreck. Sehen Sie, jeder wird denken, ich habe ihn gefälscht! Und das stellt die Miliz aus?!»

Der Uniformierte schaute sich die Seite an. Auch er hatte so etwas offensichtlich noch nicht gesehen.

«Alla? Ah? Allotschka? Was hast du dir dabei gedacht? Wir sind doch hier nicht auf dem Basar. Wir sind eine Behörde. Die muss exakt arbeiten.»

Aus der Tiefe des Raums konnte man wieder das Kreischen der Mitarbeiterin hören:

«Wladimir Petrowitsch, was sollte ich tun? Ich hatte doch kein weiteres Passbild. Sonst hätte ich ihm natürlich ein neues Dokument ausgestellt.»

«Bürger, Sie hören, es hapert am Passbild. Da müssen Sie noch mal kommen.»

Doch Lorenz war fest entschlossen, hier und heute seinen Passport mitzunehmen.

«Sie haben noch ein Foto von mir. Ich habe zwei abgegeben. Das zweite ist bei den Unterlagen. Nehmen Sie das.»

Der Milizionär schaute ihn traurig an. Diese Art von Kunden liebte er. Ärger, nichts als Ärger. Dazu die schlechte Laune Allas. Er bedeutete Lorenz, auf dem Gang zu warten. Endlich ging die Tür auf, und Lorenz erhielt seinen Passport. Er war ein fast freier Mann.

Das Jahr 1956: *Wiederaufrüstung in Deutschland durch den Aufbau der Bundeswehr. Die letzten deutschen Kriegsgefangenen kehren aus Russland heim. Der 20. Parteitag der KPdSU leitet die Entstalinisierung ein. Gründung der NVA in der DDR. Bill Haley stürmt mit «Rock Around The Clock» die Hitparaden. Brecht stirbt in Ostberlin. Die KPD wird in der Bundesrepublik verboten. Die Suez-Krise belastet die internationalen Beziehungen. Russische Panzer schlagen nach Georgien und Polen auch den Aufstand in Ungarn nieder. Erstes kommerzielles AKW geht in Großbritannien ans Netz. Fidel Castro landet mit seinen Guerillas auf Kuba.*

Seite 247:
Großes Foto: Urlaub auf der Krim. Von rechts nach links: Lena, Pawel und Lorenz Lochthofen. Eine Bekannte hält Sergej auf dem Arm. Mittleres Foto: Lena und Lorenz Lochthofen in Workuta. Kleines Foto: Lena Lochthofen.

1956

★

I

Es herrschte leichter Frost. Minus zwanzig Grad, vielleicht etwas weniger. Lorenz war beschwingt auf dem Weg nach Hause und schaute bei Ded rein. So nannten die Kinder Pawel Alexandrowitsch, aber schnell war die Abkürzung für das lange «Deduschka», Großvater, in den allgemeinen Familiengebrauch aufgenommen. Pawel hatte damit vor Jahren angefangen, jetzt plapperte es auch sein sechs Jahre jüngerer Bruder Sergej nach.

Lorenz und Pawel Alexandrowitsch hatten miteinander Tee getrunken. Es gab einiges zu besprechen. Der erste Parteitag nach dem Tod Stalins war vor einigen Tagen zu Ende gegangen. Ungeheuerliches hörte man. In Moskau sprach der neue starke Mann, Nikita Chruschtschow, offen von Fehlern, ja, er gelobte Besserung. Kaum zu glauben. Lorenz schöpfte Hoffnung. Pawel Alexandrowitsch blieb skeptisch.

«Ach, wissen Sie, Lorenz», die beiden Männer sprachen sich immer noch mit Sie an, ein Zeichen ihres Respekts und der Distanz zur allgemeinen Duzerei der Parteikader. Daran änderte sich auch nichts, als Lorenz und Pawel Alexandrowitschs Tochter Lena heirateten, als sie die Geburt der beiden Söhne noch enger miteinander verband.

«Ich kenne doch Nikita», sagte der alte Bolschewik mit einem Anflug von Heiterkeit. «Der stammt aus unserer Gegend, aus dem

Donbass. Ein mittelbegabter Spaßvogel. Konnte gut trinken und Gopak tanzen, er schmiss die Beinchen wie kein Zweiter. Der kann mir viel erzählen. Wie heißt es so schön: Was der Zar heute denkt, kriegt das Volk morgen zu spüren. Mal sehen, ob es besser wird.»

«Aber allein durchs Tanzen wird man ja nicht Parteivorsitzender.»

«Nein, nein. Da haben Sie recht, Lorenz Lorenzowitsch, wir haben Nikita zur Parteischule nach Kiew geschickt, in der Hoffnung, dass aus ihm doch noch etwas Brauchbares werden könnte. Na ja. Der Antrag ging über meinen Tisch. Und wo sehe ich ihn wieder? In Moskau, im Warmen, bei Väterchen unterm Flügel. Hat sich beizeiten gut untergebracht. Sicher gab es Helfer, sein Freund Kaganowitsch zum Beispiel, ich kann mir gut vorstellen, dass der Nikita auf dem Weg ins Politbüro nützlich war. Der kam auch aus unserer Gegend, war beizeiten ein williges Werkzeug Stalins. Vor allem, als sie nach dem Tod Lenins die anderen aus der Spitze umbringen ließen. Da ging Lasar Kaganowitsch dem Georgier fleißig zur Hand. Nun, Dankbarkeit gibt es da oben nicht. Inzwischen hat Nikita seinen Förderer Lasar auch abserviert. Aber immerhin...»

Pawel Alexandrowitsch machte eine Pause.

«... immerhin, er hat ihn nicht erschießen lassen. Wenn Sie so wollen», er sah Lorenz an, «ein Fortschritt.»

Wieder machte er eine lange Pause.

«Wir tun gut daran, ihm nicht zu trauen.»

«Hat Kaganowitsch nicht die Hungersnot in der Ukraine mit zu verantworten?»

«Ja, die haben den Bauern den letzten Scheffel Weizen aus der Scheune geholt, jeden an die Wand gestellt, der nur ein Pud für die Aussaat zurückbehalten hat. Grausam und dumm. Aber Stalin hat's gefallen. Kaganowitsch und Chruschtschow, ich kenne die Brüder und kann mir denken, wie sie im Kreml aufgestiegen sind. Erst hält einer die Hände drunter, und der andere klettert hoch. Dann zieht er von oben den Kumpanen nach. Dass ausgerechnet Nikita auf Stalin als Erster Sekretär der Partei folgt, beweist nur eines: Heute ist alles möglich.»

Pawel Alexandrowitsch lachte. Das Lachen ging in einen Reizhusten über. Die vielen Jahre im Norden, die harte Arbeit in der Gießerei, das ging nicht spurlos an ihm vorüber. Manchmal hatte Lorenz Angst um den Alten.

«Nikita ist ein Muschik. Schlau, aber nicht klug. Es passt dazu, dass er und sein Gefolge von den Schweinereien plötzlich nichts gewusst haben wollen. Das glaubt ihnen doch kein Mensch. Gekuscht haben sie und mitgemacht. Und wenn der nächste starke Mann kommt, dann werden sie sich wieder abducken.»

Pawel Alexandrowitsch rührte seinen Tee um. Lorenz schwieg erst eine Weile, als könnte er die passenden Worte nicht finden. Man sah ihm an, er wollte gerne an eine Veränderung zum Guten glauben:

«Sicher haben Sie recht. Aber wer mit den Wölfen leben will, muss wie ein Wolf heulen. Nikita war ein guter Heuler. Doch nun scheint sich etwas zu bewegen. Einer muss den Anfang machen. Vielleicht hat sich ja in seinem tiefsten Inneren noch etwas Anstand verloren? Schrecklich, wenn Berija, dieser Henker, an der Macht geblieben wäre. Von Tauwetter dürften wir dann nur träumen.»

Lorenz überlegte, dann fragte er mit gedämpfter Stimme:

«Sie haben von dem Geheimbericht auf dem Parteitag gehört?»

«Die Kunde ist noch frisch, allein mir fehlt der Glaube. Ich traue der Sache nicht. Erzählen können die mir viel. Die wissen schon, warum sie den Bericht nicht veröffentlichen. Wenn das Volk erfährt, wie viele Millionen an Hunger starben oder umgebracht wurden, dann Gnade ihnen Gott. Die können so einen Bericht, wenn in ihm tatsächlich die ganze Wahrheit stehen sollte, was ich übrigens bezweifle, nicht in die Zeitung setzen.»

Er trank von seinem randvollen Teeglas ab.

«Dann wäre Nikita selber dran.»

Lorenz nickte nachdenklich. Der NKWD hieß seit einiger Zeit KGB. Doch nichts deutete darauf hin, dass sich ernsthaft etwas geändert hätte. Das geschah ja auch nicht, als die GPU zum NKWD wurde. In Workuta standen die Stacheldrahtzäune fest wie Mauern, alles schien beim Alten, auch nachdem sie Berija erschossen hatten. Der KGB-Chef trug in der entscheidenden Sitzung des Politbüros eine Pistole in seiner Aktentasche, schaffte es aber nicht, rechtzeitig zu ziehen. Da war er plötzlich selbst das, was er Tausenden Menschen andichten ließ: ein Agent des Westens. Und doch hatte Lorenz das Gefühl, die Umklammerung ließ langsam nach.

«Palmiro Togliatti hat von ‹Entartung› gesprochen. Sie haben es im Radio gebracht. Er war dabei, als Nikita seinen Vortrag hielt.»

Pawel Alexandrowitsch schaute Lorenz fragend an. Dass ein Moskauer Sender so etwas ausgestrahlt haben sollte, schien ihm unwahrscheinlich. Lorenz verstand seinen Blick:

«Na ja, nicht im Prijomnik. Ich habe mir da was gebaut, womit man auch deutsche Sender hören kann. Die sind zwar ständig dabei, den Empfang zu stören; es rauscht wie verrückt, aber nach Mitternacht kann man doch einiges verstehen.»

«Entartung? Das ist ein passendes Wort. Hatte das nicht irgendwas mit den Faschisten zu tun? Nun, eine Entartung war das hier in Workuta allemal. Im Grunde ist es das ja immer noch. Auch wenn die Menschen nicht mehr in Zelten schlafen. Sie bringen immer noch genug um.»

So kreiste das Gespräch um die neue Spitze im Kreml, die Bereitschaft, wirklich einen Strich unter die Stalin-Ära zu ziehen und die Chancen für einen Neuanfang.

«Gestern waren sie noch alle glühende Stalinisten, und jetzt sind sie bereits Chruschtschowianer. Das geht ganz schön flott.»

«So sind die Menschen, Pawel Alexandrowitsch. Ein Denkmal vom Sockel stürzen, das ist schnell erledigt. Den Stalinismus als Anhäufung der kruden Glaubenssätze haben sie bald vergessen. Das Stalintum, das wird lange weiter leben. Menschen einsperren, Bücher verbieten, keine andere Meinung dulden, die können gar nicht anders. Wo Freiheit nicht zählt, hat es die Wahrheit schwer. Auch wenn es Chruschtschow selbst vielleicht anders will.»

«Da ist was dran. In den KGB-Kellern geht es nicht anders zu als früher. Und solange das so ist, so lange ist den Brüdern nicht zu trauen. Wie gesagt, auch Chruschtschow nicht.»

Pawel Alexandrowitsch stand krächzend auf und ging zum Ofen, um einen Brocken Steinkohle hineinzuwerfen. Glutfunken sprühten in das kleine Zimmer.

Es war fast dunkel, als sich Lorenz auf den Heimweg machte, wieder einmal hin und her gerissen zwischen Aufbruchstimmung und tiefem Misstrauen. Wie oft hatte er sich schon sicher geglaubt, und dann ging doch alles von neuem los. Kriegsende, Stalins Tod, immer hatte er gehofft, jetzt ändert sich alles, aber er saß immer noch in Workuta. Brachten die Ankündigungen auf dem Parteitag jetzt die Wende? Wer konnte das schon wissen.

Als er an seiner Werkstatt vorbeikam, sah er mit Verwunderung, dass in einem der Fenster noch Licht brannte. Was sollte das bedeuten? Eigentlich konnte dort niemand sein. Er hatte die Werkstatt als Letzter verlassen und abgeschlossen. Sollte er das Licht im Kontor vergessen haben? Nein, ausgeschlossen. In solchen Dingen war er korrekt und verlangte das auch von den anderen.

Er rüttelte an der Tür, merkwürdig, sie sprang auf. Er trat ein und sah mit Verwunderung, dass in seinem Büro Sascha Bauer und ein fremder Mann saßen. Sascha auf einem Hocker, der Unbekannte auf dem einzigen Stuhl mit Lehne. Sein Platz. Dass Sascha, den er von der Bahn abgeworben hatte, um diese Zeit etwas in der Werkstatt zu tun hatte, kam vor. Er hatte einen eigenen Schlüssel. Dass er sich mit einem Fremden hier im Kontor traf, war ungewöhnlich.

Der Gast, ein hagerer Mann mittlerer Größe in gutsitzendem Anzug, hatte seinen Wollmantel quer über den Tisch gelegt. Er selbst saß ungezwungen, ja auffällig selbstsicher auf dem Stuhl und sah mit Interesse Lorenz entgegen. Sicher stammte der Stoff für den Anzug aus dem Sortiment der «amerikanischen Geschenke», ging es Lorenz durch den Kopf. Im Überschwang des gemeinsamen Sieges über Hitler-Deutschland hatten die Amerikaner vielerlei Dinge nach Russland geschickt, die den Alltag der Menschen in dem zerstörten Land etwas aufhellten. Dosen mit Corned Beef, Erdnussbutter, Tarzan-Filme und Kleidung, einschließlich ganzer Ballen Stoffe, wie man sie in Moskau, geschweige denn in Workuta, nicht kannte. Dass von all der Pracht sogar etwas im Norden landete, wunderte die Menschen mindestens genauso wie die Tatsache, dass es so etwas überhaupt in dieser Welt gab. «Amerikanische Geschenke» wurden zum Inbegriff von Schick und Eleganz für eine ganze Generation.

Lorenz blickte von dem Unbekannten zu Sascha, der verlegen schien. Wie ein Schüler, den der Lehrer gerade beim Abschreiben erwischt hatte.

«Sascha, was ist passiert?», fragte Lorenz, während er dem Unbekannten zur Begrüßung zunickte.

«Alles bestens, Lorenz. Aber ich weiß nicht, kennt ihr euch? Das ist Alexander Lwow.» Sascha wies mit höflicher Handbewegung auf seinen Gesprächspartner.

Lwow? Lorenz fragte sich, ob das tatsächlich «der Lwow» sein konnte. Den Namen kannte in Workuta jeder. Er war einer der drei wichtigsten Bosse der Unterwelt. Ein Mann mit Manieren und als Ingenieur ein passabler Fachmann. Offiziell arbeitete er als Bereichsleiter im Kraftwerk. Doch das füllte ihn nicht aus. Es gab keinen größeren Einbruch, keinen Mord in der Stadt, bei dem er nicht die Fäden zog. Lwow war der Kopf der Ganoven, gescheit und belesen. Aber mit einer durch und durch verkommenen Intelligenz.

Der Gast erhob sich und grüßte höflich, bat, dass er sich doch zu ihnen setze, als sei er und nicht Lorenz der Chef in diesem Kontor. Erst jetzt fiel Lorenz auf, dass auf dem Tisch eine Flasche Wodka stand und zwei Gläser bereits gut gefüllt waren.

«Ich weiß, Hauptmechaniker, Sie sind der Herr in diesem Reich, und es steht mir nicht zu, Einladungen auszusprechen. Aber wir haben hier eine kleine Sache zu begießen, ich würde mich sehr freuen, wenn wir das in Ihrer Gesellschaft tun könnten. Sascha hat uns im Heizwerk ausgeholfen, ich bin gekommen, mich zu bedanken.»

Lorenz willigte ein. Es war besser, mit Lwow keinen Streit zu suchen, auch wenn er es immer noch befremdlich fand, dass hier hinter seinem Rücken ein Gelage abgehalten wurde. Doch die Neugier überwog. War dieser Lwow tatsächlich so mächtig oder nur ein Produkt der üblichen Gerüchte und Phantasien des Lagers? Es kam auf einen Test an. An jenem Tag hatte im Betrieb eine Parteiversammlung stattgefunden, man hörte, es sei einiges aus dem geheimen Chruschtschow-Bericht verlesen worden. Selbstverständlich nicht der Wortlaut, sondern gefiltert und geglättet. Aber immerhin. Lorenz durfte als Nichtparteimitglied an der Versammlung nicht teilnehmen. Und doch interessierte ihn die Sache mehr als die meisten Genossen. So lenkte er das Gespräch auf dieses Thema.

«Und das ist wirklich wichtig, was da in diesem Bericht steht?», fragte Lwow.

Der Mann der Unterwelt fand es merkwürdig, dass sich jemand in Workuta mit dem politischen Kram befasste.

«Für mich schon», erwiderte Lorenz. «Würde das alles gerne selbst lesen.» Er schaute Lwow direkt an und lächelte. «Aber machen Sie sich keine Gedanken, ich weiß, da ist kein Herankommen. Die Exemplare sind bestimmt nummeriert, sicher kriegt nur die oberste Nomenklatura in Moskau einen Durchschlag in die Hand.»

«Würden Sie sich den Bericht etwas kosten lassen?» In Lwow schien der Jagdinstinkt zu erwachen.

«Na, ich denke schon. Ein paar hundert Rubel wäre er mir wert. Aber wie gesagt, da ist kein Rankommen. Das Land ist zwar durch und durch korrupt, und ich kenne niemanden von den Oberen, der nicht bestechlich wäre, aber im Kreml werden die schon aufpassen, damit nichts unkontrolliert aus dem ZK verschwindet.»

Man unterhielt sich noch eine Weile über die allgegenwärtige Plage der Korruption, zu der Lwow aus professionellen Gründen eine etwas andere Einstellung hatte. Dann stellte der Gast einige Fragen zu Deutschland, wie es dort um die Geschäfte stehe, ob die Syndikate in Berlin und Hamburg auch so schlagkräftig seien wie in Russland. Als Lorenz davon nicht viel zu berichten wusste und sich die Flasche langsam leerte, verebbte auch ihr Gespräch. Sie verabschiedeten sich. Mit einem leisen Funken Hoffnung dachte Lorenz noch einmal an das Redemanuskript, aber er würde es wohl nicht bekommen. Unter den Atamanen der Ganoven gab es viele Aufschneider.

Wochen vergingen. Der kurze Polarsommer ließ die Tundra erblühen. Lena und die Kinder fuhren in den Süden, auf die Krim. Dort hatte Lena in einem kleinen Dorf, nicht weit vom Meer, entfernte Verwandte ausfindig gemacht. Die waren hoch erfreut, ein Zimmer in den Ferien vermieten zu können. Es hatte eine Veranda und einen Ausgang in den üppigen Garten, in dem ein alter Maulbeerbaum stand. Die fünf bis sechs Tage dauernde Reise von Workuta über Kotlas und Moskau war eine Strapaze, man konnte keine durchgehende Fahrkarte lösen, Lena musste sich auf den Bahnhöfen immer wieder mit unfreundlichen Kassierern und Schaffnern herumschlagen. Für die Kinder dagegen glich die Reise einem einzigen Abenteuer. Selbst das Schlafen in der Wartehalle. Während die Jungs selig träumten, bewachte die Mutter die Koffer und dachte daran, wie schön es jetzt wäre, in einem Hotel zu übernachten. Aber das war in der Sowjetunion des Jahres 1956 für sie unmöglich.

Pawel, er ging inzwischen in die dritte Klasse, hatte große Ferien. Das hieß in Russland drei Monate schulfrei: Juni, Juli, August. Drei Monate Sonne, Baden und Weintrauben. Das konnte nur der gerechte Ausgleich sein für die restlichen neun Monate eines Jahres in Schnee, Wind, Kälte und Dunkelheit. Zum Schulanfang am 1. September tänzelten oft schon vor dem Fenster die Schneeflocken. Umgekehrt, wenn die Sommerferien begannen, war draußen nicht selten alles noch weiß. Da Lorenz nicht so viel Urlaub hatte, musste er noch in Workuta bleiben; er würde nachkommen.

Eines Abends, es war wohl noch drei oder vier Tage bis zur Abreise, stand plötzlich Lwow in der Tür der Werkstatt. Lorenz musste nicht lange nach seinem Namen suchen, er erinnerte sich genau an ihre Begegnung. Jovial lächelnd und elegant wie damals schob Lwow eine feste Ledertasche auf den Tisch. Die passte eher zu einem Ministerialmitarbeiter in Moskau als zu einem Urka in einer Lagerstadt. Sein Lächeln hatte jetzt etwas Überlegenes. Dann zog er einen Stapel Papiere aus der Tasche und legte ihn weihevoll auf den Tisch. Lorenz nahm das Deckblatt. Kein Zweifel: Vor ihm lag ein Originalexemplar von Chruschtschows Geheimbericht an den XX. Parteitag der KPdSU. Er nickte anerkennend. Nur die laufende Nummer oben rechts in der Ecke, an der man erkennen konnte, welchem Bonzen das Papier gehörte, die war herausgeschnitten.

Lwow sonnte sich in seinem Triumph.

«Ich gehe davon aus, es ist der richtige Bericht?»

«Ja. Da gibt es nichts zu wackeln: Es ist der Bericht. Und er ist vollständig. Ich schätze, es ist das einzige Exemplar jenseits des Polarkreises.»

Der Ataman nickte selbstgefällig.

«Gehe ich recht in der Annahme, dass Sie es nicht geglaubt haben? Sie dachten, der Lwow ist ein Angeber.»

«Das ist etwas übertrieben, aber richtig, ich hielt es für unwahrscheinlich, dass Sie an das Papier rankommen. Was kostet die Sache?»

«Sie verstehen, die Leute, die das besorgten, hatten einige Auslagen. Auch der Mann, dem es gehörte, war nicht ganz billig. Obwohl, wir haben da so unsere speziellen Methoden. Er hat meinen Leuten die Zettelchen am Ende fast aufgedrängt.»

Auch wenn es Lorenz brennend interessierte, woher und auf welchen Wegen der Bericht nach Workuta gelangt war, hielt er es für gescheiter, keine Fragen zu stellen. Stattdessen wiederholte er nur:

«Wie viel?»

«Achthundert, ich glaube, es ist ein angemessener Preis.»

«In Ordnung.»

Lorenz wedelte mit den Blättern.

«Danke. Auch nach so vielen Jahren bin ich von diesem Land immer wieder überrascht.»

Er ließ offen, ob seine Feststellung eine Anerkennung für Lwow bedeutete oder Kritik an den verkommenen Verhältnissen im Parteiapparat. Mit Lwow musste er das nicht erörtern.

«Setzen Sie sich doch, Alexander Viktorowitsch. Ich glaube, das ist ein guter Anlass anzustoßen.»

Als die Flasche leer auf dem Tisch stand, waren Alexander und Lorenz per Du und hatten das dringende Bedürfnis, die neu gewonnene Freundschaft zu vertiefen. Da es in der Werkstatt nichts mehr zu Trinken gab und der Lebensmittelladen neben dem 8. Schacht längst geschlossen hatte, lud Lorenz Lwow kurzerhand zu sich nach Hause ein. Dort stand noch eine kleine Reserve.

Fröhlich plaudernd machten sie sich auf den Weg am Fluss entlang Richtung Wohnsiedlung. Angekommen, setzte Lorenz den Gast am Küchentisch ab und goss zur Begrüßung jedem ein Teeglas Wodka ein. Voll, natürlich. Er entschuldigte sich, erst kamen die Hunde. Kara, die kluge schwarze Schäferhündin, und Tarzan, deren einstiger Welpe und nunmehrige Schrecken des Hofes. Der Vater Tarzans, ein sibirischer Laika, hatte ihm das dichte Fell vererbt, seiner Mutter Kara verdankte er die Wendigkeit. Beides machte ihn bei seinen Kämpfen praktisch unverwundbar.

Die Hunde schauten ihren Herrn vorwurfsvoll an. Das, was sie am Morgen zu fressen bekommen hatten, war längst vergessen. Auch wenn die Nachbarin sie am Tag hinausließ, die Abwesenheit der Hausherrin und der Kinder missfiel ihnen. Aber das tägliche Gemaule der beiden kannte Lorenz schon. So hatte er vorgesorgt. Jeden Tag, ehe er zur Arbeit ging, stellte er einen großen Topf auf den Herd, gab Kartoffeln oder Nudeln, aber auch Knochen und etwas Rentierfleisch hinein und ließ das Ganze, während er sich fertig machte, köcheln. Nun brauchte er die Hundemahlzeit nur noch aufzuwärmen. Denn kalt schmeckt bekanntlich kein Eintopf.

Der Ataman schmunzelte in sich hinein. Mit dem Glas Wodka in der Hand, das Lorenz nicht vergaß, wieder nachzufüllen, ging er näher an den Herd heran.

«Sag mal, was treibst du da eigentlich? Du hast mir doch selbst gesagt, dass es keine Umstände macht, wenn ich mitkomme. Nun kochst du auch noch. Komm, setz dich an den Tisch, lass uns reden.»

«Zum Reden ist gleich Zeit. Erst muss ich das Futter für die beiden fertig machen. Sie haben es verdient. Schließlich bewachen sie das Haus, wenn ich nicht da bin.»

Der Gast beugte sich neugierig über den Topf, wedelte mit der offenen Hand etwas Dampf in seine Nase, schaute Lorenz erst anerkennend und dann erneut ungläubig an:

«Das ist jetzt aber nicht dein Ernst. Das riecht so herrlich wie der Borschtsch meiner Großmutter. Ich habe den ganzen Tag nichts Richtiges gegessen.» Lwow schluckte vernehmlich. «Und du bist sicher, dass diese Suppe für deine Hunde ist? Ihr Deutschen …»

Und dann, als sei der Entschluss gerade gereift, sagte er:

«Also, wenn es dir nichts ausmacht, gib mir auch einen Teller. Etwas Schlechtes wird ja nicht drin sein?»

«Nein, nein. Alles beste Zutaten. Manchmal gibt es auch Fisch. Dann nennen wir es Fischsoljanka.»

Lorenz füllte den Teller für Lwow. Die Hunde beobachteten es mit sichtbarem Missvergnügen. Sie wussten, es ging von ihrem ab.

Der Abend zog sich hin.

Es blieb nicht bei dem zweiten Halbliter. Die Zunge des Gastes bewegte sich schwer, es dauerte eine Ewigkeit, den einfachen Satz «In dieser Stadt sind alle kor… kor… korrupt, ich muss es jaa … wissen» zu vollenden.

Schließlich, nachdem Kara auf Geheiß ihres Herrn zum dritten Mal ihr Gesangstalent vorgeführt hatte – sie konnte tatsächlich mit hoher Wolfsstimme einer eingeübten Melodie folgen –, war klar, dass Lwow an diesem Abend nicht mehr imstande sein würde, das Haus zu verlassen. Mehrere Versuche aufzustehen scheiterten. Immer wieder vor sich hin brabbelnd:

«Nitschewo, Nitschewo.» Was so viel bedeuteten sollte wie alles bestens, alles bestens. Seinen Protesten zum Trotz hievte ihn Lo-

renz auf die Liege im Wohnzimmer, zog ihm die Schuhe aus und
hatte ihn noch nicht zugedeckt, da schnarchte Lwow schon.

Die Hunde drängelten, wollten hinaus. Lorenz ermahnte Kara,
auf den Draufgänger Tarzan aufzupassen, und schloss die Tür hinter ihnen. Mit ihrer Rückkehr war nicht vor dem Morgen zu rechnen. Hinter den Häusern begann die Wildnis, überall roch es nach
Polarhasen, nach Füchsen, nach Rebhühnern. Sofort waren sie in
der Dunkelheit verschwunden.

Lorenz ging ins Bett. Die Aussicht, in einer Woche im Zug zu
sitzen und zu den Kindern ans Meer zu fahren, ließ ihn friedlich
einschlafen.

Als er aufwachte, war ihm kalt, kalt und ungemütlich. Er tastete
nach der Decke, doch die war nicht da. Er tastete nochmals, be-
rührte mit der Hand die Dielen, aber auch dort lag keine Decke.

Merkwürdig. Sehr merkwürdig.

Plötzlich hörte er aus dem Dunkel des Nebenzimmers eine
krächzende Stimme:

«Saraj? Saraj, bist du das?»

Es wurde wieder still. Jemand flüsterte. Es folgte eine lange
Pause. Dann wieder diese verkaterte Stimme:

«Saraj! Ich weiß, dass du es bist! Mach Licht an!»

Krampfhaft versuchte Lorenz zu begreifen, was hier vor sich
ging. Saraj, dieses Wort hatten die Russen aus dem Türkischen entliehen. Nur, dass die Russen aus dem türkischen «Haus» oder «Palast» einen «Schuppen» gemacht hatten. Die Sprache verriet wie so
oft, was die Völker tatsächlich voneinander hielten. Ein türkischer
Palast konnte aus russischer Sicht nur ein Schuppen sein. Aber
welcher «Schuppen» war jetzt gemeint? Und wessen Stimme war
das, die da aus dem Zimmer drang?

Das Licht flackerte. Auf der Bettkante saß ein von Schlaf und
Alkohol benebelter Lwow in Unterhosen. An der Tür zum Korri-
dor standen zwei Gestalten. Jede von ihnen hatte einen aus einer
Decke gedrehten prallgefüllten Sack über der Schulter. Lorenz er-

kannte seine Bettdecke. Jetzt wusste er, warum ihn fror. Die Männer trugen seltsamerweise keine Schuhe. Der etwas kleinere hielt einen verstaubten Regenschirm in der Hand.

«Alexander, was ist hier los? Was sind das für Leute?»

Mit Entsetzen sah er ein metergroßes Loch in der Zimmerdecke, die am Abend noch unversehrt gewesen war. Das konnte nur eines bedeuten: Die beiden Diebe mussten über das Dach auf den flachen Boden gelangt sein. Dann hatten sie, sehr leise, ein Loch in die dünne Zimmerdecke gebohrt, den Regenschirm durch die Öffnung geschoben und aufgespannt. So konnten sie das Loch erweitern, ohne dass nur ein Stück Holz oder Putz polternd zu Boden fiel. Der Bauschutt landete im aufgespannten Schirm. Durch die Luke stiegen sie dann in aller Seelenruhe in die Wohnung ein. Aber sie hatten es übertrieben und den Schlafenden auch noch die Decken gestohlen. Das war ein Fehler. Die empfindliche Kühle weckte die Männer. Wiederum, die Diebe brauchten die Decken, um das zusammengeraffte Gut, Jacken, Mäntel und Schuhe, wegzuschleppen.

«Lorenz, misch dich hier nicht ein. Ich kläre das.»

Lwow sprach langsam, der Wodka machte ihm immer noch zu schaffen. Doch seine Stimme war gewohnt, Befehle zu geben. Lorenz blieb in der Tür stehen. Lwow hatte offensichtlich sofort verstanden, was das Ganze zu bedeuten hatte. Nun saß er in seiner Unterhose da und schaute die beiden an, die nicht in der Lage waren, sich zu rühren.

«Saraj, also wusste ich's doch. Du kannst ja bei der Arbeit nie die Schnauze halten. Dein Organ hört man bis über den Fluss.»

Lwow machte eine Pause. Er dachte nach.

«Legt alles auf den Tisch. Vorsichtig!»

Das Auspacken dauerte einige Minuten. Dann gingen die beiden zur Tür und warteten, was geschehen würde.

Lwow stand auf, schleppte sich zum Tisch, auf dem noch der Wodka stand, würdigte die Sachen keines Blickes, und goss ein.

«Hier, Saraj, trink!»

Lwow schob ihm das halbvolle Glas zu. Der, den er Saraj nannte, tastete sich zu ihm.

«Ihr seid also in ein Haus eingebrochen, in dem ich verkehre?»

«Aber Alexander Viktorowitsch, versteh doch bitte, wir konnten doch nicht wissen ...»

«Solltet ihr aber!», unterbrach ihn Lwow. «Trink aus!»

Saraj stürzte den Wodka runter. In dem Moment, in dem das Glas wieder auf dem Tisch stand, tat es einen Schlag. Lwow hatte ohne Vorwarnung und mit Wucht Saraj die Faust ins Gesicht geschlagen. Der flog an die Wand. Es dauerte, bis er die Fassung wiedererlangte. Dann wischte er sich das Blut mit dem Ärmel aus dem Gesicht.

«Saraj, komm her!»

Saraj zuckte zusammen. Lorenz ahnte, wie es weitergehen würde, und wollte einschreiten. Mit einer Handbewegung hielt Lwow ihn zurück.

«Misch dich nicht ein. Es ist unsere Sache! Saraj, komm her!»

Lorenz hielt inne, während Saraj langsam auf Lwow zuging. Der Wodka gluckste ins Glas. Wieder forderte Lwow den Einbrecher auf zu trinken. Dann schlug er wieder zu. Der Getroffene sackte zusammen. Das Blut spritzte auf die Dielen.

«Alexander, wir konnten doch nicht wissen, dass du hier ...»

«Solltet ihr aber, solltet ihr aber!»

Er schniefte wütend.

«Was glaubt ihr eigentlich, was Lorenz Lorenzowitsch von mir denken wird? Lädt mich ein, und meine Leute räumen sein Haus leer. Ihr Mistviecher! Ihr habt keine Ahnung, was Ehre ist.»

Lorenz machte eine Bewegung des Protestes, als wolle er klarstellen, nie im Leben könnte er so etwas von seinem Gast denken. Aber Lwow ließ sich nicht besänftigen. Er goss einen Rest Wodka ins Glas, trank ihn selbst aus und schlug, als der blutende Saraj wieder aufgestanden war, erneut zu. Es folgten noch ein Schlag und noch ein Schlag. Irgendwann blieb Saraj liegen. Lwow nahm sich jetzt den zweiten Mann vor.

Es war ein Massaker. Erst als die Faust des Atamans wie ein blutender Fleischklumpen aussah, hörte er auf zu wüten. Mit Fußtritten stieß er die Kumpane zum Vorraum. Als Lorenz die Außentür endlich aufgeschlossen hatte, flohen die beiden mit letzten Kräften in die Dunkelheit.

Doch das Pech klebte in dieser Nacht an ihren Füßen.

Die Hunde hatten ihren Streifzug in dem Moment beendet. Sie mochten es nicht, wenn Fremde um das Haus herumlungerten.

II

Onkel Wasja hatte sein Versprechen gehalten: Auf dem Tisch stand eine Drei-Liter-Flasche mit jungem Rotwein. Etwas davon perlte bereits in ihren Gläsern. Ein sanfter, sonniger Nachmittag dehnte sich zum Abend. Draußen im Schatten der Bäume zirpten die Zikaden. Von dem gestampften Lehmboden atmete es kühl. Lorenz hatte seine Schuhe ausgezogen, um mit den blanken Füßen den glatten Boden zu spüren. Eine weiße Bahn dünnen Mulls wehte wie der Schleier einer mondänen Schönheit in der offenen Tür. In einem Land, in dem das Papier der «Prawda» die Gardinen an den Fenstern ersetzte, war das ein Hauch von Luxus und Eleganz.

Warum die Nachbarn Wasja «Onkel» nannten, wusste Lorenz nicht. Kinder oder andere Verwandte konnte er bei ihm nicht ausmachen; wenn es sie gab, hielten sie sich fern. Aber im Grunde ging es ihn ja auch nichts an. Jedes Dorf hatte seine Besonderheiten. Und nicht immer vermochte ein Außenstehender zu verstehen, warum etwas so und nicht anders hieß. Was an Onkel Wasja wirklich wichtig schien, waren im Grunde zwei Dinge.

Erstens: Er arbeitete in der Kolchose. Nicht auf dem Feld, nicht im Kolchosgarten, sondern in der Weinfabrik. Daher der neue Wein. Seine rote Nase verriet obendrein, dass die Arbeit für Onkel Wasja nicht allein schnöder Gelderwerb war, sondern dass er sie liebte. So inniglich wie eine gute Hälfte der männlichen Bevölkerung des Dorfes, die den Feierabend meist in Trance verbrachte. Darum beneideten die Bauern der umliegenden Ortschaften die Männer im Tal Koktebel.

Zweitens: Onkel Wasja kannte die Welt. Oder genauer gesagt, ihren verbrannten Teil. Im Krieg war er mit seiner Kompanie von der Wolga, wo er in eine Uniform gesteckt wurde, bis an die Elbe marschiert.

So saßen sie, tranken und sprachen über Russland und über Deutschland; wo es sich besser lebte, was die Menschen hier und dort einte oder eben unterschied. Onkel Wasja erregte sich über den Dauerregen, der sie im Frühjahr 45 auf ihrem Weg durch Feindesland begleitet hatte und den sie «Faschisten-Niesel» nannten, war aber auch voll des Lobes über die sauberen, ja trotz des Krieges fetten Städte und Dörfer. Auch Beute, einen Fotoapparat und zwei Uhren, hatte er mitgebracht und mehrere Freunde an der Oder begraben.

Für Lorenz war das Gespräch spannend und schmerzlich zugleich. Spannend, weil er wissen wollte, wie so ein einfacher Sergeant auf ein Land reagierte, das seinem Volk schreckliches Leid zugefügt hatte, aber auch so unvorstellbar weiter entwickelt war als das eigene. Schmerzlich, weil er selbst die Heimat seit nunmehr fast dreißig Jahren nicht mehr gesehen hatte und immer noch nicht wusste, wann er sie je wiedersehen würde. Ob nun Pieck oder Ulbricht, in Berlin machten sie keine Anstalten, den eigenen Leuten zu helfen. Die saßen weiterhin fest, verstreut über das riesige Sowjetland mit seinen unzähligen Lagern und Gefängnissen. Und ginge es nach den Parteioberen, würden sie für alle Ewigkeit dort bleiben.

Wieder zeichnete sich so ein merkwürdiger Winkelzug der Geschichte ab, ein Hakenschlag, wie ihn Lorenz in seinem Leben schon so oft zu spüren bekommen hatte: Die einzige Hoffnung für die Altkommunisten war der Antikommunist Adenauer. Seinem Verhandlungsgeschick hatten sie es zu verdanken, dass alle Deutschen, ausnahmslos alle – die Kriegsgefangenen, diejenigen, die KGB und Staatssicherheit auf den Straßen in der Ostzone verhaftet hatten, aber auch jene Opfer der Terrorwellen der dreißiger Jahre – endlich mit Erlösung rechnen durften. Mochte es noch Monate, ja vielleicht Jahre dauern, aber sie würden freikommen.

Eine Hürde hatte Lorenz bereits genommen. Im Mai 1956 sah sich das Gericht in Saratow gezwungen, das Verfahren gegen ihn aus dem Jahr 1938 für «nichtig» zu erklären. Er war also rehabilitiert. Von sich aus waren die Richter nicht aktiv geworden. Lorenz hatte gedroht, alle, die mit seinem Fall befasst waren, selbst vor Gericht zu bringen. Ein unerhörter Vorgang. Denn ein «Ehemaliger» hatte allenfalls zu bitten und zu hoffen, nicht zu drohen. Und noch wenige Wochen zuvor hätten sich die Herrschaften an der Wolga über so viel Dreistigkeit empört. Eine Anklage gegen einen der Ihren? Eine weitere Frist für den unverschämten Deutschen wäre die angemessene Antwort. Fünf, besser zehn Jahre, so wäre es richtig.

Doch da war der neue Mann im Kreml.

Meinte er es mit dem Aufräumen wirklich ernst? Und wenn ja, dann konnte aus einem banalen Fall, wie dem dieses deutschen Emigranten, plötzlich eine Riesengeschichte werden. Also zog man es in Saratow vor, lautlos zu handeln. Ein Genosse Hilko von der Staatsanwaltschaft machte das Papier fertig, und die Vorsitzende Richterin Badina erledigte die Angelegenheit zügig. So hatte Lorenz seine Rehabilitierung schon in der Hand, da trauten sich andere noch nicht einmal, den Antrag zu stellen.

Nun saß er hier, auf der Krim, in einer kühlen Kate aus Lehmziegeln, trank mit Onkel Wasja Wein, während draußen die Frauen auf der Bank irgendwie sehr normal und beruhigend schwatzten. Hin und wieder drangen aufgeregte Schreie der Kinder vom anderen Ende des Gartens herüber, sie mussten wohl im Teich eine Ringelnatter gesehen haben.

Das Eis der Workuta war jetzt so unwirklich, so weit weg wie die Rückseite des Mondes.

Dann hörte er Schritte auf dem Hof und eine tiefe Stimme. Sofort wurde es still. Lena stürzte ins Zimmer:

«Lorenz, da sind zwei von der Miliz! Die fragen nach dir!»

Er nahm sein Hemd von der Stuhllehne, schaute zu Onkel Wasja, als wollte er sagen, keine Angst, es geht gleich weiter, und ging hinaus. Die Milizionäre sahen aus, wie eben zwei Milizionäre aussehen: stämmig, in blauer Uniform und ziemlich ausgetretenen Schuhen. Der eine hielt seine Schirmmütze unter dem Arm und wischte sich mit einem sehr großen Taschentuch den Schweiß von der Stirn. Der andere schwitzte unter seiner Mütze weiter.

«Was ist passiert? Womit kann ich Ihnen helfen?»

Lorenz gab sich gelassen, obwohl er alles andere als gelassen war. Als Besucher aus Workuta hatte er mit seinem Paragraph 38 im Passport die Auflage, sich einmal wöchentlich im Dorfsowjet zu melden. Das tat er, ohne lange zu lamentieren. Ja, es war unverschämt. Ja, es war demütigend. Aber es war nicht zu ändern. Er brachte es hinter sich, und damit Schluss. Dass ihn nun die Miliz aufsuchte, war unangenehm, konnte aber auch harmlos sein.

«Bürger Logofen? Dürften wir Sie allein sprechen?»

Der Milizionär mit der Mütze setzte ein bedeutungsvolles Gesicht auf. Inzwischen hatte sich der gesamte Hof um sie herum versammelt: Lena, die Hausbesitzerin Tante Lida, die Kinder, die Nachbarzwillinge Olga und Mascha, Lidas Sohn Adik und Onkel Wasja.

Zu dritt gingen sie in das Zimmer, in dem die Weinflasche einladend auf dem Tisch stand. Lorenz bot den Milizionären ein Gläschen an, doch die lehnten ab.

Kein gutes Zeichen.

Onkel Wasja blieb auf dem Hof. Mit einem Auge hatte Lorenz mitbekommen, dass er die beiden kennen musste. Sollte er etwa mit dem Besuch der Staatsmacht etwas zu tun haben? Lorenz ging im Kopf durch, was sie in den letzten Tagen gesprochen hatten. Er fand nichts, was eine Denunziation lohnte, aber wissen konnte man das nie.

«Sie sind», der Milizionär mit der Mütze schaute auf einen Zettel und buchstabierte, «Lorenz Lorenzowitsch Logtgofen?»

«Ja, das bin ich. Warum fragen Sie?»

«Sie werden es gleich erfahren. Sie kommen aus Workuta?»

«Ja, aus Workuta, worum geht es?»

«Wo waren Sie heute am Vormittag?»

Der mit der Mütze legte seine Tasche ab, holte ein kariertes Schulheft heraus und machte sich mit einem Bleistift in der Hand darauf gefasst, das Gespräch zu protokollieren.

«Das ist schnell erzählt. Am Meer war ich, mit meiner Frau und den Kindern, wir sind am Morgen los. Und so gegen vier Uhr kamen wir zurück. Seitdem sind wir hier. Ist etwas vorgefallen?»

«Dazu kommen wir noch. Wo waren Sie am Meer? In Feodossija? Wer kann das bestätigen?»

«In Feodossija? In der Stadt? Das ist zum Baden viel zu weit. Fast zwei Stunden mit dem Bus. Außerdem ist unser Strand hier viel besser. Kein Mensch aus dem Dorf geht in der Stadt baden. Außerdem ist die Landschaft hier schöner. Allein der Kara Dag lohnt den Weg. Der alte Vulkan ist prächtig.»

«Schweifen Sie nicht ab. Wer kann das bestätigen?»

«Bestätigen kann es meine Frau, die Kinder.»

«Das reicht nicht. Hat Sie noch jemand gesehen?»

«Ja, auf dem Hinweg der Busfahrer. Am Strand die Händler. Wir haben Gurken gekauft und Kirschen. Und ein Glas gerösteter Sonnenblumenkerne. Dann haben uns bestimmt ein halbes Dutzend Menschen beim Baden gesehen. Auch der Fahrer des Kolchoslasters, der hat uns auf dem Rückweg bis zur Kreuzung mitgenommen. Reicht das? Aber sagen Sie mir, wofür brauche ich Zeugen?»

Der Milizionär schrieb langsam Wort für Wort in das Heft. Der andere schwieg. So musste Lorenz warten, bis alles protokolliert war. Der Schreiber legte endlich den Stift weg, er schaute sehnsüchtig zur Weinflasche.

«Ich glaube, wir sind jetzt fertig, was meinst du, Kolja?»

Kolja brummte Unverständliches. Sein Kollege deutete es:

«Steht die Einladung noch?»

«Ja, sicher.»

Auch wenn der Wein nicht ihm gehörte, Lorenz goss den beiden ein. Wie auf Kommando stand Onkel Wasja wieder im Zimmer.

«Hey, Semjon, was treibt euch hierher?»

Schnell kamen zwei weitere Gläser auf den Tisch, alle prosteten sich zu.

«Ach, Wasja, eigentlich dürfen wir es ja nicht sagen. Aber morgen weiß es ohnehin jeder. In Feodossija haben sie heute die Sparkasse ausgeräumt. Es muss ein schönes Sümmchen im Stahlschrank gelegen haben. Jedenfalls ist die Obrigkeit aufgeregt.»

Semjon leerte sein Glas und gab zu verstehen, er würde nicht weiterreden, bis das Glas nachgefüllt war. Onkel Wasja beeilte sich.

«Und was hat Lorenz damit zu tun?»

«Na ja, jetzt sind alle ausgeschwärmt. Und jemand, der aus Workuta kommt, der könnte ja so etwas schon mal probiert haben.»

Onkel Wasja schaute ihn verdutzt an. Lorenz leckte sich die vor Aufregung ausgetrockneten Lippen. Wer von da oben kam, war unter Verdacht. Immer würde dieses Workuta an ihm kleben. Ein Mal auf der Stirn. Immer.

«Aber ihr wisst doch, was in Workuta los war?»

Onkel Wasja übernahm das Gespräch, er sah wohl, wie in Lorenz der Zorn aufflammte.

«Na klar wissen wir das. Aber es saßen doch nicht nur ehrliche Leute im Lager. Oder?»

Das Jahr 1957: *Der erste Trabant verlässt das Band im sächsischen Zwickau. Im Algerienkrieg gehen französische Truppen brutal gegen die Befreiungsbewegung vor. Die USA teilen mit, dass ihre Streitkräfte in der Bundesrepublik über Atomwaffen verfügen. Mit der Unterzeichnung der Römischen Verträge wird die EWG gegründet. Der Start des Sputnik versetzt dem Westen einen Schock. In der DDR wird das ungesetzliche Verlassen des Landes als Republikflucht bestraft. In Ostberlin werden wegen angeblicher konterrevolutionärer Tätigkeit Wolfgang Harich und Walter Janka zu Zuchthausstrafen verurteilt. Der Roman «Homo Faber» von Max Frisch erscheint. Doris Day singt «Que Sera, Sera».*

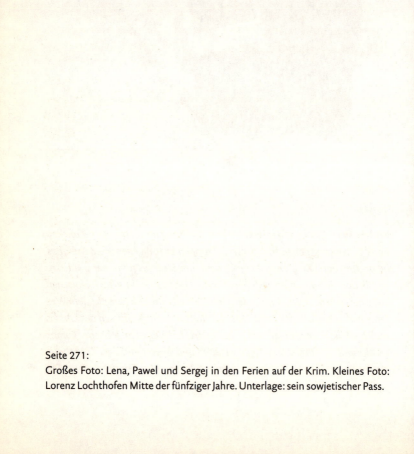

Seite 271:
Großes Foto: Lena, Pawel und Sergej in den Ferien auf der Krim. Kleines Foto: Lorenz Lochthofen Mitte der fünfziger Jahre. Unterlage: sein sowjetischer Pass.

1957

★

Ich weiß nicht, wo diese Geschichte ihren Anfang nimmt. Für mich beginnt sie mit der Purga, dem eisigen Sturm im russischen Norden. Der hatte am Vortag von morgens bis abends getobt. Keines der Kinder durfte hinaus. Zu kalt. Nur Pascha, mein sechs Jahre älterer Bruder, hatte keine Wahl. Er musste in die Schule. Ein Schneesturm galt nicht als Entschuldigung. Eingemummt in seinen Mantel, die Schapka tief in die Stirn gezogen, den Schal festgebunden, verschwand er im Dunkel des Polarmorgens. Seine Kraft reichte kaum aus, um die mit angewehtem Schnee festgebackene Tür des Vorbaus aufzubekommen. Kein Licht, keine noch so matt glimmende Lampe erhellte den Pfad. Nur Dunkelheit, begleitet von Eiskristallen, die ein unerbittlicher Wind trieb.

Die Mutter hatte ihm eingeschärft, er solle sich ja an die Bahnschienen halten. Die führten zum 40. Schacht, auf halbem Weg lag die Schule. Auf keinen Fall durfte Pawel die Straße unten am Fluss nehmen. Die Workuta, die allem – dem Schrecklichen wie dem Guten – ihren Namen gab, war längst zugefroren, so dass am Tag Pferdegespanne und kleine Lastwagen mitten auf dem Eis fahren konnten. Doch nah beim Ufer gab es immer noch Stellen, wo das Eis heimtückisch dünn blieb und man einbrechen konnte. Der letzte dieser tragischen Fälle lag zwar schon eine Zeit zurück, doch die Mütter sorgten sich trotzdem.

Der verschneite Weg entlang den Schienen war nur scheinbar der bessere. Immer wieder geschah es, dass meinem Bruder in der Dunkelheit eine Sträflingskolonne entgegenkam. Dann musste er ausweichen. Bauchtief im Schnee wartete er, bis das endlose schwarze Band der Häftlinge samt Bewachern und Hunden an ihm vorbeigezogen war. Vom müden Licht einer Taschenlampe geblendet, stand er da wie erstarrt und hoffte, der unheimliche Zug wäre bald vorüber. Die Gefangenen rückten aus, um irgendwo Schnee in der Tundra zu schaufeln oder eingefrorene Kohlewaggons zu entladen. Hin und wieder sah er in ihre ausgezehrten Gesichter, die ihn voller Erstaunen anstarrten. Ein Junge, ein Kind, hier mitten im Schnee. Es musste ihnen wie eine Erscheinung vorgekommen sein.

Jetzt hatte sich der Wind fast gelegt. Über den Hof wehten nur noch wenige weiße Schleier aus Eiskristallen. Vorbei an dem rostigen Karussell, das mein Vater zusammengeschweißt und zur Freude von uns Kindern im Hofkarree aufgestellt hatte. Der Wind streifte die Mauer des gegenüberliegenden Hauses und erreichte bald den Hügel, auf dem der mit eisiger Glasur überzogene Wachturm und der Stacheldraht die «Lagerzone» von der restlichen Welt trennte.

Es war kalt geworden. Sehr kalt.

Wir Kinder hatten unsere eigene Methode, das festzustellen: Wenn die Spucke in der Luft gefror und als Eisstück klirrend auf dem Boden landete, musste man vorsichtig sein. Das war so ein Tag. Doch im Haus bleiben hieß vor Langeweile sterben. Es war vor allem die meterhohe Schneewehe unter dem Wachturm, die uns lockte. Nach langem Quengeln erlosch der Widerstand der Mutter, der besonders stark war, da sie aus dem Süden stammte und schon bei ein bisschen Frost fürchtete, den Kindern könnten Finger oder Zehen abfrieren. Bis auf die Nasenspitze in den Schafspelz eingepackt, rannte ich hinaus in die schneidend kratzige Luft. Die anderen vom Hof warteten schon. Los ging's zum Wachturm, der hoch über dem Hof thronte. Nacheinander kletterten wir über die von Eis lackierten Sprossen die Leiter hinauf.

Der Wachmann blickte aus dem offenen Fensterchen seiner Bretterbude grimmig herunter, aber er verscheuchte uns nicht. Mit seinem
riesigen Schnurrbart und dem Gewehr kam er uns ziemlich unheimlich vor. Doch da er weder schimpfte noch drohte und auch nicht aus
seinem Verhau herauskam, vergaßen wir ihn bald.

Der Sprung von der höchsten Sprosse der Leiter in die Schneewehe
hinein – so musste Fliegen sein. Wieder und wieder wollten wir das
Kribbeln im Bauch spüren. Kaum war man unten und hatte sich unter
Prusten und lautem Geschrei aus dem Schnee gegraben, ging es wieder hinauf. Wer schlappmachte oder sich nicht traute, von ganz oben
zu springen, würde es die nächsten Tage zu spüren bekommen. Der
demütigende Spott des ganzen Hofs war ihm gewiss. Die Kleinen lern-
ten schnell von den Großen.

«Passt nur auf, fallt nicht zu den Hunden rein! Die sind heute noch
nicht gefüttert», brüllte der Soldat aus seinem Guckloch.

«Die Hunde», das war eine Horde an Laufleinen festgezurrter Bestien, die zwischen den Reihen des doppelten Stacheldrahtzauns hin
und her hetzten und dafür sorgten, dass keiner auf den Gedanken
kam, aus der Lagerzone auszubrechen. Mit diesen Hunden wollte niemand etwas zu tun haben, selbst wenn sie einmal satt sein sollten.
Heute machte sie die Kälte und das Kreischen der Kinder nur noch
wütender.

Aber das kannten wir. Was gingen uns die Hunde an? Wir konnten
fliegen! Nicht lange, und wir sahen aus wie in Schnee paniert. Aber
das war immer so, und das war nicht schlimm, vielmehr kam es darauf an, wer die meisten Sprünge schaffte, der war der König des Rudnik.

Irgendwann war es dann so weit, Petka kam wie ein Stein vom Himmel geflogen, warf sich breit, mit offenen Armen und dem Gesicht
nach unten in die Schneewehe und schrie:

«Ich bin tot! Ich bin tot!»

Ihm hinterher fiel nun einer nach dem anderen: Jegorka, Sascha,
Wowka und ich. Wir brüllten, was das Zeug hielt:

«Ich bin auch tot! Ich auch! Ich auch!»

Dann war der Spaß vorbei. Über uns donnerte drohend der Gewehrkolben auf den Boden des Wachturms. Der Soldat schrie:

«Genug! Haut ab jetzt!»

Der Tod anderer, das war sein Leben. Wie viele der ausgemergelten Gestalten der Wachmann auf dem Gewissen hatte, wusste nur er allein. Doch das Geschrei der Kinder «Ich bin tot! Ich bin tot!», das ertrug er nicht.

Einen Moment blieb ich auf dem Rücken liegen. Dann spürte ich, wie die Eiseskälte, von Füßen und Händen herkommend, immer tiefer in mich hineinkroch. Trotz dicker Filzstiefel und der Handschuhe. Erst jetzt merkte ich, die Finger ließen sich nicht mehr bewegen. Erst jetzt fiel mir ein, dass ich schon bei den letzten Sprüngen, mich nur noch mit den Ellenbogen abstützend, die Leiter hinaufgekrochen war. Mich packte das Entsetzen. Die Finger waren erfroren. Nur so konnte es sein. Sofort hatte ich das scheußliche Bild vor Augen: der Mann mit den schwarzen Zehen. Ich hatte ihn selbst gesehen. Einmal, im Sommer. Er saß im Hof auf unserem Karussell und wickelte die Fußlappen um die Stümpfe, die einmal seine Zehen waren. Es sah eklig aus. Einer von den Jungs sagte laut:

«Alle abgefroren.»

Das Bild konnte ich nicht vergessen.

Und jetzt war ich dran. Keinen Finger konnte ich mehr bewegen, sosehr ich mich auch anstrengte. So, genau so, musste Erfrieren sein. Gerade noch mit Begeisterung tot, sprang ich auf und rannte um mein Leben. Die anderen schrien mir etwas nach, ich hörte sie nicht.

Tarzan, mit seinem Laika-Winterfell für Kälte unempfindlich, saß vor der Tür auf dem Kasten mit der Kohle und hörte von weitem meinem Flennen aufmerksam zu. Im Gegensatz zu Kara, die sich gerne im Warmen nahe bei der Mutter in der Küche aufhielt, war er lieber draußen. Er betrachtete es als Strafe, wenn er rein sollte, zumal er seinen Auftrag, das Haus zu bewachen, sehr ernst nahm. Das hatten erst kürzlich ein paar Betrunkene erlebt. Einer wollte, vom Wodka benebelt, den Helden spielen. Bewaffnet mit einem Stock und unter dem

Gejohle der Kumpane trieb er den Hund in die Enge. Tarzan wich dem Angreifer bis zur Hütte aus, darauf bedacht, dass die sonst straffgespannte Leine durchhängen und genug Raum für einen Angriff bieten würde.

Tarzan bellte nicht. Bellen bedeutete immer Alarm. Und Alarm hieß, dass Vater oder Mutter beunruhigt würden. Dann würde man ihn ermahnen. Doch genau das wollte Tarzan nicht. Als der Betrunkene, von der Gefahr nichts ahnend, den Hund mit der blanken Hand zu fassen versuchte, hörte man nur noch ein grollendes Knurren und einen gellenden Schrei. Im Nu war der Arm des Angreifers blutüberströmt, man konnte nicht erkennen, ob es noch eine Hand gab. Der Mann krümmte sich vor Schmerz, da setzte der Hund zum Sprung an. Einer der Kumpane war schnell genug, zog den Mann an der Jacke zurück. Sie fielen in den Schnee, der sich rot färbte.

Durch den Krach aufgeschreckt, klapperten auf dem Hof die Türen. Auch unsere Haustür flog auf. Im Türrahmen stand der Vater, das Jagdgewehr in der Hand. Ein Blick genügte.

«Tarzan, bei Fuß!»

Der Hund nahm den Platz an der Seite seines Herrn ein, siegesbewusst schaute er den fliehenden Männern nach. Man konnte es in seinen Augen lesen: Das nächste Mal gibt es mehr.

Der Nachbar rief über den Platz:

«Lorenz, was ist los bei euch?»

«Ich glaube, die wollten einbrechen», antwortete der Vater.

«Da knall sie doch ab, diese räudigen Kerle!»

Die Miliz holte hier niemand, nicht aus einem solch geringen Anlass wie einer zerbissenen Hand. Versicherung? Die gab es in einer anderen Welt, nicht hier. Wer sich ungebeten einem Haus näherte, tat es auf eigene Gefahr.

Ob der Rückzug der Männer von Dauer war, konnte keiner sagen. Der Vater schoss zur Abschreckung in die Luft. Nun wusste auch der dümmste Urka, dass mit den Leuten hier nicht zu spaßen war. Doch es blieb ein unruhiger Abend. Der Vater ließ das geladene Gewehr auch beim Abendessen neben sich stehen, jederzeit bereit, eine Attacke abzuwehren. Als es ans Schlafen ging, schaltete er die «Alarmanlage» ein. Das passierte nicht immer. Ein gefährliches Ding, er hatte sie selbst konstruiert. In den Doppelfenstern waren zwischen den Scheiben Gitterstäbe aus Eisen eingezogen und durch Drähte verbunden. Ein Kippschalter im Flur sorgte dafür, dass die Anlage bei Bedarf an das 220-Volt-Stromnetz des Hauses angeschlossen werden konnte. Wer einen Einbruch bei uns überlebte, der musste schon eine robuste Gesundheit haben.

Einer wusste das ganz genau und würde es sicher nie in seinem Leben vergessen. Der Mann hatte es am Fenster des Kinderzimmers versucht. Die Hunde waren auf ihrem Streifzug, Pascha und ich schliefen fest. Der Einbrecher musste die äußere Scheibe vorsichtig herausgenommen haben. Was dann kam, ließ sich nur anhand von Spuren rekonstruieren.

Als der Vater am Morgen aufstand, sah er, dass die Sicherung durchgebrannt war. Da es keine elektrischen Geräte gab, die in der Nacht liefen, konnte das nur eines bedeuten. Er zog die Stiefel an, die Wattejacke, setzte seine mit braunem Fell verbrämte Mütze auf – ihr hielt er übrigens bis ins Alter die Treue – und ging hinaus. Tauwetter hatte eingesetzt. Das Haus war ein flacher, langgezogener Bau, mit einem für Workutaer Verhältnisse unvorstellbaren Komfort: einer Dampfheizung. Die Deutschen haben den Affen erfunden, behauptet ein altes russisches Sprichwort, das bei aller Merkwürdigkeit doch Bewunderung ausdrücken sollte. So erstaunte es niemanden, dass im Haus des Hauptmechanikers die Öfen herausgerissen wurden. Stattdessen legten die Männer aus der Werkstatt durch den Zaun eine Rohrleitung, über die heißer Dampf aus dem Kesselhaus auf dem Lagergelände in selbstgebaute Heizkörper strömte. Die anderen Wohnungen des Hauses bekamen nach und nach auch einen Anschluss, so gab es kein Gerede. Bezahlen mussten sie nicht, in dem Gewirr aus Rohren und Leitungen fiel die Heizung nicht auf. Man fühlte sich fast wie im Kommunismus. Nur leider in Workuta.

Während alle so bequem heizten, die Alarmanlage blieb uns vorbehalten. Nun hatte sie ihre Praxistauglichkeit bewiesen. Der Vater ging um das Haus herum. Tatsächlich, unter dem Fenster, das nach hinten zur Lehmgrube blickte, sah er eine reglose Gestalt, im fahlen Licht des Morgens kaum zu erkennen. Der Mann lag unnatürlich verdreht, das Gesicht auf die rechte Seite in den Schneematsch gedrückt. Nichts zu hören. Kein Stöhnen, kein Röcheln.

Das sah nicht gut aus.

Für ihn nicht.

Und auch nicht für den Vater.

Egal, was der Kerl auf dem Kerbholz hatte, umbringen durfte man ihn nicht. Nur die Wochra oder der KGB. Aber ein Fenster, das tödliche Stromschläge austeilte, das würde kein Richter verstehen.

Vater schaute sich um. Wohin mit dem Mann? Oder der Leiche? Ja, Leiche. So reglos, wie der da lag, konnte es sich nur um einen Toten handeln. In die Lehmgrube schmeißen? Zum Fluss schleppen? Zu weit, zumal der Pfad an den Fenstern des Hauses vorbeiführte. Es konnte schon jemand wach sein. Also gab es nur einen Weg: auf den Hang, Richtung Lagerzaun. Der Wächter in der Bude schlief bestimmt. Und stand da nicht auch ein Strommast?

Der Vater ging schnell ins Haus. Er kam mit einer Restflasche Wodka zurück und tröpfelte etwas Schnaps in das Gesicht des Mannes, aber der wachte nicht auf. Immerhin, der Eindruck, man habe es mit einem Säufer zu tun, konnte hilfreich sein. Dann lud er sich den Körper auf die Schultern. Wenn sie den armen Teufel unter dem Mast fanden, war die Sache klar, dann wusste jeder, der wollte im Suff hinaufklettern. Dabei hatte es ihn eben erwischt. Starkstrom war bei dem nassen Wetter eine gefährliche Angelegenheit. Er lehnte ihn mit dem Rücken an den Mast, schob ihm die heruntergerutschte Mütze wieder auf den Kopf und warf die leere Schnapsflasche in den nassen Schnee. Mehr konnte er nicht tun.

Am Abend nach der Arbeit nahm der Vater nicht den üblichen Weg von der Werkstatt nach Hause. Er ging außen herum durch die Lagerzone und kam oberhalb der Wohnsiedlung an. Bis zu jenem Mast waren es dann nur noch ein paar Meter. Doch da lag niemand. Es waren auch keine Schleifspuren zu sehen.

Der Vater schmiss einen Schneeball an die Tür des Wachturms. Fluchend schaute der Soldat herunter:

«Was zum Teufel! Ach, du bist's, Mechaniker? Was willst du?»

«Nichts Wichtiges, kannst gleich weiterdösen. Aber heute Morgen schlich hier ein Betrunkener rum, ich hatte schon Angst, der ist in die Lehmgrube gefallen. Hast du ihn vielleicht gesehen?»

«Nö. Hier war niemand.»

«Bist du sicher?»

«Ja, ganz sicher. Was geht dich der Hurenbock an? Ich stehe hier seit dem frühen Morgen, warte, dass endlich die Ablösung kommt. Da war nichts. Alles ruhig. Kein einziger Chui unterwegs.»

Damit war die Unterhaltung beendet. Der Vater ging erleichtert davon. Aha, Bürschlein, dachte er. Du hast dich wieder berappelt. Umso besser. Dass jemand heimlich die Leiche fortgeschafft hatte, konnte man ausschließen. Warum sollte das einer tun? Der Fund hätte sich, wie immer in solchen Fällen, sofort auf dem Rudnik herumgesprochen. Wie bei dem Urka, dessen Reste sie vor Wochen im Betonmischer, drüben auf der Baustelle für das neue Heizhaus, gefunden hatten. Tagelang war der grausige Fund das Gespräch Nummer eins auf den Höfen. Warum? Wieso? Wer? Auf keine der Fragen gab es je eine Antwort. Am Ende einigte man sich darauf, dass die Kriminellen den Kerl im Kartenspiel als Pfand gesetzt hatten. Das kam vor. Das verstand hier jeder.

Schreiend lief ich ins Haus, die Finger reglos. Doch statt mir beizustehen, schnappte die Mutter meine Hände, zog mich zum Waschbecken und drehte das kalte Wasser auf. Ich schrie noch lauter. Das konnte nicht wahr sein: Statt Trost gab es kaltes Wasser. Eiskaltes Wasser. Ich schrie und schrie und schrie. Obwohl ich längst gemerkt hatte, dass sich das eisige Wasser plötzlich warm und mild anfühlte. Langsam kehrte das Leben zurück. Nach den Händen wurden die Füße der gleichen Prozedur unterzogen.

Als der Vater heimkam, saß ich auf einem Hocker und hielt die Beine in eine Schüssel mit heißem Wasser, in dem Salz aufgelöst war. Kara stand neben mir und leckte sorgenvoll meine Finger. Sicher nicht ohne Hintergedanken. Der Mutter gefallen, das hieß meist auch, einen Happen außer der Reihe abzustauben.

Alle lebten. Nichts war abgefroren. Bald gab es Abendbrot.

Das Jahr 1958: *Erste Rezession der Nachkriegszeit. In Flensburg wird die Verkehrssünderkartei eingerichtet. In London nehmen über 1000 Teilnehmer am ersten Ostermarsch gegen nukleare Aufrüstung teil. Die DDR schafft die Lebensmittelmarken ab. Hinrichtung der Führer des Ungarn-Aufstandes. In Schweden wird der erste Herzschrittmacher implantiert. Mit dem Ultimatum Nikita Chruschtschows beginnt die Berlin-Krise. Walter Ulbricht verkündet die Absicht, bis 1961 die BRD beim Lebensstandard zu überholen. Boris Pasternak darf den Nobelpreis für «Doktor Schiwago» nicht annehmen. Von den USA aus breitet sich die erste Fitnessbewegung, das «Hula-Hoop-Fieber», über Europa aus.*

Seite 283:
Großes Foto: Atelieraufnahme der Familie Lochthofen im Oktober 1958 in Moskau, unmittelbar vor der Abreise nach Deutschland. Kleines Foto: Letzte Ausfahrt von Lorenz Lochthofen mit seinem Motorrad «Ish» am Ufer der Workuta. Unterlage: Das Schreiben Juri Andropows an die für die Ausreise aus der UdSSR zuständige Kommission.

1958

★

I

Ich sah die schmutzigen Stiefel und wusste sofort: Der Mann gefällt dir nicht. Der Vater war in seiner Werkstatt, Pascha in der Schule. Und dann stand da einer, den niemand kannte, und der bestand auch noch darauf, dass man ihn ins Haus ließ. Die Mutter hatte die Tür nur einen Spalt geöffnet. Sie wechselte mit dem Unbekannten wenige Worte, die ich nicht verstehen konnte, dann brachte sie die Hunde in die Küche und sperrte sie dort ein. Erst danach öffnete sie die Tür. Der Mann schleppte Holzkisten, beschlagen mit Metallbändern und in Militärgrün gestrichen, ins Haus. Er lud alles in Vaters Zimmer ab, dann schloss er von innen zu. Ich schaute die Mutter an. Sie sagte nichts. Und mir war klar, es wäre besser, ich hielte auch den Mund.

Die Merkwürdigkeiten nahmen kein Ende. Als der Vater am Abend von der Arbeit kam, ging er nicht wie gewohnt in sein Zimmer, um sich umzuziehen, sondern hängte die Jacke im Flur auf. Auch am Tisch, es gab Bratkartoffeln, taten alle so, als sei es das Normalste von der Welt, dass in unsere Wohnung ein wildfremder Mann eingezogen war. Jede meiner Fragen wurde im Ansatz unterbunden. Offensichtlich wollte sich niemand unterhalten. Auch Pascha nicht, dem ich ansah, dass er mehr wusste, aber zum Schweigen verdonnert war. Es war nichts zu machen.

Am kommenden Tag hatte ich den Fremden schon vergessen. Zu dritt, mit Petka und dem etwas älteren Jegorka, hatten wir einen ausgedehnten Streifzug am Fluss unternommen. Als ich zurückkam, musste ich mit Verwunderung feststellen, dass Vaters Zimmer nicht nur ein fremder Mann, sondern inzwischen noch ein zweiter bewohnte. Die Tür im Korridor stand einen Spalt offen. Im Vorbeigehen sah ich die Fremden auf dem Fußboden an einer Apparatur sitzen. Überall Drähte und Röhren wie im Inneren eines Radios. Das musste der Inhalt der Holzkisten sein. Der neue Mann hatte sogar Kopfhörer auf. Als sie mich im Korridor sahen, schlug einer die Tür zu.

Mehr konnte ich vorerst nicht in Erfahrung bringen. Ich merkte nur, dass die Stimmung im Haus angespannt war. Vor allem der Vater reagierte gereizt, er regte sich nicht nur über die beiden Untermieter auf, auch mein Bruder hatte ihm eine Freude gemacht. In der Schule malte Pascha seiner Banknachbarin Swetlana eine Luftschlacht quer über zwei Seiten ihres Heftes. Überall ratterten die MGs, getroffene Maschinen hinterließen beim Absturz einen Rauchschweif, andere rammten den Gegner mit dem Propeller. Glühend beneidete ich meinen Bruder um das Talent, so schöne Flugzeuge malen zu können. Doch Swetlana war ein Mädchen. Flugzeuge interessierten sie wenig, eine Luftschlacht schon gar nicht. Weinend ging sie mit ihrem Schreibheft nach vorn zur Lehrerin. Meinen Bruder erwartete ein böser Eintrag ins Aufgabenheft. Eine «1» fürs Betragen, die schlechteste Zensur in Russland, war ihm sicher.

Doch es kam noch schlimmer. Die Lehrerin rannte zum Direktor. Einige der Jagdflugzeuge trugen als Hoheitszeichen nicht den Sowjetstern, sondern ein Hakenkreuz. Und nicht alle Maschinen mit Hakenkreuz brannten oder waren abgeschossen. Also keine Verlierer. Nein, sie leisteten Widerstand. Schossen zurück und trafen Flugzeuge mit dem Stern. Lehrerin und Direktor wussten Bescheid: Pawel war der Sohn eines Deutschen. Eines Deutschen von *dort*. Das mit dem Hakenkreuz konnte er nur von seinem Vater haben. Es bestand kein Zweifel, hier auf dem Rudnik gab es auch Jahre nach dem Krieg ein Faschistennest. Und jetzt, mit Hilfe der Zeichnung, konnte der Untergrund ausgehoben werden. Der Vater wurde ultimativ aufgefordert, in der Schule zu erscheinen. Stadtparteileitung und KGB waren informiert.

Verzweifelt versuchte Pascha am Abend, etwas zu erklären. Doch keiner hörte zu. Der Vater wusste, schon weniger hatte Menschen für Jahre hinter Gitter gebracht. Es würde nicht leicht sein, die unsinnigen Verdächtigungen zu entkräften. Vor dem Abendbrot war es sehr still. Der Vater rechnete etwas mit dem Rechenstab, die Mutter hantierte am Herd. Pascha hatte sich zu seinen Schularbeiten verabschiedet. Das passierte selten. Als ich ins Zimmer schaute, sah ich ihn hastig ein Buch unter der Tischplatte verstecken. Ich wollte gerade losrennen und es der Mutter erzählen, da wurde ich abgelenkt.

Einer der Untermieter hatte am späten Nachmittag das Haus verlassen. Nun kam er zurück und wollte obendrein in der Küche Tee kochen. Er stand an der Elektroplatte und wartete, bis der Kessel zischte. Wir schwiegen und schauten ihm zu. Dann ging er wieder ins Zimmer zu seiner komischen Apparatur. Der Vater hatte den Rechenschieber inzwischen beiseitegelegt und saß brütend am Tisch. Plötzlich hellte sich sein Gesicht auf. Er stand so schnell auf, dass der Stuhl fast umgefallen wäre; hastig durchwühlte er die alten Zeitungen und Zeitschriften, die beim Küchenherd lagen. Kohleanzünder kannte man in Workuta nicht, man musste die «Prawda» nehmen. Er blätterte und blätterte und fand endlich, was er suchte. Es war in der Satirezeitschrift «Krokodil».

«Da haben wir doch, was wir brauchen. Ich wusste, auf die Kukriniksy ist Verlass!»

Strahlend hielt er eine Karikatur hoch, die den amerikanischen Weltpolizisten geißelte. Ihm zur Seite flog ein westdeutscher Helfershelfer in einem Kampfflugzeug. Und was prangte auf dessen Tragflächen? Natürlich zwei Hakenkreuze! Das war schon mal gut. Linientreuer als die Künstlergemeinschaft Kukriniksy konnte man nicht sein. Nach langem Suchen fischte er noch zwei «Prawda»-Ausgaben aus dem Stapel, in denen sich ebenfalls böse Imperialisten mit Hakenkreuzen fanden. Triumphierend schwenkte der Vater seine Beute. Im gleichen Moment flog die Tür auf, die beiden Fremden standen in der Küche. Nicht nur wir schauten verdutzt, sondern auch sie. Der mit den schmutzigen Stiefeln fuhr den Vater an:

«Was machen Sie da?»

«Ich lese gerade der Familie aus der ‹Prawda› vor», antwortete der Vater ruhig und bestimmt, die Zeitung vor sich ausbreitend. «Ich mache das jeden Dienstagabend. Genossen, Sie wissen doch, man kann mit der politischen Arbeit nicht früh genug anfangen.»

Die Männer, eben noch wild entschlossen, sich auf den Vater zu stürzen, schauten sich an.

«Politische Arbeit …»

«Ja, politische Arbeit mit den Kindern und meiner Frau», bekräftigte der Vater, ohne dass man einen Unterton heraushören konnte. «Sie sollen ja anständige Sowjetmenschen werden.»

«Sowjetmenschen?»

Beide plapperten den Vater erneut nach. Dann drehten sie sich um und verließen ohne ein Wort der Erklärung oder gar einer Entschuldigung die Küche. Man hörte ihre Schritte, dann knallte die Tür. Es wurde still. Der Vater winkte Pascha zu sich:

«Wenn sie dich morgen fragen, woher du ein Hakenkreuz kennst, dann sagst du klar und deutlich, du hast es im ‹Krokodil› gesehen.»

Er zeigte meinem leicht eingeschüchterten Bruder die Karikaturen.

«Hast du mich verstanden?»

Pascha nickte.

«Ansonsten hältst du deinen Mund! Ist das klar?»

Pascha nickte erneut.

Wir setzten uns an den Tisch. Die Mutter verteilte Pelmeni, Teigtaschen mit Fleischfüllung, auf die Teller. Erleichterung machte sich in der Küche breit, nun würden sie meinen Bruder doch nicht einsperren. Am Morgen marschierten Vater und Pascha in die Schule. Mutter und ich blieben daheim. Wohl auch, weil sie die Wohnung den fremden Männern nicht allein überlassen wollte. Ich suchte sie in Gespräche zu verwickeln, in der Hoffnung, mich dem grässlichen Ritual zu entziehen. Aber es half nichts. Die Mutter war zu keinerlei Kompromissen bereit. Sie holte aus dem Schrank eine grüne Flasche. Lebertran. Wie ich ihn hasste. Ich schrie, ich drohte, ich weinte. Es half nichts. Ich musste einen ganzen Löffel voll mit dem öligen Zeug schlucken.

Obwohl es bei uns daheim immer zu Essen gab, Vitamine fehlten. Lebertran galt für Kinder als das Mittel gegen alle Widrigkeiten des Nordens. Wurde mein Protest gegen das eklige Öl zu laut, suchte mich der Vater mit Geschichten zu überzeugen, dass der Tran «lecker» sei. Um im Lager nicht an Skorbut zu erkranken, gehörten er und der Großvater zur Fraktion der «Grasfresser». Das hieß, wann immer der kurze Polarsommer die Gelegenheit dazu bot, sammelten sie Schafgarbe, Hirtentäschel oder wilden Schnittlauch und mischten das Grün in ihr Essen. Nur deshalb, sagte der Vater, hätte er seine Zähne noch. Für mich blieb Lebertran nicht viel besser als Grasfressen.

Gegen Mittag sah ich aus dem Fenster meinen Bruder, wie er auf den Gleisen nach Hause schlenderte. Er sah nicht unglücklich aus. Später in der Küche erzählte er, dass sie ins Kabinett des Schuldirektors bestellt worden waren. Da saßen lauter wichtige Männer, auf dem Schreibtisch lag das Heft mit der Luftschlacht. Die Lehrerin blickte siegesgewiss. Der Vater hatte das «Krokodil» dabei. Als er dem Tribunal die Karikaturen zeigte und Pawel schwor, er hätte die Hakenkreuze von dort, waren sie erst verdutzt, später fast erleichtert. Jeder ermahnte Pascha, nichts mehr in Swetlanas Heft zu malen. Was er feierlich mit Pionierehrenwort gelobte. Die Anklage, er sei ein Faschist, ließen sie offensichtlich fallen.

Als er den Arm zum Schwur über dem Kopf hob, fiel dummerweise auf, dass sein rotes Pioniertuch an den Spitzen lauter Tintenflecke hatte. Er musste das symbolträchtige Stückchen Stoff ins Tintenfass getaucht haben. Doch er weigerte sich, diesen Frevel zuzugeben. So ließen sie von ihm ab. Was der Vater sonst noch mit den Männern zu besprechen hatte, wusste Pawel nicht. In der nächsten Stunde gab es ein Diktat zurück, Swetlana hatte eine Zwei, eine sehr schlechte Zensur, während er mit einer Vier zu den Besseren gehörte. Mehr Rache konnte nicht sein.

Am Nachmittag hielt ein grüner «Gasik», ein Geländewagen der Marke «Gas», vor unserer Tür. Das war für die Jungs auf dem Hof an sich schon ein Ereignis. Als dann noch die beiden geheimnisvollen Untermieter ausstiegen und, nachdem die Mutter die Hunde angebunden hatte, ins Haus gingen, gaffte ihnen die versammelte Hofgemeinschaft hinterher. Erstaunt sah ich, dass die Fremden ihre Geräte in die Kisten verstaut hatten und alles abtransportierten. Mutter, Pascha, ich und die Hunde schauten schweigend zu. Dann waren sie weg, als hätte es sie nie gegeben.

Später, viel später, erfuhr ich den Grund ihres Aufenthalts bei uns. Unter den vielen Tausenden unschuldig verhafteter Menschen, denen sowjetische Gerichte Spionage andichteten, gab es hin und wieder auch einen, der tatsächlich ein Spion war. Jedenfalls fing der KGB eines Tages Funksprüche ab, die auf einen Agenten in Workuta schließen ließen. Jeden Dienstagabend morste jemand verschlüsselte Botschaften. Gefangenenzahlen, Kapazitäten der Kohleminen, Anzahl des Wachpersonals. Schleunigst wurde eine Operativgruppe zusammengestellt. Ganz oben auf der Liste der Verdächtigen stand mein Vater. Gebildet, technisch versiert, er hatte inzwischen seinen Bergbauingenieur nachgeholt, dazu ein Deutscher: Alles passte. Für einen Mann wie ihn war es ein Klacks, sich einen Sender zu bauen. Und durch seine Stellung kam er zudem an wichtige Informationen für den britischen Geheimdienst heran. Dass der Auftraggeber nur der Secret Service sein konnte, stand außer Zweifel.

Die KGB-Ermittler machten sich keine Mühe, ihr Vorgehen zu tarnen. Sie breiteten sich am helllichten Tag in der Wohnung des Verdächtigten aus und legten sich mit ihrer monströsen Apparatur auf die Lauer, um die Funksprüche direkt an der Quelle abzufangen. Daher die Röhren, daher die Kopfhörer. Ihr Kalkül war einfach: Ist der Vater ihr Mann, so wird er angesichts der Bedrohung das Senden zur gewohnten Zeit aussetzen. Schon hätten sie ihn. Sendete er dennoch weiter aus dem Haus heraus, so hätten sie ihn erst recht. Leutnant Baranow, der den famosen Plan ausgeheckt hatte und dem die schmutzigen Stiefel gehörten, ließ es sich nicht nehmen, selbst in die Wohnung des Deutschen zu ziehen. Fieberhaft wartete er auf den Dienstag. Als es dann doch im Äther zu piepsen anfing, stürmten die Aufklärer in die Küche, dorthin, wo sie den Agenten vermuteten. Das idyllische

Bild einer Familie bei der Prawda-Lektüre musste sie herb enttäuschen. Der Vater war nicht ihr Mann.

Als echter Spion wurde kein deutscher Ingenieur, sondern ein ukrainischer Invalide enttarnt. Er hatte sich, da es in Russland auch für Beinamputierte keine Rollstühle gab, ein Wägelchen gezimmert. Vier Räder, zusammengehalten von einem Holzkasten, auf dem er mit seinen Stumpen saß. Die Hände benutzte er als Antrieb. So zog er von einer Ecke der Stadt in die andere und bat um Almosen. Ein zutiefst mitleiderweckendes Geschöpf. Im Holzkasten des Wagens war der Sender versteckt. Irgendwann fassten sie ihn doch. Einige meinten, er sei durch seine Berichte zum Millionär geworden. Andere hielten dagegen, dass es in Workuta keine einzige Neuigkeit, rein gar nichts gebe, was den Einsatz auch nur von ein paar hundert Dollar lohnte. Wie auch immer, der Mann wurde erschossen. Bald war die Angelegenheit vergessen.

II

Lorenz kam von einer abenteuerlichen Fahrt nach Chalmer-Ju zurück, einer Siedlung sechzig Kilometer nördlich von Workuta, fast an der Karasee. Drei Tage war er unterwegs gewesen. Der Kalender zeigte Frühling, doch vom Eismeer wehte ein heftiger Schneesturm herein. Die Tundra lag wieder in Weiß. Die Blüten des Polarmohns zitterten im Wind. Mit der Draisine war es erst bis zu jener unwirtlichen Siedlung gegangen, in der es aber immerhin einen Kohleschacht gab, dann weiter mit Pferden. Auf der Basisstation am «Toten Fluss» hatten die Geologen zum wiederholten Mal und sehr zu Lorenz' Verdruss die Bohranlage abgewürgt. Er musste versuchen, sie in der Wildnis wieder in Gang zu bringen.

Die neue Aufgabe als Hauptmechaniker der geologischen Expedition, deren Hunderte Mitarbeiter in der Region verstreut nach Öl, Gold und seltenen Mineralien suchten, interessierte ihn mehr als die Arbeit im Baustoffwerk. Doch er spürte die Strapazen der Wildnis, seine Kräfte hatten nachgelassen. Jetzt war er hundemüde. Dennoch schaute er im Hauptquartier vorbei, um mitzuteilen, dass alles wieder in Ordnung sei. Er stutzte, auf seinem Schreibtisch lag ein Zettel. Noch an diesem Nachmittag sollte er sich in der KGB-Zentrale melden, Hauptmann Moskin wünsche ihn zu sprechen.

Sofort verflog alle Müdigkeit. Die Angst war sofort wieder da. Der KGB blieb wie der NKWD unberechenbar und allgegenwärtig. Es waren immer noch fast hunderttausend Mann, die in den Lagern Workutas saßen, die Verbannten nicht mitgerechnet. Nach und nach verließen ganze Völkerschaften die Region. Die Polen waren schon fast alle weg. Auch die Deutschen hatte Adenauer den Russen abverhandelt. Nach menschlichem Ermessen musste Lorenz für sich und seine Familie die Ausreisepapiere in diesen Tagen erhalten. Ein entsprechender Ukas, ein Befehl Moskaus, sollte es jetzt endlich ermöglichen. Doch die Entscheidung verzögerte sich immer wieder.

Sicher, er war kein Kriegsverbrecher, kein Angehöriger der

Wehrmacht, er hatte sich auch nicht an Gräueltaten beteiligt. Dann hätte er die Ausreisepapiere aus der Sowjetunion bestimmt längst. Nein, es war viel schlimmer, er war ein Politischer, ein Zeuge, und die blieben am besten dort, wo sie waren. So hatte das sowjetische Rote Kreuz, das pro forma mit den Formalitäten der Rückführung von Gefangenen betraut war, seinen Fall ablehnend beschieden. Für ihn sollte es keine Ausreise geben. In einem lapidaren Schreiben hieß es, aus sowjetischer Sicht sei das «nicht zielführend». Wieder setzte sich Lorenz hin, wieder schrieb er an Pieck, wieder bekam er von dem einstigen KPD-Chef und DDR-Präsidenten keine Antwort. Das Büro Pieck delegierte die lästige Angelegenheit an das ZK und ließ wissen, man wolle nicht mehr damit behelligt werden. Unmissverständlich schrieb ein Mitarbeiter: Man möge in der Angelegenheit entscheiden, was man wolle, eine Information an das Pieck-Büro sei nicht nötig.

Vier dürre Zeilen der Gleichgültigkeit. Was ging diese Menschen das Schicksal eines politischen Emigranten an? Und hätte Lorenz damals den Wisch in die Hand bekommen, so wäre vielleicht einiges anders gelaufen in seinem Leben. Statt Ostberlin hätte das Ziel seiner Bemühungen dann vielleicht doch Dortmund geheißen. Aber so hoffte er weiter auf seine Chance im neuen Deutschland und war davon überzeugt, dass er genau dort gebraucht würde. Ein paar Freunde, vor allem Horst Seydewitz, versuchten zu helfen. Horst hatte bald nach Kriegsende die Ausreiseerlaubnis erhalten. Sein Vater war inzwischen sächsischer Ministerpräsident, es machte keinen guten Eindruck, dass sein Sohn in einem russischen Lager festsaß. Seydewitz achtete vor allem darauf, dass die Anträge aus Workuta im ZK nicht einfach in der Ablage oder im Papierkorb einer Sachbearbeiterin landeten.

Wenn auch nur langsam, so kam doch Bewegung in die Sache. Eine vorsichtige Anfrage aus dem ZK der SED flatterte in Moskau auf den Tisch eines gewissen Juri Andropow, der sie nicht einfach zusammenknüllte, sondern sich tatsächlich mit dem Fall befasste. Andropow war gerade aus Budapest zurückgekehrt, wo er als sowjetischer Botschafter eine zentrale Rolle bei der Niederschlagung des ungarischen Aufstandes spielte. Jetzt hatte er, quasi zur Belohnung, einen ruhigen Posten in Moskau abbekommen. Noch konnte keiner ahnen, dass er in der späten Sowjet-Ära die graue Eminenz im Kreml sein würde, als KGB-Chef, als Generalsekretär des ZK der KPdSU und einflussreicher Förderer eines gewissen Michail Gorbatschow.

Aber vorerst musste er sich mit weit weniger wichtigen Angelegenheiten plagen. Zum Beispiel mit diesem lästigen Deutschen aus Workuta. Der wollte so gar nicht in die üblichen Muster passen. Ein merkwürdiger Mensch. Zwanzig Jahre Arktis, der Mann konnte eigentlich froh sein, dass er überhaupt noch lebte, aber nein, er hatte offenbar von der Weltrevolution noch immer nicht die Nase voll. Er wollte partout in den Osten, obwohl er aus dem Westen stammte. So etwas erlebte man nicht oft. Was also tun? Die Genossen waren der Auffassung, zumindest ging das aus den Papieren hervor, so einen könne man nicht gehen lassen. Der solle schön im Sowjetland bleiben, sonst komme er noch auf dumme Gedanken. Dazu ein Journalist. Das machte die Entscheidung nicht einfacher. Man hatte diesen Lochthofen zwar rehabilitiert, aber das stand nur auf dem Papier. Ein «Ehemaliger» blieb für die einschlägigen Behörden, vor allem aber für Partei und KGB, immer ein «Ehemaliger». Andererseits, was sollte schon passieren? In der DDR hatte man alles im Griff. Der brauchte nur einen Mucks zu tun, schon saß er wieder in seiner alten Baracke.

Andropow diktierte der Sekretärin:

«An die Kommission für Ausreisen ins Ausland
beim ZK der KPdSU

Das Zentralkomitee der SED (Gen. Ulbricht) hat sich mit der Bitte an das ZK der KPdSU gewandt, dabei behilflich zu sein, Lorenz Lochthofen gemeinsam mit seiner Frau und seinen Kindern die Ausreise in die DDR zu genehmigen.

Lorenz Lochthofen ist Deutscher, geboren 1907, er kam 1930 in die UdSSR, ist Bürger der UdSSR und absolvierte die KUNMS, er wurde 1937 durch die Organe des NKWD in der Zeit seiner Arbeit in einer Zeitungsredaktion in der Republik der Wolgadeutschen verhaftet. Seine Strafe verbüßte er in der Stadt Workuta und wurde 1946 entlassen.

Bei der Beschäftigung mit den Akten von Lorenz Lochthofen und seiner Frau stellte sich heraus, dass der Vater der Frau – Alförow P. A., Geburtsjahr 1890, Gießer von Beruf – gleichfalls seine Strafe in Workuta von 1934 bis 1942 verbüßte und derzeit Rentner ist. Aus diesem Grund hält das Komitee für Staatssicherheit beim Ministerrat der UdSSR eine Ausreise der Familie Lochthofen für nicht empfehlenswert.

Elena Pawlowna Alförowa-Lochthofen ist 1926 geboren. Sie war acht Jahre, als ihr Vater verhaftet wurde und die Mutter starb. Nach der Beendigung der Schule und einer Berufsschule 1944 arbeitete sie in einem Schacht. Im gleichen Jahr fuhr sie zu ihrem Vater nach Workuta, der zu diesem Zeitpunkt seine Frist abgesessen hatte, und arbeitete als technische Zeichnerin auf dem Schacht Nr. 8. 1947 heiratete sie L. Lochthofen und bekam zwei Kinder.

Unter Berücksichtigung dessen, dass die Alförowa-Lochthofen ohne Vater und Mutter aufgewachsen ist, sie im Komsomol und in einer Berufsschule erzogen wurde, aber auch der Tatsache, dass ihr Vater als Rentner ihr keinerlei ernsthafte materielle Unterstützung bei der Erziehung der Kinder gewähren kann, falls Lorenz Lochthofen in die DDR allein ausreist, hält es das ZK für möglich, der Bitte des ZK der SED zu entsprechen, die Ausreise der Familie Lochthofen zum ständigen Wohnsitz in die DDR zu genehmigen.

Leiter der Abteilung des ZK der KPdSU für die Verbindungen mit kommunistischen und Arbeiterparteien der sozialistischen Länder

J. Andropow»

Für ihn schien damit der Fall erledigt. Für einen Apparatschik hatte er eine ungewöhnliche Entscheidung getroffen. Doch «die Organe» spielten nicht mit. Mit fettem Rotstift schrieb der zuständige KGB-Mann quer über den Brief des ZK-Aufsteigers: «Es bedarf überhaupt keiner Antwort». Das hieß, der Ausreiseantrag war damit abgelehnt. Die Kommission für Ausreisefragen beim ZK der KPdSU schloss sich der Meinung des Geheimdienstes an und lehnte den Antrag Nr. 186-A/116 des Bürgers Lorenz Lochthofen auf Ausreise in die DDR samt Frau und Kindern gleichfalls ab. Ein gewisser Schechanow berichtete in der entscheidenden Sitzung Unerhörtes über diesen Lochthofen: «Der Antragsteller ist nicht nur in Dortmund geboren, sondern hat sogar Verwandte (Mutter und zwei Schwestern) in der BRD. Nicht genug, die Schwester seiner Frau, Nina Alförowa, lebt in England.»

Die Akte Lochthofen wurde auf Betreiben des KGB geschlossen.

Doch es blieb nicht dabei. Nicht antworten mochte in Moskau ein probates Mittel sein, lästigen Entscheidungen auszuweichen. In den Beziehungen über Ländergrenzen hinweg gelang das immer seltener, auch wenn von Souveränität der sozialistischen Bruderstaaten kaum die Rede sein konnte. Es kamen weitere Briefe aus Ostberlin, vorsichtig im Ton, aber klar in der Zielsetzung. Wieder wanderte die Mappe «Lochthofen» in Moskau von Tisch zu Tisch, ein ganzes Jahr lang.

Von all diesen Vorgängen wusste Lorenz nichts, aber er ahnte, dass die Einladung ins «schlaue Häuschen» etwas mit dem Ausreiseantrag zu tun haben musste. Bevor er die Wattejacke überstreifte, zog er ein Jackett an und band sich eine Krawatte um, dann machte er sich auf den Weg. Er wollte diesen Herrschaften auf Augenhöhe begegnen. Unterwegs wurde er von vielen Leuten gegrüßt. Nach Workutiner Maßstäben hatte er es zu etwas gebracht. Nicht umsonst suchte sein Schwiegervater ihn davon zu überzeugen, das mit der Heimreise nach Deutschland zu überdenken. Fast dreißig Jahre hatte Lorenz in Russland zugebracht. Inzwischen kannte er sich hier besser aus als zu Hause. Was ihn in Deutschland erwartete, wusste niemand.

Pawel Alexandrowitsch konnte sich nur schwer an den Gedanken gewöhnen, seine Tochter gehen zu lassen. Vor allem die Kinder würden ihm fehlen. Gewiss, nach Jahren der Ungewissheit gab es endlich auch Kontakt zu Nina. Die westdeutsche Verwandtschaft von Lorenz hatte ihre Spur gefunden. Nina war auf den verschlungenen Wegen des Krieges in London gelandet. Sie arbeitete als Krankenschwester in einem Hospital und dachte nicht daran, je in die Sowjetunion zurückzukehren. Nicht allein, weil es ihr in England besser ging. Sondern vor allem, weil Nina wusste, dass bei der Rückkehr auf sie nur eines wartete: das Lager. Zigtausenden, die aus deutscher Gefangenschaft oder von der Zwangsarbeit heimkehrten, erging es so. Sie, deren Vater Jahrzehnte in Gefängnissen und Lagern zugebracht hatte, konnte mit keinerlei Nachsicht der sowjetischen Behörden rechnen. Von vornherein stünde sie unter Verdacht. Spionin des Kapitals, Verräterin an der sowjetischen Sache – der Einfallsreichtum des Geheimdienstes kannte keine Grenzen. Was spielte es da schon für eine Rolle, dass man sie als junges Mädchen nach Deutschland verschleppt hatte, dass sie fast krepiert wäre. Nein, all das galt nichts. Der KGB witterte überall Beute. Nie wieder sollte Nina russischen Boden betreten.

Im «schlauen Häuschen» ging es zu wie immer. Jeder, der dorthin kam, wurde grundsätzlich wie Dreck behandelt. Eine geschlagene Stunde musste Lorenz in einem schmuddeligen Korridor warten. Den einzigen Stuhl hatte eine dicke Frau eingenommen, sie kontrollierte die Passierscheine. Er wollte nur in das Zimmer 124, dahin war er bestellt. Doch es rührte sich nichts. Der Sergeant an der Pforte hatte ihn telefonisch angekündigt und den Hinweis erhalten, der Besucher möge nicht unaufgefordert in das Zimmer eintreten. So musste er warten, ewig warten. Die Müdigkeit kehrte zurück. Lorenz wollte schon gehen, da sah er auf dem Gang einen Offizier kommen.

«Oh, da sind Sie ja, Lorenz Lorenzowitsch!», grüßte der Mann übertrieben höflich. «Darf ich mich vorstellen: Hauptmann Moskin.»

Er gab Lorenz die Hand. Als Lorenz kräftig zupackte, hörte der Hauptmann für einen Moment mit dem Lächeln auf. Doch schon hatte er die Kontrolle wiedergewonnen und schloss mit einem dicken Schlüsselbund klimpernd die Tür auf.

«Das ist ja wirklich schade. Ich habe die ganze Zeit in der 224 auf Sie gewartet und dachte schon, Sie seien aufgehalten worden.»

«Wieso 224?» Lorenz war außer sich. «Hier auf dem Zettel steht eindeutig 124. Sehen Sie?»

Der Major betrachtete interessiert das Papier.

«Da muss bei Ihnen jemand am Telefon etwas missverstanden haben. Und dann heißt es wieder, der KGB sei unhöflich. Aber kommen Sie doch. Das Zimmer ist gerade frei. Alles, was wir brauchen, habe ich in meiner Mappe. Möchten Sie Tee?»

Er wandte sich zu der Frau auf dem Stuhl:

«Mascha, wären Sie so freundlich, uns zwei Gläser Tee zu bringen.» Es erfolgte keine Reaktion. «Maschenka, Täubchen, tun Sie bitte, was ich sage. Und das mit den Passierscheinen, ich passe so lange auf, keine Sorge.»

Die Frau erhob sich und setzte sich in Bewegung. Moskin drehte sich zu Lorenz um und lächelte.

«Wissen Sie, Lorenz Lorenzowitsch, es gibt viele Menschen, die verstehen höfliche Umgangsformen nicht. Das ist nicht wie bei Ihnen in Deutschland. Du kannst so freundlich sein, wie du willst, sie sind unwillig und grob. Sehen Sie, eigentlich gibt es diese Arbeit, der Mascha nachgeht, überhaupt nicht. Es reicht, wenn jemand an der Pforte die Dokumente kontrolliert. Weil sie aber die Frau eines verstorbenen Genossen ist, haben wir sie untergebracht. Nun geht sie allen auf die Nerven. Und wenn man sie bittet, Tee zu holen, knurrt sie auch noch. Da soll man an das Gute im Menschen glauben.»

Lorenz hörte zu und fragte sich, worauf der Mann hinauswollte. Der Schlenker mit den höflichen Deutschen wäre noch vor Jahren undenkbar gewesen. Ohne Grund würde der Hauptmann einen solchen Ausfall gegen die eigenen Landsleute nicht riskieren. Moskin schwatzte und schwatzte, bis Mascha endlich mit zwei Gläsern heißen Tees hereinkam. Sie setzte sie mitten in die Papiere auf dem Schreibtisch ab, warf einige Stücke Zucker hinterher und wogte hinaus. Im Raum blieb ihr Maiglöckchenparfüm.

«Ach ja, beinahe hätte ich es vergessen. Wir haben da Post für Sie. Aus Moskau!»

Lorenz erfasste mit einem Blick, worum es sich handelte. Das Ministerium des Inneren hatte verfügt, dass seiner Ausreise und der seiner Familienangehörigen nichts mehr im Wege stand. Bis Ende Oktober 1958 sollten sie das Land verlassen haben. Des Weiteren wurde bestätigt, dass er auf Grundlage eines Beschlusses des Obersten Sowjets aus der Staatsbürgerschaft der UdSSR entlassen wird. Das war's. Er schaute auf das langersehnte Stück Papier und war mit seinen Gedanken schon weit in der Zukunft, da holte ihn die Stimme des Hauptmanns zurück:

«Es steht also fest, dass Sie fahren.»

«Ja, ich glaube, es steht fest.»

«Nun können Sie aber auch glauben, dass man Sie dort nicht mit offenen Armen empfängt...»

Lorenz horchte auf.

«Ich denke, ich habe mich hier durchgesetzt, und das war nicht einfach. Ich werde auch dort nicht der Letzte sein...»

«Ja, Sie sind hier ein hochgeschätzter Mann. Aber es wird dort mit Sicherheit nicht leicht...»

«Natürlich nicht. Aber Sie haben mich doch nicht hierhergerufen, um mit mir über den schweren Anfang in der Heimat zu sprechen?»

«Verstehen Sie es nur richtig...»

«Was?»

Lorenz war sich sicher, dass es die beste Strategie für dieses Gespräch sei, so zu tun, als verstünde er rein gar nichts.

«Wir haben mit der DDR einen engen Kontakt, viele Freunde, die unter Umständen auch Ihnen behilflich sein könnten. Nicht nur Russen. Auch Deutsche. In wichtigen Positionen.»

«Das glaube ich Ihnen aufs Wort, dass Sie dort gute Freunde haben. Aber danke, ich komme schon zurecht.»

«Meinen Sie etwa, Sie bräuchten keine Hilfe?»

«Schon, aber ich erinnere mich gut, Sie und Ihre Kollegen haben mir schon einige Male im Leben auf Ihre ganz spezielle Weise geholfen. Ich glaube, ich verzichte in Zukunft lieber darauf.»

«Aber...»

«Abgesehen von der unumstrittenen Tatsache, dass ich nur dank Ihrer Hilfe überhaupt hier bin, erinnere ich mich gut daran, wie Ihre Genossen behilflich sein wollten, mich an die falsche Seite auszuliefern. Um genau zu sein, an die Gestapo.»

«Ausliefern? Das muss vor meiner Zeit gewesen sein. Ich dachte nicht, dass ein so kultivierter Mensch wie Sie so nachtragend sein könnte.»

«Nachtragend? Nein, nachtragend bin ich nicht. Aber ich vergesse nichts.»

«Sie müssen verstehen, solch eine Zusammenarbeit wäre für beide Seiten von Vorteil. Sie würden Informationen liefern», Moskin machte eine Pause, «und wir passen auf, dass Ihnen nichts passiert.»

Der KGB-Mann setzte ein breites Lächeln auf.

«Ich kann auf mich selbst aufpassen. Immerhin das habe ich in Workuta gelernt. Nein. Ein klares Nein.»

Lorenz ging zur Tür. Für ihn war das Gespräch beendet. Doch Moskin war schneller. Er legte seine Hand auf die Türklinke und fragte ernst:

«Glauben Sie etwa, dort gibt es keine Feinde? Und meinen Sie nicht, dass wir alles über die wissen müssten?»

«Das ist Ihre Arbeit. Meine ist eine andere. Von mir kriegen Sie keine Informationen. Sagen Sie das auch Ihren Kollegen, die schon dort sind.»

Lorenz drückte mit seiner Hand auf die von Moskin, die Tür sprang auf. Dem Hauptmann entgleisten die Gesichtszüge.

«Sie fahren also.»

«Ja, ich fahre.»

«Und Sie sind davon überzeugt, dass das Leben dort, in Deutschland, besser ist?»

«Ja, ich bin davon überzeugt.»

«Tja, da ist wohl nichts zu machen. Wie sagt doch unser großer Poet Puschkin: Es ist überall schön, wo wir nicht sind...»

«Sie sagen es!»

Mit weit ausholenden Schritten ging Lorenz aus dem Zimmer, er verzichtete darauf, auf Wiedersehen zu sagen. Auf dem Flur schaute die dicke Mascha für einen Moment hinter ihrer Zeitschrift hervor, er nickte ihr zu, aber sie drehte sich um, immer noch erbost, dass sie für so einen Tee holen musste. Lorenz sprang die Treppe hinunter, über den Hof, vorbei am Pförtner auf die Straße. Erst da blieb er stehen, holte tief Luft und schaute sich ein letztes Mal um.

«Es ist überall schön, wo sie nicht sind...»

Puschkin ist ein großer Poet.

III

Ein grauer Novembertag. Der Zug schob sich langsam auf die Brücke. Lorenz stand allein im Gang und schaute durch das geöffnete Fenster. Hinter ihm das Abteil mit Lena und den Kindern, vor ihm der Fluss. Schweres, wie in Blei gegossenes Wasser glitt dahin. Das Ufer rückte näher. Noch hundert, noch fünfzig, noch zwanzig Meter. Das welke Gras der Wiesen, ein paar ausladende Weiden, ein zerfahrener Weg.

Das also war Deutschland.

Eine grausame Reise, die vor fast dreißig Jahren an der Ruhr ihren Anfang genommen hatte, ging an der Oder zu Ende. Er war über fünfzig. Genauer gesagt, seit einigen Tagen einundfünfzig Jahre alt. In diesem Alter noch mal ganz von vorn anfangen? An Türen klopfen, ohne Gewissheit, ob überhaupt jemand öffnete? Wenn der KGB-Mann gewusst hätte, wie oft er sich das selbst schon gefragt hatte, dann wäre er sicherlich hartnäckiger geblieben. Die meiste Angst macht dem Menschen das Ungewisse. Das hatte er auf den endlosen Märschen und Etappen verstanden. Man brauchte im Grunde nicht viel, um glücklich und zufrieden zu sein. Ein Platz am Feuer, eine schützende Wand im Rücken, ein Stück Brot. Darauf reduzierte sich alles. Das war so, das ist so, das wird immer so bleiben. Ach ja, da war noch der «Kipjatok». Na, etwas zu essen und ein Dach über dem Kopf, das hatte er selbst im Lager – und etwas Schlimmeres als Workuta konnte es kaum geben. Warum sollte er also hier nicht zurechtkommen? Mochten sie ihn auch nicht mit offenen Armen empfangen, er hatte ja «gesessen», mochten sie ihm auch misstrauen, er war ja viel zu lange «dort» gewesen, ihn scherte es nicht. So schnell würde ihn in der neuen alten Heimat nichts umwerfen. Und dann war ja auch noch der eine oder andere, der ihn von früher kannte. Ganz wertlos dürfte die Erinnerung daran nicht sein, hoffte er.

Der Zug wurde langsamer, ging in Schritttempo über, bis er im offenen Feld stehen blieb. Uniformierte stiegen zu, Grenzer und Zöllner. Mit Freude vernahm Lorenz am Ende des Gangs laute Stimmen, die Deutsch sprachen. Lorenz riss die Tür des Abteils auf:

«Wir sind in Deutschland!»

Doch er war mit seiner Begeisterung allein. Ihn schauten drei ernste Gesichter an, weit davon entfernt, seine Freude zu teilen. Nur er allein kehrte heim.

«Die Papiere bitte.»

Lorenz reichte dem Grenzer Pässe und Zollerklärung. Routiniert blätterte der Beamte die Seiten durch, drückte seinen Stempel hinein und gab die Dokumente zurück.

«Sie sind in Dortmund geboren?», fragte er.

«Ja.»

«Dann steigen Sie bitte in Frankfurt aus. Der Anschlusszug nach Westberlin und Hannover wartet.»

«Wieso Westberlin? Wieso Hannover?» fragte Lorenz verständnislos. «Ich fahre nicht in den Westen. Ich fahre in den Osten. Außerdem ist unser Abteil bis zum Ostbahnhof in Berlin bezahlt.»

«Das mag sein», erwiderte der Grenzer ungerührt. «Aber die Bestimmungen lauten anders. Sie können sich ja von Dortmund aus bemühen, in die DDR zu kommen. Vorerst müssen Sie in Ihre alte Heimat zurück.»

Lorenz starrte den Mann an, dann folgte er ihm auf den Gang. Es war ihm zutiefst peinlich vor Frau und Kindern, dass es in Deutschland nicht viel anders zuging als in der Sowjetunion.

«Ewas stimmt mit Ihren Instruktionen nicht», versuchte er, den Mann in Uniform zu überzeugen, der bereits in der nächsten Abteiltür stand und wieder sein «Die Papiere, bitte» rief.

«Meine Richtlinien sind klar und deutlich: Wer im Osten geboren ist, kehrt in den Osten zurück. Wer im Westen geboren wurde, in den Westen.»

«Das mag ja im Allgemeinen so sein, aber ich bin kein gewöhnlicher Fall. Auf mich wartet im Ostbahnhof ein Mitarbeiter des ZK, der uns abholen soll. Es gibt Ärger, wenn wir nicht ankommen.»

«Tut mir leid. Aber ich kann Ihnen da nicht helfen.»

Der Grenzer ließ sich durch das Gespräch nicht davon abhalten, weitere Pässe abzustempeln.

«Der Zug hält in Frankfurt eine Stunde. Vielleicht können Sie ja da etwas erreichen. Aber erst müssen Sie raus aus Ihrem Abteil.»

Lena, die von dem Wortwechsel zwar nichts verstand, aber am Ton mitbekommen hatte, dass etwas nicht stimmte, fragte, was los sei. Lorenz versuchte, sie und die Kinder zu beruhigen. Nur ein Missverständnis, es würde sich in Frankfurt aufklären. Erschöpft setzte er sich auf die Bank. Sein Gesicht spiegelte sich im Glas der Tür. Blass, eingefallene Wangen, schmale Lippen. Hörte das nie auf? Konnte in diesem Leben nicht ausnahmsweise einmal etwas auf Anhieb klappen? Glattlaufen, so, wie es sollte, und so, wie er es gewollt hatte?

IV

Am Ende des Bahnsteigs, woher ein kalter, durchdringender Wind zog, sah man einen Fetzen des Nachthimmels und die roten Rücklichter eines Zuges. Aus einem Kiosk schwappte der Geruch von Bockwurstbrühe. So also sah Deutschland aus. So roch es. So schmeckte es. Deutschland im November. Ich stand da und zitterte. War es die Kälte? War es die Aufregung? Ich wusste es nicht.

Unsere Koffer türmten sich wie eine Wehrmauer um uns herum. Die Passagiere eilten rechts und links vorüber, verschwanden im unbeleuchteten Schlund der Unterführung. Der Ostbahnhof lag grau und schmutzig. Doch nach der Aufregung in Frankfurt wirkte der Vater gelöst. Es bedurfte mehrerer hitziger Gespräche mit dem Bahnpersonal und einiger An- und Rückrufe aus Berlin, bis klar war, wir konnten im Abteil bleiben. Jetzt drehte er sich immer wieder lächelnd um, als wollte er uns sagen: Seht ihr, ist das nicht herrlich? So schön ist Deutschland!

Die Mutter schaute unsicher. Ich sah zwischen all den Kippen und leeren Zigarettenschachteln einen angebissenen Apfel liegen. Mit der Schuhspitze schnippte ich ihn aus der Mauerecke und schoss ihn in Richtung jener Stufen, die nach unten führten. Der Apfel verschwand in der Unterführung wie eine Billardkugel im Loch. Im nächsten Moment sah man einen wütenden Mann aus dem Untergrund auftauchen. Er blieb stehen und musterte jeden auf dem Bahnsteig.

«Setz dich!», zischte der Vater; sein Körper verdeckte mich.

Ich ließ mich, wenn auch mit würdevoller Verzögerung, auf einem der Koffer nieder und tat so, als hätte ich hier schon Stunden verbracht.

Der Mann trug einen langen, wie ein Sack in breiten Bahnen herunterhängenden grauen Mantel; noch immer bemühte er sich zu ergründen, wer da gerade versucht hatte, ihn mit dem Apfelgriebs zu treffen. Der Bahnsteigwärter, die russischen Offiziere, das verfrorene Pärchen, die ältere Dame mit dem Zopf, mein Vater, meine Mutter, sie alle standen zwar in der Nähe, kamen aber nicht in Frage. Der Einzige, dem man die Sache hätte zutrauen können, das war mein Bruder. Doch Pawel schnürte sich gerade seinen Schuh, also konnte auch er es unmöglich gewesen sein. Mich nahm der Mann nicht zur Kenntnis. Zu klein. Zu brav.

Inzwischen war er in seiner ganzen Fülle aus der Unterführung aufgetaucht. Einen Augenblick schien er zu zögern, ob er den ärgerlichen Vorgang weiter verfolgen sollte, doch dann ging er sicheren Schritts auf den Vater zu, nahm den Hut ab und fragte:

«Entschuldigung, sind Sie Genosse Lorenz Lochthofen?»

Der Vater zog gleichfalls seinen Hut. Den hatte er im Moskauer Gum-Kaufhaus vor der Abreise gekauft. Die Krempe war schmaler als bei dem Modell, das der Mann trug; offenbar unterschied sich die Mode in Berlin von der in Moskau.

«Ja, ja, ich bin es! Und wie heißt du, Genosse?»

Es war nicht zu übersehen, in ihm sprühte Freude. Der Mann erwiderte die Herzlichkeit nicht.

«Ich heiße Kaden und bin Mitarbeiter des ZK. Zuständig für die Rückkehrer aus der Sowjetunion. Ich soll dich abholen.»

Er blickte ungläubig auf die Koffer:

«Ist das alles euer Gepäck?»

«Nicht alles. Nur die Koffer. Die Kisten mit dem Hausrat sind noch im Gepäckwagen. Warum fragst du?»

Der Mann schien nach den passenden Worten zu suchen:

«Wer von *dort* kommt, hat in der Regel nichts.»

Er schaute dem Vater ins Gesicht, als suchte er hinter den braunen Augen eine Erklärung.

«Sieben Koffer! Das habe ich noch nicht gesehen.»

Der Vater stellte «Towarisch» Kaden jetzt der Mutter vor. Da sie kaum Deutsch verstand und Pascha und ich erst recht nicht, musste er jeden Satz übersetzen. Er hatte zwar in Workuta versucht, mir ein paar Wörter seiner Muttersprache beizubringen, doch ohne sonderlichen Erfolg. Wenn er nach dem Abendessen «Es klappert die Mühle am rauschenden Bach» anstimmte, schaute der Rest der Familie, einschließlich der Hunde, betreten zu Boden. Er aber war gerührt. Ich fand das Ganze mit dem «Klipp, Klapp, Klipp, Klapp» ziemlich peinlich.

Überall in Workuta, auf dem Hof, im Kino, bei den Jungs galt der Deutsche nach dem Krieg als Unmensch, allenfalls als Verlierer. Wer wollte da schon freiwillig dazugehören? Aber beinahe hätte es mich erwischt. Auf der Suche nach einem Namen für mich war der Vater gewillt, «Erich» durchzusetzen, in Erinnerung an seinen jüngeren Bruder, der im Krieg gefallen war. Doch für einen «Erich» hätte der Hof auf dem Rudnik kein Verständnis gehabt. Ein «Erich» – das war für Petka, Saschka oder Jegorka ganz klar –, ein Erich, das konnte nur ein Faschist sein. Allein meinem Bruder hatte ich es zu danken, dass der Vater von seinem Vorhaben abließ. Als man Pawel die Neuigkeit eröffnete, dass er bald ein Brüderchen bekommen werde und dass es obendrein einen hübschen deutschen Namen erhalten solle, verballhornte er das «Erich» sofort zu «Jerka». Das ärgerte meinen Vater maßlos. Wenn schon der eigene Bruder so auf die Namenswahl reagierte, wie sollte es da erst in der russischen Schule sein? Denn wann die Verbannung in der Tundra ein Ende haben würde, ob überhaupt, das konnte niemand wissen. Aus dem «Erich» wurde nichts. Man einigte sich auf Sergej.

Inzwischen war zu unserer kleinen Gruppe auf dem Bahnsteig ein weiterer Mann gestoßen, offensichtlich der Fahrer. Ich betrachtete ihn mit tiefem Misstrauen. Auf dem Kopf hatte er genau so eine Mütze, wie sie die Folterknechte der Wehrmacht in jedem Russenfilm trugen. Der kurze Schirm, die Metallknöpfe, mit denen die Ohrenklappen zusammengehalten wurden – niemand außer den Deutschen setzte so etwas Grässliches freiwillig auf. Was fehlte, war nur der Adler mit dem Hakenkreuz. Wohin hatte uns der Vater gebracht?

Flink nahm der Fahrer die beiden größten Koffer und verschwand damit. Die anderen Gepäckstücke verteilten sich auf die restlichen Männer, wobei mein Bruder auch eines tragen durfte. Draußen auf dem Parkplatz blieben wir vor einer dunklen Limousine stehen. Einen «Wolga» kannte ich, einen «Pobeda» auch, aber ein «EMW», wie es mir mein Bruder buchstabierte, der war mir neu.

Als es endlich losging, setzte sich der Mann vom ZK nach vorn, wäh-

307

rend wir uns zu viert auf den Rücksitz pressten. Das Auto rollte durch das nächtliche Berlin. Überall sah man die Lücken, die der Krieg in die Häuserzeilen gebrannt hatte. Fast in jeder Wand waren Einschüsse, ganze Maschinenpistolengarben, zu sehen.

Pascha stupste mich mit Kennermiene:

«Das waren unsere.»

Ich nickte. «Unsere» hatten den Krieg gewonnen. Sie hatten die rote Fahne auf dem Reichstag gehisst, denn «Unsere», das waren die Guten.

Die Fahrt endete bald. Das Auto hielt an einer Häuserfront, die direkt an einem Kanal lag. Märkisches Ufer Nr. 8. Unsere erste Adresse auf deutschem Boden. Nachdem uns der Hausmeister das Zimmer im zweiten Stock angewiesen hatte, war Kaden bereits im Begriff zu gehen, doch in der Tür drehte er sich noch einmal um. Er griff tief in das Innere seiner Jacke, kramte eine speckige Brieftasche hervor und holte einige Geldscheine heraus:

«Fast hätte ich es vergessen. Vierhundert Mark. Genosse Lochthofen, du müsstest hier unterschreiben.»

Der Vater nahm das Geld, unterschrieb und blickte triumphierend zur Mutter: Siehst du, so großzügig sind sie hier. Habe ich es nicht versprochen, alles wird besser. Vierhundert Mark, mehr als der Durchschnittslohn eines Maurers in der Stalin-Allee.

Ich ging zum Fenster, zog den Vorhang zur Seite und schaute in die Nacht. Die Stadt funkelte. Nicht so aufregend wie Moskau, aber auch wie eine große, geheimnisvolle Stadt. Ich sah einem Auto auf drei Rädern nach, das über die Kanalbrücke zuckelte. Eine alles ergreifende Beklommenheit stieg in mir auf. Ich kam mir allein und verlassen vor. Ich wollte nach Hause.

Nach Workuta.

Vater, Mutter und Pascha sortierten in den Koffern herum. Packten die einen Sachen aus, stopften andere hinein. Keiner nahm von mir auch nur die geringste Notiz. Ich legte mich auf mein Bett, das eingekeilt zwischen Schrank und Wand stand, und vergrub das Gesicht in den Kissen. Ich war müde und hatte Sehnsucht nach Tarzan. Er hatte im Norden bleiben müssen, bei den Nachbarn. Ich glaubte nicht, dass er es gut bei ihnen hatte, bestimmt vermisste er mich auch. Kara lebte nicht mehr, ein Laster hatte sie im Frühjahr unten am Fluss überfahren. Er saß im Morast fest. Dann, nach endlosem Wippen und Gasgeben, gelang es ihm, sich wieder herauszureißen. Der neugierige Hund konnte nicht schnell genug ausweichen. Als ich die Nachricht von den Jungs auf dem Hof hörte, rannte ich zum Wasser hinunter. Schon von weitem sah ich den Vater, wie er mit der Schaufel den Sand zu einem kleinen Hügel aufschüttete. Daneben Pascha. Sie wollten die Sache unter Männern ausmachen. Ich blieb zwei Schritte hinter ihnen stehen und weinte. Konnte einfach nicht aufhören, die blöden Tränen liefen über mein Gesicht. Seitdem ich denken konnte, gehörten die Hunde zur Familie. Nun waren sie beide nicht mehr da.

Das Zuhause gab es auch nicht mehr.

V

Das graue Gebäude mit seinen endlosen Reihen gleichförmiger Fenster machte einen bedrückenden Eindruck. Wie ein Zentralkomitee in so einen abweisenden Bau einziehen konnte, schien Lorenz unbegreiflich. Wenigstens tünchen hätten sie ihn können, Zeit genug nach dem Krieg war ja vergangen. Das Neue sollte hell und froh sein. Aber sie ließen das Haus wohl so, wie es die Nazis verlassen hatten. Einst gehörte es der Reichsbank. Nach Geld sah es nicht mehr aus.

Kaden hatte ihn für zehn Uhr bestellt. Offiziell war die Parteizentrale noch nicht bezogen, aber einige Abteilungen des Apparats arbeiteten bereits dort. Lorenz meldete sich an der Pforte und durfte nach einem Rückruf passieren. Er stieg in den Paternoster. Polternd ging es nach oben. Eine Mitarbeiterin wartete schon. Er sah zunächst ihre Schuhe, mit halbhohen Absätzen, dann die Beine; sie trug diese neuen Strümpfe aus dem Westen, die keine Falten zogen. Das dünne Gewebe brachte ihre strammen Waden erst richtig zur Geltung. Nun war er mit den Augen auf Höhe ihrer Knie, die nur zwei Finger breit vom Rocksaum bedeckt waren. Gespannt wartete er auf den Fortgang der Dinge. Doch mit einem Mal ruckte der Kasten kräftig zur Seite und blieb stecken. Tüt, tüt, tüt, erklang das Notsignal. Lorenz starrte die Knie an und wusste einen langen Moment nicht, was zu tun sei.

Die Frau beugte sich nach unten, steckte den Kopf durch die Öffnung und fragte:

«Sind Sie der Genosse aus der Sowjetunion?»

«Ja», antwortete Lorenz, «da scheint etwas kaputt zu sein.»

«Das passiert öfter. Manchmal dauert es Stunden, bis sie das Ding wieder in Gang bringen. Ich habe mir angewöhnt, die paar Treppen zu laufen. Am besten, Sie versuchen, durch den Schlitz zu klettern. Kommen Sie, ich helfe Ihnen.»

Sie streckte die Hand aus, Lorenz war froh, dass Kaden bei der

Auswahl seiner Mitarbeiter auf eine kräftige Statur wert gelegt hatte. Fast flog er wie ein Korken aus einer Sektflasche aus dem Paternoster. Er schüttelte sich den Staub von den Händen, bedankte sich für die Hilfe und folgte der Frau über den Flur. Die Genossin hatte nicht nur einen für die Arbeit im Parteiapparat, zumindest so, wie er ihn aus Russland kannte, etwas zu kurzen Rock, sondern der saß auch noch sehr eng. In Moskau wäre das undenkbar. Nicht weil es die Männer gestört hätte. Nein. Die anderen Frauen aber umso mehr, die verdienten Genossinnen, vornehmlich die mit besonders langer Parteimitgliedschaft. Ganze Scharen dieser Hyänen hielten bereits einen Lippenstift, selbst ein Spitzenkrägelchen für bourgeoises Teufelswerk. Dagegen schien Berlin schon sehr nahe beim restlichen Europa.

In Kadens schlauchartigem Büro standen außer dem Schreibtisch nur zwei Stühle und ein Aktenschrank mit halb geöffneten Türen. Als einziger Schmuck blickte das in Goldrahmen gefasste Porträt Walter Ulbrichts von der Wand. Kaden bat den Gast, Platz zu nehmen. Er selbst wälzte seinen Körper in einen abgenutzten Ledersessel.

«So, Genosse Lochthofen, nun erzähl mal, wie sehen deine Pläne aus?»

Lorenz hatte sich auf dem Weg hierher einiges überlegt, aber jetzt, direkt mit der zu erwartenden Frage konfrontiert, war es in seinem Kopf wie leergefegt. Krampfhaft dachte er nach, suchte Zeit zu gewinnen. Sollte er alles erzählen? Die Emigration nach Moskau, die Arbeit in der Redaktion an der Wolga, die Verhaftung, die Verhöre in den Kellern des NKWD, die Schrecken des Lageralltags. Wo sollte er anfangen? Was sollte er besser für sich behalten? Was konnte nützen? Was konnte schaden? Langsam tastete er sich in das Gespräch, von dem vieles, wenn nicht alles abhing.

«Als Erstes möchte ich mich bedanken, dass du dir die Zeit für mich genommen hast.» Er machte eine Pause.

«Das ist doch selbstverständlich.»

Kaden spürte die Unsicherheit seines Gastes, nun konnte er die

Dinge selbst in die Hand nehmen. Was sollte ihm dieser Mann schon Neues von *dort* erzählen? Er kannte all ihre Geschichten, von denen eine unwahrscheinlicher klang als die andere. Kamen die Erzähler doch nicht aus Buchenwald oder Dachau, sondern vom kommunistischen Aufbau aus Karaganda, Magadan oder eben diesem Workuta. Namen, die eher nach einem Abenteuerroman als nach Wachtürmen, Tod und Vernichtung klangen. Nur bei den ersten drei, vier Fällen, damals vor Jahren, hatte er sich Notizen gemacht. Doch das, was er säuberlich mit blauer Tinte zu Papier brachte, Daten, Namen, Marschrouten, Paragraphen und Erklärungen, begann mit der ersten Zeile ein Eigenleben. Mehr als im Gespräch tat sich auf dem Papier eine bedrohliche Welt auf, die im genauen Gegensatz zur offiziellen Propaganda stand. Bald war ihm klar, dass von diesen Menschen, ja noch mehr von seinen Notizen Gefahr, äußerste Gefahr, ausging. Verbrennen, dachte er, am besten alles.

Er schob Lorenz eine Schachtel Orient-Zigaretten zu, die bevorzugte Marke der ostdeutschen Funktionäre, stark, ohne Filter.

«Wie ist es dir ergangen?»

«Nun, wie soll es mir in Workuta ergangen sein? Es war kalt.»

Lorenz zog langsam an seiner Zigarette.

«Es war sehr kalt», fuhr er nachdenklich fort, «aber das ist jetzt Geschichte. Jetzt will ich hier anpacken. Und arbeiten, darauf kannst du dich verlassen, das kann ich. Sonst hätte ich da nicht überlebt. Das werden dir die Genossen, die mit mir dort oben waren, bestätigen.»

«Ja, ja. Du meinst den Genossen Seydewitz und den Genossen Wissusek. Beide haben von dir nur Gutes berichtet. Das hat deine Sache hier beschleunigt.»

Er ließ seinerseits genussvoll den Zigarettenqualm über den Schreibtisch wehen.

«Beschleunigt?», fragte Lorenz mit leicht gereiztem Unterton zurück. All die Jahre der Ungewissheit, der Briefwechsel, der Bitten und Absagen – das nannten die hier «beschleunigt»? Fast wäre er laut geworden, doch er beherrschte sich. Er wusste, dass ihm

312

sein Temperament böse Streiche spielen konnte. Auch wenn er tausendmal recht hatte, er musste jetzt die Nerven behalten.

«Beschleunigt?», wiederholte er das Wort um einige Drehzahlen ruhiger. «Wie man's nimmt. Es sind über zehn Jahre ins Land gegangen, bis die mich endlich rausgelassen haben. Mein erster Brief an Pieck, gleich nachdem ich das Lager verlassen durfte, muss in den Akten liegen.»

«Nun, du sagst es selbst, das ist jetzt Geschichte», beeilte sich Kaden die unangenehme Wendung des Gesprächs zu beenden. «Du bist jetzt hier. Was schwebt dir vor?»

Ja, was schwebte ihm vor?

Natürlich war Lorenz bewusst, dass er ziemlich spät dran war. Die guten Plätze im neuen Deutschland besetzten längst andere. Es würde enorme Anstrengung kosten, sich nach vorn zu kämpfen, auch wenn er genau wusste, dass viele von denen, die heute in Berlin das große Wort führten, ihm an Erfahrung und Wissen um die Beschaffenheit dieser Welt, vor allem dieser besonderen, von den Russen geprägten Welt, nicht das Wasser reichen konnten. Aber darum ging es nicht. Wer als Letzter kam, musste sich hinten anstellen. So war das. So war das schon immer. Nicht nur im Arbeiter-und-Bauern-Staat. Er kannte die Spielregeln. Trotzdem startete er einen Versuch:

«Ich habe die Universität in Moskau absolviert. Mit sehr gutem Abschluss. Davon habt ihr ja bis heute nicht allzu viele. Ich bin Journalist. Ich habe auch literarisch gearbeitet.»

Lorenz überlegte, ob er etwas von dem Literaturpreis erwähnen sollte. Er ließ es, es schien ihm sinnlos, hier an dieser Stelle.

«Wer weiß, was ohne diesen, na, nennen wir es ‹Abstecher in die Tundra› aus mir geworden wäre? Aber Schreiben ist nicht das Einzige, was ich kann. Ich habe das Bergbautechnikum oben im Norden abgeschlossen. Hier würde man dazu wohl Ingenieurstudium sagen. Mein Vater, ein Bergmann, übrigens seit Gründung Mitglied im Spartakusbund, hätte sich darüber gefreut. Sein Junge an der Universität …»

Lorenz schaute Kaden triumphierend an. Der hatte mit Sicherheit keinen Universitätsabschluss und wälzte sich dennoch selbstgefällig im Sessel, seiner Bedeutung als «Mitarbeiter des ZK der SED» bewusst. Kein Zweifel, wenn solche Typen hier zu etwas kamen, dann war er spät dran.

«Und dann bin ich ja noch Schlosser, und wenn ein Schmied gebraucht wird, bitte sehr, auch das. Zuletzt war ich Oberingenieur eines geologischen Trusts. Die haben Kohle und Öl in der Tundra gesucht. Auch Gold. Bei minus fünfzig Grad – weißt du, was das bedeutet? Eine Bohranlage ohne Ersatzteile zu reparieren, Hunderte Kilometer weit von der nächsten Straße? Das kann nicht jeder. Also, es müsste schon mit dem Teufel zugehen, wenn sich da nicht etwas Passendes findet.»

Für einen Augenblick hielt er inne. Hätte er das mit dem Oberingenieur sagen sollen oder doch lieber schweigen? Sie hatten ihm wenige Monate vor der Abreise gekündigt. Er war arbeitslos, stand nackt da, ohne Verdienst. Arbeitslos in einem Land, in dem es angeblich keine Arbeitslosen gab. Er hatte den Konflikt kommen sehen. Und doch wich er nicht aus, er konnte es einfach nicht. Sein Verstand sagte ihm: Was geht dich die Sache an? Ob die Buchhalterin nun eine saubere Bilanz hat oder nicht, dein Verdienst stimmt. Also halt den Mund.

Aber nein, er folgte nicht seinem Verstand, sondern dem Anstand. Es konnte schließlich nicht sein, dass die draußen in der Tundra um das Nötigste bettelten und in der Zentrale alles doppelt und dreifach gebucht und verschoben wurde. Die Buchhalterin war schlau genug, nicht alles für sich zu behalten. Die gesamte Vertikale nach oben war geschmiert, natürlich, wie man in Russland sagt: direkt auf die Pfote. Jeden Monat eine runde Summe. Jeder in der goldenen Kette gab einen festen Betrag für die Chefs nach oben weiter. So waren alle zufrieden, die zu diesem System gehörten. Deshalb hielten die «Natschalniks» ihre schützende Hand über die findige Frau. Bis dieser Deutsche kam. Ein guter Fachmann war er ja. Aber dass er diese seltsame Art an sich hatte, kein Bakschisch nahm, auch anderen nichts gab, das verdarb alles.

Auf einer Versammlung platzte Lorenz der Kragen. Wieder drucksten alle herum, wieso die Verpflegung für die Geologen so beschissen sein konnte. Da stand er auf und sagte, was auch andere wussten. Der Staatsanwalt schaltete sich ein. Die Frau musste packen. Wenige Tage später auch er.

«Lorenz Lorenzowitsch, das haben Sie nun davon. Warum mussten Sie dem Teufel auf die Hörner kriechen? Jetzt kann Ihnen hier niemand mehr helfen.»

Mehr an Erklärung gab es von Ogijenko, dem Chef, nicht, nur sein schmieriges Grinsen. Wieder einmal stand er vor dem Nichts. Allein das Papier mit der Ausreiseerlaubnis gab ihm Hoffnung. Bis zum November mussten sie aus dem Land sein. Letztlich galt es, ein halbes Jahr bis zur Abreise zu überbrücken. Doch Lena wollte sich mit dem Gedanken noch immer nicht abfinden. Weggehen, neu anfangen, in einem Land, dessen Sprache sie nicht beherrschte und das einem nach diesem Krieg nur unheimlich und abstoßend vorkam? Sie hatten vom Ersparten – 25 000 Rubel, viel Geld – gerade ein Häuschen auf der Krim gekauft. Nicht groß, aber nicht weit vom Meer und mit herrlichem Blick auf Berge und Weinfelder. Konnte man so etwas aufgeben?

Es gab noch einen zweiten starken Grund, nicht nach Deutschland zurückzukehren. Die harte Arbeit im Lager, all die Jahre in der Arktis hatten seiner Gesundheit schwer zugesetzt. Krim-Sonne statt Berlin-Regen, das riet ihm auch sein Lagerfreund Professor Sternberg. Zumal inzwischen die Rente in greifbare Nähe gerückt war, die Arbeitsjahre hinter dem Polarkreis zählten doppelt, das galt auch für ihn. In ein paar Jahren würde er die volle Rente bekommen. Bei seiner Qualifikation wäre dazu ein Nebenverdienst im Dorf auf der Krim sicher kein Problem. Vielleicht ließe sich sogar in der Weinfabrik eine Arbeit als Ingenieur finden. Das Wein-Deputat kannte Lorenz. Sonne, keine Geldsorgen, so ließe sich gut alt werden.

Wäre da nicht dieses Ziehen, diese Unruhe im Innersten. Mit dreiundzwanzig war er nach Russland gegangen, nun war er über fünfzig. Er hatte mehr als die Hälfte seines Lebens in diesem Land zugebracht. Das ihn so herzlich und offen empfangen hatte, um ihn dann umso schlimmer zu erniedrigen und zu quälen. Konnte er sich in diesem Land je wieder sicher fühlen? Nein, das konnte er nicht. Sie würden ihn immer als einen Fremden, als einen «Ehemaligen» betrachten. So sehr er auch versuchte, nicht aufzufallen. Ha, nicht auffallen? Ein Häuschen auf der Krim fiel auf. Als das auf dem Rudnik bekannt wurde, hätte die Zahl der Neider ein Spalier bis zum 1. Schacht bilden können. Und das waren einige Kilometer. Der Deutsche hatte eine Datsche am Meer gekauft. Einige murmelten was von «Besatzer» und fragten: Wer hat eigentlich den Krieg verloren?

Nein, seine Zukunft lag in Deutschland. Für Lorenz stand fest, er würde den ersten Schritt nach Deutschland auch allein gehen. Ob dem ein zweiter, so wie ihn sich Lena vorstellte, dann überhaupt noch folgte, da war sie sich nicht mehr sicher. Ihr Verhältnis schwankte immer mehr zwischen romantischen Momenten und bösen Zerwürfnissen. Wobei Letztere an Oberhand gewannen. Ein Kampf um die Vorherrschaft in der Familie tobte. Lorenz brachte das Geld nach Hause, wofür er Freiheit nach außen und einen gewissen Komfort nach innen erwartete. Seine junge, attraktive Frau, die wenige Jahre nach der Geburt des ersten Sohns mit der Arbeit als technische Zeichnerin aufgehört hatte, konnte ihm das bieten. Wenn sie wollte. Sie war eine meisterhafte Köchin, nähte und stickte wie eine Künstlerin, und galt es, ein Fest auszurichten, waren die Gäste des Lobes voll. Aber immer vorausgesetzt, Lena hatte Lust, das zu tun. Wenn nicht, konnte Lorenz toben, soviel er wollte, sie las einfach weiter in ihrem Buch. Es wurde immer frostiger zwischen ihnen.

Eine vorübergehende Trennung, seine Abreise nach Deutschland, hätte das Ende der Ehe bedeuten können. Lena wollte das nicht riskieren. Und Lorenz war froh, dass sie es nicht auf eine finale Auseinandersetzung ankommen ließ. Beide Kinder hatten einen russischen Pass, er hätte sie zurücklassen müssen. Genau das konnte er sich nicht vorstellen. Er hatte schon einmal ein Kind verloren. Das noch einmal zu ertragen, es auch noch freiwillig zu tun, nein, das kam für ihn nicht in Frage.

Kaden wartete darauf, dass sein Gast fortfuhr. Doch der blieb stumm.

«Du verstehst schon, wir müssen erst sehen, wie du tickst.»

Lorenz erwachte aus seinen Erinnerungen.

«Wie ich ticke? Meinst du, ich habe einen Vogel?»

«Nein, nein, um Himmels willen, das wollte ich auf keinen Fall sagen. Aber du musst verstehen, ehe die Partei eine Entscheidung fällt, müssen wir klären …»

«Was müsst ihr?»

«Müssen wir sehen, was deine Stärken sind.»

«Meine Stärken? Das habe ich dir doch gerade gesagt. Ihr braucht nur auszuwählen. Und glaube mir, an meinem Einsatz wird es nicht scheitern. Wer von *dort* kommt, und du weißt, was ich damit meine, der ist hoch motiviert. Oder glaubst du mir etwa nicht?»

«Natürlich glauben wir dir. Aber du wirst verstehen, die sowjetischen Genossen haben ja nicht nur aus Jux und Tollerei so gehandelt, oft genug hatten auch sie ihre Gründe.»

«Jux und Tollerei? So würde ich das nicht nennen, wenn man für Jahre hinter Stacheldraht eingesperrt wird und ansehen muss, wie anständige Menschen krepieren. Traust du mir nicht? Traut die Partei mir nicht? Du weißt doch, ich habe auf der Fahndungsliste der Nazis gestanden. Und hätten die mich gekriegt, wir würden uns heute hier nicht unterhalten. Übrigens, 1938 wäre es mit der Hilfe der sowjetischen Freunde fast passiert …»

«Nein, natürlich trauen wir dir, wie könnten wir nicht, aber …»

Kaden machte mit dem Bleistift, ohne dass Lorenz es sehen konnte, auf dem Blatt hinter dem Namen Lochthofen ein dünnes, kaum sichtbares Fragezeichen. Der Gesprächspartner ließ gegen-

über einem wichtigen Mitarbeiter des ZK eindeutig die nötige Ehr-
furcht vermissen. Er hielt den Zeitpunkt für gekommen, den viel
zu selbstbewussten Rückkehrer mit harten Fakten zu konfron-
tieren.

«Was *aber*?» griff Lorenz die Worte auf.

«Kennst du das?»

Der ZK-Mann schob Lorenz eine Broschüre zu. Ein zerschlisse-
nes Heftchen, sah aus wie ein Groschenroman. Rot und weiß, verziert mit Stacheldraht, Hammer und Sichel. Dazu in fetten Lettern,
quer darüber, der reißerische Titel: «Die größte Sklaverei der Welt-
geschichte».

«Was habe ich damit zu tun?»

«Das ist eine berechtigte Frage. Was hat das Machwerk mit dir
zu tun? Das Heft haben die Nazis in hoher Auflage unter die Mas-
sen gebracht. Schmutz und Lügen über die Sowjetunion. Und du
kommst auch drin vor.»

«Ich?»

Lorenz schaute das Heft verständnislos an.

«Ja. Du. Lorenz Lochthofen. Als Zeuge. Vielmehr als einer der
Zeugen. Kennst du einen Kajetan Klug?»

«Kajetan? Na klar, ein Mitgefangener in Workuta.»

Erst jetzt erkannte er auf der Titelseite unten, in deutlich kleine-
rer Schrift, den Namen des Autors.

Dass Kajetan die Flucht aus Russland gelungen war, wusste
er. Die Mutter hatte Lorenz von einem Brief geschrieben, in dem
Kajetan ihr das Schicksal des Sohnes schilderte. Lorenz war dem
Freund dankbar, doch er fragte sich auch, wie es Kajetan gelungen war, die Sowjetunion zu verlassen. Von einer Propagandage-
schichte der Nazis wusste er nichts. Wie auch? Nun galt Kajetan
nicht gerade als großer Denker, als geborener Schreiber erst recht
nicht. Eher das Gegenteil. Einen Satz aufs Papier zu bringen war für
ihn eine Qual. Jetzt sollte der Österreicher ein ganzes Heft vollge-
schrieben haben? Da konnte etwas nicht stimmen.

«Da, wo der Zettel liegt, da taucht dein Name auf.»

Kaden stocherte mit dem Finger zwischen den Seiten. Lorenz las. Tatsächlich, der Fall, der dort geschildert wurde, betraf ihn und seine Familie. Schnell überflog er den Text. Auch wenn einiges verdreht, anderes dazugedichtet war, die Grundaussage stimmte.

«Ein weiterer erschütternder Fall von Menschenraub in meinem Bekanntenkreis ist das Schicksal der Familie Lochthofen. Dieser Lochthofen war aus seiner Heimat Purscholfen (Rhein) im Jahre 1929 nach Moskau gefahren, um als Arbeiterstudent an der Westuniversität zu studieren. Nach Beendigung seines Studiums wurde er als Redakteur der ‹Deutschen Zentralzeitung› in Moskau eingestellt und von dort aus im Jahre 1935 nach Engels kommandiert zur Übernahme der Leitung der wolgadeutschen Zeitung ‹Der Wolgadeutsche›.»

Hier hatte der Autor des Berichts einiges durcheinandergebracht, aber Lorenz hielt sich nicht an Details fest.

«Als Lochthofen sich wiederholt weigerte, vom sowjetischen Nachrichtendienst und von der Kommunistischen Partei gelieferte Falschmeldungen über Deutschland zu veröffentlichen, wurde er 1937 verhaftet und ins Untersuchungsgefängnis geworfen, wo er über ein Jahr verblieb. Während seiner Verhöre hat er öfters seine Frau in der Nähe schreien hören und ahnte auf diese Weise, daß sie gleichzeitig mit ihm verhaftet worden war. Man wollte ihn zu dem Geständnis zwingen, daß er im Auftrage der deutschen Regierung im Wolgadeutschen Gebiet Zersetzungsarbeit an der bolschewistischen Idee leisten sollte. Um ihn mürbe zu machen, trug ein Gefängniswärter sein sechs Monate altes Kind wiederholt vor seinen Augen im Gefängnis herum. Als das Geständnis ausblieb, verschickten ihn die G.P.U.-Gewaltigen ohne weitere Verurteilung für fünf Jahre nach Workuta, wo er sich heute noch befindet. Im Jahre 1939 lernte er zufällig in diesem Lager den ebenfalls dorthin verschickten damaligen Direktor des Engelsschen Gefängnisses kennen, der ihm erzählte, daß seine Frau ebenfalls verhaftet war und auch verschickt worden sei für acht Jahre. Glücklicherweise sei sein Kind Lotte damals im Gefängnis gestorben.»

Lorenz spürte, wie sein Atem langsamer und langsamer wurde, bis er ganz aussetzte. Von unten baute sich ein lähmender Druck auf, der ihm den Hals abschnürte. Natürlich wusste er, dass seine Tochter nicht mehr lebte. Aber es zu wissen oder es schwarz auf weiß zu lesen, das waren zwei ganz verschiedene Dinge. Auch wenn Kajetan die Namen seiner ersten Frau und des Kindes verwechselt hatte, es nicht der Gefängnisdirektor war, den er als Gefangenen zufällig in Workuta traf, sondern der Untersuchungsführer – im Grunde war es doch seine Geschichte und keine andere. Die Nazis mussten nicht einmal etwas dazudichten. Jedes Detail sprach für sich. Die Erfinder von Buchenwald ergötzten sich an der Unmenschlichkeit der Schöpfer von Workuta, wie die anderen nicht genug kriegen konnten von den Schilderungen der Genickschussanlage und des Krematoriums auf dem Ettersberg. Der eine lieferte das Alibi für den anderen.

Er starrte noch eine Zeitlang auf die Seiten. Dann kehrten seine Gedanken in die Gegenwart zurück. In Kadens Augen glaubte er, etwas zu erkennen, das ihm nicht gefiel. Langsam ging ihm ein Licht auf: Die denken doch nicht etwa, ich hätte etwas mit diesem Wisch zu tun? Dass ich mit den Nazis irgendwie …? Er fixierte sein Gegenüber, doch dessen Gesicht blieb starr wie eine Maske.

«Kajetan Klug hat das nie und nimmer selbst geschrieben.»

Er schüttelte demonstrativ den Kopf.

«Na bitte, hier steht es ja, auf dem Umschlag, im Kleingedruckten: Aufgezeichnet von Kurt Neuscheler, Korrespondent des ‹Völkischen Beobachters›. Das klärt einiges. Der hat den Kajetan ausgepresst und dann mit Hilfe eigener Zutaten ein Gebräu nach Art der Nazis fabriziert. Wer weiß, womit sie Kajetan gedroht haben. Der kam ja gerade aus der Hölle.»

«Der kam aus der Sowjetunion.» Lange Pause. «Und versteh mich bitte nicht falsch, aber es ist nicht gut, in diesem Zusammenhang genannt zu werden.»

«Du glaubst doch nicht, dass ich etwas damit zu tun habe?»

«Nein, sicher nicht. Aber du musst verstehen …»

«Weißt du, ich denke, ich weiß, worauf du hinauswillst: Du, die Partei, ihr wollt erst einmal sehen, wer da überhaupt mit euch spricht. Gut, was schlägst du vor? Was soll ich tun, um zu beweisen, dass ich der richtige Mann bin?»

«Weißt du, erst der Krieg, dann der Wiederaufbau, das Leben hier hat sich grundsätzlich verändert. Du musst dich erst einmal orientieren. Wie wäre es, wenn du fürs Erste in die Ausbildung gehst? Junge Menschen um dich herum, du verstehst schon. Sagen wir als Lehrmeister. Und während du dich umsiehst, haben wir sicherlich etwas anderes für dich. Ausbildung von Schlossern, zum Beispiel in Stalinstadt?»

«Stalinstadt? Du wirst verstehen, Genosse Kaden», Lorenz schob den Oberkörper nach vorn, als hätte er dem ZK-Mann etwas Vertrauensvolles zu sagen, «mit Stalin habe ich es nicht so sehr.»

«Gut, gut, das verstehe ich. Wir haben ja auch unsere Lektion hinter uns. Aber was sonst? Wir haben da eine Zeitung in Erfurt, ein Parteiorgan, versteht sich, die suchen einen Verlagsleiter. Wäre das nichts? Du sagst doch, du hast Journalistik studiert?»

«Verlagsleiter? Anzeigen, Papier bestellen, Löhne auszahlen – ich glaube, das ist mir zu weit weg vom Leben. Ich möchte zupacken, das Land verändern helfen. Du sagst Erfurt? Liegt das nicht in Thüringen? Das wäre gar nicht schlecht. Thüringer Wald. Das klingt nach Grün, viel Grün. Ich mag Grün. Sogar sehr. Weißt du, das viele Weiß all die Jahre da oben bekommt dem Menschen nicht so. Liegt da nicht Gotha? Da war ich schon einmal. Auf der Walz. Wir waren ein ganzer Trupp aus dem Ruhrgebiet, ordentlich ausgebildet. Sie haben uns dennoch abgewiesen. Wie hieß die Firma gleich? Lowa, glaube ich. Haben große Sachen gemacht, damals. Sogar Flugzeuge. Vielleicht haben sie ja heute etwas Passendes für mich? Gotha, da würde ich hingehen. Vor allem will ich wissen, wie es den Menschen geht. Unten.»

Das erste Mal in diesem Gespräch hatte Lorenz das Gefühl, endlich zum Kern vorzudringen; er verstand, sie wollten ihn hier in Berlin nicht. Sie wollten lieber unter sich bleiben. Ein «Ehemaliger» passte nicht dazu. Eigentlich wusste er das schon lange.

Kaden erstrahlte:

«Thüringen statt Berlin. Das ist gut. Auch wenn es Thüringen nicht mehr gibt, aufgelöst vor Jahren. Jetzt heißt es Bezirk. Das wirst du alles noch lernen. Der Bezirk Erfurt ist sicherlich zum Eingewöhnen eine gute Adresse. Um Gotha kümmere ich mich selbst. Du bist eine richtige Ausnahme. Alle wollen sie nach Berlin. Kommen vom anderen Ende der Welt und wollen gleich einen Posten in der Hauptstadt, am besten mit Aktentasche und Fahrer. Abteilungsleiter in einem Ministerium, das ist das Mindeste. Wenn es nach ihnen ginge, bestünde Berlin nur aus Aktenträgern. Du willst hören, was die Arbeiter sagen? Das ist ungewöhnlich. Aber du hast völlig recht. Schließlich sind wir ja ein Arbeiter-und-Bauern-Staat. Du bist eine Ausnahme. Obwohl, Thüringen? Hm. Ich glaube, da wollte schon mal jemand hin. Deine erste Frau, wie hieß sie doch gleich?»

«Lotte, hat sie auch bei dir vorgesprochen?»

«Ja, richtig, Lotte. Seltsam, nicht war? Das war noch im alten Haus. Aber so seltsam nun auch wieder nicht. Die meisten der kniffligen Fälle sind über meinen Tisch gegangen. Jedenfalls ging es bei ihr aus irgendwelchen Gründen nicht. So ist sie hiergeblieben.»

«Ich weiß. Ich hab mich mit ihr verabredet.»

«Gut, gut. Nun, da habt ihr ja viel zu erzählen. Übrigens decken sich eure Aussagen. Und ihr könnt euch ja noch nicht abgesprochen haben.»

Kaden schaute ihn mitten aus einer heiteren Erzählstimmung heraus scharf an. Er schien immer noch auf der Suche nach etwas zu sein, von dem er selbst nicht wusste, was es war. Nur eines hatte er für diesen Fall von der Partei gelernt: Es hieß wachsam bleiben. Ob man einen konkreten Anlass hatte oder nicht. Der Klassenfeind war ein Meister der Verstellung. Wie bei den Genossen in Moskau folgte auch in Berlin eine Säuberung der nächsten. Daran änderte auch dieser neuerdings so merkwürdig weiche Kurs des glatzköpfigen Bauern im Kreml nichts. Komme, was da wolle, man musste wachsam bleiben. Sonst wurde man selbst Gegenstand unangenehmer Befragungen.

«Gut, gut. Ich rufe in Erfurt an. Die sagen dann den Genossen in Gotha Bescheid. Das kannst du als erledigt ansehen.»

Er lachte.

«Wenn das ZK einen Wunsch äußert, wer sollte da schon nein sagen?»

Lorenz hörte dem Mann nur noch flüchtig zu. Das Gespräch ging dem Ende entgegen, und er hatte noch etwas Wichtiges unerwähnt gelassen. War es überhaupt richtig, damit anzufangen? Oder sollte er nicht doch lieber den Mund halten? «Meine Zunge ist mein Feind.» Er gab sich einen Ruck:

«Du weißt, dass ich voll rehabilitiert bin?»

«Ja, ja, so etwas steht in den Papieren.»

«Das steht nicht nur dort, das ist auch so! Das heißt, alles, was an Anschuldigungen gegen mich vorgebracht wurde, ist erstunken und erlogen. Das ist amtlich. Das gleiche Gericht in Saratow, das mich mit dem Workuta-Billett versorgt hat, musste alles zurücknehmen. Ich habe sie nicht wie die anderen um eine Richtigstellung gebeten, ich habe sie verklagt. Das kannten die Brüder bis dahin nicht.»

Der ZK-Mann schaute ungläubig. Dass ein Ehemaliger sich derart zur Wehr setzte, war nicht vorgesehen. Die Rehabilitierung galt als Akt der Gnade, eine Geste der wohlwollenden Milde der «Organe», eine, auf die man keinen Anspruch hatte, die einem gewährt wurde oder nicht. Dass jemand geklagt hätte, das hatte er bis dahin nicht gehört.

«Und was haben sie dir auf deine Klageschrift geantwortet?»

«Nichts. Sie haben sich beeilt, die Sache aus der Welt zu schaffen. Binnen weniger Monate war es erledigt. Wenn du die übliche Verfahrensweise dort kennst, weißt du, dass sie ganz schön aufgeregt sein mussten. Richtig, bei Stalin hätten sie mir dafür fünf weitere Jahre gegeben. Bei Nikita sind sie vorsichtiger geworden.»

«Du überraschst mich. Kein Wunder, dass es wegen deiner Ausreise so ein Hin und Her gab.»

«Und genau deshalb möchte ich einen klaren Schnitt. So schnell wie möglich. Wo kann ich die deutsche Staatsbürgerschaft beantragen?»

«Du meinst, die Staatsbürgerschaft der Deutschen Demokratischen Republik?»

Lorenz merkte an der Betonung, die sein Gesprächspartner auf jedes einzelne Wort legte, dass er in seinen Formulierungen vorsichtiger sein musste. Die moderne deutsche Sprache diente nicht nur der Verständigung, sondern zunehmend auch der Abgrenzung. Einzelne Begriffe waren nicht nur Information, sondern politischer Code, und je nachdem, welches Wort man verwendete, gehörte man dazu oder nicht. «Deutsche Staatsbürgerschaft» war zwar zu jenem Zeitpunkt auch in Ostberlin noch korrekt, aber politisch schon nicht mehr gelitten. Die sprachliche Teilung des Landes eilte der faktischen voraus.

«Und noch etwas, damit zwischen uns, ich meine zwischen der Partei und mir, nichts unausgesprochen bleibt: Der KGB wollte mich vor der Abreise anwerben. Ich sollte Berichte schreiben über alles, was hier so los ist. Stimmungen, Gespräche, Charakteristika.»

Kaden erstarrte.

«Ich habe klar und deutlich nein gesagt.»

Die Reaktion bestätigte Lorenz' Befürchtungen: Mit der von ihm erhofften Selbständigkeit der deutschen Genossen konnte es nicht weit her sein.

«Die Freunde, die Freunde», entfuhr es Kaden.

Mehr traute er sich nicht zu sagen. Er machte sich auch keine Notiz. Doch Lorenz konnte sicher sein, das Gesagte würde schnell an die richtigen Stellen gelangen. Er knüpfte die Erwartung daran, dass man seine Offenheit zu schätzen wüsste und ihn in Ruhe ließ.

«Freunde», das sollte er schnell lernen, war das gängige Synonym für Russen – die Sowjetunion im Allgemeinen und die im Land stationierten Soldaten im Besonderen. Das Wort bot ein breites Spektrum an Betonungsmöglichkeiten, die von ehrlicher Zuneigung bis zu direkter Verachtung so ziemlich alles ausdrücken konnten, ohne dass man dem Sprechenden Feindseligkeit oder auch nur politische Unkorrektheit nachweisen konnte. Es klang selbst dann noch irgendwie harmlos, wenn man es offen gehässig meinte. Und das passierte oft. In offiziellen Papieren, wozu die vielen Reden auf Tagungen und Parteitagen zählten, gab es «die Freunde» selbstverständlich so nicht, allenfalls die «unverbrüchliche Freundschaft zum sowjetischen Brudervolk». Gern benutzt wurde neben «Freunde» auch der «große Bruder». Der hatte seine Anhänger vor allem in der politischen Oberschicht. Der «große Bruder» ließ sich sehr variabel nutzen, ohne dass dabei die wahren Verhältnisse verwischt wurden. Denn dass die Mächtigen in Moskau die «Großen» waren, wer wollte das in Ostberlin ernsthaft bezweifeln. Wer allerdings politisch nicht ganz so auf Linie lag, für den waren «die Russen» immer noch «die Russen». Auch wenn man es so klar nicht überall und schon gar nicht zu jedem sagen konnte. Hingegen blieb «Sowjets», der im Westen benutzte Kampfbegriff, die Ausnahme.

So deckten die drei Begriffe «Freunde», «großer Bruder» und «Russen» den sprachlichen Bedarf an Einordnung und Distanz einer unter russischer Vormundschaft stehenden Bevölkerung. Die Freunde waren somit nicht nur Freunde. Auch für einen Mitarbeiter des ZK nicht. Und wenn es oben so war, wie war es dann erst unten?

Lorenz war schon im Aufstehen, da kramte Kaden etwas aus seinem Schreibtischfach heraus:

«Ach ja, da ist noch was. Beinah hätte ich es vergessen. Hier ist ein Päckchen, darauf wartet ein Genosse. Drüben. Du weißt schon, in Westberlin.»

Kaden genoss die Wirkung seiner Worte.

«Ich soll rüber in den Westen?», fragte Lorenz ungläubig.

«Ja, aber nicht einfach so. Sondern im Auftrag der Partei, versteht sich. Es wäre gut, wenn du dich gleich auf den Weg machst. Mit der S-Bahn zum Bahnhof Zoo. Der Genosse erwartet dich» – er sah auf die Uhr – «na, sagen wir, in zwei Stunden. Gleich links neben dem Haupteingang steht er, hat eine Zeitung in der Hand. Sei so freundlich, bring ihm das Päckchen.»

Der ZK-Mann schob ein Paket über den Tisch.

«Das ist ein Parteiauftrag. Pass auf, dass es klappt.»

Das Paket war groß wie ein Schuhkarton und leicht. Fast schien es, Lorenz sollte nur Luft aus einem Sektor in den anderen bringen. So merkwürdig das Ganze anmutete, er stellte besser keine Fragen. Denn eines war klar: Mit der Partei hatte das nichts zu tun, umso mehr mit der Staatssicherheit. Sie wollten ihn testen. Und das hieß: Sie trauten ihm nicht. Er wusste es. Das Herz wünschte sich, endlich angenommen zu sein. Aber sein Verstand sagte: Sei auf der Hut. Es war genau so, wie er befürchtet hatte, das Mal eines «Ehemaligen» prangte weiterhin auf seiner Stirn. Was hätte er auch anderes erwarten können? Die Illusion, in diesem neuen Deutschland könnte es anders zugehen als in der zurückgelassenen alten Sowjetunion, war nur Wunschtraum, der verzweifelte Versuch, nach all dem Schrecklichen in der Normalität anzukommen. Einer Normalität, die es so nicht gab. Was konnte aus diesem Deutschland auch anderes werden, wenn sein Geburtshelfer Josef Stalin hieß?

«Bahnhof Zoo in zwei Stunden?», fragte Lorenz betont sachlich, als fürchte er, Kaden könnte seine Gedanken lesen. «Da ist ja noch Zeit. Wie lautet deine Telefonnummer, damit ich anrufen kann, wenn der Auftrag erledigt ist?»

«Keine Sorge, ob alles geklappt hat, erfahre ich auch so. Das kannst du mir glauben. Pass nur auf, dass dich die CIA nicht wegschnappt. Bei denen dort wimmelt es von Agenten. Es wäre gut, wenn du die Sache ohne Zwischenfälle erledigst. Und das mit deiner Zukunft, da bin ich überzeugt, sehen wir in einer Woche schon klarer. Übrigens, den Mann fragst du, wo es zum Ku'damm geht. Er wird antworten, dass du zu früh aus der S-Bahn gestiegen bist.»

Er hatte sich schon umgewandt, um endgültig den Raum zu verlassen, doch dann hielt Lorenz einen Moment inne und griff mit einer schnellen Bewegung das Heftchen mit dem Bericht über die russischen Lager vom Tisch:

«Den Kajetan, den borge ich mir mal aus. Geht das klar?»

Der ZK-Mann schaute ihn nur perplex an.

«Es ist das einzige Exemplar, das wir im Haus haben. Eigentlich geht das nicht. Da stehen ja auch noch andere Namen drin, also, gerne gebe ich es nicht raus…»

Lorenz ließ sich von dem Gestottere nicht beirren.

«Keine Sorge, du kriegst es noch diese Woche zurück. Aber ich muss das lesen. Es geht mich ja auch direkt an.»

Endlich schloss er die Tür hinter sich und eilte schnurstracks am Paternoster vorbei zur Treppe. Er war froh, dem unangenehmen Gespräch entronnen zu sein.

Irgendwo in einer Querstraße nahe beim Brandenburger Tor verlangsamte er an einem Imbiss den Schritt, kramte aus der Hosentasche fünf Mark hervor und ließ sich eine Bockwurst und ein Bier geben. Die Normalität des Vorgangs rührte ihn fast zu Tränen. Wie lange hatte er darauf gewartet, so ganz einfach, weil ihm danach war, an einem Kiosk ein Bier zu trinken, in deutscher Sprache zu bestellen, und als Antwort ein «Bitteschön» zu hören. Er schaute die Gruppe Bauarbeiter an, die eher lustlos ihre mitgebrachten Stullen kauten. Selbst wenn er es ihnen erklärt hätte, sie würden es nicht verstehen, warum er beim Anblick einer Bockwurst selig in sich hineinlächelte.

Er schlug das mitgebrachte Heft auf und vertiefte sich in die Schilderungen seines Lagerfreunds. Kajetan hatte es wirklich geschafft. Statt sich wie vom NKWD befohlen an den Ort seiner Verbannung in die Ukraine zu begeben, schlug er sich nach Moskau durch. Das war gefährlich, sogar lebensgefährlich. Wenn sie ihn geschnappt hätten, wäre ihm das Erschießungskommando sicher gewesen. Aber so schaffte er es nicht nur in die Hauptstadt, sondern wie durch ein Wunder an allen Wachen vorbei bis in die deutsche Botschaft, die nach dem «Anschluss ans Reich» auch für einen Österreicher zuständig war. Tage später durfte er gemeinsam mit dem Botschaftspersonal im Austausch gegen sowjetische Diplomaten der Berliner Mission das Land verlassen. Der Krieg hatte begonnen. Auf der langen Zugfahrt nach Deutschland geriet Kajetan in die Fänge des Moskauer Korrespondenten des «Völkischen Beobachters», der die Propagandaschrift abfasste und, wo es nur ging, gegen Juden und Bolschewiki hetzte. Als ob das, was Kajetan aus Workuta berichtete, nicht schlimm genug gewesen wäre. Hier offenbarte sich das unauflösliche Dilemma jeglicher Propaganda, die immer viel zu dick, viel zu überzogen aufträgt, um glaubwürdig zu sein.

Trotzdem las Lorenz jede Seite, jede Zeile, begierig zu erfahren, ob Kajetan vielleicht an einer weiteren Stelle von ihm berichtete. Das war nicht der Fall. Lorenz schaute auf die Uhr. Es war Zeit. Eine Viertelstunde später ratterte er aus dem schmutzigen Fenster blickend vom Bahnhof Friedrichstraße Richtung Bahnhof Zoo. Erst wollte er es sich selbst nicht eingestehen, aber wo der Osten endete und der Westen anfing, erkannte man nicht nur an den Wachposten. Auch im anderen Teil der Stadt sah man noch die Spuren des Krieges. Zerstörte Häuser und Einschüsse in den Wänden. Aber deutlich weniger. Die Straßen wirkten aufgeräumter, es fuhren mehr Autos auf den Straßen, und die waren nicht nur grau oder schwarz. Trotz der Düsternis des Novembers gab es mehr Farbe und Licht. Alles schien freundlicher. Die grelle Reklame ließ Lorenz kalt, aber dass überall gebaut wurde, die Bombenlücken mehr und mehr verschwanden, sprach von der Vitalität einer Stadt, die nach den geltenden ideologischen Leitsätzen eigentlich absterben musste. Das Leben richtete sich offensichtlich nicht nach Parteibeschlüssen.

Der Bahnhof Zoo machte allerdings keinen sonderlichen Eindruck. Niedrige Gänge und Hallen, im Vergleich zum Prunk der Moskauer Metro fast armselig, abgenutzt und grau. Überall hasteten Menschen, die ihn nichts angingen und die auch er nichts anging. Das war ganz gut so. Zur Sicherheit schlug er mehrere Haken, immer darauf achtend, ob ihm nicht doch jemand folgte. Er hatte den Karton unter den rechten Arm geklemmt, doch dort schien er mit jedem Schritt zu wachsen. Eigentlich musste das auffallen.

Schließlich ging er durch einen Nebenausgang hinaus auf die Jebenstraße, bog um das Gebäude, um dann entschlossen von der Seite des Hardenbergplatzes wieder im Menschengewühl des Bahnhofs zu verschwinden. Doch genau in jenem Moment, in dem er sich zur Sicherheit nochmals umdrehte, stieß er frontal mit zwei Polizisten zusammen. Das Paket flog ihm aus der Hand und landete direkt vor ihren Füßen. Sein Herz blieb stehen.

Das war's.

Weder war er in der Lage, nach dem Paket zu greifen, noch, etwas zu sagen. Mehrfach setzte er an, eine Entschuldigung zu stammeln. Doch es kam nichts über seine Lippen. Eine Ewigkeit verging. Dann sah Lorenz, wie sich einer der Polizisten bückte, das Paket aufhob, einen Moment in der Hand wog und es freundlich lächelnd zurückgab.

«Sie haben etwas verloren. Ich hoffe, da war kein Glas drin?»

«Kein Glas?», fragte Lorenz automatisch zurück, um dann eiligst zu antworten: «Nein, nein, da ist kein Glas.»

«Na, dann ist's ja gut.»

Die beiden Beamten verabschiedeten sich und gingen ihres Weges. Lorenz atmete tief durch. Er hatte sich innerlich schon darauf vorbereitet, eine lange Geschichte zu erzählen, warum er unbedingt heute hier sein musste. Doch das interessierte niemand. Die Polizisten verschwanden hinter der nächsten Ecke, sie drehten sich nicht einmal um. Lorenz war verwirrt: All seine Erfahrung sagte ihm, Männer in Uniform bedeuten Gefahr. Wenn nichts geschah, dann konnte es nur eine Falle sein, und schon hinter der nächsten Ecke würde sie zuschnappen.

Da sah er das Toilettenschild am Ende des Gangs. Die Rettung. Im Vorraum wartete er einen Moment, als wollte er zum Pinkeln alles nötige herauskramen, um dann schnell in einer gerade leer gewordene Kabine zu verschwinden. Der Geruch des Vorgängers schlug ihm in die Nase, aber das war nicht der Moment, wählerisch zu sein. Er schob den Riegel vor.

Geschafft.

Doch im gleichen Augenblick schoss es ihm durch den Kopf: Die Kabine war eine perfekte Falle. Hinter dem Spülkasten nur die Wand. Sie konnte ihn hier abpflücken wie einen Apfel. Hatten sie ihm an der Universität nicht beigebracht, dass man bei einem Versteck immer auf einen zweiten Ausgang achten müsse?

Es dauerte, bis sich Lorenz wieder unter Kontrolle hatte. Er setzte sich erschöpft, suchte in seinen Taschen nach etwas zu rauchen und tat einen tiefen Zug. Das beruhigte. Noch einen Zug, und noch einen.

«Pfui Deibel!», schrie es aus der Kabine nebenan. «Da raucht doch so'n Mistkerl Russenkraut! Das rieche ich selbst auf dem Scheißhaus. Fünf Jahr in Sibirien gab's nur dieses Zeug. Pfui Deibel, und einer raucht das freiwillig!»

Tatsächlich. Lorenz hatte beim Griff in die Tasche statt der «Jubilar», der billigen Arbeiterzigarette im Osten, eine «Belomor»-Papirossa erwischt. Im Nu hatte er das verräterische Indiz runtergespült, dann wartete er, bis nebenan mehrfach die Tür auf und zu ging. Vorsichtig lugte er durch einen Spalt und hastete die Stufen zum ersten erreichbaren Bahnsteig hinauf. Er studierte den Aushang mit den Abfahrzeiten, zwischendurch sah er sich verstohlen um. Es schien, als sei ihm keiner gefolgt. Noch hatte er zehn Minuten bis zum Treffen. Als er die Zugverbindungen fast auswendig wusste, machte er sich auf den Weg zum vereinbarten Treffpunkt. Auf halber Strecke stockte sein Herz. Stufe für Stufe kamen ihm wieder die beiden Polizisten entgegen. Lorenz schossen die krudesten Gedanken durch den Kopf: Die sind mir doch gefolgt. Der Mann aus der Kabine nebenan hat mich gemeldet. Die holen gleich die Handschellen raus …

Er schaute nach oben zum Bahnsteig, gerade rollte ein Zug davon. Umdrehen? Hinaufrennen? Die Türklinge erwischen? Einen Augenblick hatte er das Bedürfnis, dem inneren Impuls nachzugeben. Doch das hieß, die ganze Aufmerksamkeit auf sich zu lenken. Wenn er überhaupt noch eine Chance hatte, und mochte sie noch so klein sein, damit hätte er sie endgültig verspielt. Dann saß er fest. Mit seinem russischen Pass wäre alles klar: Es konnte sich bei ihm nur um einen KGB-Agenten handeln. Mit unmenschlicher Anstrengung zwang er sich, seinen Weg fortzusetzen in die Arme der Polizisten.

Als er fast auf einer Höhe mit ihnen war, schaute ihm einer von beiden – genau jener, der das Paket vor wenigen Minuten vom Boden aufgehoben hatte – direkt in die Augen und lachte:

«Da ist ja unser Freund mit dem Päckchen wieder!»

Er blieb stehen. Lorenz auch. Der Polizist holte eine Schachtel Zigaretten aus der Tasche. Es waren HB. Der Hausmeister am Märkischen Ufer hatte Lorenz am Morgen die gleiche Marke gezeigt, um deutlich zu machen, worauf es in Berlin wirklich ankam. Der Polizist nahm sich eine Zigarette und bot Lorenz eine an.

«Haben Sie zufällig Feuer?»

Lorenz suchte in seiner Tasche, brannte unter der gekrümmten Handfläche ein Streichholz an. Der Beamte beugte sich nach unten, zog kräftig und hielt zu Lorenz' Entsetzen seine Hand fest.

«Das ist aber ein lustiges Etikett.»

Erst jetzt sah Lorenz, dass er eine russische Schachtel hielt. Das Bildchen stammte aus einer Serie von Plakaten gegen den Alkoholismus. Ein Mann, dem eine Wodkaflasche aus der Hosentasche lugte, suhlte sich mit einem Schwein in einer Dreckpfütze. Darüber die Parole: «Ein Schwein unter Schweinen!»

Der Polizist schaute die Schachtel begeistert an:

«Toll. Russisch, nicht war? Brauchen Sie die noch?»

«N... Nein», antwortete Lorenz, ohne genau zu verstehen, wohin sich das Gespräch entwickelte. «Ein Fundstück, lag auf der Toilette. Sie können die Schachtel ruhig haben!»

«Das ist aber nett.»

Der Polizist ermunterte Lorenz, sich noch eine Zigarette zu nehmen.

«Sie müssen verstehen, ich sammle Streichholzschachteln, die Etiketten. Wie andere Briefmarken. Ist spannend. Danke.»

Lorenz schaut den Mann an, als wäre der nicht ganz bei Sinnen. Er verabschiedete sich und machte sich mit dem Paket schleunigst davon. Jetzt wurde die Zeit doch noch knapp. Er rannte auf den Vorplatz und sah, wie ein in Frage kommender Mann Richtung Zoo schritt. Mit wenigen Sätzen holte er ihn ein.

«Entschuldigen Sie, wo geht es hier zum Ku'damm?»

Der Mann musterte ihn ausgiebig. Fast hatte Lorenz das Gefühl, doch den Falschen aufgehalten zu haben, da kam die Antwort:

«Da sind Sie aber zu früh aus der S-Bahn gestiegen.»

«Na, ein Glück.»

Lorenz drückte dem Fremden das Paket in die Hand, drehte sich um und ging. Auf der Treppe zum Bahnsteig übersprang er vor Freude immer wieder mehrere Stufen. Oben angekommen, sah er schon die S-Bahn zur Friedrichstraße. Erschöpft ließ er sich auf einem Fensterplatz nieder. Es war geschafft. Der Zug ruckte, nahm Fahrt auf und zog in einem weiten Bogen Richtung Osten. Lorenz lehnte sich zurück und wischte mit dem Ärmel das beschlagene Fenster frei. Am Ende des Platzes, der langsam im Herbstdunst versank, sah er eine kleine Gestalt mit einem Paket unter dem Arm davoneilen. Ihr entgegen kamen zwei Polizisten.

VI

Die Mutter fauchte:

«Nicht das, das weiße Hemd.»

Ich fand das blöd. Mitten in der Woche. Gerade hatte ich zum lauten Protest angesetzt, da traf mich der Blick des Vaters, ich zog es vor zu schweigen. Sie hatten sich wieder gestritten. Das passierte jetzt öfter. Murrend zog ich mich um. Dann machten wir uns auf den Weg. Die Mutter kam nicht mit.

Über Berlin spannte sich ein sonniger Herbsttag, mit dem in diesem November nach all dem Nebel und der frühen Dunkelheit niemand mehr gerechnet hatte. Wir fuhren ein Stück mit dem Bus, der zu meiner Begeisterung einen zweiten Stock hatte, auch wenn es dort oben fürchterlich zog, und anschließend mit der S-Bahn. Aus dem Fenster sah man die städtischen Mietshäuser immer kleiner werden, bis sie ganz dem bunten Laub der Bäume in den Schrebergärten Platz machten. Ab und zu glitzerte durch das Dickicht etwas Blau in der Sonne, ein Kanal, ein Fluss, ich wusste es nicht, es waren schmale Bänder. Die kargen Hänge der Tundra gab es nicht. Überhaupt schien alles sehr eng, manchmal irgendwie beklemmend abgewohnt und bis in den kleinsten Winkel gebraucht zu sein.

An einem menschenleeren Bahnsteig stiegen wir aus der S-Bahn und gelangten wenig später auf einen sandigen Weg, der sich wie in einem Labyrinth zwischen den Zäunen kleiner, von Kiefern und Obstbäumen umrahmter Häuschen wand. Während Pascha mit seinem Klappmesser einen Stock abschnitt und damit herumfuchtelte, hielt mich der Vater fest an der Hand. Vielleicht hatte er ja Bedenken, ich könnte ihm verloren gehen.

Endlich blieben wir vor einem gelb getünchten Haus stehen. Der Vater schaute uns beide noch mal an, zupfte an Paschas Kragen und drückte auf die Klingel. Dann, zur Sicherheit, ein zweites Mal. Eine Frau öffnete die Tür. Sie war nicht groß, hatte blondes, nach hinten zu einem Knoten zusammengefasstes Haar und einen, wie ich fand, trau-

rigen Blick. Sie war älter als meine Mutter. Es war Lotte, die erste Frau
des Vaters. Jetzt wurde mir klar, warum die Stimmung am Morgen so
gereizt war. Der Vater wollte die Frauen miteinander bekannt machen,
doch das wollte die Mutter auf keinen Fall. Da sich sein Besuch aber
nicht mehr abwenden ließ, schickte sie Pascha und mich mit. Zum
Aufpassen.

Hinter der Frau tauchte ein Junge auf. Ihr Sohn. Er musste ungefähr
so alt wie mein Bruder sein. In seinem früheren Leben, in der Steppe
von Karaganda, hieß er Kolja. Jetzt, in Deutschland, Konrad oder einfach Konni. Er bekam den Auftrag, sich um uns zu kümmern, was er
ohne Widerspruch, aber auch ohne Begeisterung tat. Konni kannte
uns nicht, wusste nur, dass wir kein Deutsch sprachen. An sich kein
Hindernis, um etwas gemeinsam zu unternehmen, aber jedweder Erinnerung an die Zeit in der Steppe begegnete er mit Argwohn. Zwei
Jungs von *dort* waren zwei zu viel.

Der Vater ging mit Lotte ins Haus. Wir blieben draußen. Eine oder
zwei Stunden. Konni hielt uns vom Haus fern, wir durften nicht stören. Was drinnen vor sich ging, worüber geredet wurde, wir konnten
es weder sehen noch hören. Ohnehin hätte ich es nicht verstanden,
sie sprachen ja Deutsch. Als Vater und Lotte rauskamen, schien es mir,
als hätte sie geweint. Das drückte zusätzlich die Stimmung. Um nicht
einfach nur herumzustehen, gingen wir zum Müggelsee. Die Kinder
vornweg, mit einem gewissen Abstand die Erwachsenen. Es war einer
der beiden Tage nach unserer Ankunft, an denen es nicht regnete. Am
See warfen wir flache Steine über das Wasser, so wie wir es oft am Ufer
der Workuta getan hatten. Wer es schaffte, den Stein vier- oder fünf-
mal auf der glatten Oberfläche tanzen zu lassen, wurde mit anerken-
nendem Brummen bedacht. Irgendwann ging es den sandigen Weg
zurück, wir verabschiedeten uns, der Vater eher gerührt, auch wenn er
auf eine Umarmung verzichtete, wir steif. Ein seltsamer Tag.

VII

Lena wusste es nicht. Die Kinder auch nicht. Wie hätte er es ihnen auch erklären können? Als Lorenz an diesem schönen, von goldenem Herbstlicht durchströmten Tag mit den Kindern endlich aufbrach, würde es nicht sein erstes Wiedersehen mit Lotte sein. Er hatte sie schon einmal besucht und blieb bis in den Abend bei ihr. Es war der zweite Tag der Rückkehr nach Deutschland. Schneller ging es nicht, auch wenn sie die Verzögerung, selbst um einige wenige Stunden, nicht verstehen konnte. Erst musste er die Dinge im Zentralkomitee auf den Weg bringen, dann dieser Auftrag mit dem Paket. Da war der Tag schon zu Ende. Deshalb konnte er auch Lenas Wunsch, mit den Kindern die Stadt anzuschauen, vorerst nicht erfüllen.

Er musste Lotte sehen.

Er wollte von ihr wissen, wie Larissa starb und wie es ihr all die Jahre im Lager ergangen war. In einem Brief konnte man nichts davon schreiben. Noch in Workuta hatte Lorenz von seiner Mutter die Nachricht erhalten, dass Lotte lebte und in Ostberlin auf ihn wartete. Dann kam ihr erster Brief. Voller Hoffnung, voller Zukunftspläne, voller Zärtlichkeit. Sie schrieb, dass er bestimmt auch bald frei sein werde, dass er zurück nach Deutschland komme und sie gemeinsam all das Schreckliche hinter sich lassen würden. Sie schrieb, wie sehr sie ihn liebte. Gemeinsam würden sie es schaffen. Gemeinsam würden sie leben. Lange zögerte er die Antwort hinaus. Aus ihren Zeilen sprach so viel Freude und Zuversicht, dass er es nicht über sich brachte, sie zu enttäuschen. Wochen trug er den Brief mit sich herum und konnte sich nicht entschließen, ihr zu sagen, dass es eine gemeinsame Zukunft nicht geben würde.

Jahre zuvor hatte man ihn aus der Baracke gerufen. Er erhielt ein amtliches Schreiben: Seine Frau sei tot. Gestorben in Nischni Tagil im Ural. Todesursache Typhus. Am Fußende des Blatts prangte ein violetter Stempel mit den Insignien des Sowjetstaates. Es konnte keinen Zweifel geben. Lotte lebte nicht mehr. Erst das Kind, dann die Frau. Lorenz sprach tagelang kein Wort. Alles sinnlos. Warum sollte er sich weiter quälen? Eines Tages wäre sowieso alles zu Ende …

Als Jahre später ihr Brief kam, wusste er, es war eine Lüge. Eine amtliche Lüge. Warum ihm die «Organe» die Schreckensnachricht schickten, er konnte es nicht begreifen. Wollten sie ihn damit endgültig brechen? Hatten sie keinen Überblick mehr über die Gefangenen in den Lagern? Denn ob ein Mensch lebte oder schon tot war, was spielte das für den Gulag-Apparat angesichts der Millionen für eine Rolle? Wer noch nicht tot war, konnte es bald sein. Und hatte ein «Feind des Volkes» überhaut Anspruch auf eine korrekte Auskunft? Nach der inneren Logik des Geheimdienstes nicht.

Lotte lebte. Sie lebte hier, in dieser Stadt. War er in der S-Bahn noch ruhig, so spürte er auf dem Weg zu ihrem Haus, wie nahe ihm das Wiedersehen ging. Er blieb stehen, um seine Aufgeregtheit zu unterdrücken. Hatte er sich nicht immer wieder gesagt, dass zwischen ihnen alles aus war und vorbei, dass nichts mehr so sein konnte, wie es war? Dass es bei dieser Begegnung lediglich darum gehen konnte, sich Gewissheit über die eigene Geschichte zu verschaffen? Ein Zurück, zurück in die Zeit vor jenem Oktober 1937, gab es nicht. Schon wegen der beiden Jungen nicht. Aber die Gefühle widersetzten sich der Vernunft.

Als die Tür aufging, war alles, was Lorenz sich auf dem Weg im Kopf zurechtgelegt hatte, wie ausradiert. Er stand da, und noch bevor sie beide etwas sagen konnten, wusste er, dass seine Entscheidung richtig war. Eine Rückkehr gab es nicht. Es war nicht mehr die Lotte, die er kannte: jung, lebenslustig, voller Übermut. Vor ihm stand eine seltsam vertraute, aber zugleich unbekannte Frau. Vor allem ihre graugrünen Augen, die ihn einst mit ihrem Strahlen und Spott so verzaubert hatten, waren matt und müde.

Diese Augen lachten nicht mehr.

Der Tod von Larissa, die schrecklichen Jahre der Haft, das Elend der Verbannung, all das hatte tiefe Spuren in ihr Gesicht geschnitten. Um diesen Leidensweg zu überstehen, brauchte ein Mann schon sehr viel Glück, für Frauen war es fast unmöglich. Lorenz wusste das nur zu gut. Er kannte ihre von dem endlosen Marsch in den arktischen Norden ausgezehrten Gestalten, er kannte die Brutalität der Wachen, ihren hechelnden Geifer, wenn neue Gefangene im Lager eintrafen. Sie hatten beide überlebt, dafür war er dankbar. Dankbar, sie wiederzusehen, ihr Gesicht zu streicheln. Doch er war nicht mehr der Lorenz, den sie kannte, und sie nicht die Lotte, an die er nachts auf seiner Lagerpritsche dachte. Die Jahre im Lager waren über ihre Liebe hinweggegangen. Sein Herz war erfroren.

Sie sah ihm aufmerksam, fast beschwörend in die Augen und konnte doch das, was sie erhoffte, nicht entdecken. Er war froh, sie endlich umarmen zu können, doch auch das gelang nur linkisch. Er blickte über ihre Schulter in den Flur – keiner da. Ihr Sohn war in der Schule. Sie waren ungestört.

«Es ist schön, dass du endlich hier bist.»

«Früher ging es wirklich nicht.»

Lotte führte ihn in die Küche. Sie setzten sich an die Ecke des Tischs, rückten die Stühle zusammen, sie legte ihr Gesicht in seine Hand. Sie weinte. Lorenz schnürte es die Kehle zu. Schweigend saß er vor ihr und wusste, dass jedes Wort zu viel war.

Plötzlich stand sie auf, ging ins Nebenzimmer und kam mit einer Plastik zurück. Eine Pieta. Sie hatte sie im Lager heimlich, in der Nacht, modelliert, wenn die anderen Frauen in der Baracke erschöpft von dem Vierzehn-Stunden-Arbeitstag auf ihren Holzpritschen dahindämmerten. Wie ein Wunder hatte das zerbrechliche Kunstwerk den langen Weg von Karaganda nach Berlin unbeschadet überstanden. Es waren drei kleine Figuren, die in einem Moment der Ruhe und Einkehr verharrten. In der Mitte saß eine Frau, an sie schmiegte sich stehend ein Mädchen; ein zweites, klein und zerbrechlich, schlief auf ihrem Schoß. Er wusste, Larissa schläft nicht.

VIII

Auf keinen Fall wollte er länger warten. Sicher war es ein denkbar ungünstiger Tag, um etwas Neues zu beginnen. Ein Freitag. Die Woche ging zu Ende, die Menschen hatten bereits anderes als Arbeit im Kopf. Aber sie waren erst am Donnerstag in Gotha angekommen. Nun klopfte Lorenz in der Kaderabteilung genau jenes Betriebs an, der ihn vor dreißig Jahren nicht haben wollte. Obwohl die Flugzeuge aus Gotha guten Absatz fanden, gab es damals auch hier keine Arbeit. Den Autobau in Eisenach musste das Unternehmen sogar abstoßen. Die Konkurrenz aus Bayern griff zu: Der erste BMW war kein Bayer, sondern ein Thüringer.

Nach dem Krieg hatte sich in Gotha vieles verändert. Über die verkohlten Trümmer der Produktionshallen, in denen die Bomber gebaut wurden, wucherte Unkraut. Statt mehrerer tausend zählte das Werk nur wenige hundert Mitarbeiter, statt Flugzeugen baute man Waggons und Straßenbahnen, statt Kunden in aller Welt belieferte man vor allem die sozialistischen Brüder.

Lorenz musste einige Zeit auf den Kaderleiter warten, aber dann ging es schnell. Am Montag sollte er im Waggonbau als Schlosser zur Frühschicht antreten. Das roch nach schwerer körperlicher Arbeit. Davor fürchtete er sich nicht, doch das Herz beunruhigte ihn, die Schmerzen, der Druck auf der Brust, das machte ihm Sorgen. Er wirkte deutlich jünger als fünfzig. Kaum eine Falte im Gesicht, scherzte er, dass ihn die Kälte der Arktis wie einen Mammut im Dauerfrostboden konserviert hätte. Aber in den Augen sah man die Wahrheit. Die Toten, die Gequälten, die Entmutigten: Diese Augen hatten viel Schreckliches gesehen und konnten es nicht vergessen. Auch wenn er es immer glaubte, er war nicht unverwundbar. In diesem nasskalten Deutschland wusste er das mit einem Mal.

Nie hätte er jemandem von seiner Bedrängnis erzählt. Auch Lena nicht. Sie war zwanzig Jahre jünger und würde die Schwäche kaum verstehen, im Gegenteil. Er konnte gern darauf verzichten, erneut darüber zu streiten, ob die Krim nicht der bessere Ort wäre, um sich niederzulassen. Natürlich wusste er, dass der Rest der Familie den Wechsel nach Deutschland ablehnte. Die unfaire Rechnung lautete, einer gegen drei. Die Gewissheit des einen war die Ungewissheit der anderen. Aber die Kinder würden sich mit Sicherheit schnell an die neue Heimat gewöhnen. Sie spielten ihre wilden Spiele am Rande des Lagerzauns, sie würden sich auch hier zurechtfinden. Und Lena? Lena würde sich fügen. Das Leben in Deutschland war leichter und angenehmer. Das würde sie überzeugen. Ohnehin, die Entscheidung war gefallen. Er hatte gewonnen, so schnell sollte es eine Revanche nicht geben. Da wollte er lieber die schweren Gussteile in der Waggonhalle allein hin und her schleppen.

So stieg Lorenz an einem grauen Montagmorgen in die Straßenbahn, die sich quietschend hinter dem Hotel einen ungewöhnlich steilen Berg hinaufquälte. Das Hotel «Zum Mohren», in dem sie in Gotha vorübergehend unterkamen, galt als erstes Haus am Platze, man war stolz darauf, den Gästen in Zeiten von Buttermarken überhaupt eine Speisekarte bieten zu können. Wie lange sie dort bleiben würden, war ungewiss. Die Anweisung aus Berlin an die «örtlichen Genossen» klang eindeutig: so lange, bis der Genosse aus der Sowjetunion eine annehmbare Wohnung gefunden hatte. Das konnte bei der Wohnungsknappheit Monate dauern.

Die Bahn ratterte Richtung Ostbahnhof, dorthin, wo das Werk und seine Arbeit warteten. Lorenz hatte sich eine neue Schlosserjacke zugelegt. Blau, mit mehreren Taschen, in denen man Papiere und Taschenmesser verstauen konnte. An Schnitt und Stoff hatte sich in den letzten dreißig Jahren nichts geändert. Damit die Jacke nicht ganz so neu aussah, bat er Lena, sie zu waschen. Sie tat es, sogar zweimal, obwohl ihr seine Marotte reichlich albern vorkam. Er dachte an den entscheidenden ersten Eindruck. Und bei einem, der aus Russland kam, war der besonders wichtig. Vom ersten Tag an wollte Lorenz keinen Zweifel zulassen, dass er zu denen da unten und nicht zu denen dort oben gehörte.

Ein Arbeiterstaat. Der Gedanke gefiel ihm, auch wenn er bereits ahnte, dass sein verklärter Blick mit der Wirklichkeit wenig zu tun hatte. Die kurze Zeit in Berlin hatte einen schalen Nachgeschmack hinterlassen. Noch hatte er Hoffnung, dass draußen im Land, weit genug weg von der Zentrale und den «Apparatschiki», der andere, der bessere Entwurf lebte. Er wollte es einfach nicht glauben, dass das stalinistische Geschwür bereits in so kurzer Zeit den ganzen Körper befallen hatte.

Zum wiederholten Mal sagte sein Verstand: Es ist so.

Zum wiederholten Mal erwiderte sein Herz: Halt die Klappe.

Einzugestehen, dass er auf einem Irrweg marschierte, hätte geheißen, für immer heimatlos zu bleiben. Und das wollte er nicht.

Beim Verlassen des Hotelzimmers hatte er flüchtig in den Spiegel gesehen. War er wirklich einer von ihnen? Gewiss, einige seiner neuen Kollegen hatten wie er vor dem Krieg ausgelernt, lagen dann in einem Schützengraben, hatten überlebt und sich nach dem Krieg in die neuen Verhältnisse eingepasst. Doch Emigration, Universität und Lager waren etwas ganz anderes. Eine Erfahrung, die sie nicht teilten. Mehr noch: Es war eine Erfahrung, die sie trennte. Er hatte nicht mitgemacht. Weder hier noch dort. Und er wusste: Die Gemeinschaft der «Mitmacher» mochte keine Verweigerer. Das war schon früher so, das war jetzt nicht anders. Er roch einfach fremd. Und das lag nicht an seinem russischen Eau de Cologne.

Er grinste in den Spiegel. Ein Graf Besuchow war denen in der Werkhalle völlig unbekannt. Und man konnte sicher sein, dass sie von einem Raskolnikow nie gehört hatten. Im Grunde ging sie weder Tolstoi noch Dostojewski etwas an. Hatte für ihr Leben nicht die geringste Bedeutung. Er war schon auf dem Flur, da drehte er sich noch einmal um, ging zurück und zog eine Krawatte aus dem Schrank. Dunkelrot mit leichten Streifen, fiel sie auf dem tiefblauen Hemd fast nicht auf. Und doch wusste er, ein einfacher Arbeiter, der täglich mit Schlips zur Arbeit kam, einer Arbeit, wo Funken flogen, wo geschwitzt und geflucht wurde, der war nicht zu übersehen.

Der Empfang fiel genau so aus, wie es Lorenz erwartet hatte.

Dass ein «Russe» in die Brigade kam, hatte sich herumgesprochen. Wer da geschwatzt hatte, blieb unklar. Jedenfalls versuchte der Brigadier alles, die Sache noch umzubiegen. An einen Zufall wollte er nicht glauben. Das konnte nur ein Aufpasser sein, den ihnen die Partei in den Pelz setzen wollte.

Doch es blieb dabei. Dann standen sie sich gegenüber, der eine groß und kräftig, mit schwarzem, abgewetztem Einteiler, der unten an den Beinen etwas zu kurz geraten war, so dass die schlabberigen Socken hervorschauten, und der Neue, nicht groß, mit akkurat geschnittenem Haar und Brille. Hinter dem Brigadier hatten sich seine Männer aufgebaut und warteten. Lorenz lächelte tapfer, reichte jedem die Hand.

«Das Schlipsel!», rief einer.

Die anderen lachten.

«Ach, daran musst du dich nicht stören», antwortete Lorenz, als hätte er den feindseligen Ton überhört. «Entscheidend ist nicht, wie einer aussieht, sondern was er kann. Stimmt's?»

Nun, der Brigadier war genauso, wie er aussah. Ein «Zwölfender». Einer, der sich freiwillig zur Wehrmacht gemeldet hatte und schon beim Einmarsch in Polen dabei war. Nichts, was im Werk vor sich ging, schmeckte ihm. Längst wäre er fort gewesen, aber er hatte auf dem Dorf einen kleinen Hof. Der Vater lebte noch, alles aufzugeben kam für ihn deshalb nicht in Frage. Außerdem, es hätte ihn arg gegrämt, wenn einer der Roten in seine Stube eingezogen wäre. So lebte er von der Hoffnung, dass der Sozialismus bald die Grätsche machte und im Werk wieder klare Verhältnisse herrschten.

Als die Arbeit verteilt war, hatte Lorenz die dreckigste und gefährlichste abbekommen, bei der man außerdem so gut wie nichts verdienen konnte: Er sollte die Eisenpuffer an die Waggons schweißen. Das kam ihm bekannt vor.

«Eine feine Arbeit habt ihr da für mich aufgetan!» Lorenz ließ die diplomatische Zurückhaltung fallen. «Gut, ich mache die Sache. Aber die Puffer sind schwer; damit sich keiner den Bruch hebt, brauch ich zwei Leute, die halten. Das Schweißen erledige ich.»

«Nur einen! Zwei gibt es vielleicht in Russland! Hier, Karlchen, der dürfte zu dir passen.»

Der Brigadier griff aus der Reihe der Rumstehenden ein mickriges Kerlchen heraus und schob den Mann Richtung Lorenz.

«Ansonsten, wenn dir das nicht passt, such dir eine andere Arbeit. Das Werkzeug liegt da drüben in der Kiste. Fangt an. Wir haben schon genug Zeit vertrödelt.»

Lorenz sagte nichts. Er begann, im Werkzeugkasten zu kramen und fluchte. Russisch. Das verschaffte etwas Luft. Mit den rostigen Krücken konnte man nichts anfangen. So ging ein halber Tag dafür drauf, brauchbares Werkzeug herzurichten. Anfänglich schien Karlchen nicht sehr gesprächig – alle hatten zur Vorsicht mit dem «Russen» gemahnt –, dann sprudelte es aus ihm heraus:

«Mensch, du kannst ja sogar Deutsch!?»

«Was soll das denn?» Lorenz wusste nicht, ob er sich über die dumme Frage empören sollte oder ob es unter seiner Würde sei, überhaupt zu reagieren.

«Na, du kommst doch aus Russland! Oder nicht?»

«Ja. Aber ich bin Deutscher wie du. Geboren in Dortmund.»

«Wie? Im Westen?! Und was machst du dann hier?»

«Euch helfen, den Plan zu erfüllen.»

«Wenn ich aus dem Westen käm, da wüsste ich, wo ich jetzt wäre!»

«Siehst du, das unterscheidet uns.»

Als sie endlich den ersten Puffer in Position gebracht hatten und Lorenz gerade ansetzte, die Schweißnaht zu ziehen, sah er das lauernde Gesicht des Brigadiers. Lorenz hieß Karlchen den Puffer absetzen und ging mit dem Schweißbrenner in der Hand auf den Mann zu. Sofort ließ der Rest der Brigade die Arbeit fallen. Das versprach eine gute Unterhaltung zu werden.

«Was grinst du? Hast du Angst, dass du für mich mitarbeiten musst?» Er machte eine Pause. «Weil du meinst, du kannst es besser? Wenn du dich da nicht täuschst.»

342

Lorenz bebte vor Empörung. Doch seine Aussprache blieb deutlich und hart. Der Brigadier grinste:

«Was soll ein Russe schon können, was ich nicht kann?»

«Nun, was ein Russe ist oder nicht, davon verstehst du nichts. Außer dass du und deinesgleichen schon einmal von denen die Hucke voll bekommen habt. Schon vergessen?»

Das Grinsen gefror.

«Ich habe dort genauso viele gute Kerle und miese Typen getroffen, wie es sie auch hier gibt. Und was mein Können betrifft, so kannst du beruhigt sein, ich kann einiges mehr als du.»

Lorenz war schon im Begriff, sich umzudrehen, da hörte er den Brigadier:

«Und was soll das sein?»

«Zum Beispiel das.»

Lorenz war klar, dass es hier nicht um geistreiche Argumente gehen konnte. Flink streckte er dem Mann die Zunge raus, allerdings nicht wie üblich, sondern gedreht, dass sie hochkant zwischen den Zähnen stand.

«Ich wette, du kannst nicht einmal das.»

Die anderen feixten und gingen an die Arbeit. Einer versuchte, es nachzumachen – ohne Erfolg. Der Brigadier schnaubte:

«Genug geschwatzt. Am Ende des Tages wird abgerechnet.»

Lorenz kehrte zu Karlchen zurück. Nach all den Wochen und Monaten freute er sich, wieder etwas mit seinen Händen zu tun. Als jemand aus der Brigade «Feierabend» rief, hatten sie trotz aller Hindernisse ihre Tagesnorm geschafft. Die Kollegen schauten ungläubig.

Am dritten Tag war die Vorgabe für die ganze Woche erfüllt, sie hätten noch mehr machen können, wenn ihnen das Material nicht ausgegangen wäre. Karlchen, der ein Übererfüllen der Norm so nicht kannte, weil ihn der Brigadier immer dorthin steckte, wo es nichts zu holen gab, ging beschwingt von einem Kollegen zum anderen, klopfte ihnen auf die Schulter und fragte, ob er vielleicht helfen könne.

«Ich und Lorenz, äh, ich meine, der Russe und ich, wir haben unser Soll im Kasten, aber bei euch da sieht's ja nicht gut aus ...»

Routiniert überhörte er den Hinweis, er möge sich sonst wohin scheren und ging zum Nächsten. Lorenz war vom Verlauf der Ereignisse sichtlich amüsiert. Er saß auf dem Werkzeugkasten und machte eine Skizze. Auch wenn ihnen die Arbeit ganz gut von der Hand ging, es blieb eine Viecherei. Das ließ sich ändern: mit Hilfe der riesigen Krane an der Hallendecke, mit denen früher die Flugzeugteile bewegt worden waren und die jetzt vor sich hin rosteten. Man brauchte sie nur anzupassen, dafür musste man das und das und das tun. Er war so vertieft in seine Aufzeichnungen, dass er den Brigadier erst bemerkte, als sein Schatten auf das Papier fiel.

«Du, hör mal», begann der Mann. Jedes Wort ging ihm schwer über die Lippen. Von dem dümmlich grinsenden Kerl des ersten Tages war nichts übrig. Selbst seine Glatze glänzte nur noch matt.

«Dass du arbeiten kannst, hab ich verstanden. Und sicher war es nicht gerade freundlich, dir gleich die beschissenste Arbeit zu geben. Aber das mit deinem Tempo, das geht trotzdem nicht.»

«Bin ich zu langsam?»

«Nein, das gerade nicht», brummte der Brigadier, «aber du versaust die Normen. In der Brigade sind genug Leute, die schaffen dein Pensum nicht. Und die müssen auch leben. Die haben Kinder und brauchen das Geld. Die Bezahlung ist schlecht genug. Also, schalt einen Gang zurück.»

Die Situation hatte sich völlig gewandelt, der Herrenmensch war auf sein natürliches Maß geschrumpft. Lorenz nickte.

«Gut.» Er richtete sich auf, immer noch war er einen Kopf kleiner als der Zwölfender. «Aber nur, wenn du mir hilfst. Ob ich das nun bin oder andere, diese Plackerei muss ein Ende haben.»

Er drehte sein Papier um.

«Ich hab da so eine Idee.»

Schnell machte die Geschichte in der Halle die Runde, aus dem herablassenden «Russe» wurde ein anerkennendes «Lorenzowitsch». Lorenz dachte an die ersten Tage in der Bahnwerkstatt von Workuta. Die Deutschen hatten mit den Russen weit mehr gemeinsam, als sie je zugeben würden.

Derweil stieg in der Parteileitung des Werks die Unruhe. Von dem angekündigten Genossen aus der Sowjetunion fehlte jede Spur. Dessen Ankunft hatte man bereits vor zwei Wochen aus Berlin avisiert. Fritz, der Parteisekretär, den man in den Werkhallen nur «Fritze» nannte, mochte diesen Zustand des Ungewissen nicht. Was beschlossen war, musste umgesetzt werden. Wenn die Genossen aus der Zentrale meinten, dem Mann aus Russland solle in Gotha auf den Zahn gefühlt werden, so war Fritz bereit, sich der Sache mit vollem Einsatz zu widmen. Schnell wurde er sich mit den Berlinern einig, dass die Aufgabe eines Lehrmeisters dafür am besten in Frage käme. Da würde man sich den Mann ungestört ansehen und dann in aller Ruhe weitere Entscheidungen treffen, ohne dass der in der Belegschaft Unruhe oder krumme Debatten anzetteln konnte. Der Genosse vom ZK hatte angedeutet, dass der Spätheimkehrer nicht freiwillig beim Aufbau des Kommunismus im hohen Norden mitgewirkt hatte.

Feierabend. Fritz hatte schon seine Aktentasche in der Hand, als ihn die Sekretärin in ein endloses Gespräch über die Versorgungslage verwickelte, die wie immer zugespitzt war. Wenigstens zu Weihnachten könnten doch ein paar schöne Sachen wie Apfelsinen und Nüsse in den Handel geworfen werden. Fritz gab ihr ermüdet recht. Da stand plötzlich ein Mann in der Tür. Schon vom Äußeren her machte der einen ungewöhnlichen Eindruck: Schlosserjacke und Krawatte, so etwas trug sonst keiner im Werk.

«Guten Tag, man hat mir gesagt...», begann der Mann, ohne sich lange vorzustellen.

Schon nach den ersten Worten wusste Fritz, der konnte nicht aus der Gegend stammen. Der sprach kein ausgewaschenes Sächsisch wie die anderen.

«... also, man hat mir gesagt, dass ich den Parteisekretär hier finde. Bist du das? Mein Name ist Lorenz, Lorenz Lochthofen. Ich bin seit zwei Wochen im Werk und hätte da einen Vorschlag.»

Das war er also. Fritz schaute den Mann einen Augenblick verdattert an. Zwei Wochen im Betrieb? Wieso? Und er, der Parteisekretär, wusste nichts davon? Der Kaderleiter, dieser Mistkerl, hatte ihn nicht unterrichtet. Gleich morgen würde er ihn sich vorknöpfen. Hatte er ihm nicht eingeschärft, dass der Neue erst zu ihm und dann in die Lehrwerkstatt sollte? Wie stand er jetzt vor den Berlinern da? Wie stand die Partei da? Hatte der Kaderchef den Russen einfach dorthin gesteckt, wo er Arbeiter brauchte. Konnte man eine solche Eigenwilligkeit durchgehen lassen? Nein, man konnte nicht. Die Partei konnte es nicht. Zwei Wochen. Und da sitzt dieser Kadermensch mittags am Tisch und sagt nichts. Macht sich vielleicht noch lustig. Dabei entscheidet die Kaderfrage alles!

Von alldem wusste Lorenz natürlich nichts.

«Schau bitte mal drauf», er faltete sein Papier auf. «Die Arbeit an den Puffern bindet zu viel Kraft und zu viele Leute. Das ließe sich leicht ändern mit einer einfachen Vorrichtung.»

Fritz schaute interessiert und versprach, sich zu kümmern. Die Skizze wanderte in eine Mappe mit der Aufschrift «Verbesserungsvorschläge». Ein Wort gab das andere, und eine halbe Stunde später sah man die beiden bei ihren ersten «sto Gramm» in der «Schiene». Einer Kneipe, die, unmittelbar vor dem Werktor gelegen, weiten Teilen der Belegschaft einen fließenden Übergang in den Feierabend ermöglichte.

Lorenz konnte Fritz sofort mit russischen Trinkweisheiten überzeugen: Da man auf einem Bein bekanntlich nicht stehen kann, folgte auf die ersten «sto Gramm» eine zweite Bestellung. Da aller guten Dinge drei sind, brachte die Bedienung weitere «sto Gramm». Fritz war das nicht gewohnt. Als Lorenz zum vierten Mal Gläser für sie bestellte – «jeder Wagen hat schließlich vier Räder» –, bat Fritz um eine Auszeit. Draußen vor der Tür ordnete der erste Dezemberfrost seine Gedanken. An ein Heimfahren mit dem Motorrad war nicht mehr zu denken. Was Fritz seinem Röschen, die schon seit mindestens zwei Stunden mit dem Abendbrot auf ihn wartete, sagen sollte, fiel ihm auch nicht ein. Mit der Fahne würde sie ihm die «kurzfristig einberufene» Parteiversammlung nicht abnehmen. Durch das beschlagene Fenster sah er Lorenz mit einem Glas in der Hand am Nachbartisch gestikulieren. Fritz war klar, dass Lorenz sein Fehlen frühestens am nächsten Morgen bemerken würde. Er zog seine Mütze tief in die Stirn und marschierte nach Hause.

Das Jahr 1959: Die Bundeswehr bestellt Starfighter-Kampfflugzeuge in den USA, von denen 269 im Verlauf der Jahre abstürzen. Die 1. Bitterfelder Konferenz stellt die Forderung auf: Greif zur Feder, Kumpel! Die Volkskammer beschließt das LPG-Gesetz. Nikita Chruschtschow reist als erster sowjetischer Partei- und Regierungschef in die USA. Der Fünfjahrplan in der DDR wird abgebrochen und durch einen Siebenjahrplan ersetzt. Die SPD verabschiedet das «Godesberger Programm». In der Bundesrepublik erscheinen Heinrich Bölls «Billard um halb zehn» und «Die Blechtrommel» von Günter Grass. Die DDR führt eine neue Flagge mit Ehrenkranz, Hammer und Zirkel ein.

Seite 349:
Paula und Lorenz Lochthofen bei der Demonstration am 1. Mai 1959 in Gotha.
Unterlage: Arbeitsvertrag und der Ausweis von Lorenz Lochthofen.

1959

★

Erst waberte nur ein Gerücht, dann redeten in der Schlange vor der Essenausgabe alle nur noch über das eine: Der Leiter der Normabteilung war ein Nazi. Einige meinten sogar, er habe in der SS gedient. Aber das stimmte dann doch nicht. Zumindest so viel stand fest: Er hatte seine Mitgliedschaft in der Nazipartei verschwiegen. Damit war er sicher nicht der Einzige im Werk; nicht wenige Parteigenossen rechneten fest mit der Vergesslichkeit der Menschen. Und sollten recht behalten. Nur in diesem Fall nicht. Eine «sozialistische Leiterpersönlichkeit», wie es in der neuen Zeit hieß, konnte dieser Mann jedenfalls nicht bleiben. So einer war nicht zu halten, nicht an einer solch empfindlichen Stelle. Alles, was mit den Normen zu tun hatte, das hatte auch mit dem 17. Juni zu tun.

Dem 17. Juni.

Die Erinnerung an die Ereignisse wirkte nach, noch Jahre später. Das blutige Geschehen hatte sich, ohne dass man die Bilder im Fernsehen hätte sehen können, tief ins Bewusstsein der Arbeiter gegraben. Bei der politischen Elite – die Angst. Auch wenn die Ereignisse am Werk merkwürdig spurlos vorübergegangen waren. Zwar hatte sich die Belegschaft auf dem Platz vor der Verwaltung versammelt, es wurde erhitzt gestritten, gefordert und gestikuliert, aber dann machten doch alle pünktlich Feierabend.

Der Chef der Normenabteilung trug also besondere Verantwortung. Ein findiger Mann musste her, einer, der dafür sorgte, dass der Plan erfüllbar blieb und zugleich die Arbeiter gerade genug verdienten, um nicht wieder zu murren oder gar wegzulaufen. Dorthin, wo ihre alten Chefs längst waren. Viele von ihnen zogen bereits mit den Amerikanern ab – nicht ohne die wichtigsten Unterlagen, Baupläne und Patente. Besonders begehrt waren die Blaupausen des nur aus einem futuristischen Flügel bestehenden Strahljägers, mit dem die Gothaer Flugzeugkonstrukteure die Konkurrenz um Jahre geschlagen hatten. Das Wunderwerk deutscher Technik, zum Kriegsende noch nicht serientauglich, befeuerte die Fantasie der Generäle im Osten wie im Westen. Als dann die Russen einzogen, fanden sie zu ihrem Ärger nur noch die leeren Pappdeckel der Ordner, in denen die vertraulichen Papiere unter Verschluss gelegen hatten.

Schnell waren sich Werkleiter und Parteisekretär einig: Wenn es einen gibt, der die heikle Aufgabe übernehmen konnte, dann war es Lorenz. Ein Fachmann, beliebt bei den Kollegen, dazu redegewandt, trinkfest. Bei den Stammgästen der «Schiene» galt er in kürzester Zeit als einer der Ihren. Der Tresen in der Kneipe war ein feiner Seismograph für die Stimmung in der Belegschaft. Wer sich hier durchsetzte, genoss Respekt im Werk. Lorenz hatte das nicht nur einige Lokalrunden gekostet, sondern viel Überzeugungskraft, Schnapsglas für Schnapsglas. Am Ende blieb niemand mehr übrig, der ihn beim Wodka herausfordern wollte. Das harte Training im russischen Norden zahlte sich aus.

Als Fritz die freudige Nachricht überbrachte, reagierte Lorenz zurückhaltend. «Normenfitzerei» hieß diese Art von Beschäftigung bei den Arbeitern. Ekel schwang in dem Wort und Verachtung. Aber eine Wahl hatte er wohl nicht. Seinen Ausflug ins Schlosserleben hielt er für abgeschlossen. Jeder, der es wissen wollte, wusste es nun: Ob Hammer oder Rechenschieber, ihm lag beides gut in der Hand. Er war bereit, sich jeder neuen Aufgabe zu stellen, auch wenn die Abteilung Arbeitsnormen nicht auf seiner Wunschliste stand. Den Irrsinn überzogener Normen kannte er aus Russland. Bisweilen schien es, als sei das gesamte Tun der sowjetischen Planungsbürokratie darauf gerichtet, das Wirken ökonomischer Gesetze außer Kraft zu setzen. Produktivität, Ressourcen, Zeit, sie hielten derlei Kategorien offenbar für Aberglauben. Alles konnte beschlossen werden, und was beschlossen war, das galt, egal wie unsinnig es war. Nicht nur im Gulag, in jedem Winkel des Riesenreichs konnte keiner einer Zahl trauen. Die einen lieferten nicht das, was bestellt war. Die anderen orderten Dinge, die sie nicht brauchten. Die Dritten stellten Sachen her, die keiner haben wollte. Und das stalinistische Planungssystem breitete sich auch in den Satellitenstaaten unaufhaltsam aus.

Leider hatten die überkorrekten Deutschen das russische Spiel mit Plankennziffern und Normen nicht durchschaut. Nur so konnte sich Lorenz den Aufstand des 17. Juni erklären. Sie glaubten fest an alles, was nur auf dem Papier stand. Für jemand, der die «sowjetskaja Ekonomika» ausgekostet hatte, schien diese Einstellung, wenn auch typisch deutsch, so doch reichlich einfältig.

Trotz der Bedenken stürzte sich Lorenz auf die neue Aufgabe. Bereits das erste vorzeigbare Ergebnis seines Wirkens sorgte für Aufsehen. Den Auftrag, für die Transportarbeiter ein neues Prämien-Zeitlohn-System zu entwickeln, setzte der neue Mann schnell und präzise um. Die Fahrer erlebten nun: Wer sich anstrengt, bekommt mehr Geld. Am Zahltag nahmen sie in der Kantine einen Umweg in Kauf, damit jeder Einzelne Lorenz auf die Schulter klopfen konnte.

«Hast du-du gut gemacht Lo-Lorenzowitsch», stieß ihn Hans «der Stotterer» mit seiner kräftigen Pranke in die Seite.

Entgegen der üblichen Gepflogenheit ergab die «Anpassung» ihrer Löhne nicht weniger, sondern mehr. Was die Arbeiter freute, ließ die Direktoren Böses ahnen. Höhere Verdienste waren nicht das Ziel der Normabteilung. Zu spät. An der Begründung durch den neuen Leiter der Normen gab es nichts zu deuten. Wer sich querstellte, machte sich verdächtig, dem Klassenfeind in die Hände zu spielen.

Denn Lorenz war überzeugt, was im hohen Norden half zu überleben, das konnte auch jetzt nicht von Nachteil sein. So war in der Vorlage an die Betriebsleitung vom überragenden Beitrag der Transportarbeiter für den Weltfrieden die Rede, und selbst die «Bonner Ultras» bekamen eins drüber. Auch wenn verschwommen blieb, was Adenauer und sein Kriegsminister Strauß mit der Entlohnung der Transportarbeiter in Gotha zu tun hatten … Einmal in Fahrt, schaffte es Lorenz spielend, ein halbes Dutzend Schutzheiliger der sozialistischen Produktion einzuspannen. Sie hießen Tschutkich, Karabelnikowa, Mitrofanow oder Seifert, und ihre ganz persönliche Methode, sozialistisch zu arbeiten, war gespickt mit Einsichten wie «Du sollst nicht trunken zur Arbeit kommen» (du könntest vom Gerüst fallen) oder «Du sollst den Helm aufsetzen auf der Baustelle» (es könnte dir ein Ziegel auf den Kopf plumpsen). Die einfachsten Dinge erschienen als Geistesblitze der neuen Zeit und offenbarten letztlich nur eins: Das Selbstverständliche war unter sozialistischen Verhältnissen nicht selbstverständlich.

Gegen diese geballte Weisheit hervorragender Vertreter der Arbeiterklasse konnte keiner etwas sagen. Trotzdem wuchs in der Chefetage das Unbehagen. Lorenz spürte die Blicke in seinem Rücken; er war nicht sicher, wie lange sich ein solcher Schwebezustand zwischen den Erwartungen der Nomenklatura und den Hoffnungen der Arbeiter durchhalten ließ.

Da kam ihm der Zufall zur Hilfe. Der technische Direktor des Werks wurde unerwartet nach Berlin in die VVB-Zentrale abberufen. Die «Vereinigung Volkseigener Betriebe» war eine Art Holding der Planwirtschaft und Vorläufer der Kombinate. Der alte «Technische» galt nicht direkt als Fehlbesetzung, dennoch wurde sein Weggang mit Erleichterung aufgenommen. Wie er den Absprung nach Berlin geschafft, wer ihm dabei geholfen hatte, sorgte für allerlei Gerede, aber Genaues wusste niemand. Jedenfalls war sein Stuhl über Nacht verwaist, und Lorenz fand sich nach einem kurzen Abstecher in die Welt der Normen hinter einem großen, wie aus einem Stück deutscher Eiche gehauenen Schreibtisch wieder.

Menschen für eine neue Aufgabe begeistern, das lag ihm eher, als mit der Stoppuhr neben der Werkbank zu stehen.

Es gab Aufregung, es gab Bedenken. Er scherte sich nicht darum, er schickte ihn los. In den Westen. Ein junger Ingenieur aus der Konstruktionsabteilung fuhr. Warum auch nicht? Mit ihren Straßenbahnen wollten sie weit über die Grenzen des Landes Kunden finden. Im Osten gab es nichts Vergleichbares, aber was war mit dem Westen? Diese Frage musste beantwortet werden. Natürlich wusste jeder, ob Autos, Flugzeuge, Hemden, Margarine oder Kugelschreiber – alles, was von dort kam, war nicht nur bunter oder duftete besser, sondern war auch technisch ausgereifter. In Ostdeutschland saß die Erfahrung der Zweitklassigkeit tief. Niemand fand etwas dabei, täglich in den Betrieb zu gehen, um wissentlich schlechtere Arbeit abzuliefern und zugleich mit der miesen Qualität der Waren anderer unzufrieden zu sein. Die Folge war eine ständige Jagd nach etwas «aus dem Westen», auch wenn die unzähligen Mütter, Tanten, Onkel und Cousinen immer für Nachschub an Seife, Waschpulver, Kaffee, Butter, Konserven und Süßigkeiten sorgten. Wer keine Westverwandten hatte, blieb ein armer Tropf.

Lorenz war von diesem Zustand mehr als irritiert. Schon wie die meisten «Westgeld», «Westzigaretten» oder «Westtante» aussprachen, ließ sich nicht überhören. Wie bei König Midas vergoldete das Wort «West» praktisch alles. Zuerst tat er das belustigt als «kleinbürgerlichen Widerstand» gegen die neuen Verhältnisse ab. Doch er musste sich korrigieren. Es war nicht nur ein Phantomschmerz in Erinnerung an das Alte. Dahinter steckte mehr. Seine eigene Mutter, die nach wie vor in Gelsenkirchen, nahe bei der Schwester Lydia, lebte, hatte ihm in das erste Paket neben Schokolade für die Kinder und Wolle zum Stricken für Lena einen Füller gelegt. Wohl in Erinnerung daran, dass ihr Lorenz einst auf dem Weg war, Schriftsteller zu werden. Die Ausgabe griff hart in ihre Ersparnisse. Aber sie wusste, der Füllhalter würde ihm gefallen. So lag das Prachtstück in einer Holzschale auf seinem Schreibtisch, und immer, wenn er etwas besonders Schwieriges zu entscheiden hatte, drehte er ihn langsam zwischen den Fingern. Einen vergleichbaren Füller gab es im ganzen Osten nicht. Die weiße Eisspitze der Kappe, der elegant geschnittene Messingbügel, alles an diesem Schreibgerät war bis ins Detail durchdacht. Alles war perfekt. Es war das Mindeste, was man tun musste, um gut zu sein.

Er war fest entschlossen, dafür zu sorgen, dass keine Straßenbahn das Werktor verließ, die diesem Anspruch nicht genügte, nicht solange er dafür verantwortlich war. Sie mussten schnellstens herausfinden, was die Konkurrenz im Westen zu bieten hatte. Auf legalem Weg schien das unmöglich. Wer sollte all die Anträge, Begründungen, Rücksprachen, Kalkulationen für eine West-Dienstreise durchdrücken? Lorenz entschied sich für eine Abkürzung. Der junge Konstrukteur, der ihn ständig mit neuen Zeichnungen und kühnen Schnitten für die Bahnkleider begeisterte, zögerte nicht, als er ihn fragte. Schnell hatten sie eine Legende von einem dringlichen Familienbesuch gestrickt, und schon ging es mit Zeichenblock, Fotoapparat und etwas Reisegeld ins Schwabenland. Tage vergingen. Die Bedenkenträger fühlten sich bestätigt:

«Ein völlig Unerfahrener...»

«...und dann gleich in den Westen!?»

«Na, wenn das mal gutgeht...»

Da stand der Junge wieder in der Tür des «Technischen». Er brachte Skizzen und Fotos mit, die allesamt belegten, dass die Gothaer nicht nur ähnliche, sondern oft bessere Lösungen gefunden hatten. Von «Werkspionage», wie einige meinten, anmerken zu müssen, konnte also keine Rede sein. Lorenz nannte den Auftrag daher gelassen die «Wiederherstellung des Gleichgewichts». Die Geschichten darüber, wie sich nach dem Krieg erst die eigenen Chefs, dann die Amerikaner, dann die Russen im Werk bedient hatten, machte ihn immer wieder zornig. Dass sich im Osten überhaupt noch etwas drehte, glich einem Wunder. Dreimal geplündert und immer wieder neu aufgebaut, wer sollte das verkraften?

Die Russen konnten den Abbau ganzer Betriebe nach dem Krieg nur im Wodka-Delirium beschlossen haben. Davon war Lorenz überzeugt. Kaum eine Anlage lief im großen Sowjetreich je wieder. Krane, Maschinen, Werkbänke verrotteten irgendwo in der Steppe, abgekippt gleich neben dem Bahngleis. Selbst in Workuta traf einiges ein. Was nicht zum Ausbessern in den Schächten benötigt wurde, lag auch Jahre später noch unter Schneewehen begraben. So landete eines Tages die gesamte Ausrüstung eines Kieswerks hinter dem Polarkreis. Die Maschinen stammten aus Tambach-Dietharz, einer kleinen Stadt bei Gotha. Keiner kümmerte sich darum, keinen ging die Lieferung aus Deutschland etwas an. Bis im Sommer ein Bagger kam und etwas Geröll drüberschob. Das war's. Sinnloses Zerstörungswerk.

Maschinen verrotteten wie Menschen. Lorenz hatte dafür nur eine Erklärung: Stalin glaubte nie daran, dass er die DDR halten könnte. Sein großes Wort von den Hitlern, die kämen und gingen, während das deutsche Volk bliebe, war nur pathetische Floskel. Anders konnte man die Demontage der ostdeutschen Wirtschaft nicht verstehen. Erst seine Nachfolger verhielten sich schlauer. Im Kreml dämmerte die Erkenntnis, dass es günstiger sei, die emsigen Deutschen für sich arbeiten zu lassen.

Doch genau jene Sowjetunion, die selbst keine brauchbaren Straßenbahnen bauen konnte, maßte sich in Gestalt eines Iwan Iwanowitsch Korenzow, seines Zeichens «Einkäufer», nun an, die Güte der Erzeugnisse aus Gotha in Zweifel zu ziehen. Lorenz fehlten die Worte. Dieser Mann ließ zum Monatsende, weil ihm gerade danach war oder weil ihm das Frühstück im Hotel nicht geschmeckt hatte oder weil ihm seine Frau aus Moskau wieder einen langen Wunschzettel zugesandt hatte, dieser Mann ließ mehrere Straßenbahnen auf dem Werkhof stehen. Das hieß für den Betrieb, er hatte den Exportplan nicht erfüllt. Das hieß wiederum, die Kreisleitung der Partei stellte blöde Fragen. Ein nicht erfüllter Plan war an sich schon ein Ärgernis. Aber ein nicht erfüllter Exportplan in die Sowjetunion war obendrein ein Politikum. Und da die Partei immer alles besser wusste, durfte die Werkleitung im «kleinen Kreml», der örtlichen Parteizentrale, antreten und ellenlange Erklärungen abgeben, um sich dann von ahnungslosen Funktionären bedeutende Ratschläge anzuhören. So fraß man die Wut in sich hinein und ließ nacharbeiten. Was wiederum zusätzliche Kosten verursachte.

Dieser verdammte Korenzow mochte nicht viel im Kopf haben, aber wie er aus seiner Position das meiste herausholen konnte, das wusste er. Seine neueste Masche: Die Schlitze der Messingschrauben, mit denen die Buchenleisten der Sitze befestigt waren, standen nicht in einer Richtung. Die Schlitze der Schrauben, wohlgemerkt. Obwohl dies das Bild nicht störte, ja, es kein Mensch überhaupt wahrnahm und es auf Funktion oder Haltbarkeit der Sitzbänke schon gar keinen Einfluss hatte, reichte es, um den Transport einer Partie Straßenbahnen nach Leningrad zu blockieren.

«Ist der verrückt?!», fragte Lorenz. Er ließ einen dreifachen russischen Fluch über den Gang rollen, dass die Mitarbeiter die Köpfe einzogen, und fragte den Assistenten, wo dieses «arbeitsscheue Element» zu finden sei.

«Er residiert im ‹Mohren›», die eilige Antwort, «und soll dort jedes Mal eine satte Rechnung auf Kosten der ‹Lowa› stehenlassen.»

«Du sagst im ‹Mohren›? Das trifft sich gut. Den kauf ich mir.»

Am Abend stand Lorenz im Zweireiher mit Krawatte in der Tür der Hotelgaststätte. Von acht Tischen waren drei besetzt. Das Pärchen am Fenster hatte offensichtlich mit Straßenbahnen nichts zu tun. Auch unter den Männern, die etwas zu feiern hatten, war der Gesuchte nicht. Übrig blieb ein Mann in einem Anzug aus «amerikanischer Hühnerwolle», wie man in Russland eine solche Stoffqualität zu nennen pflegte. Er schien Ende fünfzig, hinter den dicken Gläsern seiner Hornbrille sahen die Augen klein und blass aus. Mit der rechten Hand hielt er ein Glas Bier und betrachtete vergnügt dessen Inhalt. Die andere Hand ruhte auf einer Schachtel russischer Papirossy. Kein Zweifel, dieser Mann kam aus den Weiten des Sowjetlandes.

Genussvoll nahm er einen kräftigen Schluck, dann wandte er sich dem Tatar zu. Lorenz schritt entschlossen auf den Freund der deutschen Kaltküche zu.

«Oh, was für ein seltenes Schauspiel!», begann er. «Ein Russe, der rohes Fleisch isst, wo gibt es so etwas? Das ist doch eher etwas für germanische Barbaren!»

Korenzows Gesicht, das eben noch den seligen Zustand der frohen Erwartung ausgedrückt hatte, verfinsterte sich. Er mochte es nicht, beim Essen gestört zu werden. Schon gar nicht von einem Landsmann. Nie wusste man, in wessen Auftrag so einer unterwegs war, an wen er seine Berichte schrieb. Schlimmer noch, die meisten hatten kaum Geld. Schlecht bezahlt, schnorrten sie, wo es nur ging, und er, Korenzow, musste ihnen dann auch noch einen Wodka nach dem anderen spendieren. Ohne Hoffnung, dass sich einer von ihnen je revanchierte. Hier nicht und daheim in Russland auch nicht.

Der ungebetene Gast hatte sich nicht einmal vorgestellt. Korenzow überlegte, ob es eine Möglichkeit gäbe, dem Gespräch auszuweichen, einfach so zu tun, als hätte er nichts gehört. Aber der Eindringling sah nicht aus, als ließe er sich abweisen.

«Rohes Fleisch? Wie kommen Sie darauf? Es ist eine Farce, eine wunderbar fein durchgedrehte, frische Farce. Es wäre schön, wenn es so etwas Gutes auch bei uns daheim gäbe.»

«Sie wissen doch, warum das in Russland unmöglich ist?»

Lorenz spottete weiter, zufrieden, dass es ihm auf Anhieb gelungen war, dem Mann ein Gespräch aufzudrängen.

Er schaute den Einkäufer herausfordernd an:

«Richtig! Wegen der winzigen Gesellen, die sich im Nu im rohen Fleisch verlaufen. Hier passt man genau auf. Bei Ihnen zu Hause ist das schwieriger. Ich kannte mal so ein Männlein an der Wolga, dürr, blass, immer schlecht gelaunt, dem ließen die Mitbewohner in seinem tiefsten Inneren keine Ruhe. Womit wir fast beim Thema wären.»

«Welchem Thema? Wer sind Sie überhaupt? Und was wollen Sie?!» Korenzow erstarrte in Abneigung.

«Ach ja, ich habe versäumt, mich vorzustellen: Lorenz Lorenzowitsch Lochthofen. Ich bin der technische Direktor im Waggonbau.»

«Technischer Direktor? Das kann nicht stimmen. Den kenne ich. Der heißt anders und sieht auch anders aus.»

«Der, den Sie meinen, der ist weg. Nach Berlin. Jetzt bin ich für Sie zuständig, und ich glaube, wir müssen reden. Darf ich?»

Lorenz zog einen Stuhl heran und winkte den Kellner herbei, der entgegen seinen sonstigen Gewohnheiten sofort kam. Er konnte sich offensichtlich noch an das Trinkgeld erinnern, als Lorenz mit der Familie im Hotel wohnte.

«Zweimal das Übliche. Und bringen Sie mir bitte auch einen solchen Teller mit viel Zwiebel. Es duftet wunderbar.» Dann drehte er sich zu dem russischen Einkäufer um.

«Sie sind also der berühmte Korenzow?»

«Wieso berühmt?»

«Soll ich lieber sagen: berüchtigt? Wegen der Schrauben …»

«… der Schrauben?», wiederholte der Russe. «Welcher Schrauben zum Teufel?!»

Er hatte genug von diesem lästigen Gast. Gerade wollte er ihn auffordern, ihn in Ruhe zu lassen, da wurde er abgelenkt. Der Kellner setzte mit elegantem Schwung zwei Gläser auf den Tisch. Korenzow musterte sie verwundert. Das war kein Bier. Kein schönes, kühles Pils, das er so liebte. In diesen Gläsern schimmerte Wasser. Schon wollte er fragen, was der Unsinn zu bedeuten hätte, da wehte ein leichter Hauch zu ihm. Das war kein Wasser. Das war Wodka.

Schnapstrinken aus einem Wasserglas? Das hatte er im «Mohren» noch nicht gesehen. Daheim in Russland, ja. Da trank man Wodka aus allen Gefäßen, die eine Flüssigkeit fassen konnten. An Konservendosen, die nach Fisch rochen, oder leeren Gurkengläsern störte sich keiner. Hauptsache, es mangelte nicht an Alkohol. Gab es wenig davon, so half eine «Wodka-Suppe». In einem tiefen Teller wurde Schwarzbrot zerkrümelt, darüber goss man den

Restschnaps. Wer dieses Nationalgericht auslöffelte, konnte sicher sein, dass er besonders schnell ans Ziel kam. Der nächste Tag war schrecklich.

Korenzow dachte angestrengt nach. Er war kein Freund von Trinkgelagen. Trinken hieß immer Gefahr. Man wurde übermütig, wollte glänzen, schwatzte dummes Zeug. «Meine Zunge ist mein Feind», auch er wusste um diese Weisheit und um ein Dutzend Fälle, wo sich Schwätzer um Kopf und Kragen geredet hatten. Das Auftauchen von Wodka in Wassergläsern konnte nur eines bedeuten: Vorsicht. Der ungebetene Gast konnte kein lupenreiner Deutscher sein. Dazu war sein Verhalten viel zu russisch.

«Trinken wir auf unsere Bekanntschaft!»

Lorenz hob sein Glas. Der Einkäufer zögerte, dann griff auch er zu. Sie stießen an und leerten die Gläser in einem Zug.

«Darf ich?»

Ohne die Antwort abzuwarten, streckte sich Lorenz über den Tisch und brach zu Korenzows Verwunderung ein Stück von dessen Brotscheibe ab. Er hielt sich das kleine Stück Brot unter die Nase, zog tief Luft in sich hinein und biss ab.

«Bitte, bitte …», antwortete Korenzow pikiert. «Ich sehe, Sie kennen sich gut aus in russischen Trinksitten. Wo haben Sie das gelernt? Woher können Sie unsere Sprache so gut?»

Lorenz lächelte. Wodka und Russe, das klappte immer. Er hatte ihn am Haken wie einen prächtigen Lachs, nun musste er ihn vorsichtig, ganz vorsichtig, herüberziehen.

«Das ist eine lange Geschichte. Ich war auf einer ganz besonderen Universität, hoch oben im Norden.»

«Ach, ich habe auch in Leningrad studiert. So ein Zufall!»

«Nein, Leningrad war es nicht.»

Er schaute Korenzow an, der hatte die Andeutung nicht verstanden. Der Russe schmierte das durchgedrehte Fleisch auf die Brotscheibe und biss herzhaft zu. Etwas Eigelb tropfte auf die Tischdecke. Ärgerlich kratzte er den Klecks mit dem Messer weg. Aus dem Tropfen, kaum sichtbar, wurde ein langer gelber Wisch.

«Aber wissen Sie, ich kenne nicht nur die Sprache und die Bräuche der Russen ...»», setzte Lorenz das Gespräch fort, um sogleich mitten im Satz innezuhalten und dem Kellner wortlos ein Zeichen zu geben. Der nickte und brachte, ebenfalls stumm, zwei weitere Gläser. Und ehe der verblüffte Korenzow etwas sagen konnte, hielt Lorenz abermals sein Glas hoch und prostete ihm zu.

«... sondern ich weiß auch, wie bei Ihnen gearbeitet wird!»»

Ärgerlich musste Korenzow zur Kenntnis nehmen, dass der Mann die neuerliche Portion Wodka ohne jegliche Regung in sich versenkte. Nur das Glas schlug beim Absetzen etwas hart auf, die anderen Gäste schauten herüber. Der Kellner brachte Lorenz gerade rechtzeitig seine Portion, so dass er diesmal von seinem eigenen Brot ein Stück abbrechen konnte.

«Und glauben Sie mir, Iwan Iwanowitsch, es gibt zwischen Brest und Wladiwostok keinen Betrieb, der eine solche Qualität liefert wie wir. Die Schrauben stehen also nicht plan? Sie wissen doch, dass man sich bei Ihren Straßenbahnen daheim nicht einmal die Mühe macht, die Schrauben überhaupt hineinzudrehen. Sie werden mit dem Hammer hineingedroschen und fertig. Dass die Leisten in ein paar Wochen ab sind, wen interessiert das schon. Also, Genosse Generalabnehmer, was sollen die Mätzchen?»

Die undiplomatische, klar gestellte Frage erwischte Korenzow kalt. Mit so viel Dreistigkeit gegenüber einem sowjetischen Partner hatte er nicht gerechnet. Wie kam dieser Mensch dazu, ihn einfach bei Vor- und Vaternamen zu nennen, als verbände sie eine lange Freundschaft? Dazu noch dieser Ton. Und dann die Ausdrucksweise, «Mätzchen». Das konnte er sich nicht bieten lassen. Nicht von einem Deutschen. Schließlich hatten die den Krieg verloren. Schließlich standen russische Soldaten auf deutschem Boden und nicht umgekehrt. Er war dabei, eine Grobheit zu knurren, zog es aber dann doch vor, in der Deckung zu bleiben. Weiß der Teufel, was das für ein Kerl war. Ohne Grund würde niemand so anmaßend auftreten. Da musste sich einer sehr sicher sein. Korenzow entschied sich für «energisch», aber in der Wortwahl «beherrscht»:

«Ich habe getan, wie sagt man in Deutschland so treffend, was meine Pflicht ist. Schließlich zahlen wir viel Geld für Ihre Bahnen.»

«Nun, über die Preise könnten wir auch reden, andere zahlen deutlich besser!», unterbrach ihn Lorenz unwirsch. «Leider haben wir beide keinen Einfluss darauf. Wenn es jedoch um die Qualität der Arbeit geht, dann bin ich dafür zuständig. Und da würde ich bitten, dass diese Nörgelei aus nichtigem Anlass aufhört. Ich sage es gleich offen und klar: Ich bin entschlossen, notfalls auch meine Freunde in Moskau einzuschalten. Wer braucht solchen Ärger? Ich nicht. Und Sie auch nicht. Der ‹Mohr› wäre bestimmt traurig, wenn er Sie nicht wiedersehen würde. Der Tatar auch. Neider, die gerne Ihre Aufgabe übernehmen, gibt es gewiss viele. Das wissen Sie doch besser als ich, Iwan Iwanowitsch!»

Er prostete dem Russen mit dem dritte Glas Wodka zu, das der Kellner inzwischen ungefragt serviert hatte:

«Sie kennen sicher den alten Trinkspruch aus dem Kaukasus vom Esel, der sein wollte wie ein Löwe? Nein? Na, dann will ich Ihnen die Geschichte erzählen: Ein Esel hatte eines Tages den Spott satt, mit dem ihn die anderen Tiere den lieben langen Tag bedachten. Dumm und faul sei er, störrisch obendrein. Wartet, ihr Kanaillen, dachte der Esel und beschloss, ein Löwe zu werden. Bei einem Trödler beschaffte er sich ein Raubtierfell, streifte es über Kopf und Rücken und stolzierte markerschütternd brüllend umher. In der Tat, aus der Ferne sah er zum Fürchten aus, die Tiere waren überzeugt, das muss ein echter Löwe sein. Sie hatten große Angst. Eine Kuhherde nahm Reißaus, die Hühner legten keine Eier, selbst die Schweine wagten nicht mehr, sich in der Pfütze zu suhlen. Doch dann kam Wind auf. Plötzlich ein richtiges Unwetter. Eine Böe schnappte das Fell und flog mit ihm davon. Jetzt sahen alle, der furchterregende Löwe war gar kein Raubtier, sondern nur der alte, allen gut bekannte Esel. Auf die Erleichterung folgte der Zorn. Auf den Zorn die Tat. Gemeinsam vertrimmten sie den Hochstapler.

Also, Genosse Korenzow, lass uns die Gläser darauf erheben,

dass wir keine Angst vor großen Tieren haben. Vor echten nicht und erst recht nicht vor falschen. Trinken wir darauf, dass all die Esel um uns herum Sie und mich nicht täuschen können!»

Das Glas in der Hand, überlegte der Russe, was die Geschichte mit dem Esel bedeuten sollte. Vielleicht hatte ihn der Deutsche ja schon wieder vorgeführt. Doch der kippte selenruhig, ohne den leisesten Hauch von Spott, den Schnaps hinunter. Korenzow blieb nichts weiter übrig, als ihm zu folgen. Mit dieser dritten Staffel zeigte der Alkohol seine Wirkung. Der Einkäufer lief rot an, während seine Nase ins Violette wechselte. Er prustete, konnte den Wodka nicht in einem Zug trinken, musste absetzen und wusste sogleich, dass er dem Druck des neuen «Technischen», der so anders auftrat als all die übrigen Deutschen, nicht gewachsen war. Die meisten von ihnen hatten schon die Hosen voll, wenn der sowjetische Genosse nur die Augenbrauen hob. Der nicht.

Dabei waren die Rollen klar verteilt. Korenzow wusste um den politischen Mehrwert der Lieferungen in das «Land Lenins». Folgerichtig betrachtete er seinen Aufenthalt in Gotha als eine Art Ausflug eines altrussischen Gutsinspektors zu den Leibeigenen aufs Land. Ein Grund, ein paar Bahnen stehenzulassen, fand sich immer. Das hatte für ihn einen doppelten Effekt: Im Werk wurde er gefürchtet, daheim in Moskau waren sie froh, einen so tüchtigen Mann entsandt zu haben. Und wenn einige der dringend erwarteten Bahnen erst Monate später eintrafen, in der Zentrale kümmerte es niemanden. Für Moskau reichte es, in der Provinz konnten sie warten.

Derweil genoss Korenzow im Hotel «Zum Mohren» ein schönes Leben. Er hatte sich im größten Zimmer mit extra dickem Federbett einquartiert. Wie er diese deutschen Federbetten, ihre wonnigliche Schwere liebte. Er aß und trank auf Kosten seiner Gastgeber, um dann nach Wochen, beladen mit Geschenken für Frau und Kinder und – was noch wichtiger war – für die Vorgesetzten, seine Rückreise nach Moskau anzutreten. Das Mitgebrachte für die Chefs musste besonders sorgfältig ausgesucht sein. Wer hier zu kleinlich vorging, riskierte alles. Er wusste, worauf es ankam. Mit einem Pralinenkasten oder einer Flasche Wein ließ sich wenig ausrichten. Denn sein Chef musste seinerseits nach oben abgeben. Und der Chef vom Chef lieferte noch weiter nach oben ab. Und da war es schon nicht mehr weit bis zum Minister. Von dem wusste Korenzow lediglich eines: Er nahm nur Bares. Ein Mitbringsel für das «Kontor», wie die Kollegen ihre Im- und Exporteinrichtung nannten, sah dann so aus: ein paar Schühchen für die Gattin des Abteilungsleiters, sie hatte Größe 41. Ihre Maße kannte er besser als die seiner Frau, einschließlich Körbchengröße. Ihr Gatte, sein Chef, war mit einer Flasche Korn zufrieden. Nach weiter oben gingen zwei weitere Flaschen, eine Stange «Pall Mall» und hundert Ost-Mark in kleinen Scheinen. Gab es im «Kontor» Gerüchte, dass die Zahl der Mitarbeiter gekürzt werden sollte, legte Korenzow noch zwei Krawatten dazu, die er vor der Heimreise in einem Berliner Kaufhaus zu erwerben pflegte. So hoffte er, die Kaderentscheidung möge zu seinen Gunsten ausfallen. Bisher hatten sie ihn nicht enttäuscht.

Nun das!

Dieser neue «Technische» verdarb ihm die Laune. Unruhe kam auf, die selbst der Wodka nicht eindämmen konnte. Was ist, wenn der «von ganz oben» den Auftrag hatte, *ihm*, Korenzow, auf die Finger zu schauen? Was ist, wenn die Genossen in Moskau davon Wind bekamen, dass er hier im «Mohren» nicht nur ein schönes Bett, sondern, passend dazu, auch ein schönes Fräulein hatte? Nun, schön, ja, vielleicht auf den zweiten Blick, und frisch wie der junge Morgen war es auch nicht mehr, aber immerhin, sie hatten ihre Freude. Nicht zu oft, dafür aber regelmäßig. Er lieferte russisches Konfekt und Sekt. Was war, wenn sie diesen sonderbaren Menschen geschickt hatten, um ihm seinen schönen Posten zu verderben? Das Beherrschen der russischen Sprache, die Trinkfestigkeit, das anmaßende Auftreten, das konnte kein Zufall sein. Ein Inspektor, möglicherweise sogar vom KGB? Dieser Gedanke ließ Korenzow blass werden. Sollte er seinen Führungsoffizier fragen? Lieber nicht. Die Herrschaften reagierten auf Fragen allergisch. Es galt, vorsichtig zu sein. Sehr vorsichtig. Korenzow griff den Ton seines neuen Bekannten auf:

«So, so, die Schrauben haben es Ihnen angetan. Nun, ich glaube, da lässt sich etwas machen. Sie müssen nur fest angezogen sein. Und, na ja, ein paar Schrauben können doch der deutsch-sowjetischen Freundschaft nichts anhaben. Oder?»

«Wunderbar! Dann sind wir uns einig! Sie können sicher sein, Iwan Iwanowitsch, an unseren Schrauben kann man einen Panzer abschleppen. Also abgemacht! Die Bahnen werden geliefert, wie sie sind. Wenn das kein Grund ist – auf Ihre Gesundheit!»

«Na sdorowje», brabbelte Korenzow. Er wusste genau, wie er sich morgen fühlen würde. Wie gerne hätte er Bier in seinem Glas …

Der nächste Tag kam, anstandslos gingen die längst überfälligen Straßenbahnen auf Reisen. Vier Wochen hörte Lorenz nichts von dem Mann aus Moskau. Dann stand der Assistent mit traurigem Gesicht wieder vor seinem Schreibtisch:

«Ich glaube, Sie müssen aufs Neue mit diesem Korenzow trinken.»

«Wieso, ist er inzwischen wieder nüchtern?»

«Es scheint so. Zumindest stänkert er schon wieder.»

«Gefallen ihm die Schrauben nicht mehr?»

«Nein, die Schraubenschlitze sind jetzt in Ordnung. Nun will er die Bergtauglichkeit der Bahnen testen.»

«Testen? Wozu das? Die sind getestet. Werden es jeden Tag. Unter realen Bedingungen. Der Anstieg hier am Nelkenberg ist der beste Test. Und überhaupt: Eine Straßenbahn ist keine Bergziege!»

«Das reicht ihm nicht. Er möchte, dass auf dem Werkgelände eine steile Rampe gebaut wird.»

«Ist der verrückt? Weder in Leningrad noch im Donbass haben sie Berge, auch Simferopol liegt in der Steppe. Dem Kerl ist es wohl wieder langweilig. Wo ist er? Immer noch im ‹Mohren›?»

«Soviel ich weiß, bringen sie ihn gerade mit dem Auto zum Zug

366

nach Berlin. In zwei Monaten ist er wieder da, dann möchte er die Wagen klettern sehen.»

Lorenz stürmte aus dem Zimmer, wenige Minuten später hörte man ihn in der Parteileitung energisch auf Fritz einreden:

«Das können wir uns nicht bieten lassen! Das nicht!»

«Wer hat dich so in Fahrt gebracht?»

«Iwanowitsch! Diese Export-Import-Pfeife aus Moskau!»

«Leise, bitte, leise, Lorenz. Es wäre nicht gut, wenn jemand hört, wie du über den sowjetischen Genossen sprichst.»

«Ha, Genosse? Was ist an dem von einem Genossen? Sitzt hier, frisst sich durch und stört bei der Arbeit! Hast du schon von seiner neusten Gemeinheit gehört?»

«Ja, habe ich.»

«Das bedeutet für uns erheblichen Mehraufwand, den wir nicht bezahlt kriegen!»

«Das ist ärgerlich, aber wir werden einen solchen Kunden nicht verprellen können.»

«Ja, was glaubst du, wer dieser Korenzow eigentlich ist? Meint, er hält den lieben Herrgott bei den Eiern, dass er sich hier so aufspielen kann?»

Fritz zuckte. Obwohl er schon von Amts wegen kein gottesfürchtiger Mann sein konnte, bat er Lorenz, sich doch bitte etwas zu beruhigen. Die drastischen Bilder der russischen Metaphorik erschreckten ihn immer noch.

«Ich verstehe dich, aber wenn der Towarisch es so will, dann werden wir ihm die Rampe bauen müssen. Das ist noch immer billiger, als die Straßenbahnen auf dem Hof stehenzulassen.»

«Merkst du denn nicht, dass der uns nur schikaniert, um sich daheim als unabkömmlich aufzuspielen?»

«Was schlägst du vor? Dein letzter Einsatz war gut, aber es hat ja leider nicht lange vorgehalten. Willst du ihn totsaufen?»

«Nein, der kann ja nicht mal richtig trinken. Ich habe eine bessere Idee: Einer von uns fährt zu den Russen, dort hin, wo unsere Straßenbahnen laufen. Vorbei an allen Ein- und Verkäufern muss man mit den Leuten sprechen, du wirst sehen, die sind des Lobes voll. Denn das Einzige, was bei denen im Depot funktioniert, sind mit Sicherheit unserer Bahnen. Es wäre ein Wunder, wenn die keine Hymnen auf ihre proletarischen Brüder in Gotha anstimmten. Haben wir das schriftlich, dann kann uns ein Korenzow mal …»

Fritz überlegte. Er hatte sich an die unkonventionellen Lösungen seines «roten Bruders», wie sie sich in einem Anflug von Indianer- und Revolutionsromantik nannten, gewöhnt, aber so mir nichts, dir nichts in die Sowjetunion zu fahren, das klang abenteuerlich. Wenn etwas schiefging, dann wäre mit Sicherheit nicht nur der «Technische», sondern vor allem er, der Parteisekretär, dran. Die langen Predigten in der Kreisleitung, wie er nur so etwas zulassen könnte, klangen ihm schon in den Ohren. Andererseits war dieser Korenzow die Krätze, und wer konnte sagen, was da noch alles auf sie zukommen würde, wenn man dem nicht endlich das Maul stopfte.

«Eine gute Idee. Und wenn einer fährt, dann du. Du kennst dich als Einziger dort aus.»

Für einen Moment herrschte Schweigen. Mit so einer Wendung des Gesprächs hatte Lorenz nicht gerechnet. Wollte er das? Wollte er wirklich in den Zug Berlin–Moskau steigen? Genau in jenen Zug, der ihn nach vielen Jahren, als er es fast schon nicht mehr glauben konnte, endlich hierhergebracht hatte. Die seidene Luft der Krim, ein Gläschen Rotwein mit dem alten Pawel Alexandrowitsch, mit den beiden Jungs durch die Weinfelder zum Meer laufen, das alles konnte er sich gut vorstellen. Irgendwann. Aber jetzt? Hals über Kopf eine Dienstreise antreten, von der man nicht einmal sagen konnte, wohin sie führte? Erst recht nicht, *wer* ihn dort erwartete. Dass *die* sich eine solche Gelegenheit nicht entgehen ließen, um wieder ihre Macht zu demonstrieren, das konnte er sich gut vorstellen. Sofort hörte er wieder das Bellen der hungrigen Hunde, das Heulen der Purga.

Wollte er das?

Er wäre froh gewesen, die Entscheidung nicht selbst treffen zu müssen. All seine Bedenken, die Angst, darüber sprechen konnte man nicht. Die «unverbrüchliche Freundschaft zur Sowjetunion» ging über alles. Sie war *der* entscheidende Glaubenssatz ostdeutscher Politik. Wer den verletzte, war draußen. Egal, was einer da oben in der Tundra erlebt hatte. Egal, welche Gründe ihn leiteten. Und Gründe gab es mehr als genug. Denn es war offensichtlich, in der Sowjetunion ging nicht nur einiges, sondern das meiste schief. Die Millionen Toten des Gulag. Die völlige Rechtlosigkeit des Einzelnen. Die hoffnungslose Rückständigkeit der Wirtschaft. Über all das schwieg das neue, sich selbst als das bessere wähnende Deutschland. Die Ulbrichts und Piecks hatten verstanden. Die Letzten, die noch Fragen stellten, waren schon lange tot. Der Krieg war Geschichte, man munkelte, Stalin solle aus dem Mausoleum verbannt werden. Doch die Angst lebte weiter. Jeder Spitzenmann der SED war das immer nur von Moskaus Gnaden. Ein langes Band, an dem sie liefen, aber sie blieben angekettet.

Bereits wenige Tage nach der Rückkehr hatte Lorenz zur Kenntnis nehmen müssen, dass sein Traum von einem anderen Sozialismus in diesem anderen Deutschland ein Traum bleiben würde. Eine romantische Attitüde seiner Jugend, die, wenn er sich umsah, bei den meisten längst verkümmert war. Er hatte inzwischen die deutsche Staatsbürgerschaft, genauer die Staatsbürgerschaft der Deutschen Demokratischen Republik, erhalten. Gleich nach der Ankunft füllte er die Formulare aus und bekam bald einen deutschen Personalausweis. Zu der Zeit konnte so ein Papier, oder wie Lorenz nach russischer Art zu sagen pflegte: Dokument, nicht gesamtdeutsch genug klingen. Später änderte sich das radikal. Der Westen hatte den Osten aufgegeben. Der Osten bereits viel früher den Anspruch, das bessere Deutschland zu sein. Er war nur noch die bessere DDR.

Bewegt hatte Lorenz den neuen Ausweis in die Jackentasche gesteckt, auch wenn er aussah, wie eben alles in der DDR aussah. Grau. Dennoch dachte er nicht daran, seinen sowjetischen Pass abzugeben. Schon wegen der Kinder. Beide Jungs blieben Ausländer. Wie ihre Mutter. Lena war nicht bereit, in dieser Frage auch nur einen Millimeter nachzugeben. Im Gegenteil. Ein Gespräch mit ihr wurde immer schwieriger. Je tiefer er in die Arbeit eintauchte, sich die ersten Erfolge einstellten, umso vergifteter wurde ihre Beziehung. Als vorläufiger Tiefpunkt gestaltete sich eine Feier in ihrer ersten Gothaer Wohnung in der Reuterstraße.

Damit Lena nicht allein sitzen musste – im Gegensatz zum Deutsch der Kinder blieb ihres mangelhaft –, gehörte zu den Gästen auch ein russisches Ehepaar. Major Melichow, ein unterhaltsamer Mann, diente in der Gothaer Garnison; seine Frau arbeitete wie fast alle Offiziersfrauen nicht. So hatte sie viel Zeit für ihre Lieblingsbeschäftigung, das Tratschen, und für ihr wichtigstes Problem, das Abnehmen. Aber das sah man nicht. Allenfalls konnte man sich wundern, wieso das Kleid, in das sie sich auf wundersame Weise gezwängt hatte, nicht einfach platzte. Geladen waren auch die Buchhändlerin Karin und ihre Freundin Sonja. Karin hatte sich auf russischsprachige Literatur spezialisiert und beherrschte, wie ihre Freundin, die Sprache gut. Beide waren ledig und noch um einige Jahre jünger als Lena.

Zunächst zeigten sich die Gäste, ob nun Deutsche oder Russen, entzückt von der vorzüglichen Bewirtung durch die Hausfrau. Lena hatte sich auf ihren großen Auftritt vorbereitet. Pelmeni, Borschtsch, es schmeckte wunderbar, und da man sich reichlich einschenkte, herrschte alsbald ausgelassene Stimmung. Ein Plattenspieler wurde geholt, deutsche Schlager mischten sich mit russischen Romanzen. Als Lorenz zum vierten Mal Sonja zum Tanz aufforderte, fauchte Lena unüberhörbar. Als sich Lorenz später mit Sonja Wange an Wange wiegte, schritt sie zur Tat. Sie gab der jungen Frau eine saftige Ohrfeige, verschwand im Kinderzimmer und ließ sich trotz aller Versuche, etwas zu erklären, nicht mehr sehen. Die Gäste verabschiedeten sich, Sonja ward im Haus nicht mehr gesehen.

Lorenz wusste nun, in die Enge getrieben, konnte er Lenas Reaktion nicht mehr kontrollieren. Das hieß für ihn, die Zahl solcher Begegnungen klein zu halten. Er selbst fand durch die Arbeit sehr schnell Anschluss an andere, für Lena hingegen begann der Rückzug in die Isolation.

Während Lorenz noch nach einer Begründung suchte, warum er auf keinen Fall diese Dienstreise antreten konnte, eilte Fritz in seinen Gedanken voraus. Dem Werkleiter die Sache zu verklickern, schien nicht das Problem. Der musste zwar das Geld rausrücken, die Parteileitung hatte ja im Grunde kaum Mittel, aber eine echte Wahl hatte der Werkleiter auch nicht. Dem Parteisekretär eine solche Bitte auszuschlagen, wäre unklug.

Aber wäre es überhaupt klug, Lorenz allein fahren zu lassen? Sicher nicht. Sie hatten sich inzwischen angefreundet, und Fritz vertraute Lorenz. Das war nicht selbstverständlich. Das Misstrauen zwischen den Menschen saß tief, ein unbedachtes Wort, und schon stand es in einem Bericht. Bei Lorenz war sich Fritz sicher, der sagte, was er meinte, und außer Produktionsberichten schrieb der keine anderen. An niemand. Aber sein Temperament. Schnell ließ sich Lorenz von etwas begeistern, vorbehaltlos stürzte er sich in neue Aufgaben, riss andere mit. War aber auch gnadenlos zu jenen, die das Tempo nicht halten konnten. Langes Abstimmen, mehrseitige Anträge stellen, im Zweifel lieber zurückweichen, all das war mit ihm nicht zu machen. So schien es angeraten, den technischen Direktor nicht allein auf Reisen zu schicken. Und siehe da, Lorenz war über einen Begleiter sogar froh. Das kam zwar den Betrieb teurer, aber zu zweit konnte man ganz anders auftreten. Damit waren sie eine «Delegazia». Und eine «Delegazia» hatte in Russland einen weit höheren Stellenwert als jeder einzelne Abgesandte.

Zwei Tage später saßen Lorenz und einer aus der Kaufmännischen in einem Abteil der sowjetischen Staatsbahn und schaukelten in den Abend, Richtung Moskau. Im Gepäck, neben Schreibmappen mit Goldprägung auf dem Leder, Kugelschreiber, Armbanduhren und eine Batterie Kornflaschen.

Bereits der erste Chef eines Straßenbahndepots war beim Anblick der Freundschaftsgeschenke bereit, zu unterschreiben, was die «germanischen Freunde» nur wollten. Die Stadt hieß Stalino, es war Lenas Heimatstadt. Lorenz dachte an die Zufälle des Lebens und sah zu, wie in der Aktentasche des Chefs Stifte und Mappen verschwanden. Als der Gastgeber den Blick der Deutschen spürte, meinte er fröhlich:

«Machen Sie sich keine Sorgen, ich verteile das schon. Glauben Sie mir, die Sächelchen werden der sowjetisch-germanischen Freundschaft einen wichtigen Impuls verleihen! Und damit auch Sie zufrieden sind, bitte ich Sie, Lorenz Lorenzowitsch, diktieren Sie meiner Sekretärin das Dankschreiben. Sie scheinen mir weit geeigneter dafür als jeder andere. Und ich unterschreibe die Urkunde. Das Stempelchen liegt schon bereit. Und wenn wir mit der Arbeit fertig sind, widmen wir uns der Vertiefung unserer freundschaftlichen Bande. Wir haben da etwas Kleines vorbereitet.»

Der Mann schnalzte mit der Zunge, Lorenz wusste, das «Kleine» konnte nur ein großes Gelage sein.

Währenddessen verfinsterten sich in Gotha die Gesichter. Man hatte vergessen festzulegen, wann die Delegation zurück sein sollte. Wo denn der Genosse Lorenz abgeblieben sei, klopfte der Werkleiter nach zwei Wochen betont höflich bei Fritz an. Ärgerlich. Doch siehe da, am Tag darauf stand Lorenz in der Tür, stellte Fritz eine Flasche Kognak auf den Tisch, dazu eine Tüte Konfekt.

«Die Süßigkeiten sind nicht für dich, sondern für dein Röslein! Und für die Frauen im Vorzimmer.»

Er lachte und holte aus der Aktentasche einen Packen Papiere. Die meisten Urkunden zierten rote Fahnen und goldene Staatswappen. Lorenz griff nach einem prächtigen Exemplar, mit salbungsvoller Stimme übersetzte er:

«Die Straßenbahner der Heldenstadt Leningrad grüßen die teuren Genossen in Gotha, deren hervorragende Arbeit dazu beiträgt, dass wir unsere Aufgaben bei der Gestaltung des kommunistischen Aufbaus täglich vorbildlich erfüllen können. – Na, ist das nichts? Oder hier: Die vorbildhafte Qualität der Tramwaj aus Gotha hilft uns täglich, den Plan zur Beförderung der Werktätigen von Stalino nicht nur

372

zu erfüllen, sondern auch zu überbieten. Die Kohlekumpel des Donbass senden den Waggonbauern aus Gotha einen kommunistischen Gruß, sie stehen gemeinsam in der vordersten Front der Kämpfer gegen westdeutsche Revanchisten und Kriegstreiber.»

Fritz war die Erleichterung anzusehen:

«Wenn die Urkunden alle so sind, dann haben wir den Iwan Iwanowitsch im Sack!»

«Klar sind die alle so! Alle selbst diktiert!»

Als der ahnungslose Korenzow kurze Zeit später aus dem Heimaturlaub zurückkam und düster wie eine Gewitterwolke durchs Werktor fuhr, wurde er höflich in die Parteileitung gebeten. Seine Frage nach der Rampe blieb unbeantwortet, stattdessen empfing ihn Fritz schon an der Tür mit «teurer sowjetischer Genosse». Korenzow zeigte sich in Anbetracht der ungewohnt herzlichen Begrüßung irritiert, dennoch fand er das Benehmen angemessen. Gefällig nahm er zur Kenntnis, dass sich zu seinem Empfang die gesamte Werkleitung aufgestellt hatte, versammelt um einen Tisch, der neben Bier- und Kornflaschen reichlich mit Thüringer Würsten gedeckt war. Diese Art von Begrüßung mochte Iwan Iwanowitsch an seinem Beruf besonders.

«Das sieht sehr gut aus, was Sie hier vorbereitet haben! Und riecht auch sehr gut! Aber müssen wir nicht zuerst etwas arbeiten? Denn wie Genosse Lenin schon sagt…»

Was der Begründer des Sowjetlandes zu sagen pflegte, erfuhren die Teilnehmer der Runde nie. Lorenz sprang dem Mann entgegen, umarmte ihn, als seien sie von Kindesbeinen an miteinander vertraut, zog ihn vom lockenden Tisch zur gegenüberliegenden Wand. Korenzow schaute entgeistert. Die Wand war von oben bis unten mit rotem Tuch bespannt. In den Ecken standen Fahnen, kunstvoll drapiert. Die Porträts von Thälmann und Lenin, die streng, aber nicht unfreundlich auf das Treiben vor ihnen blickten, markierten die Mitte der Komposition, während um sie herum mehrere Reihen in Goldrahmen gefasster Urkunden hingen. Ehe Korenzow etwas fragen konnte, begann Lorenz:

«Iwan Iwanowitsch, wir wissen nicht, wie wir uns bedanken sollen. So viel Lob und Anerkennung wie von unseren sowjetischen Partnern haben wir noch nie bekommen.»

Der Einkäufer las aufmerksam die Texte und wusste sofort, der Vorgang war geeignet, sein ausgeklügeltes Geschäftsmodell zu zerstören. Lorenz begann, das Geschriebene zu deklamieren. Auch wenn die meisten in der Runde des Russischen nicht mächtig waren, so ließen sie keinen Zweifel, dass sie alles verstanden.

Als am späten Abend die Flaschen leer waren und Fritz das letzte Mal mit seiner satten Stimme den «Herrlichen Baikal» anstimmte, den er «auf einer Lachstonne» zwingen wollte, wusste Korenzow, dass es für ihn hier nichts mehr zu holen gab. Die Sache mit der Rampe konnte er vergessen. Er schaute Lorenz lange mit glasigen Augen an und zischte:

«Kosa na kamen naschla ...»

Die Sense ist auf einen Stein gestoßen.

Das Jahr 1960: *Israel gibt die Festnahme von Adolf Eichmann bekannt. Armin Hary läuft als Erster die 100 Meter in 10,0 Sekunden. DDR-Präsident Wilhelm Pieck stirbt. Abschuss eines US-Spionageflugzeugs vom Typ U 2 über der Sowjetunion. Öffentliche Kritik an Kanzlerberater Hans Globke wegen seiner nationalsozialistischen Vergangenheit. Die Kollektivierung der Landwirtschaft in der DDR wird als abgeschlossen erklärt. In den USA kommt die Antibabypille auf den Markt. Die DDR-Propagandasendung «Der schwarze Kanal» hat Premiere. Nikita Chruschtschow schlägt in einer UNO-Debatte in New York mit dem Schuh auf das Pult. John F. Kennedy wird Präsident. In den DDR-Atlanten darf der Name Deutschland nicht mehr verwendet werden.*

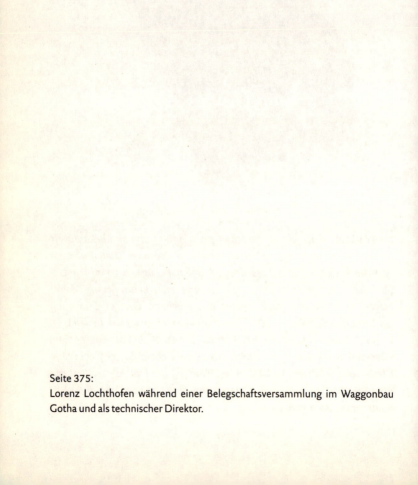

Seite 375:
Lorenz Lochthofen während einer Belegschaftsversammlung im Waggonbau Gotha und als technischer Direktor.

1960

★

I

Fritz richtete sich schweißgebadet auf. Es war Sonntagmorgen. Durch das geöffnete Fenster brach Motorengeheul. Es klang, als würde unten auf der Straße jemand Kupplung, Gaspedal und Bremse zugleich treten. Dann hörte man jeden Zahn eines Getriebes knirschen.

Gestern war es spät geworden, sein Röschen hatte Mitleid und ließ ihn ausschlafen. Nun das. Er taumelte zum Fenster, schlagartig war er hellwach. In der Hofeinfahrt, die auf die vielbefahrene Ausfallstraße nach Eisenach führte, rangierte ein Tankwagen der Roten Armee. Der mächtige «Sil» hatte sich durch ein ungeschicktes Manöver verkeilt. Während das Heck mit seiner kyrillischen Aufschrift «Ogneopasno», «Feuergefährlich», bereits in den Hof ragte, aber nicht an einem Sandsteinpfosten vorbeikam, wurde das Fahrerhaus auf der anderen Straßenseite von einen Baum fixiert. Rechts und links staute sich der Verkehr. Die Menschen stiegen aus ihren Autos und beobachteten das Treiben. Dabei wechselten sie vielsagende Blicke.

Wieder röhrte der Motor, das Blech der Tankverkleidung kratzte am Sandstein. Fritz wurde blass: Ein Funke genügte, um die Häuserzeile in Flammen zu setzen. Hemd und Hose zuknöpfend, hastete er hinunter. Er fuchtelte wild mit den Armen, um das weitere Eindringen des Tankwagens in den Hof zu verhindern. Der Fahrer unterbrach seinen neuerlichen Versuch, den Torpfosten zu umfahren.

«Halt! Halt!» Fritz hämmerte auf die Blechverkleidung.

Der Motor heulte und ging aus. Dann öffnete sich die Beifahrertür, ein junger Leutnant sprang auf die Straße. Ohne sich im Geringsten um den Stau zu scheren, ging er hinter das Auto und betrachtete verärgert den Pfosten. Er rief dem Fahrer etwas zu. Dessen mandeläugiges Gesicht zog sich erschrocken zurück. Der Bursche hatte das Fahren offenbar in der kasachischen Steppe gelernt.

«Nu, Towarisch!», suchte Fritz mit seinen wenigen Brocken Russisch dem Offizier eine Erklärung zu entlocken. «Was ist? Was willst du mit dem Benzin auf unserem Hof?»

Beim Wort «Benzin», das Fritz betont russisch aussprach oder es zumindest versuchte, nickte der Offizier, er holte einen zerknitterten Zettel aus der Brusttasche:

«Du Fritz?»

Fritz nickte. Obwohl er wusste, dass er damit nicht unbedingt gemeint sein musste. Denn jeder Deutsche war für die Russen erst einmal ein «Fritz». Da konnte er heißen, wie er wollte. So wie für die Deutschen ein Russe eben auch immer der «Iwan» war.

Der Leutnant schaute auf seinen Zettel:

«Du Fritz Kargu?»

«Ja.» Auch wenn sein Nachname nur so ähnlich klang, es gab keinen Zweifel, die suchten ihn und keinen anderen.

«Ja, ich bin es. Und was wollt ihr mit dem Benzin?»

Der Offizier schrie dem Fahrer wieder etwas zu. Der sprang augenblicklich aus der Kabine, kroch unters Auto und holte einen Schlauch heraus. Alles sah danach aus, als wartete der Soldat nur auf den Befehl, den Hof unter Sprit zu setzen.

Fritz wurde es heiß. Was wollten die von ihm? Selbst wenn das Ganze nur ein Scherz war, dann war es ein verdammt schlechter. Die Menschen von der gesperrten Straße drängten herein.

«Benzin! Benzin, Fritz! Benzin!», rief der Leutnant mehrfach.

378

Endlich verstand Fritz. Er fasste den Offizier am Ärmel und zog ihn in den Schuppen. Im Halbschatten des Verschlags zeigte er ihm seinen ganzen Stolz: eine RT mit Beiwagen.

Der Leutnant stutzte.

«Auto?»

«Nix Auto», antwortete Fritz, «nur Motorrad!»

«Nix Auto?» Der Offizier rieb sich unentschlossen das Kinn.

«Dawaj, dawa Kanistra!»

Der Kasache packte seinen Schlauch ein und zerrte hinter dem Fahrerhaus zwei Zwanzig-Liter-Kanister heraus, stellte sie neben das Motorrad, während der Offizier Fritz zum Abschied enthusiastisch die Hand schüttelte. Dann stiegen beide ein, der Laster rülpste eine dicke Qualmwolke Russenbenzin in den Hof, schrammte den Baum und rollte auf die Straße. Fritz schaute verwirrt hinterher. Als er an seiner Wohnungstür klingelte, empfing ihn Röschen mit einem lakonischen:

«Was war das denn?»

«Das hätte ich auch gern gewusst.»

Die Russen waren schon manchmal komisch. Komisch war vielleicht nicht das richtige Wort, sie waren anders. Bisweilen merkwürdig anders, und nicht alles, was sie taten, ließ sich erklären.

Beim Frühstück in der Betriebskantine am Montag bestimmte das Russenauto das Gespräch. Fritz schmückte den merkwürdigen Zwischenfall in allen Farben aus, während die anderen rätselten, was das wohl zu bedeuten hatte. Nur einer blieb still. Verdächtig still. So kam Fritz nicht umhin, Lorenz zu fragen, ob er die Geschichte nicht auch merkwürdig fände. Als der zurückfragte, ob ihm die Kanister nicht gefielen, war sich Fritz sicher, hier wusste einer mehr.

«Hast du mit der Sache zu tun?»

«Sieht danach aus. Auch wenn ich nicht ahnen konnte, dass sie dich deshalb aus dem Bett holen und die halbe Stadt zum Erliegen bringen. Aber manchmal übertreiben sie ein wenig.»

«Und wieso kamen die gerade auf mich?»

«Du bist der Einzige, den ich kenne, dem man mit etwas Benzin eine Freude machen kann, auch wenn dein Motorrad nun nicht gerade viel fährt. Aber ich werde Oberst Popow anrufen, dass sie uns den Tankwagen ins Werk schicken. Eine leere Zisterne wird sich ja finden. Da haben wir eine kleine Reserve für alle Fälle. Und irgendwelche Fälle gibt es bei uns, wie du weißt, fast immer.»

«Und wie kommt der Oberst dazu, mir Benzin zu schenken?»

«Ganz einfach. Ist schon eine Weile her, im Winter. Mir war fröstelig, also kehrte ich in der ‹Schiene› ein, nur zum Aufwärmen. War nicht viel los. Der russische Oberst saß allein in der Ecke. Sah ziemlich mitgenommen aus. Er hatte schon ordentlich getankt. Aber an dem Abend konnte das seine Laune auch nicht aufhellen.

‹Was ist los, Wasilij Petrowitsch?› frage ich ihn.

‹Ach wissen Sie, Lorenz Lorenzowitsch, Ärger, nichts als Ärger.›

Und da dem Regimentschef das Hin und Her der Bedienung wegen jedes einzelnen Glases auf die Nerven ging, bestand er darauf, dass die Flasche gleich auf dem Tisch stehen blieb. Ich saß noch nicht richtig, da goss er uns beiden die ersten «sto Gramm» ein. Und da es sich schweigend bekanntlich nicht gut trinkt, kam er mit der Sprache raus. Der General war da, begann er sein Klagelied.

‹Eine Inspektion außer der Reihe. Keiner hatte uns gewarnt. Die Leute im Stab werden auch immer billiger. Richtiges Geschmeiß. Früher hätten sie einen Wink gegeben. Heute ist jeder nur auf seinen Vorteil aus. So steht der General plötzlich am Tor der Panzerkaserne und will rein. Er ist doch nicht der Klassenfeind, dass er unangemeldet vorfährt? Ein stinkiger Typ, sage ich Ihnen! Sie wissen doch, was ich meine? Der hat sich unsere Panzerchen angeschaut und ist rot angelaufen. Sicher, sicher, es waren einige dabei, die aus eigener Kraft nicht mehr aus dem Unterstand kamen. Aber das weiß doch jeder, dass die Ersatzteile fehlen. Damit es zwei ins Gelände schaffen, müssen wir den Dritten ausschlachten. Ein Glück, die NATO zählt alle mit. Dann schritt der General, stolz wie ein Gockel, die Reihen ab und ließ alle Mängel aufschreiben.›

Nach dieser langen Rede war es Popow trocken im Mund, er goss noch einen ein:

‹Und die Farbe der Panzer gefiel ihm schon gar nicht. Während wir stramm standen, schrie er, ob das hier ein Regiment der ruhmreichen Gardedivision der Sowjetarmee sei, die einst bei der Einnahme Berlins in der vordersten Front stand, oder ein Bordell, wo jede Nutte einen anderen Fummel auf dem Hintern hat? Nun ja, ich gebe zu, über die Jahre war allerlei Grün zusammengekommen. Die einen waren heller, die anderen dunkler, manche hatten Rostflecken. Geld für neue Farbe brachte er ja auch nicht mit, stattdessen drohte er: In einem Monat sei er zurück, und wenn dann nicht ein Panzer aussehe wie der andere, dann fänden wir uns alle an der chinesischen Grenze wieder. Da gebe es bekanntlich keinen Korn zum Frühstück. Beim Stichwort Schnaps wollten wir ihn zu Tisch bitten, wie das so Sitte ist. Er ließ nicht mit sich reden, sprang in seinen ‹Wolga› und rauschte davon. Da standen wir nun. Aber, was heißt hier *wir*, wenn ein Kopf rollt, dann ist es *meiner*. Und da soll man nicht trübsinnig werden.›

Der Oberst schenkte wieder nach.

‹Ihr Genosse General mag es wohl hübsch?› Meine einfache Frage erheiterte Popow dermaßen, dass er den Schnaps über den ganzen Tisch prustete.

‹Genau! Hübsch! Alle Rohre in eine Richtung, die Ketten blank und nur ein einziges Grün. Wie bei einer Misswahl in Amerika. Lorenz Lorenzowitsch, woher sollen wir die Farbe nehmen? Ich bin ja froh, wenn wir den Offizieren den Sold auszahlen können und den Soldaten ihre 15 Mark im Monat. Für mehr ist kein Geld da! Und da soll man nicht zum Trinker werden?›

‹Das ist natürlich eine finstere Sache, aber ich glaube, Wassilij Petrowitsch, hoffnungslos ist sie nicht.›

Wir tranken noch einen.

‹Ich denke, wir haben das, was ihr sucht. Es kommt selten genug vor, doch hin und wieder müssen wir einige Waggons grün streichen. Sie wissen schon, für wen die sind. So haben wir die Farbe immer auf Lager. Die Herrschaften lieben es nicht, wenn man sie warten lässt. Übrigens: Die Farbe heißt bei den Arbeitern Russengrün.›

Der Oberst zerfloss vor Freude. Ich konnte ihn nicht davon abbringen, noch eine Flasche zu bestellen. Die Besatzung der ‹Schiene› ließ es sich wohl sein. Du kannst es dir vorstellen, was ich am darauffolgenden Tag für einen Kopf hatte. Dazu noch das Gezeter von Lena … Na, jedenfalls konnten die Jungs ihre Panzer anstreichen, und als die Parade abgenommen, der General versöhnt und nach einem schönen Besäufnis in der Kaserne abgefahren war, kam Popow und wollte wissen, wie er sich bedanken könnte.

‹Lassen Sie es gut sein. Es ist selbstverständlich, dass wir geholfen haben›, sagte ich.

Aber er ließ nicht locker.

‹Nun, Benzin haben Sie doch genug? So schicken Sie Fritz ein paar Literchen. Und wenn der Plan bei uns brennt und wir ein paar junge Burschen zum Be- oder Entlanden brauchen, dann wäre es gut, wenn ein, zwei Kompanien helfen könnten.› Popow war zufrieden. Dass es gleich ein ganzer Tankwagen wird, konnte ja keiner wissen.»

II

Die zwei Krähen flogen auf, unwillig ließen sie vom Aas. Vermutlich ein Fuchs, den jemand in der Nacht überfahren hatte. Ein rauer Wintersonntag, der letzte im Februar. Aus schweren Wolken fiel nasser Schnee. Die schwachen Wischer des «Pobeda» kamen nicht nach, den eisigen Schmand von der Scheibe zu schieben. Eine Windböe drückte das Auto fast in den Straßengraben, der Fahrer hatte Mühe, einem der vielen Apfelbäume, die winterkahl den Weg säumten, auszuweichen.

In der Ferne sah Lorenz die Umrisse eines Kirchturms, auf den der Weg, wie fast immer in Thüringen, direkt zuführte. Den Bauernhof mussten sie nicht suchen. Das hohe Tor, die steinernen Pfosten, das mächtige Wohnhaus, das selbstbewusst und trotzig mit seinen Fenstern auf die Straße blickte – es gab keinen Zweifel, das war der Hof und kein anderer.

Mehrere hatten hier schon geklopft und mussten unverrichteter Dinge in die Stadt zurückkehren. Die lange Zeit nur im Kriechtempo vorankommende Kollektivierung der Landwirtschaft nahm unter dem zunehmenden Druck aus Berlin deutlich an Fahrt auf. Überall in der Republik meldeten sie einen Erfolg nach dem anderen. Land, Vieh, Technik – die LPG, wie die ostdeutsche Variante der russischen «Kolchose» hieß, vereinnahmte alles. Glaubte man den langen Artikeln in den Zeitungen, so rissen sich die Bauern förmlich darum, sich selbst zu enteignen. Die Wirklichkeit sah anders aus. Und in Friemar, einem Dorf inmitten der fetten Böden vor den Toren Gothas, war der Widerstand besonders groß. Wochenende für Wochenende schwärmten die Agitatoren übers Land, um die Bauern zu überzeugen, und richteten doch nichts aus. Nun war die Reihe an ihm. Auch wenn er ein Techniker war und vom Säen und Ernten nicht viel wusste.

Dennoch führte kein Weg daran vorbei. Die Partei erwartete von jedem leitenden Kader – und als technischer Direktor eines der größten Betriebe der Stadt gehörte er dazu –, dass er sich für den «Sieg der sozialistischen Produktionsverhältnisse auf dem Land» einsetzte. So musste nun Lorenz an diesem Sonntag ausrücken, auch wenn er nicht wusste, was er dem Großbauern, ohne dessen Land und Wissen die LPG nie auf die Beine kommen würde, Überzeugendes sagen sollte. Dazu war am Tag darauf auch noch Rosenmontag, an ein ernstes Gespräch war also kaum zu denken.

Er klopfte. Nach einer Weile öffnete eine junge Frau, die erst nicht verstehen konnte und dann auch nicht wollte, warum er Einlass begehrte. Sie gingen durch den kalten Flur, wo Lorenz Mantel und Hut ablegte. Aus einem der hinteren Zimmer hörte man lautes Reden, unterbrochen von Ausbrüchen noch lauteren Lachens. Seine Begleiterin öffnete die Tür, er folgte ihr in die gute Stube. Hier steuerte ein Familienfest gerade auf den Höhepunkt zu. Um den reichgedeckten Tisch saßen an die zwanzig Leute, Männer und Frauen, Junge und Alte, allesamt mächtig erhitzt.

Die Gesellschaft verstummte auf einen Schlag und schaute den Fremden an. Die junge Frau ging um den Tisch und beugte sich zu einem stämmigen Mann, der ohne Hals auf die Welt gekommen sein musste. Sein Gesicht verfinsterte sich.

«Können Sie nicht in der Woche kommen? Wir haben hier eine Familienfeier. Im engsten Kreis.»

Lorenz war klar: Die Umstände für das Gespräch konnten nicht schlechter sein. Schon unter vier Augen versprach das, was sie zu bereden hatten, keine entspannte Plauderei.

«Da, wo ich herkomme, bietet man einem Gast erst einmal einen Stuhl an.»

Schlagartig richteten sich alle Blicke auf den Halslosen. Er war der Mann, auf den es hier ankam, der Bauer.

«Na schön, wir haben geschlachtet, es reicht für alle.»

Er wies Lorenz einen Platz schräg gegenüber zu.

«Trinken Sie einen mit?»

Der Bauer griff nach einer Flasche Klaren und sah wissend zu den Seinen. Es folgte allgemeine Heiterkeit. Allen war klar, so ei-

384

ner aus der Stadt, dazu noch im Zweireiher, der konnte nicht viel vertragen. Zügig abfüllen, das war ohne Zweifel die beste Methode, ihn schnell loszuwerden. Lorenz gefiel der Gedanke auch. Plötzlich wusste er, was zu tun war. Er nickte freundlich zurück und schob das vor ihm stehende Bierglas über die Tischplatte. Der Bauer stutzte:

«Wir haben auch richtige Gläser.»

«Das ist ein richtiges Glas. Für mich. Für dich auch? Gieß ein. Wenn schon trinken, dann richtig! Gieß, ich sage, wann genug ist.»

Als das Glas überzulaufen drohte, sagte Lorenz: «Sstopp.» Der Bauer stellte schweigend die Flasche ab.

«Was denn, du nicht?»

Jetzt war es an Lorenz, sich belustigt im Kreis der Versammelten umzusehen. Er griff die Flasche, die direkt vor ihm stand, und goss ein weiteres Bierglas voll, schob es dem Bauern zu und setzte seins zum Trinken an, um dann einen Moment innezuhalten:

«Wenn ich ausgetrunken habe», er schaute den Bauern aufmerksam an, «dann hörst du mir zu. Danach trinken wir noch eins, und du sagst mir, ob du in die LPG gehst oder nicht. Anschließend können wir entspannt den Rest der Flasche erledigen. Einverstanden?»

Am Tisch wurde es still. Nicht nur der Bauer schwieg. Auch den anderen sah man an, was sie dachten: Drei Biergläser Schnaps? Der fällt tot um, und wir haben den Ärger.

Lorenz setzte an und ließ den Inhalt des Glases, ohne zu schlucken, direkt durchlaufen. Männer wie Frauen schauten fasziniert. Dass jemand Schnaps wie Wasser trank, davon hatten sie allenfalls gehört, gesehen hatten sie es noch nicht. Nachdem er das leere Glas behutsam abgestellt hatte, fischte Lorenz mit der Gabel eine Scheibe Sülze von der Wurstplatte, zerlegte sie säuberlich und aß genussvoll. Die Gesellschaft starrte immer noch, in Erwartung, ein äußeres Zeichen der Schwäche zu erkennen. Doch Lorenz spießte seelenruhig eine zweite Scheibe auf die Gabel, brach dazu ein Stück Brot ab und goss sich ein zweites Glas voll. Als er es gerade ansetzen wollte, blickte er zum verdutzten Bauern:

«He? Schmeckt dir dein eigener Schnaps nicht? Oder ist es bei euch Sitte, dass der Gast alleine trinkt?»

Der Bauer nahm sein Glas in die Hand, setzte an und setzte es wieder ab. Schweigend schaute er dabei Lorenz an. Der wusste, dass er jetzt die Entscheidung suchen musste. Er kippte das zweite Glas runter, wischte sich die Lippen mit der Hand ab und widmete sich wieder der Sülze.

«Haste das gesehen?», flüsterte ein Junge in die Stille hinein.

Lorenz tat so, als überhörte er die Bewunderung, bedankte sich kopfnickend bei der Bäuerin, die zur Rechten des Bauern saß, und begann von neuem:

«Also, was ist?», sagte er mit klarer Stimme, als hätte er tatsächlich nur Wasser getrunken. «Wenn du mich fragst, dann gebe ich dir einen guten Rat: Geh in die LPG. Da führt sowieso kein Weg dran vorbei.»

Der Bauer schaute ihn immer noch ungläubig an, bei dem Wort LPG erwachte er aus seiner Starre:

«Vergiss es! Die machen nicht mehr lange. Dann kommen die Amis auf ihren Sherman-Panzern, und aus ist's mit deiner Kolchose.»

Auch der Rest der Gesellschaft fand langsam die Sprache wieder. Vernehmbares Raunen stärkte dem Bauern den Rücken. Lorenz blieb unbeeindruckt:

«Danke, dass du so offen sprichst. Dann will ich es dir auch ganz offen sagen: Die Amerikaner kommen nicht. Das weißt du so gut wie ich. Du traust dich nur nicht, es dir offen einzugestehen. Wegen dir fangen die keinen Krieg an! Denn dann kracht's zum ersten Mal auch bei denen zu Hause. Und das wollen die mit Sicherheit nicht.»

Lorenz schaute in jedes einzelne Gesicht. Die meisten wichen dem Blick aus. Aber das kannte er schon, aus der Masse heraus zu maulen war das eine, der direkten Konfrontation zu trotzen etwas anderes. Er nahm die Flasche und goss sich ein drittes Mal ein. Der Bauer starrte fassungslos auf ihn, auf die Flasche, auf das Glas.

386

«Glaube mir», setzte Lorenz, das Glas im Blick, seine Rede fort, «das mit der LPG ist einfach, die kommt. Ich war damals in Russland und weiß, wie das ist. Die ziehen das durch, egal, ob es am Ende mehr Getreide gibt oder nicht. Die machen das. Und du entscheidest jetzt und heute, ob du als einer der großen Bauern aus dem Dorf künftig der Chef in dem Verein bist oder ein anderer, ein dahergelaufener Dummkopf. Der nur schlau genug war, sich rechtzeitig anzudienen. Du entscheidest für dich und für deine Familie, ob du bestimmst, was gemacht wird, oder ob der Neue dir auf deinem eigenen Hof Befehle gibt.»

Lorenz machte eine lange Pause. Er wusste, so gut sich dieser Bauer auf dem Feld auskannte, so schwer fiel es ihm, unter Druck einen klaren Gedanken zu fassen. Da konnte es schon passieren, dass man die Schraube zu stark anzog, und schon war das Gewinde futsch.

«Überleg's dir. Wenn du mich fragst, Chef ist besser als …»

Der Bauer schaute erst ihn, dann die beiden leeren Biergläser, dann die ganze Runde an, einen nach dem anderen. Wohl in der Hoffnung, von irgendwoher ein Zeichen zu bekommen. Doch die anderen sahen nur reglos zurück. Die Stille wurde unerträglich. Lorenz füllte ein weiteres Bierglas mit Schnaps und stellte es vor den Bauern, dorthin, wo das andere volle Glas noch stand.

«Und? Hast du dich entschieden? Oder willst du wirklich lieber Knecht auf dem eigenen Hof sein?»

Beim Wort Knecht zuckte der Bauer zusammen. Er schaute den Fremden an. Anders als die vielen, die vor ihm durchs Dorf gezogen waren, hatte er nicht mit Parteibeschlüssen gewedelt, hatte ihm nicht mit Enteignung und Gefängnis gedroht, sondern klar gesagt, wie die Zukunft aussieht. Der Bauer griff nach dem Glas, setzte es an die Unterlippe und presste aus sich heraus:

«Ich mach's!»

Er musste zweimal absetzen und Luft holen, doch dann hatte auch er das erste Glas geschafft. Stellte es krachend auf die Tischplatte und griff nach einem großen Stück Blutwurst.

Lorenz hob sein drittes Glas und leerte es ungerührt. Dann stand er auf, bedankte sich bei der Bäuerin herzlich für die «vorzügliche Sülze», die ihn, so versicherte er, an die Sülze seiner Kindheit daheim im Ruhrgebiet erinnerte, schüttelte dem Bauern kräftig die Hand und ging festen Schrittes zur Tür. Wie er ins Auto stieg, wie er nach Gotha kam, wie er in sein Bett fand, an all das konnte er sich auch Tage später nicht erinnern.

Das Jahr 1961: *Die ersten Zivildienstleistenden nehmen in der Bundesrepublik ihren Dienst auf. Der sowjetische Kosmonaut Juri Gagarin fliegt als erster Mensch ins Weltall. Am 13. August beginnt der Mauerbau. In der DDR wird der Haushalttag für berufstätige Frauen eingeführt. Bei einer FDJ-Aktion werden Fernsehantennen, die Richtung Westen zeigen, abgebaut. Konrad Adenauer fordert die Ausrüstung der Bundeswehr mit Atomwaffen. Am «Checkpoint Charlie» stehen sich amerikanische und sowjetische Panzer gegenüber. Stalins Leichnam wird aus dem Mausoleum entfernt. In der DDR wird Stalinstadt in Eisenhüttenstadt und die Stalinallee in Ostberlin in Karl-Marx-Allee umbenannt. Der Modetanz des Jahres heißt «Twist».*

Seite 389:
Lorenz Lochthofen als Werkleiter im Büromaschinenwerk Sömmerda.

1961

★

I

«Meine Herren!»

Das doppelte «r» rollte knurrend durch den Raum. Lorenz machte eine quälend lange Pause und schaute einen nach dem anderen an. Die versammelten Direktoren für Produktion, Technik und Absatz, den Parteisekretär, von dem er bereits wusste, dass er ihn auf dem kürzesten Weg gegen Fritz austauschen würde, denn einen, der hinter den Linien in den Rücken schoss, so einen konnte er bei dieser Höllenfahrt ganz gewiss nicht brauchen, schließlich die Reihe der Betriebsleiter, verantwortlich für Vorfertigung oder Rechen- und Schreibtechnik. Ein Unternehmen dieser Größe gab vielen Aktentaschenträgern ihr Auskommen. Und das nicht zu knapp.

Als er hereinkam, hatte die Runde entspannt über das sonnige Wochenende geplaudert. Nun hörten sie teils interessiert, teils gelangweilt dem Neuen zu, auf dass er endlich erklärte, was dieser Ausflug in die Niederungen der Moped-Kantine zu bedeuten hätte. Noch vor fünf Minuten hatten hier auf den Stühlen die Arbeiter der Motorenfertigung gesessen und ihre mitgebrachten Leberwurstbrote gekaut. Der Geruch von Muckefuck-Kaffee hing in der Luft. Die hastig für die Beratung zusammengeschobenen Tische waren mit einem nassen Lappen überwischt und glänzten schmierig. Das taugte allenfalls als Kulisse für die Versammlung einer Brigade, aber keinesfalls für das erste Gespräch des Werkleiters mit seinen Führungskräften. Genau jenen Leuten, mit denen er die Karre aus dem Dreck ziehen sollte.

Die Kantinenmitarbeiter hatten es offenbar nicht eilig, in die Küche zu verschwinden. Mit Spannung warteten sie darauf, was nun passierte. Dass sich ein Werkleiter je zu ihnen verirrte, daran konnten sie sich nicht erinnern. Dass er gleich mit dem gesamten Direktorat aufmarschierte, schien noch ungewöhnlicher. Und dass sie jetzt «jeden Tag» – und so hieß es wörtlich in dem Schreiben, das sie bekommen hatten –, «jeden Tag» zur gleichen Zeit eine Stunde hier tagen würden, das konnte erst recht niemand glauben. Hier bei ihnen in der Moped-Baracke. Dabei hatte der Werkleiter einen schönen Konferenzraum, sogar mit Eichenpaneelen. In dem ließ es sich viel bequemer debattieren. Jeder kannte die endlosen Sitzungen. Rauchen, Nicken, bedeutungsvoll Schweigen. Nicken. Rauchen. Nicken.

Nun hieß es zur Begrüßung nicht wie üblich «liebe Genossen», sondern «meine Herren». Das schien noch merkwürdiger als der Ort der Versammlung. Von diesem «Herren» wehte es kalt aus den alten Zeiten herüber. Zeiten, in denen die Direktoren aus Düsseldorf kamen und das Werk kein «VEB», sondern ein Rheinmetall-Betrieb war. Und wie der Neue das «Herren» aussprach, kam er mit Sicherheit nicht aus Russland, auch nicht aus Thüringen. Der kam auch von drüben.

Den «Herren» verging die Langeweile sofort. «Kurtchen» ließ sogar vor Aufregung seinen Zigarrenstummel in den Aschenbecher fallen. Er fühlte sich in jene Tage im Krieg versetzt, als er noch kein Direktor, sondern nur der Bürovorsteher eines Direktors war. Dank der Nähe zu Buchenwald und seinen billigen Arbeitskräften hatte sich das Werk zu einem der wichtigen Produzenten des Todes aufgebläht. Zünder für Bomben, Boden-Boden-Raketen, Maschinengewehre und sogar eine MPi mit krummem Lauf produzierten sie. Tausende russische, polnische, französische Zwangsarbeiter schufteten mit dem Rest an Deutschen für den

Endsieg. Von damals wusste «Kurtchen», wie ein Direktor zu sein hatte. Das konnte man nicht kopieren, höchstens die Zigarre zwischen den Zähnen. Man wurde dazu geboren. Oder nicht. So viel Herablassung konnte keiner lernen.

Als die Genossen später ihm und keinem anderen die Leitung des Werks antrugen, fühlte er sich geehrt. Doch mit der Zigarre allein war es nicht getan. Seine Bilanz las sich verheerend. Nun war er froh, dass ihn der Neue nicht vom Hof jagte. Sollte sich der doch abstrampeln. Es waren schon so viele gekommen und wieder gegangen, längst wusste man ihre Namen nicht mehr. Auch dieser würde sich bald an den Realitäten des sozialistischen Wirtschaftens die Hörner abstoßen. Wo an einem Tag die Schrauben, am nächsten die Muttern und am dritten Tag beides fehlte, da musste er schon hexen können, um aus dieser Malaise herauszukommen.

Der neue Werkleiter riss «Kurtchen» aus seinen Betrachtungen, indem er seine Rede endlich fortsetzte.

«Obwohl es um das Werk schlecht steht, sehr schlecht, wie Sie wissen – es sind fast 30 Millionen Mark Plan- und Finanzschulden aufgelaufen, wir sind nicht nur der größte Schuldner im Bezirk, sondern in der ganzen Republik –, habe ich nicht vor, jemanden allein dafür verantwortlich zu machen. Sagen wir es so: Sie haben sich verirrt, sind zweimal falsch abgebogen, und ich will helfen, dass Sie den Weg wiederfinden. Ich habe nicht vor, einen von Ihnen zu entlassen, vorausgesetzt, er arbeitet bedingungslos für unser gemeinsames Ziel. Tun Sie das nicht, dann kann auch ich Ihnen nicht helfen.»

Erneut machte Lorenz eine Pause. Er wollte, dass ihr erstes Gespräch gut in Erinnerung haften blieb. Jedes Wort. Er hatte kaum geschlafen, und als ihn der Fahrer am Morgen um sechs Uhr mit dem «Wolga» in Gotha abholte, lief er schon auf Hochtouren. Wieder und wieder ging er seine kurze Ansprache durch. Die Stunde Fahrt von Gotha nach Sömmerda, durch den Wald über die Fahrner Höhen, ließ ihn die Sätze nochmals ordnen. Wusste er wirklich, worauf er sich da eingelassen hatte?

Es war Ende August. Lena und die Kinder machten noch Ferien beim Großvater auf der Krim, da bestellten sie ihn nach Erfurt, in die Eislebener Straße. Dahin, wo die SED-Bezirksleitung residierte, dort, wo die örtliche Macht saß. Er hatte keine Ahnung, worum es ging. Hatte es vielleicht etwas mit dem Mauerbau zu tun? Das ganze Land war aufgewühlt. Parolen auf der einen, Gruselreportagen im Westfernsehen auf der anderen Seite. Lorenz hatte sich kaum geäußert, auch wenn er den Schritt als klares Eingeständnis der Schwäche empfand. Aber ihm war klar, wer jetzt auf Distanz ging, der wurde aussortiert. Wer die Mauer nicht gut fand, der war ein Verräter. Und was es hieß, ein Verräter zu sein, das wusste er nur zu gut. Sein Bedarf an weiteren Erklärungen war gedeckt.

So fuhr er mit einem flauen Gefühl im Magen nach Erfurt, obwohl er sich keiner Schuld bewusst war. Aber auch das musste ja nichts bedeuten. Es war im Leben wie in der Fabel, das Zicklein konnte unmöglich den Wolf beim Trinken stören, er fraß es doch. Den «Ersten» Bezirkssekretär der SED – er hieß Alois und kam aus dem Böhmischen – hatte Lorenz bei einer «Auswertung» im Waggonbau kennengelernt. Das unausweichliche Trinkgelage der Funktionäre nach einem Rundgang durch die Produktionshallen hatte der Betrieb zu zahlen und gab dann den «teuren Gästen» auch noch Geschenke mit auf den Weg. Präsentkörbe, gefüllt mit Würsten und Schnaps oder etwas Begehrtem aus der Konsumgüterproduktion. Dass der oberste Parteichef das Glas gerne voll hatte, wusste jeder.

Doch der «Erste» hatte ihn nicht zu sich bestellt, um mit ihm anzustoßen. Die Anwesenheit des «Probierers» bei der Unterredung hieß, es musste wichtig sein. Der für Wirtschaftsfragen zuständige Sekretär der Bezirksleitung verdankte den Spitznamen seiner ausgeprägten Neigung, jedes neue Erzeugnis in den Betrieben anzufordern, um es persönlich «zu testen». Das betraf auch ein feuerrotes Wartburg-Sportcoupé von Melkus, das es so beim volkseigenen IFA-Vertrieb für gewöhnliche Sterbliche selbst nach hundert Jahren Wartezeit nicht gab.

394

Alois hielt sich nicht lange bei Vorreden auf:

«Kennst du das Büromaschinenwerk Sömmerda?»

«Hab schon davon gehört, dort war ich noch nicht.»

Lorenz zog es vor, sich zurückzuhalten. Noch war unklar, in welche Richtung das Gespräch führte.

«Großes Werk. Große Tradition. Leider auch große Probleme.»

«Na, dann gibt es bestimmt auch großartige Menschen, die sie lösen können», antwortete er.

«Eben nicht.»

«Es ist nicht nur ein großer Betrieb, sondern der größte im Bezirk», mischte sich der «Probierer» ein, «und wenn ihr mich fragt, auch der größte Sauhaufen!»

«Ja, Sauhaufen, das ist das richtige Wort! Millionen und Abermillionen Schulden. Auch im Export. Stell dir vor, selbst in die Sowjetunion. Und keine Aussicht auf Besserung. Die Genossen im ZK werden schon ungeduldig. Was haben wir nicht alles versucht. Stunden haben wir mit den Leuten in Sömmerda zusammengesessen, beraten, Beschlüsse gefasst, Papiere geschrieben, Konferenzen abgehalten. Sie haben immer wieder gelobt, dass sie es jetzt packen. Was kam dabei raus? Nichts. Nur warme Luft.»

«Und was kann ich tun?»

«Da hilft nur eine Rosskur, ich glaube, du bist der richtige Mann dafür.»

«Ich?»

«Ja, du. Technischer Direktor im Waggonbau ist schön und gut. Aber das kann doch nicht alles sein für dich? Werkleiter, das ist etwas ganz anderes. Zehntausend Leute. Solche Betriebe gibt es nur eine Handvoll im ganzen Land. Also, traust du dir das zu?»

Der Bezirksparteichef schaute Lorenz fast flehend an. Die Verzweiflung musste groß sein, wenn sie ausgerechnet einen «Ehemaligen» um Hilfe baten. Das war der Augenblick, an den Lorenz im Norden immer wieder gedacht hatte. Nicht er steht an der Tür und bittet, sondern *sie* bitten ihn. Weil sie es selbst nicht können, weil sie keine andere Wahl haben, weil sie wissen, dass er es kann.

Alois hatte sein Zögern offensichtlich missdeutet, fast schien es, als sackten seine gewaltigen Tränensäcke, die ihm das Aussehen eines Bernhardiners gaben, noch weiter herunter. Erneut begann er:

«Die Partei ist der Auffassung, du bist der Richtige.»

Sicher, das Angebot schmeichelte ihm. In Gotha lief es gut. Wenn nicht etwas Besonderes dazwischenkam, ließ sich die Arbeit an einem halben Tag erledigen. Den Rest hätte er auch zum Angeln gehen können. Ja, es reizte ihn, etwas Neues zu beginnen. Ein Unternehmen mit fast zehntausend Mann, das klang wie Leuna, Zeiss oder Schwarze Pumpe. Es würde ihn mit einem Schlag in die oberste Liga katapultieren. Schon sah er die bedepperten Gesichter all jener, die seinen Abgang in die Provinz als endgültige Verabschiedung von der Bühne betrachtet hatten. Was hatte ihm ein Kaden damals in Berlin gesagt, Lehrmeister, das ist doch genau richtig für dich …

«Danke für das Vertrauen, aber …»

Schon aus taktischen Gründen fand es Lorenz geboten, nicht sofort ja zu sagen.

«Wenn du das schaffst, bist du ein Held!»

«Danke, danke. Die meisten Helden, die ich kenne, hatten nur Stroh im Kopf. Hier braucht es kein Heldentum, sondern harte Arbeit. Was sind die Bedingungen?»

«Keine. Du hast freie Hand.»

«Kann ich mir meine Mannschaft selbst zusammenstellen?»

«Wenn du das willst, selbstverständlich.»

«Einschließlich Parteisekretär?»

«Einschließlich Parteisekretär! Ich sage doch, freie Hand. Hauptsache, du schaffst uns das Problem vom Hals.»

«Und 2800 Mark monatlich sind auch nicht zu verachten», warf der «Probierer» ein, nach seiner Logik das stechende Argument. «Das kriegt kaum ein Zweiter im Bezirk.»

«Nun, es scheint ja auch nicht gerade eine leichte Aufgabe zu sein. Dennoch: Ich mach's. Aber nur unter meinen Bedingungen.»

«Egal welche. Schmeiß sie alle raus. Stell neue ein. Die Partei steht hinter dir. Also, abgemacht.»

Alois drückte auf den Knopf der Telefonanlage. Die Tür ging auf, die Sekretärin brachte ein Tablett mit drei Cognacgläsern herein.

Nun war er also in Sömmerda, und aus dieser abgeschabten Kantine sollte der Neubeginn kommen. Der Fortgang seiner kurzen Rede ließ die Gesichter um ihn herum erstarren:

«Was ich aber in jedem Fall tun werde, meine Herren, falls es so weitergeht wie bisher ...» Lorenz durchbohrte mit seinem Blick den Produktionsdirektor, nicht weil der besonders herausfordernd schaute, nein, weil er mit jedem seiner Sätze das Gefühl vermitteln wollte, nicht die anonyme Masse, sondern jeder Einzelne persönlich sei gemeint. «... ich kürze Ihnen Ihre Gehälter samt Ihren üppigen Rentenansprüchen. Jedem Einzelnen. Jedem, der nicht in seinem Verantwortungsbereich dafür sorgt, dass die ihm gestellten Aufgaben erfüllt werden. Jeden Tag.»

Ich weiß, eure Rentenansprüche sind euch heilig, dachte Lorenz, dann tut etwas dafür.

«Ab sofort findet täglich punkt zehn an diesem Platz ein Rapport statt. Erscheinen ist Pflicht. Ausnahmen sind bei mir zu beantragen. Schriftlich. Jeder spricht in wenigen Sätzen über den Stand der Planerfüllung in seinem Bereich. Bitte keine allgemeine Erläuterung der Parteibeschlüsse. Glauben Sie mir, die kenne ich besser als Sie. Höchstens eine Stunde, eher weniger, mehr Zeit haben wir nicht. Und noch eins, nicht von den Arbeitern, von uns hängt ab, ob der Motor läuft oder nur stottert. Ich bin entschlossen, ihn wieder zum Laufen zu bringen, und rechne mit Ihrer Unterstützung. Wer das nicht will, der sollte sich schnell einen anderen Arbeitsplatz suchen.»

In das entsetzte Schweigen hinein bat er die Herren nun, sich kurz vorstellen. Die standen auf, nannten Namen und Funktion, verloren ein paar Worte zu ihrer Arbeit und setzten sich wieder, fest davon überzeugt, dass sich die Sache in der Moped-Kantine alsbald erledigen würde. Ein, zwei Aufzüge «an der Basis» mochten gut für die Außendarstellung sein – nach dem Motto «Seht her, wie nahe ich bei den Arbeitern bin» –, aber im Alltag würde sich das nicht durchhalten lassen.

Der Rapport am Tag darauf begann so, wie es Lorenz befürchtet hatte. Kurz und präzise etwas zur eigenen Arbeit zu sagen, das hatten die meisten nicht gelernt. Die Vorträge hörten sich an wie Auszüge aus einem Parteitagsbericht im Zentralorgan. Als auch der dritte Redner anhob, die internationale Lage zu erklären, platzte ihm der Kragen:

«Sie können gewiss sein, ich weiß, wo Moskau und Peking liegen. Also hören Sie auf damit, hier geht es nicht um politischen Nachhilfeunterricht, sondern um Produktion. Wir reden hier von Meerane und nicht von Zakopane. Wenn ich noch einmal in dieser Runde das Wort ‹Revanchisten› oder ‹Weltfrieden› höre, schicke ich Sie raus, und ein anderer übernimmt Ihre Aufgabe. Sie können sich ein paar Notizen auf einer Seite machen. Nicht mehr. Ich will Zahlen hören, keine Parolen. Wie viele Maschinen haben wir produziert, wie viele Maschinen sind wir schuldig geblieben, wer trägt Verantwortung für die Ausfälle? Wenn hier jeder seine Meinung zur politischen Weltlage anbringt, sitzen wir in der Nacht noch da. Sie können Ihre Aufgabe nicht erfüllen? Warum nicht? Was brauchen Sie, um diesen Zustand zu beenden? Was haben Sie unternommen? Kurz, klar.»

Am dritten Tag trafen sich die Direktoren eine halbe Stunde vor dem Rapport und trugen sich gegenseitig die Berichte vor:

«Meinst du, das geht?»

«Bist du sicher, dass er das schluckt?»

«Was sage ich, wenn er wissen will, warum die fünf Maschinen nicht gekommen sind?»

«Da antwortest du, wie es ist: Die Vorfertigung hat geschlampt. Sollen die doch zusehen, wie sie es ausbaden.»

Am Montag im Oktober hatten sie ihren ersten Rapport.

Am Freitag erfüllte das Werk erstmals seit Jahren den Plan.

Nach vierzehn Tagen folgte ein letzter Absturz, danach eine Stunde Auswertung in der Moped-Kantine, von der die meisten

Beteiligten hofften, dass sie so etwas kein zweites Mal würden erleben müssen. Ab dem 8. November brannte täglich der rote Stern auf dem Kulturhaus als weithin sichtbares Zeichen der Planerfüllung. Ursprünglich für reine Propagandazwecke angeschafft, zeigte der leuchtende Stern eine ungeahnte Wirkung auch nach innen. Jeder, der kam oder ging, konnte sehen, wie es um die Arbeit stand. Das anfängliche Murren über die «russischen Methoden» hörte bald auf. Die Schulden nahmen ab, der Prämienfonds wuchs. All jene, die sich nur mit politischen Phrasen über Wasser hielten, und deren gab es ab der mittleren Leitungsebene viele, verstummten. Zahlen bestimmten den Tagesablauf. Die Neuerungen des Werkleiters waren vor allem für Chefs unbequem. Für die Arbeiter bedeutete die tägliche Erfüllung der vorgegebenen Produktionszahlen weniger Überstunden und keine Sonderschichten. Das Geld stimmte trotzdem.

Doch der plötzliche Aufbruch in Sömmerda schaffte nicht nur Freunde. Die Spitze der VVB, aber auch die Genossen in der Bezirksleitung, die eben noch verzweifelt nach einem Ausweg gesucht hatten, befiel tiefes Misstrauen. Wie konnte es sein, dass sie jahrelang Beschlüsse fassten und nichts geschah, und dann brachte einer fast im Alleingang die Mannschaft auf Trab? Wie standen sie da, vom Generaldirektor der VVB in Erfurt bis zum Minister in Berlin? Als Versager. Das konnte nicht sein. Das durfte nicht sein. Die Folge war eine Tiefenprüfung nach der anderen. Und keine davon in guter Absicht. Doch es ließ sich nichts finden; die Bücher stimmten. Zufriedene Kunden in Dutzenden Ländern ließen sich nicht täuschen. In Frankreich wurde inzwischen jede dritte Rechnung im Handel mit einer Fakturiermaschine aus Sömmerda geschrieben, während die Russen auf immer größere Lieferungen drängten.

Dann, endlich, glaubte man, auf etwas gestoßen zu sein, das sich gegen den neuen Werkleiter einsetzen ließ. In Berlin wurde eine Kommission zusammengestellt. Mehrere große schwarze Wagen fuhren am Werktor vor, einer dicker als der andere. Der Pförtner hatte kaum Zeit, im Sekretariat Bescheid zu geben, da waren die hohen Herren, an der Spitze der stellvertretende Minister, schon auf der Treppe. Lorenz sah sie aus dem Fenster und wusste, was kam. Der schwarze Tatra auf dem Hof war ein überdeutliches Zeichen. Die tschechische Luxuslimousine stand nur der obersten Nomenklatura zu. Es wurde ernst.

Er klemmte die Mappe unter den Arm und verließ sein Kabinett Richtung Moped-Kantine. Es war fünf vor zehn. Verspätungen konnte er nicht leiden. Inzwischen hatten es sich die Berliner im Konferenzraum bequem gemacht. Als er nach einer Stunde zu ihnen kam, schlug ihm die blanke Ablehnung entgegen. So etwas Ungeheuerliches, eine derartige Missachtung ihrer Wichtigkeit, das hatten sie noch nicht erlebt. Schon gar nicht in der Provinz. Aber der Genosse Minister – auch als Stellvertreter musste er mit dem Titel angesprochen werden – wusste ja, wo man in den Büchern zu suchen hatte, ein Tipp aus Erfurt … Nach eisiger Begrüßung ließen sie sich die Unterlagen bringen. Lorenz blieb höflich, fragte, ob er die Herrschaften zum Essen in der Werkskantine einladen dürfe, es gebe Linsensuppe. Der Minister lehnte dankend ab. Man wolle ja schließlich hier in dem … na, jedenfalls wolle man hier nicht übernachten. Das Wort «Nest» verkniff er sich.

Am späten Nachmittag, Lorenz war gerade dabei, liegengebliebene Korrespondenz zu erledigen, klopfte es, und gleichzeitig mit dem «Herein» strömte die Berliner Abordnung in sein Zimmer. Das Gesicht des Ministers strahlte Zufriedenheit aus. Triumphierend legte er einen Ordner auf die Schreibtischplatte und nahm bereitwillig die angebotene «Orient». Lorenz reichte ihm ein Streichholz, dann zündete auch er sich eine Zigarette an. Er konnte es körperlich fühlen, wie sich der Raum mit Spannung auflud. Auch wenn er sicher war, dass es in den Büchern keine weichen Stellen gab, ein Restrisiko blieb immer.

«Nun, womit kann ich helfen?»

Der Minister wälzte sich im Sessel und blies den Zigarettenrauch genussvoll in den Raum:

«Es tut mir leid, Genosse Lochthofen, aber was Sie hier machen, ist ungesetzlich. Sie verschleudern Volksvermögen und schaden dem Staat. Das kann so nicht bleiben.»

Lorenz zog betont langsam an seiner Zigarette. Er überlegte, wie er diesem direkten, in seiner Feindseligkeit kaum verhüllten Angriff begegnen sollte. Ruhig bleiben, immer ruhig, befahl er sich, auch wenn ihm das Blut in den Schläfen pochte.

«Das kann ich mir nicht vorstellen. Jede Rechnung ist geprüft.»

«Und doch ist es so.»

«Das würde ich gerne sehen.»

Der Minister winkte lässig einem seiner Mitarbeiter. Der schlug den Ordner an einer gekennzeichneten Stelle auf.

«Weißt du das nicht? Es gehört zum Einmaleins des sozialistischen Leitens und Planens: Das Auszahlen doppelter Prämien ist verboten.» Der Minister tippte auf eine Zahlenkolonne.

Lorenz reagierte mit einer ungläubigen Grimasse.

«Doppelte Prämien? Das müsste ich wissen.»

Er schaute die Zahlenreihe an, las aufmerksam die danebenstehenden Namen, blätterte im Ordner ein paar Seiten weiter, dann wieder zurück und schüttelte den Kopf:

«Von doppelten Prämien sehe ich nichts.»

Der Minister bekam rote Flecken im Gesicht. Mit so viel Dreistigkeit hatte er nicht gerechnet. Er hatte schon einiges über diesen Mann gehört, von seinen ungewöhnlichen Methoden und der Beliebtheit, die er bei seinen Arbeitern genoss. Doch er hatte ihn für klüger gehalten. Sie hatten ihn überführt, und anstatt sich im Staub zu wälzen, tat er dumm und widersprach noch. Ein Verhalten, das förmlich nach Bestrafung schrie.

«Zeig es ihm!»

Der Mitarbeiter holte eine lange Liste hervor und legte sie für seinen Chef gut einsehbar auf den Tisch.

«Lieber Genosse Lochthofen, wie du unschwer erkennen kannst, stehen auf den Seiten dieselben Namen. Erst die Prämie Nummer eins, dann in diesem Ordner die Prämie Nummer zwei. Es geht hier nicht um Pfennige. Da sind es 300 und hier nochmals 300 Mark.

Ich verstehe ja gut, dass dich die Arbeiter dafür lieben. Aber das ist ungesetzlich. Wenn es nur ein paar Fälle wären, ließe sich darüber reden, aber es sind Hunderte. Das sind Hunderttausende Mark. Ich bin nicht gewillt, einen solchen Bruch der sozialistischen Gesetzlichkeit zu tolerieren. Du wirst dich dafür vor der Partei verantworten müssen. Auch wenn es mir angesichts deiner Verdienste um das Werk schwerfällt. Gesetz ist Gesetz. Das gilt auch für einen Lochthofen.»

Der Minister drückte die Zigarette aus. Er lächelte. Lorenz senkte den Kopf über das Papier und schaute sich die Seiten in aller Ruhe an. Dann lächelte auch er.

«Ich glaube, ihr habt da etwas übersehen. Es gibt keine doppelten Prämien. Was es gibt, sind im Einzelfall begründete Sonderzahlungen. Nur der Werkleiter darf sie aussprechen. Und das habe ich getan.»

«Achthundert Sonderzahlungen, jede einzeln von dir begründet?»

«Ja. Jede einzelne begründet und von mir abgezeichnet. Ihr habt nur in die ersten beiden Ordner geschaut? Das tut mir leid. Ihr hättet auch in den dritten sehen müssen. Da sind die Durchschläge mit den Begründungen abgeheftet. Und wenn ihr die lest, dann stellt ihr fest, dass jede Sonderzahlung berechtigt ist. Keine Begründung gleicht der anderen. Ich denke, eine außerordentliche Leistung verlangt nach einer außerordentlichen Anerkennung. Die Russen sagen an dieser Stelle: Die gebende Hand darf nicht zittern.»

Er streckte seine rechte Hand aus:

«Seht ihr, sie zittert nicht.»

Schnell zog der Minister den dritten Ordner an sich und blätterte hastig die dünnen Seiten des Durchschlagpapiers um. Bereits nach den ersten drei Fällen, die er wahllos herausgriff, war ihm klar: Sehr wohl wurden zur Stimulierung der Leistung in Sömmerda doppelte Prämien gezahlt, nur konnte man daraus keinen Strick drehen. Jeder Antrag war knapp gehalten, aber immer individuell begründet. Da war nichts zu machen.

Der Minister stand auf, ließ die drei Ordner von seinen Mitarbeitern einpacken und verabschiedete sich kühl.

Lorenz blieb noch eine Weile in seinem Sessel sitzen, dann stand auch er auf und startete fröhlich, wie ihn sein Sekretariat in den vergangenen Tagen selten erlebt hatte, zu einem seiner geliebten Inspektionsgänge durch die Werkhallen.

II

Über ihre Wangen liefen dicke, heiße Tränen. Jetzt, wo sie endlich am Ziel war, wusste sie nicht mehr, was sie sagen sollte. Vor allem nicht, wie. Rosmarie versank in dem kalten Ledersessel. Ihr ölverschmierter Kittel, ihre alten Schuhe, alles passte nicht hierher. Nicht einmal die Haare hatte sie gekämmt. Sie hasste sich dafür, dass sie gerade in diesem Augenblick zu weinen anfing, während sie der Mann mit seinen neugierigen Augen anschaute und schwieg.

Doch jetzt war es zu spät. Ja, wie hatte die Sache angefangen? Auf diese einfache Frage brachte sie kein Wort heraus. Ohnehin wollte sie nicht glauben, dass so etwas möglich war. *Sie*, eine strafversetzte «Politische» aus der letzten dreckigen Ecke der Mechanischen, saß bei *ihm*, dem Chef über zehntausend Mann. Und er wollte wissen, wie er ihr helfen könne.

Als das Gerücht aufkam, dass der Neue für jedermann eine Sprechstunde eingeführt hatte, spotteten viele: Der verwechselt sein Büro wohl mit der Poliklinik. Als dann bekannt wurde, dass ein armer Teufel aus der Vorfertigung, der seit Monaten verzweifelt versuchte, ein paar Säcke Zement für den Anbau des Kinderzimmers zu ergattern, von ihm Hilfe zugesagt bekam, rieb man sich verwundert die Augen. Und doch war es so. Irgendwann fuhr auf seinem Hof der «Wolga» des Werkleiters vor, ein Mann mit Hut klingelte, und als die Frau samt Kindern öffnete, fragte der, wohin sie die Zementsäcke abladen sollten. Helmut, der Fahrer, übernahm das.

«Hier ist die Rechnung. Es wäre gut, wenn Ihr Mann die Summe in den kommenden Tagen bei der Hauptkasse begleicht. Und passen Sie gut auf die Kleinen auf, die werden im Werk bald gebraucht.» Schon rollte das Auto davon.

Nun saß diese junge Frau vor ihm und weinte. Mit einem großen Kerl, der tobte und schrie, wäre Lorenz schnell fertig. Aber diese Tränen machten ihn ratlos.

«Beruhigen Sie sich. So schlimm kann es doch gar nicht sein. Sagen Sie erst einmal, worum es geht. Wir finden sicher einen Weg.»

Rosmarie wischte über die verquollenen Augen. Zweimal hatte sie versucht, zu ihm vorzudringen. Zweimal scheiterte sie an dem Drachen im Vorzimmer. Groß, dunkelhaarig, herrisch, an dieser Sekretärin kam niemand vorbei. Eine «Politische» schon gar nicht. Woher sie das mit der «Politischen» wusste, blieb im Dunklen. Dass sie es wusste, stand fest. Die Frau setzte alles daran, ein Gespräch mit dem Chef zu verhindern. Nicht umsonst tuschelte man, dass sie nicht nur einem Arbeitgeber diene. Die Herrschaften von der «Firma» machten sich nicht einmal unsichtbar. Ganz offiziell hatte die Staatssicherheit im Verwaltungsgebäude unterm Dach ein eigenes Quartier. Und wann immer sie begehrten, einen Bericht zu schreiben, war die Sekretärin gefragt.

Doch auch diese Frau hatte einmal Urlaub. Im Vorzimmer des Werkleiters saß nun sein «ZBV». Der Mann «zur besonderen Verwendung», eine Mischung aus Bürovorsteher und Mädchen für alles, galt als gutmütig und verschwiegen. Er sah das Häufchen Elend an und verschwand sofort im Zimmer des Chefs. Eine Minute später hatte Rosmarie ihren Termin. Freitagnachmittag.

Jetzt wusste sie immer noch nicht, was sie sagen sollte, womit anfangen. Auf keinen Fall damit, dass sie in den Westen abhauen wollte. Dagegen war die Sache mit dem Wahlboykott eigentlich harmlos. Aber genau deshalb hatten sie ihr so eine reingewürgt. Begonnen hatte alles mit dem FDJ-Parlament in Rostock. Sie war FDJ-Sekretärin. Er war FDJ-Sekretär. Und es war seltsam, Kölleda liegt nicht weit von Sömmerda, aber sie begegneten sich an der Ostsee. Jeder hatte vier Backsteine im Rucksack, für die Mole des ersten Überseehafens der DDR. Keiner in ihrer Sparkasse wollte freiwillig nach Rostock, so blieb ihr nichts weiter übrig, als selbst zu fahren. Politik interessierte sie nicht, aber das mit dem FDJ-Sekretär, na ja, einer musste es ja machen.

Im Jahr darauf fuhren sie zusammen an die See, nicht mit der FDJ, mit ihrer Clique. Auf dem Rückweg machten sie einen Abstecher nach Westberlin. Schlafen konnten sie bei seiner Tante im Hansaviertel. Die Verwandten freuten sich über den Besuch, bleibt hier, sagten sie. Ein Funkmechaniker und eine Bankangestellte bekommen sofort Arbeit. Ihr werdet sehen, es dauert nicht lange, und ihr könnt euch ein Auto leisten. Als sie am Abend im Kino bei «Ben Hur» saßen, schien alles klar. Es gab nur noch eine kleine Hürde: Wie üblich in der DDR bekamen sie ihre Abschlüsse erst Ende August, sie mussten noch einmal nach Hause. Aber dann ein, zwei Monate Geld verdienen und ab in den Westen.

Zurück in Sömmerda, lief alles seinen gewohnten Gang. Ihr künftiger Mann wurde im Funkwerk Kölleda übernommen. Sie bekam eine Anstellung in der Sparkasse. Im September wurde er 18, und da sie nichts anderes hatte, machte sie ihm das denkbar schönste Geschenk. Im Oktober wusste sie, dass sie schwanger war. In dem Zustand konnte sie nicht weg. Auf den Tag neun Monate nach dem Geburtstag wurde ihr Sohn geboren. Noch ein paar Monate, dann würden sie packen. Es kam der 13. August. Ende aller Träume.

Das ganze Land einzusperren reichte nicht aus. Für den September wurde eine Wahl angesetzt, bei der das Volk mit einer 99-prozentigen Zustimmung die Mauer feiern sollte. Rosmarie beschloss: Das mache ich nicht mit. Und weil sie am Wahlsonntag von den Agitatoren nicht doch noch überzeugt werden wollte, sollte es am Morgen in den Thüringer Wald gehen, mit ihm. Doch seine Mutter bekam Wind davon. Sie besaß eine kleine Firma und knöpfte sich ihren Sohn vor:

«Du machst mir das Geschäft nicht kaputt!»

Ihr war klar, geht der Sohn nicht zur Wahl, halten sich die «Organe» an die Mutter. Eine private Firma zu schließen war in jenen Tagen leichter, als einen Schnupfen zu bekommen. Er gestand ihr, dass ihn seine Mutter zum Wählen getrieben hatte. Nichts mit Boykott. Also würde sie auch gehen, am Sonnabend vorher. Doch als sie nach den Schalterstunden zum Rathaus eilte, schloss die Frau aus dem Sonderwahllokal vor ihrer Nase ab.

«Zu spät!»

«Aber ich fahre am Sonntag weg und muss doch …»

«Da bleibt das Fräulein eben da. Ich muss jetzt zum Wahl-Meeting.»

Rosmarie reagierte trotzig. Dann bleibt's dabei, ich gehe nicht. Doch die geheime und freie Wahl war so geheim nicht. Am Montag wusste es jeder in der Sparkasse: Die «Giseken» hat nicht gewählt. Und das als FDJ-Sekretärin.

Die Chefs rannten mit finsterem Gesicht an ihr vorbei, eine Sondersitzung folgte der nächsten. Erst die Partei, dann die Sparkassenleitung, schließlich die Gewerkschaft. Rosmarie wurde es mulmig. Aber immer noch sagte sie sich, was soll schon passieren? Deinen Abschluss hast du, überall suchen sie Arbeitskräfte.

Zwei Wochen tagten sie, immer wieder musste sie sich verantworten, bis dann auf einer Belegschaftsversammlung, bei der keiner fehlen durfte, die Kündigung ausgesprochen wurde. Die Abrechnung mit ihr geriet zu einer Demonstration der Macht. Bis dahin wusste sie nicht, dass es so etwas wie Kündigung im Arbeiter-und-Bauern-Staat gab. Das Signal an die Mitarbeiter war eindeutig:

«Seht her, so ergeht es jedem, der sich nicht fügt!»

Die Wahl war am 17. September, am 2. Oktober, einem Montag, Punkt acht Uhr, sollte sie ihre Papiere holen. Um sechs Uhr klingelte es Sturm. Ein Mitarbeiter der Sparkasse. Die Genossen hatten vergessen, ihr den Schlüsselbund abzunehmen. Jetzt hatten sie Angst, sie könnte die Kasse noch schnell ausräumen. Als sie später im Direktorat vorsprach, war der Chef nicht allein, Partei- und FDJ-Sekretäre des Büromaschinenwerks schienen auf etwas zu warten. Unvermittelt bellte der Direktor los:

«Sie brauchen sich nicht einzubilden, dass Sie mit Ihren Entlassungspapieren in der Deutschen Demokratischen Republik in Ihrem Beruf noch eine Anstellung finden. Wo Ihr Arbeitsplatz künftig sein wird, bestimmt einzig und allein die Partei!»

Rosmarie schaute den sonst so netten Direktor fassungslos an.

«Sie haben richtig verstanden. Die Genossen aus dem Büromaschinenwerk weisen Ihnen eine Arbeit zu.»

Alles ging sehr schnell. Umrahmt von den beiden Männern, trottete sie wie eine Schwerverbrecherin ins Werk. In der Kaderabteilung empfingen sie neue Schimpftiraden.

«Was glauben Sie, wer Sie sind?», ereiferte sich der Kaderchef. «Sie können froh sein, dass sich das Kollektiv des Werkes eines solchen Elements annimmt. Mit Ihrem Verhalten haben Sie der Sache der Arbeiterklasse schweren Schaden zugefügt. Sie haben dem Klassenfeind in die Hände gespielt. Aber damit ist jetzt Schluss!»

Der hat doch nicht alle Tassen im Schrank; was ist das für eine große Sache, wenn ein fehlender Wahlzettel sie so erschüttern kann?, dachte sie. Aber zu widersprechen, das wagte sie nicht.

«Sie gehen in die Gewindeschneiderei. Drei Schichten, da wird Ihnen die Lust am Provozieren vergehen.»

Das hieß, Maschinenarbeiter im untersten Lohnbereich; als sie dann etwas sagte, war es leise und kaum zu hören:

«Das geht nicht. Ich habe ein kleines Kind.»

«Das hätten Sie sich früher überlegen müssen.»

Alles, was sie bis dahin von diesem Staat kannte, galt auf einmal nicht mehr. Und das betraf nicht nur sie, sondern auch ihren kleinen Sohn. Sie konnte jetzt jeden verstehen, der in den Westen abgehauen war, nicht nur, weil er ein Auto haben wollte.

Ein Mitarbeiter brachte sie zu ihrem Arbeitsplatz. Sie kannte die Halle. Am anderen Ende arbeitete ihre Mutter. Sie hoffte inständig, dass sie sich nicht begegneten. Ihre Maschine stand in der dreckigsten Ecke. Überall stapelten sich Kisten mit Rohlingen. Es roch nach Fett und verglühten Metallspänen. Von jetzt an sollte sie nur ein Gedanke beherrschen: Wie komme ich hier raus?

Die meisten Frauen hier hatten nichts gelernt und erwarteten vom Leben nichts mehr. Dass ein «Fräulein aus der Sparkasse» bei ihnen landete, gab guten Stoff für einen Mehrere-Tage-Tratsch. Schnell war man sich einig, das konnte nur einen Grund haben: Die hat in die Kasse gegriffen. Ob dieses Gerücht in der Halle entstand oder von oben eingetröpfelt wurde, Rosmarie erfuhr es nie.

Und egal, was sie zur Aufklärung auch sagte, die Frauen blieben bei ihrer Meinung.

Rosmarie wusste, das würde sie nicht lange aushalten, sie musste hier raus. Sie schrieb an alle Behörden, Bittbriefe bis zu Walter Ulbricht. Die meisten landeten wieder im Werk, genau bei jenen Leuten, die sie hierher gesteckt hatten. Zeit verging. 5 Uhr 45 begann die erste Schicht, Punkt 14 Uhr die zweite. Das Grässlichste war die Nachtschicht. Wenn sie morgens nach 6 übermüdet in ihrem Zimmerchen ankam, konnte sie oft nicht einmal mehr dem Kleinen die Flasche halten. Eines Tages hieß es, ein neuer Chef sei da, er habe wissen lassen: Jeder kann zu ihm kommen, jeder hat Anspruch darauf, gehört zu werden.

Jetzt saß sie da und wischte sich die Tränen ab.

«Mädchen, das mit der Wahl, das war nicht klug.»

Was blieb ihr anderes übrig, als zu nicken? Ja, das war doof. Und hätte sie geahnt, was kommt, dann … Aber nun war es passiert.

«Wie alt ist Ihr Kind? Ein halbes Jahr? Das ist wirklich sehr klein. Sehr.»

Lorenz schaute über sie hinweg aus dem Fenster. Er dachte an seine Tochter. Larissa war auch ein halbes Jahr … Sicher, hier hatte niemand vor, das Kind umzubringen, aber sollte das der ganze Fortschritt sein?

«Ich glaube, wir können da etwas tun.»

Er griff zum Telefon und bestellte den Kaderchef, den Arbeitsdirektor und den FDJ-Sekretär in sein Kabinett.

«Sofort?», hörte Rosmarie.

«Ja, sofort!»

Wenige Minuten später standen sie da. Dem Kaderleiter war anzusehen, dass er sie erkannte, sie sah auch seine Feindseligkeit.

«Kennen Sie die Frau?»

«Ja.»

«Kennen Sie ihre Geschichte?»

«Ja», antwortete er, «aber, Genosse Lochthofen, ich würde dazu gern etwas sagen.»

«Das ist gut, tun Sie es.»

«Nur wenn die Kollegin den Raum verlässt.»

Einen Augenblick herrschte absolute Stille, dann hätte es Rosmarie nicht gewundert, wenn die Decke eingestürzt wäre. Der Werkleiter, gerade noch ruhig und beherrscht, sprang aus seinem Sessel und schien zu explodieren:

«Was sagen Sie da? Sie soll rausgehen? Rausgehen, damit was? Damit wir hier über sie zu Gericht sitzen? Ist das Ihr Verständnis von Kaderarbeit? Ist das der Umgang mit den Menschen, wie ihn die Partei von Ihnen erwartet? Überall suchen wir qualifizierte Mitarbeiter, karren die Leute aus dem Bezirk herbei, damit die Produktion läuft, und Sie verschleudern Arbeitskapital.»

Er machte eine Pause und schaute alle drei an, die standen stramm wie auf dem Exerzierplatz.

«Das ist offene Vergeudung des Volksvermögens! In solchen Fragen gibt es vor den Arbeitern keine Geheimnisse. Entweder Sie haben etwas Fundiertes vorzutragen, dann kann sie es auch hören. Haben Sie das? Aha, haben Sie nicht! Dann schweigen Sie.»

Der Kaderchef schien zu schrumpfen. Das, was er gerade erlebte, passte nicht zu seinen Erfahrungen. Nie wäre er auf die Idee gekommen, dem ausdrücklichen Wunsch der Genossen in der Uhlandstraße, dort, wo «die Firma» residierte, zu widersprechen. Gewiss, er hatte sich wie die anderen Direktoren an einige Sonderbarkeiten des Neuen gewöhnt. Dessen merkwürdige Vorliebe für die Arbeiter, die zugegeben so oder ähnlich in all den großen Reden der Partei stand, aber das meinte ja nie im Leben wirklich einer so. Zuerst glaubten sie, na warte, Bürschlein, wenn du das erste Mal ordentlich auf die Fresse gefallen bist, der Plan nicht erfüllt wird und die lieben Arbeiter auch keinerlei Lust verspüren, ihn zu erfüllen, dann werden dir schon die schönen Reden von deiner geliebten Arbeiterklasse vergehen. Dumm war nur, der Plan wurde erfüllt. Aber dass jetzt auch die «Politischen» Morgenluft witterten, so konnten die Parteibeschlüsse nicht gemeint sein.

«Ich stelle fest, niemand hat zur Sache noch etwas zu sagen», unterbrach der Werkleiter den inneren Monolog des Kaderchefs.

«Dann machen wir es kurz: Am Montagmorgen kommt die Kollegin zu Ihnen, Sie kümmern sich persönlich um einen ihrer Qualifikation angemessenen Arbeitsplatz. Denken Sie daran, sie hat ein kleines Kind zu versorgen. Keine Schichtarbeit oder irgendwelche anderen Geschichten. Haben Sie mich verstanden?! Gibt es noch Fragen? Nein?»

Er schaute entspannt, als hätte es den Ausbruch vor wenigen Minuten nie gegeben.

«Ich bedanke mich, meine Herren.»

Rosmarie ließ den Männern den Vortritt, drehte sich nochmals um und stammelte ein Dankeschön. Als sie auf dem Flur stand, lehnte sie sich an die Wand und holte erst mal tief Luft. Zurück in der Gewindeschneiderei, fragten die Frauen neugierig:

«Und, wie war's?»

«Wie isser?»

«Stimmt das, was erzählt wird?»

«Wenn ich euch das erzähle, ihr glaubt es sowieso nicht. Ich würde es ja auch nicht glauben.»

Beschwingt marschierte Rosmarie am Montag in die Kaderabteilung, in der Gewissheit, nun könne ihr nichts mehr passieren. Sie hatte sich getäuscht. Das Gesicht des Kaderleiters verhieß nichts Gutes. Wegen dieser Frau, einer «politisch Unzuverlässigen», hatte ihn der Werkleiter vor aller Welt gedemütigt. Aber die Rache war sein. Er forderte Rosmarie auf, ihm zu folgen. Am Ende ihres Weges wusste sie, gegen *die* kommst du doch nicht an.

Ihr neuer Arbeitsplatz lag im Meisterhaus. In der unteren Etage befand sich der Musterbau, darüber die Materialwirtschaft. Dort gab es eine Abteilung, die nur aus einem Raum bestand, darin standen eng beieinander Tische mit Schreibmaschinen, auf denen täglich Tausende und Abertausende Arbeitsbegleitkarten getippt werden mussten. Auch das hatte nichts mit ihrer Qualifikation zu tun. Dennoch, formal entsprach die Arbeit den Anforderungen des

Werkleiters. In Wirklichkeit war die neue Arbeit so stupid wie die alte. Der Kaderchef lächelte.

Da saß sie nun. Die Abteilungsleiterin spannte mehrere Bögen Papier ein, und los ging's. Der Anschlag musste hart sein, damit auch der sechste Durchschlag noch lesbar war. Die Hoffnung, die sie nach dem Gespräch im Kabinett des Werkleiters trug, war verdorrt.

Die ungeliebte Arbeit kannte nur eine Abwechslung: Am Ende des Tages mussten die Karten auf die Bereiche verteilt werden. Sie übernahm die Botengänge gern. Einer führte ins Verwaltungsgebäude. Und so stand sie plötzlich wieder vor dem Werkleiter.

«Das ist ja eine Überraschung! Wie geht es Ihnen? Wie ist die neue Arbeit? Was macht der Kleine?»

Rosmarie drückste. Sie wollte ihn nicht schon wieder mit ihren Sorgen belästigen, aber auch nicht lügen. Das Gesicht des Werkleiters verfinsterte sich:

«Das glaube ich nicht.»

Dass der Kaderleiter die junge Frau schlecht behandelte, war schlimm genug. Dass er aber offen gegen die Anweisung des Chefs verstoßen hatte, das ging auf keinen Fall. Vom ersten Tag an, als er seinen Fuß in das Werk setzte, bemühte sich Lorenz, einen verlässlichen Kern von Mitarbeitern aufzubauen. Sonst war seine Mission zum Scheitern verurteilt. Allein konnte auch er das Werk nicht am Laufen halten. So holte er sich nach und nach Fritz als Parteisekretär, einen neuen Hauptbuchhalter, den Gewerkschaftsboss. Die meisten kamen aus Gotha, von denen wusste er, dass sie ihm nicht in den Rücken fielen. Nun war es nötig, einen neuen Kaderchef zu finden. Jemand, der offensichtlich im Dienste anderer stand – er konnte sich denken, wer das war –, durfte nicht auf diesem Platz bleiben.

«Wissen Sie was, Sie gehen jetzt zu Ihrer Chefin und sagen ihr einen schönen Gruß von mir und dass heute der letzte Tag war, den Sie dort verbracht haben.»

Er überlegte einen Augenblick.

«Morgen ist Freitag, Sie melden sich gleich früh in der Verwaltung, nicht in der Kaderabteilung! Dort sehen Sie sich um, was die so machen und welche Arbeit Ihnen gefallen könnte. Wenn jemand fragt, verweisen Sie auf mich oder schicken ihn gleich zu mir. Ich sage es Ihnen klar und deutlich: Sie suchen sich eine Arbeit aus, die zu *Ihnen* passt, egal, was andere sagen. Laufen Sie durch die Abteilungen, setzen Sie sich an den Tisch, probieren Sie die Sache aus, sprechen Sie mit den Verantwortlichen.»

Rosmarie schaute den Mann entgeistert an. Eigentlich hatte sie mit nichts gerechnet. Nun wuchs sich das Ganze zu einer Riesensache aus. Aufgeregt stolperte sie am nächsten Morgen in die Verwaltung. Sie hatte keine Ahnung, wie das gehen sollte, sich einen Arbeitsplatz auszusuchen. Im Vorzimmer des Produktionsdirektors merkte sie schnell, es war vorgesorgt. Eine Frau schlug ihr vor, gemeinsam auf die Suche zu gehen.

«Sie sagen, dass Sie gut mit Zahlen umgehen können. Das passt. Ich glaube, da haben wir was für Sie. In der Planungsabteilung.»

Die Frau machte eine Pause, schaute Rosmarie fröhlich an:

«Wissen Sie, was mir daran am besten gefällt? Nein? Es ist der Hochsicherheitstrakt. Höchste Geheimhaltungsstufe. Dort laufen die Zahlen aus dem gesamten Werk zusammen. Sie sind dann eine von wenigen, die genau weiß, was hier tatsächlich gespielt wird. Da wird sich der Kaderchef freuen, wenn er erfährt, dass Sie hier arbeiten.»

Sie konnte sich vor Lachen kaum halten.

«Sie als ‹Politische› mitten im Heiligtum. Dort wird abends alles versiegelt, einschließlich der Türen. Alles, was am Tag verfasst wurde, kommt am Abend in den Tresor. Und Sie haben einen Schlüssel. Es ist fast wie in der Sparkasse. Nur dass es hier um Millionen geht. Die entweder produziert wurden oder eben nicht.»

Das Jahr 1962: *Die Volkskammer beschließt die allgemeine Wehrpflicht. Schwerste Flutkatastrophe in Norddeutschland. Uraufführung «Die Physiker» von Friedrich Dürrenmatt in Zürich. DDR führt Reisevisa für Bundesbürger ein. Marilyn Monroe wird in ihrer Wohnung in Los Angelos tot aufgefunden. Erste Veröffentlichung zu den Schäden durch «Contergan». Ausbruch der «Kuba-Krise» zwischen den USA und der UdSSR. Die SED erklärt den Übergang vom Kapitalismus zum Sozialismus im Wesentlichen als abgeschlossen. Beginn der «Spiegel-Affäre». In der DDR wird die Intershop-Handelsorganisation gegründet. Die Dreharbeiten für den ersten James-Bond-Film starten.*

Seite 415:
Auszeichnung als Aktivist des Siebenjahrplans. Unterlage: Ausgabe der Betriebszeitung mit dem landesweiten Aufruf im sozialistischen Wettbewerb aus Sömmerda.

1962

★

«Da kommen sie.»

«Wer?»

«Die Troika aus Gotha.»

«Werkleiter, Parteisekretär und Gewerkschaftsboss, die sozialistische Dreifaltigkeit.»

«Um diese Zeit in der Kantine?»

«Die Genossen können sich bestimmt was Besseres aufs Zimmer bringen lassen.»

«Ich hab den Neuen schon öfter hier gesehen. Vielleicht schmeckt es unter Leuten besser.»

«Von schmecken kann keine Rede sein. Der guckt finster.»

«Kein Wunder, bei dem Sauhaufen, den er übernommen hat.»

«Damit meinst du doch hoffentlich nicht uns?»

«Natürlich nicht. Wir würden ja, wenn wir dürften.»

«Wir dürfen aber nicht. Das wird auch der Neue nicht ändern.»

«Und wenn er was ändert, dann sicher nicht zum Guten.»

«Einige sagen, er will aus dem Werk eine Kaserne machen.»

«Wieso?»

«Man darf am Tag nicht mehr raus.»

«Wie, nicht raus?»

«Na ja, aus dem Werk nicht raus. Wenn du, sagen wir, zum Friseur willst. Geht nicht mehr. Kommst am Pförtner nicht vorbei.

Der will einen Passierschein sehen. Und Passierscheine gibt es nur mit der persönlichen Unterschrift des Werkleiters. Zuerst haben alle gelacht. Wenn er für jeden, der während der Arbeitszeit rauswill, einen Schein ausfüllt, dann kann er den ganzen Tag nichts anderes machen. Denkste. Bis jetzt soll noch keiner einen Antrag gestellt haben. Also: Haare schneiden nur noch nach Feierabend.»

«Und wenn es Apfelsinen gibt, auch nicht?»

«Auch nicht.»

«Da werden ihm die Frauen aber was husten. Nach Feierabend ist alles weg.»

«Von dem, was es nicht gibt, kann auch nichts weg sein.»

«Und was ist mit dem Zahnarzt?»

«Probier's doch. Vielleicht schaut er ja vorher dein Gebiss an.»

«Ist ja wie in einer Kaserne.»

«Noch schlimmer, es ist wie im Kapitalismus.»

«Der war gut.»

«Sie sagen, er muss öfter durchs Werk laufen. Steht plötzlich in der Tür. Du schaffst kaum, die Füße vom Tisch zu heben.»

«Das ist noch gar nichts. Neulich kam er dazu, wie sie in der Spätschicht ein Fahrradrennen veranstaltet haben. Drei spurteten um ihr Leben durch die Halle, der Rest johlte und klatschte. Was sollten sie auch tun? Kein Material.»

«Und wie ging die Geschichte aus?»

«Na, wenn du jetzt einen ohne Kopf siehst, dann ist das der Produktionsdirektor. Den kriegt er erst wieder, wenn die Leute ausgelastet sind.»

«Da müssten ja Tausende ohne Kopf rumlaufen.»

«Na, ganz so schlimm ist es ja nicht mehr. Immerhin erfüllt das Werk jetzt den Plan. Hättet ihr geglaubt, dass wir das noch erleben?»

«Klappe halten, er kommt rüber.»

«Fünf Herren in weißen Kitteln? Das sieht sehr nach Forschung und Entwicklung aus.»

Lorenz zog sich vom Nebentisch einen Stuhl heran:

«Darf ich mich dazusetzen?»

«Aber bitte.»

«So sieht sie also aus, die ‹weiße Wolke›?»

«Den Namen haben uns böse Menschen gegeben. Wer ein Diplom hat, über den wird gelästert.»

«Das ließe sich ändern.»

Die fünf schauten den Werkleiter verwundert an.

«Na, es steht außer Zweifel: Wir hängen nicht nur in der Produktion am Tropf. Das Werk wacht gerade, wenn Sie so wollen, aus dem Koma auf. Ich gehe davon aus, dass wir den Patienten wieder auf die Beine bringen. Das Herzchen schlägt schon wieder von allein. Aber was ist dann?»

«Ja, was ist dann?»

«Dann brauchen wir neue Erzeugnisse. Maschinen, die nicht von vorgestern, sondern von übermorgen sind. Und da kommen Sie ins Spiel: Können Sie das?»

«Wir schon.»

«Und was hindert Sie daran?»

«Alles.»

«Alles?»

«Ja, alles.»

«Klingt verschwommen. Geht es genauer?»

«Ist das jetzt eine Produktionsberatung?»

«Nein. Das ist die Kantine, und wir trinken gemeinsam ein Bier. Ganz entspannt. Darf ich Ihnen eine Runde ausgeben? Gut. Also, warum so mutlos?»

«Mit mutlos hat das nichts zu tun. Wir sind es nur leid, verarscht zu werden. Auf dem Papier ist alles bestens. Ständig werden Beschlüsse gefasst, die das Blaue vom Himmel verkünden. Wissenschaftlich-technischer Fortschritt, Weltniveau, den Westen überholen, ohne einzuholen. Alles Phrasen. Seit Jahren tut sich nichts.»

«Na, den Westen überholen, das glaubst du doch selbst nicht.»

«Wieso? Die schlafen doch auch, wenn es um Elektronik geht. Die Amerikaner machen Druck, die Japaner auch, aber die drüben verpassen auch gerade die nächste Entwicklung.»

«Elektronik? Was ist damit?»

«Das ist Zukunft. Transistoren, Dioden, künstliche Intelligenz. Automaten statt unserer klapprigen Maschinen. Aber was sage ich, diese ‹Schraubendreher› um uns herum, die begreifen das nie. Da draußen ist gerade etwas im Gange, und wenn wir das nicht packen, können wir bald einpacken. In drei Jahren ist alles vorbei. Erst bleiben die Kunden im Westen aus, später auch die im Osten.»

«Und Sie sagen, Sie könnten, wenn Sie dürften? Einen neuen elektronischen Fakturierautomaten bauen?»

«Sicher.»

«Dann bin ich ja gerade rechtzeitig gekommen.»

Die fünf schauten den Mann an. Wusste der tatsächlich, wovon er sprach? Oder war er nur einer dieser Funktionäre, die da meinten, auf Parteibeschluss ginge alles? Waggons zusammenschweißen war etwas anderes, als eine Rechenmaschine oder einen Fakturierautomaten zu bauen. Vieles sprach dafür, dass er einer dieser hirnlosen «Politniks» war, ohne einen Funken Sachkenntnis.

«Wie lange brauchen Sie, bis der erste Automat läuft?»

«Mindestens ein Jahr.»

«Ein Jahr? Zu lange. Sechs Monate. Das ist das höchste der Gefühle. Sie sagen doch, Sie hätten schon einiges im Schreibtisch?»

«Sechs Monate? Das geht auf keinen Fall. Da müssten wir ja Tag und Nacht arbeiten.»

«Das ist eine gute Idee. Sagen Sie mir, was Sie brauchen, ich garantiere, dass Sie es bekommen. Es soll nicht Ihr Nachteil sein. Wir müssen damit als Erste auf den Markt.»

«Als Erste? Das wird wohl nichts. Die Partei und der Generaldirektor wollen die Elrema in Karl-Marx-Stadt vorne sehen. Wenn überhaupt Geld da ist, fließt es dorthin. Wir können vielleicht dann ein paar Zusatzgeräte produzieren. Wenn die mitbekommen, dass wir die Ersten sein wollen, machen die Rabatz bis ins Politbüro. Keine Chance.»

«Das lassen Sie meine Sorge sein. Ich kenne auch den einen oder anderen. Elrema ist an der Sache dran, sagen Sie?»

«Ja. Das sind zwar ziemliche Pfeifen, aber die kriegen Puderzucker hinten reingeblasen.»

«Dann haben wir das halbe Jahr nicht.»

Lorenz schaute in die Runde:

«Drei Monate müssen genügen!»

«Das ist unmöglich!»

Alle am Tisch redeten jetzt durcheinander. Jeder suchte den Werkleiter davon zu überzeugen, dass eine solche Frist völlig absurd sei. Immerhin, der Mann hörte zu, auch wenn die Worte auf ihn offensichtlich keine Wirkung hatten.

«Es geht nicht!»

Der Leiter der Entwicklergruppe schob sich mit beiden Händen samt Stuhl vom Tisch weg und starrte den Werkleiter an:

«Das geht nicht!»

«Wenn alles klappt, wie Sie es möchten, was für ein Termin wäre dann möglich? Ist ein halbes Jahr Entwicklungszeit denkbar?»

«Wenn alles gut läuft, ja.»

«Dann bekommen Sie das auch in drei Monaten hin.»

Der Werkleiter schaute zufrieden auf die erhitzten Gesichter.

«Ab sofort sind Sie nur noch mit dem elektronischen Fakturierautomaten betraut, für EFA können Sie kommen und gehen, wann Sie wollen.»

«Das lässt hier doch keiner zu.»

«Keine Angst, ich sorge dafür. Wenn Sie lieber in der Nacht arbeiten, weil es ruhiger ist, Ihre Sache.»

«Da rückt Ihnen die Gewerkschaft auf den Pelz!»

«Glaub ich nicht. Sehen Sie, dort sitzt der Gewerkschaftsboss. Der weiß, worüber wir reden, und weiß auch, was davon abhängt. Der macht das Wasser nicht trüb.»

Mit der Flasche prostete Lorenz ihnen zu.

«Was an zusätzlichen Leuten gebraucht wird, bekommen Sie.»

«So viele Ingenieure, die sich mit Elektronik auskennen, haben wir gar nicht.»

«Dann holen wir sie von den Hochschulen, aus dem Hörsaal.

Und wenn ich selbst hinfahren muss. Also, alles, was Sie benötigen. Legen Sie mir morgen eine Liste auf den Tisch.»

Verwundert schwiegen die Männer. Keiner von ihnen war dreißig. Keiner hatte bisher unter solchen Bedingungen gearbeitet.

«Und am Monatsende kommt wieder einer und schreit, der Plan brennt. Dann muss die gesamte Forschung ab in die Produktion!»

«Das ist vorbei. Wenn einer was will, schicken Sie ihn zu mir.»

«Ihr Wort in Gottes Ohr!»

«Was ist mit den Bauteilen? Wenn hier noch keiner einen solchen Automaten gebaut hat, gibt es da überhaupt die nötigen Transistoren? Kann man sie aus der Sowjetunion bekommen?»

«Die Russen? Die können Sie vergessen. Die sind stolz darauf, dass sie die größten Transistoren der Welt bauen.»

Der ganze Tisch lachte.

«Das meiste gibt es hier nicht. Und dort, wo es das gibt, da dürfen sie nicht liefern. Embargo. Am besten wäre Japan. Und selbst wenn sie liefern würden, bis alle Anträge in Berlin abgestimmt sind, geht gut ein halbes Jahr drauf. Am Außenhandelsmonopol kommt keiner vorbei. Also vergessen Sie es.»

«Ich sage es ein letztes Mal: Lassen Sie das meine Sorge sein. Was ich brauche, ist eine genaue Aufstellung der Teile. Kann man die in Westdeutschland kaufen?»

«Bestimmt.»

«Und in Frankreich? Oder Dänemark?»

«Mit Sicherheit auch.»

«Dann findet sich schon ein Weg. Ich garantiere die pünktliche Lieferung. Sie garantieren mir, dass wir zur Herbstmesse einen elektronischen Automaten präsentieren.»

Plötzlich schwieg alles am Tisch. Auch wenn es unwirklich klang, irgendwie konnte man sich dem Augenblick nicht entziehen. Das war sie, die Chance, auf die eine junge Mannschaft von Ingenieuren seit Jahren wartete. Endlich schien sich etwas zu bewegen. Ein Horizont tat sich auf. Ihr Schwärmen für Halbleiter wurde erhört. Oder wenigstens verstanden. Natürlich waren drei Monate eine Illusion. Aber deshalb nicht zupacken? Die ausgestreckte Hand ausschlagen? Das würden sie sich im Leben nicht verzeihen.

Auch Lorenz war in Gedanken versunken. Keine zwei Wochen her, da hatte er einen sehr angenehmen Abend mit dem französischen Generalvertreter im «Erfurter Hof». Monsieur Chauvin trank gerne, sie verstanden sich. Vor allem freute es den Franzosen, wenn er seinen westdeutschen Konkurrenten eins auswischen konnte.

«’err Locht’ofen, wenn isch Ihnen ’elfen kann, sagen Sie es mir. Isch stehe bereit. Isch ’abe gehört, die ’erren aus Düsseldorf machen Ihnen Ärger wegen dem Namen ‹Rheinmetall›? Isch besitze die Namensrechte für Frankreich. Lassen Sie uns denen eins auf die Nase geben. Nein? Schade.»

Sie sprachen noch lange darüber, ob «Supermetall» oder «Sömtron» in Frankreich besser klingen würde. Doch das war jetzt zweitrangig. Lorenz überlegte, wie man die japanischen Transistoren über die Grenzen bringen konnte: Zwei Kisten mit Maschinen für Chauvin hin, zwei Kisten mit Transistoren, getarnt als «Reparaturgeräte», zurück. So konnte es gehen. Alles in Paris verplombt. Weder der westdeutsche noch der ostdeutsche Zoll würde reinschauen. Viel zu viel Aufwand. Er schmunzelte. Wer schlimmer war, wenn die Sache aufflog, die Nato oder der DDR-Außenhandel, wollte man sich nicht ausmalen. In jedem Fall wäre das Geschrei groß. Doch warum sollte etwas schiefgehen? Und wenn der Fakturierautomat erst einmal lief, dann wollten alle bei den Siegern sein, die VVB in Erfurt, die Bezirksleitung und selbstverständlich das Berliner Ministerium.

Lorenz sah sich um, die «weiße Wolke» schwieg.

«Glauben Sie mir, Sie wissen noch gar nicht, was Sie alles können. Und wenn wir damit Erfolg haben wollen, müssen wir schnell sein. Zeit ist nicht Geld. Zeit kann man nicht kaufen. Schlafen Sie eine Nacht drüber, aber dann muss klar sein, ob sie das Unmögliche wagen. Ich für meinen Teil bin bereit.»

Er stand auf, gab jedem die Hand und ging. Doch nach zwei Schritten drehte er sich noch mal um:

«Haben Sie keine Angst: Die Sieger werden nicht erschossen.»

Das Jahr 1963: *Der VI. Parteitag der SED beschließt die Modernisierung der Wirtschaft. Der 17. Juni wird nationaler Gedenktag in der Bundesrepublik. Der Defa-Film «Nackt unter Wölfen» von Frank Beyer thematisiert das Leben in einem KZ. Vor dem Schöneberger Rathaus spricht John F. Kennedy seine berühmten Worte: «Ich bin ein Berliner.» Ein Abkommen über die Einstellung der Atomwaffenversuche wird im Kreml unterzeichnet. Bei der Volkskammerwahl erreichen die Einheitslisten 99,95 Prozent Zustimmung. Ludwig Erhard wird Kanzler. Während einer Fahrt durch Dallas wird John F. Kennedy erschossen. Die Beatles stürmen die Charts. Christa Wolfs «Geteilter Himmel» erscheint.*

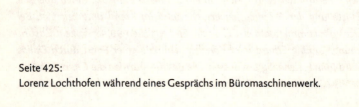

Seite 425:
Lorenz Lochthofen während eines Gesprächs im Büromaschinenwerk.

1963

★

I

Die Sekretärin verschwand endlich mit dem Tablett aus der Lounge, er war mit Benzon allein. Etwas bedrückte den Dänen. Lorenz wartete gespannt darauf, dass er mit der Sprache rausrückte. Wie Chauvin in Frankreich, so war Ole Benzon in Dänemark ein treuer Abnehmer der Sömmerdaer Erzeugnisse. Eigentlich ein Viehhändler, der sich auf das lukrative Geschäft mit den Ostdeutschen verlegt hatte. Die stellten keine schlechten Sachen her, mussten aber aufgrund ihrer Situation hohe Abschläge bei den Preisen hinnehmen. Benzon war beweglich nach allen Seiten. Konnte einer seiner Kunden in Kopenhagen für eine Fakturiermaschine nicht sofort zahlen, nahm er auch ein paar Kisten guten Rotweins in Zahlung. Wenn er in Sömmerda mit dem «Volvo» vorfuhr, hatte er immer den Kofferraum voller schöner Dinge.

Sein Verhältnis zum Osten Deutschlands war ein besonderes: Seine junge Frau kam aus Ostberlin. Für den devisenhungrigen Arbeiter-und-Bauern-Staat wickelte er allerlei Nebengeschäfte mit Schweinehälften und Butterbergen ab. Immer dann, wenn das Fleisch knapp war und die Arbeiter in ihrem Paradies zu murren begannen, war Benzon mit einer schnellen Lieferung zur Stelle. Es hieß, die DDR zeige sich ihrerseits erkenntlich und bewahre den umtriebigen Geschäftsmann vor dem Bankrott. Lorenz schaute den Mann mit der Zigarre fragend an; von dessen «Cohiba» wusste man nie genau, ob sie nicht schon seit Tagen kalt war.

«Herr Benzon, was ist los? Haben Sie etwas auf dem Herzen? Kann ich etwas tun?»

«Das ist schön, dass Sie es ansprechen. Aber ich glaube, es ist genau umgekehrt, vielleicht kann ich Ihnen behilflich sein.»

«Schießen Sie los, was ist?»

«Sie wissen doch, dass die Generalvertreter am Abend vor der Leipziger Messe in Auerbachs Keller sitzen.»

«Gab es Ärger? Hat man Sie schlecht behandelt?»

«Nein. Die Klöße waren ausgezeichnet. Das Gespräch nicht.»

«Sie spannen mich auf die Folter.»

«Es ging um die Preise für die Rechenmaschinen.»

«Die Preise? Was ist damit? Ich glaube, die sind fair. Vergleicht man sie mit den anderen, sogar sehr fair.»

«Das sehen nicht alle so. Die Herren haben gestern beschlossen, einen kräftigen Nachlass zu fordern.»

«Das klingt ärgerlich.»

«Ihr Landsmann aus dem Westen, der aus Frankfurt, führt das große Wort.»

«Und was meinen Sie?»

«Ich bin an dauerhaft guten Geschäften mit Ihnen interessiert. Wenn ich die Materialkosten und die Entwicklung auf dem Markt einrechne, dann glaube ich nicht, dass Ihre Preise überzogen sind.»

«Danke für Ihre Offenheit. Und danke für die Warnung. Wie viel weniger soll es sein?»

«25 Prozent.»

Lorenz pfiff leise.

«Diese Rechnung würde bedeuten, dass wir noch drauflegen müssten.»

Als man am nächsten Mittag im Kreis der Händler aus dem «nicht-sozialistischen Wirtschaftsgebiet» im «Thüringer Hof» versammelt saß, hob Lorenz zur Begrüßung das Glas:

«Meine Herren, ich freue mich, dass Sie meiner Einladung vollzählig gefolgt sind. Dieses Treffen einmal im Jahr ist eine gute Tradition, die hilft, unsere fruchtbaren Beziehungen über die Grenzen hinweg zum Wohl aller Beteiligten zu vertiefen. Leider ist unser Treffen überschattet von einer unübersehbaren Zuspitzung der Weltlage, die nicht nur uns alle beunruhigt, sondern sich auch negativ auf die Handelsbeziehungen zwischen den Ländern niederschlägt. Wohin man schaut, Embargos, steigende Rohstoffpreise, Säbelrasseln. All das führt dazu, dass selbst wir die moderaten Preise für unsere hochwertigen Erzeugnisse anpassen müssen: Ich glaube, eine 25-prozentige Anhebung der Preise für unsere Maschinen ist überfällig. Auf Ihr Wohl und auf gute Abschlüsse in Leipzig!»

Als Lorenz getrunken hatte, schaute er sich um. Doch keiner folgte seinem Beispiel. Wie vom Donner gerührt standen die Vertreter um den Tisch, die Gläser noch in der Hand.

«Ist etwas mit dem Kognak, Monsieur Chauvin, Sie trinken doch den armenischen besonders gern?»

Der Franzose rollte nur die Augen und schaute hilfesuchend zum Händler aus Frankfurt. Der Mann von der Firma Dasch hatte als Erster die Fassung wieder. Er setzte sein Glas ab, schaute zu Lorenz und wiederholte:

«25 Prozent mehr? Das kann nicht Ihr Ernst sein. Das bekommen Sie nie durch. Keinen Pfennig mehr!»

«Nicht mein Ernst? Aber Sie wissen doch, dass ich Ihre analytischen Kenntnisse sehr schätze. 25 Prozent ist natürlich das, was mir meine Experten aufgeschrieben haben. Es wäre schön, wenn wir uns darauf einigen könnten, doch wir sind ja nicht im Wunschkonzert. Ich weiß, dass auch Sie hart an unserem gemeinsamen Erfolg arbeiten. Natürlich würden wir die Maschinen mit Handkuss in Osteuropa los. Für den Bedarf allein in der Sowjetunion reichen selbst hundert Prozent unserer Kapazitäten nicht aus. Sie würden sich sicher eine solche Gelegenheit nicht entgehen lassen, aber wir wissen, dass der Handel nicht nur ein Geschäft ist. Vor allem hier in der Mitte Europas. Ich höre mir Ihre Vorschläge gern an.»

Es folgte eine lange Pause.

«25 Prozent ist völliger Unsinn!»

«Sie 'aben wohl viel zu viel von diesem 'errlischen Kognak getrunken?»

«25 Prozent weniger», brummte Benzon über den Tisch, womit er keinen Zweifel aufkommen ließ, auf welcher Seite er stand.

«Aber meine Herren, wir produzieren doch keinen Schrott. Sie wissen so gut wie ich, dass unsere Rechner, würden sie aus Düsseldorf kommen, das Doppelte kosten müssten. Sie widersprechen mir nicht? Das ist schon mal gut. Es ist deutsche Wertarbeit. Die hat ihren Preis. Und nun lassen Sie uns vernünftig miteinander reden.»

In dem folgenden Durcheinander konnte man nur eines heraushören: Die am Vorabend geschmiedete Front bröckelte. Benzon gab noch eine ganze Zeit lang den Bockbeinigen, bis er um eine Auszeit bat. Es folgte der Auszug der Vertreter, die sich in einem Nebenraum besprechen wollten. Das wiederholte sich zweimal. Schließlich endete das Treffen unter Vermittlung des Dänen mit einer moderaten Erhöhung von zwölf Prozent, und als sie am Nachmittag den «Thüringer Hof» verließen, hatten die meisten so viel getankt, dass sie sich schnurstracks ins Hotel fahren ließen.

Benzon hatte richtig kalkuliert. Er war der Einzige, für den die Preiserhöhung nicht galt.

II

Lorenz öffnete die Augen und fixierte in der Dunkelheit das kaum sichtbare Fensterkreuz. Langsam kam das Zimmer, das sich gerade noch wie ein Karussell gedreht hatte, zum Stehen. Die Wände, der Schrank, der Sessel, alles schien wackelig wie ein Pudding. Vielleicht hätte er doch lieber durch die kühle Nacht bis zu seiner kleinen Wohnung laufen sollen. Die hatte er inzwischen im «Hochhaus» nahe beim Werk bezogen; jeden Tag nach Gotha zu fahren war zunehmend zur Belastung geworden. Das Zusammenleben mit Lena erst recht. An diesem Abend aber war er wieder einmal im Büro geblieben und hatte das Klappbett vor dem Schreibtisch aufgeschlagen. Nun lag er da, der Erschöpfung nahe, und atmete tief. Es war schon der dritte Anfall in einer Woche. Dieser fürchterliche Druck in der Brust.

Sollte der Schriftsteller recht behalten, er war am Verglühen?

Sie hatten wieder eines ihrer langen Abendgespräche geführt, über das, was ihn antrieb, was im Leben wichtig sei, ob es Eigensucht oder eine Selbstverständlichkeit wäre, mit seinen Kräften bis an die Grenze zu gehen. Der Mann aus Weimar hatte sich in den Kopf gesetzt, über Lorenz einen Film zu machen. Wolfgang Held war fasziniert von dem Stoff, der sich mitten im Alltag bot: Da opfert sich einer für eine Idee, und nichts kann ihn retten. Ein sozialistischer Held, der zum Schluss am Sozialismus stirbt. Das gab es noch nicht. Sozialistische Helden starben, weil sie von Nazis umgebracht oder weil sie verraten wurden. Aber sie starben nicht, weil ihnen die neuen Verhältnisse selbst keine andere Wahl ließen.

Lorenz blieb skeptisch. Erstens wollte er noch etwas leben. Jetzt, wo er endlich die Dinge zum Tanzen brachte. Das gestern noch hochverschuldete Werk war binnen eines Jahres zu *dem* Unternehmen der Republik geworden, das die Richtung vorgab. Zweitens, und das bewegte ihn mindestens genauso, hatte er Angst, in einem billigen Agitpropstreifen, mit unglaubwürdigen Figuren und dümmlichen Dialogen, ins Lächerliche gezogen zu werden. Wolfgang Held selbst machte einen durch und durch ehrlichen Eindruck. Aber Lorenz befürchtete, in diesem Kulturbetrieb kam nie hinten raus, was vorn eingegeben wurde. Doch der Mann ließ nicht locker, so näherten sie sich langsam dem Stoff, von dem Lorenz überzeugt war, wenn der Autor erst die ganze Geschichte kannte, würde er Abstand nehmen. Das Lager in Workuta war kein Ruhmesfeld für sozialistische Helden.

Der Schriftsteller blieb zäh. Er konnte die DEFA überzeugen, obwohl die Bedenkenträger schon obsiegt hatten und das Projekt beerdigt war. Ein Gespräch beim Kulturminister, einem Klaus Gysi, brachte den Durchbruch. Der fand die Idee mit dem tragischen Helden «endlich mal was anderes». Kaum war die eine Hürde genommen, folgte ein widerliches Gezerre um den Dramaturgen, Walter Janka. Der hatte auch seine Erfahrungen als «Ehemaliger». Zwei davon, dachte Lorenz, das lassen *die* nie durchgehen. Er hatte keine Zeit, sich weiter damit zu befassen. Schließlich hörte er, die Sache nahm wieder Fahrt auf. Einen Titel gab es auch schon: «Zeit zu leben». Das klang nach Remarque und gefiel ihm schon allein deshalb. Doch überzeugt, richtig überzeugt, war Lorenz immer noch nicht. Dass aus dem Lager in der Arktis im Film «Buchenwald» wurde, das zu verdauen, fiel ihm besonders schwer. Da hieß es, ein Film sei schließlich Kunst und Kunst könne sich nicht an alle Zufälligkeiten des Lebens halten.

So einfach ist das also, dachte er, so einfach macht ihr euch das.

Der Autor kannte sich in den DEFA-Gepflogenheiten gut aus. Geschickt baute er ein paar Szenen ein, so einen langen Monolog über die Freiheit, die dann erwartungsgemäß der Schere zum Opfer fielen. Dafür konnte anderes bleiben. Einige Episoden wurden in Sömmerda gedreht und kamen der Wirklichkeit ziemlich nahe. Die Nähe zur Realität war nicht ungefährlich und konnte ein solches Projekt schnell zum Scheitern bringen. Der Alltag in einer Kleinstadt oder einem volkseigenen Betrieb sah um einiges anders aus, als es in der «Aktuellen Kamera» des DDR-Fernsehens über den Bildschirm lief. Die Läden schienen nicht leer, und doch gab es vieles nicht. Und alles, was es nicht gab, konnte man am Abend im Westfernsehen sehen. Leg das Geld hin und nimm mit. Soviel du willst.

Lorenz wusste das alles. Es reichte nicht, das Werktor dicht zu machen; die Frauen gingen in der Arbeitszeit einkaufen, nicht weil es ihnen langweilig war, sondern weil sie sich um die Familie kümmern mussten. Nichts von dem, was täglich fehlte, konnte er beschaffen. Schließlich funktionierte es hier nicht wie im hohen Norden, wo er mit reparierten Glühlampen den Mangel beheben und die Leute begeistern konnte. Etwas ratlos hatte er den obersten Handelschef des Kreises eingeladen. Ganz harmlos, «zum Kennenlernen». Der war erfreut. Im Grunde bestand ja fast der gesamte Kreis aus dem Werk, und das Werk war der Kreis. Als der Mann am späten Abend leicht schwankend die Hauptverwaltung verließ, waren sie sich einig. Ab sofort, wenn etwas Besonderes geliefert wurde, rief man im Werk an, dann konnten die HO-Mitarbeiter ihre Wägelchen durch die Hallen rollen, und die Frauen kauften direkt neben der Maschine eine Tüte Tomaten oder grüne Gurken. Das war weit weg vom Ideal, aber um vieles besser als ein Ausflug zum Einkaufen mitten in der Arbeitszeit.

Den Innungsmeister der Friseure konnte er natürlich nicht einfach mit dem Kamm ins Werk beordern. Der stand eines Tages in der Tür seines Arbeitszimmers und plusterte sich auf: Ruinieren würde man ihn und seine Kollegen, sofort müsse der schwachsinnige «Ukas» gestrichen werden. Der Mann hatte ein paar Jahre in einem Gefangenenlager am Dnepr zugebracht und kannte russische Gepflogenheiten. Lorenz wartete, bis der Dampf den Meister verlassen hatte. Nach einer Stunde wurde aus dem ruppigen Wortwechsel eine entspannte Unterhaltung. Einige Wochen später öffneten die Friseursalons abends drei Stunden länger. Das ließen zwar die Gesetze in der DDR nicht zu, aber Lorenz war sich sicher, eine Sondergenehmigung, wenn nicht in Erfurt, dann in Berlin zu bekommen.

Nun war Wolfgang Held erleichtert und bestürzt zugleich. Erleichtert, weil das Projekt doch auf die Leinwand kam. Bestürzt, weil seine Prophezeiung Schritt für Schritt in Erfüllung ging:

«Glaube mir, wenn du in dem Tempo weitermachst, dann gehst du vor die Hunde.»

«Und, bin ich der Erste? Oder sollte ich etwa der Letzte sein?» Lorenz reagierte gereizt, er mochte solche Anteilnahme nicht.

«Nein, bist du nicht. Aber es gibt zu wenige wie dich. Du weißt, wie das Büromaschinenwerk aussah, ehe du kamst, und glaubst du nicht, dass es nicht wieder dort landen könnte?»

«Das ist sicher ein Argument. Jemand, der das Gewicht nicht stemmen kann, der wird es auch nicht halten.»

«Genau so. Ein Mann, der wichtig für das Land ist, darf sich nicht sehenden Auges zerstören. Wie willst du das rechtfertigen?»

«Weißt du, die Menschen sind seltsam. Die Deutschen vor allem. Hat sich im Krieg ein deutscher Soldat mit der Panzerfaust einem T 34 in den Weg gestellt und den abgeschossen, dann gilt so ein ‹Panzerknacker› bis auf den Tag als Held. Obwohl auch er genau wusste, dass er dabei draufgehen konnte. Und obwohl er im Auftrag von Verbrechern handelte und für eine sinnlose Sache sein Leben riskierte. Wenn sich aber jemand für eine gerechtere Welt einsetzt, dafür, dass Tausende Menschen anständig arbeiten und davon gut leben können, gilt der als verrückter Romantiker. Irgendetwas stimmt da nicht.»

«Aber meinst du nicht, dass du auch mit zehn Stunden Arbeit am Tag statt mit sechzehn Erfolg hättest?»

«Du meinst, im zweiten Gang schleichen? Das liegt mir nicht. Im Übrigen, du hast dir die Tbc beim Bau der Maxhütte auch nicht geholt, weil du bei jedem Schnupfen zum Arzt gerannt bist. Also, was soll das? Debatten, die nur Zeitverschwendung sind.»

Lorenz schloss die Augen, sofort begann sich alles wieder zu drehen. Er öffnete sie, und die Dinge rückten an ihren Platz. Im Grunde hatte der Schriftsteller recht. Kaum jemand verstand, warum er nach den Erlebnissen im Lager nicht in den Westen, son-

434

dern in den Osten gegangen war, als hätte er noch immer nicht genug von den lebensgefährlichen Experimenten. Auch sein unbedingter Wille, das Werk schnellstens in der Erfolgsspur zu sehen, war vielen unheimlich. Aber hatte er überhaupt eine Wahl?

War es falsch, nach Deutschland zurückzukehren?

War es falsch, als Schlosser nach Gotha zu gehen?

War es falsch, das Werk zu übernehmen?

Falsch, alles auf eine Karte zu setzen?

Falsch, sich nicht zu schonen?

Nein. Er würde es so und nicht anders wieder tun. Lorenz sah das schwarze Fensterkreuz, das sich gegen das tiefe Blau des Nachthimmels abzeichnete. Die meisten Menschen hatten keinerlei Überzeugungen. Man nahm das, was gerade im Angebot war, und verwarf es sofort, wenn ein neuer Glaube mehr Vorteil versprach. War das schlecht? War das gut? Er wusste es nicht. Was er wusste, war, dass er seine Überzeugung nicht vom Verhalten anderer abhängig machen wollte. Von einem Stalin nicht und auch nicht von einem Adenauer oder Ulbricht. Schwer genug war das.

Das Schwindelgefühl ließ endlich nach.

III

«Habe ich es dir nicht gesagt?»

«Ja, du hast es mir gesagt.»

«Aber du hast es nicht geglaubt.»

Sie standen nebeneinander am Fenster und schauten hinaus auf die Leipziger Straße. Ab und zu kam ein Auto, meist schwarz oder grau, bog um die Ecke und fuhr, den Schneematsch in die Pfützen drückend, in den Hof. Nicht viel Verkehr. Kein Wunder, einige Meter weiter war die Welt zu Ende. Die Mauer.

Das Haus der Ministerien, wieder so ein unwirtlicher Ort, wie es viele in Berlin-Mitte gab. Grau, abweisend, in jeder Pore noch den Geist der Vorbesitzer aus der Zeit des Krieges atmend. Lorenz fühlte sich stets unbehaglich, wenn er durch die dunklen Flure ging. Wie konnte man zwischen diesen Wänden neu, vor allem frei, denken? Erich Apel konnte. Als Chef der Planungskommission war er ganz oben angekommen. Mehr ging nicht. Zumindest nicht für jemanden, der sich ernsthaft mit Wirtschaft befasste.

«Du hast recht. Ich habe es nicht geglaubt. Es klang ziemlich unwahrscheinlich. Als ‹Ehemaliger› im ZK? Da gibt es nicht viele.»

«Nicht viele? Ich glaube, du bist der Einzige.»

«Bist du sicher?»

«Ich kenne keinen anderen, der im Lager gesessen hat.»

«Und Eberlein?»

«Den Vater haben sie umgebracht.»

«Ich weiß, er ist bei uns in Workuta gestorben.»

«Der Werner selbst war nur in der Verbannung, nicht im Lager. Sonst hätten sie ihn bestimmt nicht als Dolmetscher so nahe an Nikita rangelassen.»

«Und Chruschtschow hätte keine ‹deutsche Stimme›.»

«Ja. Ich war ja auch nicht freiwillig auf meiner Insel im Seligersee, der liegt nördlich von Moskau, aber mit Workuta ist das nicht zu vergleichen. Wir konnten machen, was wir sowieso in Peenemünde mit Wernher von Braun am liebsten taten: Raketen bauen. Natürlich werden sie dich wegen deiner Geschichte beargwöhnen.»

«Das machen sie bereits.»

«Wieso?»

«Es war auf dem Parteitag. Ich löffelte in der Mittagspause meine Suppe, da fragt einer, ob neben mir der Platz frei sei. Was glaubst du, wer das war?»

«Keine Ahnung.»

«Mielke.»

«Erich Mielke an deinem Tisch?»

«Ja, ich war auch erstaunt. Die anderen hängten ihre Gesichter in die Teller und spitzten die Ohren.»

«Und?»

«Ich kannte ihn ja noch als Student. Wie man eben einen Dozenten kennt. Er gab bei uns an der Universität in Moskau ‹Chiffrieren und Dechiffrieren› und prahlte damit, dass er, wenn er nur genug Zeit hätte, jeden Code knacken könnte. Da haben wir ihm eine ordentliche Aufgabe verpasst. Einen Buchstabencode, der auf einem zufälligen Zahlensystem basierte. Wochen hielt er uns hin, er habe viel zu tun und sei noch nicht dazu gekommen, sich der Sache zu widmen. Nach zwei Monaten kam er in den Hörsaal und las vor:

Volllautomatischantimiefelektrischventilierterhydraulikgestützterscheißhausdeckelsicherheitsverschlusss.

Dann fragte er, wer den Text abgefasst habe. Mein Freund Erich Weiß, den haben sie dann auch ins Lager gesperrt, hob fröhlich die Hand. Da hat ihn der Mielke zur Sau gemacht: Das Wort selbst sei nicht das Problem gewesen, aber wegen der orthographischen Fehler habe er schwitzen müssen. Wir ließen ihn in dem Glauben, die Fehler seien Zufall, außerdem waren wir davon überzeugt, das hat der nie allein rausgekriegt ... Na, jedenfalls, ich löffele meine Suppe, da fängt der Mielke von der Seite an, ohne rüberzuschauen:

‹Man sagt, die hätten damals Menschen unschuldig eingesperrt, kann das stimmen?›»

«Und, was hast du geantwortet?»

«Erst auf Russisch, das hat er offensichtlich nicht verstanden. Da habe ich es übersetzt. Die Russen hätten da eine Redensart: Man sagt, dass in Moskau selbst die Bären fliegen könnten. Nun, frage ich, du warst ja auch dort? Ich habe keinen gesehen.»

«Da war er platt, oder?»

«Zumindest stellte er keine Fragen mehr. Und ich hatte auch keinen Grund, das Gespräch fortzusetzen. Der hatte wohl gedacht, ich stottere irgendetwas herum.»

«Sie können es einfach nicht lassen. Alle sind verdächtig, jeder kann der Verräter sein. Da hat er sich selbst in die Spur gemacht, um dem neuen Mitglied auf den Zahn zu fühlen.»

«Russisch haben sie nie gelernt, aber dieses abgrundtiefe Misstrauen haben sie von ihren Freunden in der Lubjanka gern übernommen. Mich wollten die Russen anwerben, ehe ich zurückfuhr. Berichte schreiben, du weißt schon. Ich habe nein gesagt. Und das im ZK nach der Ankunft auch nicht verschwiegen.»

«Nicht alle hatten den Mut. Leider. Nicht alle. Lässt du die Teufel erst in dein Haus, dann bekommst du sie nie mehr raus. Wie die Kakerlaken. Kaum bist du allein, da kommen sie gekrochen. Was glaubst du, warum die in Moskau immer so gut informiert sind, was hier los ist?»

Sie schwiegen eine Weile, unten auf dem Hof sah man mehrere Männer palavern, ohne sie zu hören; einer von ihnen hatte mit dem «Tatra» die Ausfahrt zugeparkt. Dann ging Erich zum Radio und drehte es halblaut. Lorenz lächelte.

«Du bist dir also auch hier in deinem Büro nicht sicher?»

«Doch, sehr sicher. Genau deshalb.»

Lorenz war von der Offenheit überrascht. Eigentlich hatten sie, wenn überhaupt, höchstens ein Dutzend Mal miteinander gesprochen. Von Anfang an war zwischen ihnen ein vertrauter Ton. Das war im Apparat selten. Zumal nicht alle den neuen Wirtschaftskurs gut fanden. Ganz ohne Segen des Kremls.

«Bei mir sitzen die Kakerlaken direkt unterm Dach.»

«Doch nicht etwa daheim?»

«Nein, im Werk. Sie haben sich ihr Zimmerchen direkt in der Verwaltung eingerichtet, als gehörten sie dazu. Ganz offen. Und wie ich inzwischen mitbekommen habe, sind sie nicht nur mit ‹Horch und Guck› befasst. Sie verfolgen eigene Ziele, die zum Teil gegen das Werk gerichtet sind.»

«Du weißt das genau?» Erich schaute Lorenz an, als fürchte er Ansteckungsgefahr.

«Sehr genau. In Sömmerda sind ja alle miteinander verwandt oder verschwägert. Meine Leute haben einem von denen bei der Wohnungssuche geholfen, da konnte ich einiges lesen, zum Dank gewissermaßen. Die Haare standen mir zu Berge. Sie tun alles, damit die erste Elektronik nicht aus Sömmerda, sondern aus Karl-Marx-Stadt kommt. Man könnte es fast Sabotage nennen. Meine besten Ingenieure werden bespitzelt. Harmlose Urlaubspost wird fotokopiert, die Adressen ausgespäht. Unsere Maschinen werden madig gemacht. Sie wollten sogar einen Panzerschrank mit einem Erreger präparieren, um nachzuweisen, dass wir Sicherheitslücken haben und sie deshalb eingreifen müssen.»

«Sag ich doch: Tarakany. Kakerlaken. Lass dich davon ja nicht nervös machen. Jetzt, wo du ins ZK gewählt worden bist, werden sie vorsichtiger sein.»

«Wollen wir es hoffen. Es zerrt an den Nerven, wenn man weiß, dass diese Brüder nur auf den geringsten Fehler warten.»

«Dass ihr den Automaten in drei Monaten entwickelt habt, das war der Befreiungsschlag ...»

«Dreieinhalb Monate ... Du weißt, ich bin in solchen Fragen korrekt. Am meisten hat es mich für die Ingenieure gefreut.»

«Als die Nachricht kam, der elektronische Fakturierautomat läuft, da wusste ich, das müssen wir ganz groß rausbringen. Gestern noch Millionen Schulden, heute besser als die Konkurrenz im Westen. Euer Aufruf vor dem Parteitag verschafft dir und uns Luft. Jemand, der so hoch fliegt, den können sie nicht zum Kriechen zwingen.»

439

«Und warum haben die im Westen so viele gute Leute und wir so wenige?»

«Die Antwort kennst du so gut wie ich. Wir balancieren schon jetzt auf der Rasierklinge. Walter macht so lange mit, bis einer in Moskau die Augenbrauen hebt. Obwohl Marx ganz auf unserer Seite steht. Jene bestimmen das Tempo, deren Wirtschaft am weitesten entwickelt ist. Das sind wir im Osten. Aber du weißt selbst, das lassen die Freunde nicht einfach zu.»

«Leistung, Gewinn, Eigeninitiative – du bist dir nicht sicher, dass wir es doch schaffen könnten?»

«Wir beide ja und noch ein paar andere, aber der Widerstand ist weit stärker, als ich es je erwartet hätte. Hier in Berlin und vor allem in Moskau. Denk dran, wie sie Lenins Versuch, die Wirtschaft in Schwung zu bringen, abgewürgt haben, kaum war er tot. Dabei ging es den Menschen gerade etwas besser. Ich hoffe, unser Versuch endet nicht so. Aber selbst Walter muss vorsichtig sein. Nikita ist unberechenbar. Und es gibt einige, hier wie dort, die gerne selbst an deren Stelle sitzen würden. Was interessiert die da schon ein ‹Neues ökonomisches System›?»

«Ich weiß, die Internationale des Mittelmaßes ist die mächtigste.»

Trotz des Vertrauens zwischen ihnen bereute Lorenz seine Worte sofort. Es blieb schwer, bis zur letzten Wahrheit zu gehen.

Dennoch erzählte er Apel, woher die Transistoren für den ersten Automaten stammten. Auch dass aus dem Ministerium die Order kam, zu Walter Ulbrichts 70. Geburtstag gleich ein halbes Dutzend elektronische Automaten zu fertigen. Das hätte bedeutet, für die benötigten Bauteile einen Pendelverkehr zwischen Paris und Sömmerda aufzuziehen. So viele «Reparaturmaschinen» konnte man gar nicht hin- und herschicken, wie man Transistoren aus dem Westen brauchte. Die eigene Herstellung war leider immer noch viel zu wackelig. Man einigte sich darauf, dass die Maschinen für den Geburtstag vorzeigbar zu sein hatten, komme, was da wolle. Selbst wenn in den Gehäusen außer ein paar bunten

Lämpchen nichts drin wäre. Der Druck, den so eine Geschichte erzeugte, musste genutzt werden, um weitere Mittel für die Elektronik freizubekommen. Und für Walter Ulbricht reichte es, wenn die Dinger munter blinkten.

Beide lachten herzlich.

Als Lorenz nach dem Gespräch beschwingt durch den Schneematsch zum Auto ging, dachte er über die Zufälle des Lebens nach. Die Zufälligkeit, dass er aus Workuta lebend zurückkehrte, und die Zufälligkeit, dass einer wie Apel erkannte, was da in Sömmerda passierte. In manchem Zufall schien so etwas wie eine Gesetzmäßigkeit zu liegen. Aber das klang irgendwie nicht richtig marxistisch.

Es sollte ihre letzte Begegnung sein.

Der eine würde nach einem Herzinfarkt Wochen und Monate im Dämmerzustand verbringen ohne Aussicht darauf, je wieder arbeiten zu können. Das Büromaschinenwerk stürzte nach seinem rauschhaften Höhenflug binnen kürzester Zeit ab und sollte sich davon nie wieder erholen.

Der andere erschoss sich, weil er nicht bereit war, einen Knebelvertrag mit den Russen zu unterschreiben. Der einzige und letzte Versuch in Ostberlin, sich von Moskau wenigstens in Wirtschaftsfragen zu emanzipieren, scheiterte.

2012
★

Der Umschlag war dünn. Enttäuschend dünn. Ich schüttete den Inhalt des Kuverts auf den Tisch, mehrere lose Blätter rutschten auf das polierte Holz.

Viel hatte ich von seiner Stasi-Akte ohnehin nicht erwartet. Bereits im Bundesarchiv, wo die Kaderunterlagen aus dem ZK angelandet waren, offenbarte die Mappe Lorenz Lochthofen kaum Neues. Ein paar persönliche Daten, zwei Briefe an Pieck, mehrere Fragebögen und handgeschriebene Lebensläufe, dazu ein Briefumschlag, bei dem ein Sammler die russische Briefmarke herausgerissen hatte, und eine belanglose Postkarte. Der Apparat hinterließ keine Spuren. Was auf den Fluren des Machtzentrums in Ostberlin gedacht oder gesprochen wurde, wer einen Aufstieg beförderte, wer ihn zu verhindern suchte, keine noch so geringe Notiz aus einem Gespräch ließ auf Hintergründe, auf Absichten schließen. Eine fast sterile Parallelwelt.

Ob die Staatssicherheit Order hatte, sich fernzuhalten, die Partei ihren inneren Kreis abschirmte oder frühe Eintragungen irgendwann gesäubert wurden, lässt sich anhand des vorliegenden Materials nicht sagen. Seltsam bleibt es in jedem Fall, denn dass die Stasi im Büromaschinenwerk Sömmerda ständig am Sammeln und Wühlen war und der Werkleiter davon nicht verschont blieb, dafür gibt es ausreichend Belege.

Dennoch, zwei Eintragungen aus den letzten Jahren in Bad Liebenstein machen eine Ausnahme. Das «Hager»-Dossier 1987 und die «Weber»-Sache 1989, angelegt einen Tag vor dem Tod meines Vaters, am 14. September 1989. Beide Vorgänge erscheinen aus heutiger Sicht allenfalls surreal, Nachrichten aus einer Welt, die man selbst als Zeuge der Ereignisse kaum noch zu verstehen vermag. Wie krank musste eine Gesellschaft sein, wenn sie selbst «den Eigenen» bis über den Tod hinaus nicht traute?

Die Geschichten sind schnell erzählt. Eines Tages hat ein älterer Herr, er schreibt noch Sütterlin, die Nase voll von dem dummen Geschwätz im Politbüro und schickt dem für Ideologie- und Kulturfragen zuständigen Kurt Hager einen Brief. Der Inhalt lässt sich in einem Satz zusammenfassen: Der geschätzte Genosse Prof. Hager habe keine blasse Ahnung von Marx. Was überall in der Welt als belanglos abgetan würde, wächst sich in der bleiernen DDR-Endzeit zur Gotteslästerung aus. Ein halbes Dutzend Stasi-Offiziere nimmt Witterung auf und glaubt sich bald einer großen Sache auf der Spur. Denn Name und Adresse des Absenders sind fingiert. Sie gehören dem verstorbenen Besitzer einer privaten Autowerkstatt, der sich mit theoretischen Fragen des Marxismus nie, sondern immer nur mit dem praktischen Nutzen der real existierenden Mangelwirtschaft befasste. Der federführende Major Ebert der Bad Salzunger Dienststelle des MfS fertigt in kürzester Frist ein Täterprofil an:

«Bei dem Schreiber des Briefs muss es sich um einen kampferfahrenen, studierten Genossen handeln, welcher über 60 Jahre ist. Nach den vorliegenden Erkenntnissen ist dieser Brief dem Genossen Lochthofen zuzuordnen. Er wird als schwieriger Mensch eingeschätzt.»

Was folgt, ist eine aufwendige Schriftanalyse, an deren Ende feststeht, dass Lorenz Lochthofen den Brief nicht geschrieben hat. Doch Major Ebert gibt sich so leicht nicht geschlagen. Eines weiß er genau: Der Klassenfeind ist ein Meister im Verstellen. Wenn die Schriftprobe nicht weiterhilft, die Spucke hilft bestimmt. Jemand muss den Briefumschlag ja zugeklebt haben. Es dauert Wochen, dann die eindeutige Antwort aus dem Speziallabor: Bei dem Gesuchten muss es sich um eine «männliche Person mit der Blutgruppe A» handeln. Da man diesen Lochthofen für eine Gegenprobe nicht einfach anzapfen kann, werden Stasi-Zuträger in weißen Kitteln bemüht. Der eine weiß, wann der Verdächtige zuletzt operiert wurde, der andere besorgt heimlich aus der Klinik in Bad Berka die Angaben über die Blutgruppe. Sieben Monate nachdem die Geschichte im Hager-Büro in Berlin ihren Anfang genommen hat, steht fest: Blutgruppe 0 Rhesusfaktor negativ. Lorenz Lochthofen ist definitiv nicht der Autor des Briefes.

Ein kleines Detail gibt Auskunft über die innere Verfasstheit des Geheimdienstes: Der Stasi-Major versäumt in seinem Bericht nicht zu erwähnen, dass nach seinen Ermittlungen der Verdächtige «früher Mitglied des ZK der KPdSU, etwa in der Zeit von 1940 bis 1946» gewesen sei.

Das Lager mit dem Kreml zu verwechseln, das hätte meinen Vater köstlich amüsiert.

Weniger unterhaltsam ist die letzte Notiz in seiner Stasi-Akte. Hier schließt sich der Kreis: Was der NKWD vor 52 Jahren begonnen hatte, sucht das MfS zu vollenden. Ein Stasi-Mitarbeiter der für Aufdeckung von Nazi- und Kriegsverbrechen zuständigen Abteilung löst vier Tage nach dem Tod meines Vaters einen «streng geheimen» Suchauftrag aus, mit der Absicht nachzuweisen, dass Lorenz Lochthofen nicht Lorenz Lochthofen war. Vielleicht ein Agent der internationalen Bourgeoisie, ein Spion, ein Saboteur? Auf der Suche nach Beweisen werden neben den üblichen Stasi-Quellen auch Nazi-Fahndungslisten und Aufzeichnungen deutscher Emigranten aus dem sowjetischen Exil überprüft. Darunter die Tagebücher von Herbert Wehner.

Das pathologische Misstrauen des Geheimdienstes hat seine Ursache in einer falschen Zeile in einem Standardwerk des Mannheimer Historikers Hermann Weber, wo es im letzten Satz der Kurzbiographie von Lorenz Lochthofen heißt: «Zu acht Jahren Zwangsarbeit verurteilt, kam im Lager ums Leben.»

Die fünf letzten Worte versetzen den MfS-Mitarbeiter in Erregung. Doch weit kommt er mit seinen Recherchen nicht. Denn nur wenige Wochen später hat die Stasi ganz andere Sorgen, es geht um ihre eigene Existenz.

Mein Vater hat den Wende-Herbst nicht erlebt. Über seinen Kommentar kann man nur spekulieren. Doch an seiner Grundüberzeugung hätte auch das Ende des sozialistischen Experiments nichts geändert: Nach der doppelten Katastrophe der ersten Jahrhunderthälfte, nach Terror und Krieg, musste neu begonnen werden. Vor die Wahl gestellt, in der Sowjetunion zu bleiben oder zurück ins Ruhrgebiet zu gehen, entschied er sich für die DDR. Doch mit Bitterkeit musste er im Alter feststellen, Stalins Büste vom Sockel zu stoßen, das war schnell getan, das «Stalintum» zu überwinden, nicht.

Nie sprach er von «Stalinismus», der Anhäufung kruder Glaubenssätze, sondern immer nur von «Stalintum», einer durch und durch inhumanen und intoleranten Grundhaltung, die auch die Vernichtung Andersdenkender durch das höhere Ziel rechtfertigte. Eine bessere Gesellschaft ließ sich so jedenfalls nicht erreichen.

Das Leben von Lorenz Lochthofen ist die Geschichte von einem, der überlebt hat. Könnte man die Toten fragen, würden sie uns andere Geschichten erzählen.

Hatte mein Vater Glück?

Ja, er hatte Glück.

Aber nicht nur. Zuerst wusste der NKWD mit dem Deutschen nichts anzufangen, dann orderte Moskau neue Opfer für einen Schauprozess. Die Provinz war stolz, liefern zu können. Er wurde nicht sofort erschossen. Er hatte Glück. Dass er in Workuta in einer Werkstatt unterkam, auch das war ein großes Glück für ihn. Wie jeder Betrieb im Sozialismus musste der Gulag den Plan erfüllen, nicht nur an Toten, auch an Tonnen Stahl und Kohle. Wenn der NKWD versagte, dann waren die Lagerchefs selbst dran. Als Journalist wäre der Vater an den Entbehrungen wie viele andere in der Tundra krepiert, als erfahrener Mechaniker wurde er in Workuta gebraucht.

Neun Jahre Haft und über zehn Jahre Verbannung haben meinen Vater nicht gebrochen. Er blieb zeit seines Lebens trotz aller Grausamkeiten, die er erlebt hatte, tief davon überzeugt, dass es außer dem eigenen Vorteil auch noch etwas anderes gibt: Anstand. Für ihn war das nie eine politische Kategorie, sondern immer eine zutiefst menschliche.

Der Historiker Herrmann Weber rief mich kurz nach der Wende an, verwundert, dass der im Lager Verstorbene offenbar Kinder hat. Er hatte sich in seiner Arbeit auf mündliche Überlieferungen derer gestützt, die aus den Lagern zurückkehrten. Ihre Angaben ließen sich in der Regel nicht überprüfen. So verbuchte er Lorenz Lochthofen unter den Toten.

Noch immer liegt nachweislich Material zum Schicksal vieler unschuldig Verfolgter in den Archiven des russischen Geheimdienstes – so auch zu meinem Vater und meinem Großvater. Es kann nicht eingesehen werden.

Die Erben der Mörder des «Großen Terrors» halten bis heute die schützende Hand über ihre geistigen Vorfahren.

Ein Deutscher im Gulag

Berlin, im Sommer 1933: Der sechzehnjährige Wolfgang Ruge verlässt mit seinem zwei Jahre älteren Bruder das nationalsozialistische Deutschland. Ziel der beiden jungen Kommunisten ist das Land, auf das sich all ihre Hoffnungen richten – die Sowjetunion. In Moskau erwartet Ruge manches, was ihn begeistert, aber auch Ernüchterndes. Als die Wehrmacht in die Sowjetunion einmarschiert, wird er wegen seiner Herkunft zunächst verbannt und bald darauf ins Arbeitslager verbracht.
Erst 1956, drei Jahre nach Stalins Tod, kann er nach Berlin zurückkehren – zusammen mit seiner russischen Frau Taissja und dem gemeinsamen Sohn Eugen, der die Erinnerungen seines Vaters an die Jahre in der Sowjetunjon ein halbes Jahrhundert später herausgeben wird.

«Eine epochale Familiengeschichte, wie nur das 20. Jahrhundert sie schreiben konnte.»
DIE ZEIT

ISBN 978-3-498-05791-6